隐蔽战线春秋书系　**回忆录卷**

郭汝瑰回忆录

郭汝瑰◎著

中共党史出版社

图书在版编目（CIP）数据

郭汝瑰回忆录 / 郭汝瑰著 . --2 版 . -- 北京：中共党史出版社，2020.1（2025.10 重印）
（隐蔽战线春秋书系 . 回忆录卷）
ISBN 978-7-5098-5444-0

Ⅰ . ①郭… Ⅱ . ①郭… Ⅲ . ①郭汝瑰—回忆录 Ⅳ . ① K825.2

中国版本图书馆 CIP 数据核字（2019）第 270890 号

书　　名：郭汝瑰回忆录
作　　者：郭汝瑰

出版发行：中共党史出版社
责任编辑：吴江
责任校对：申宁
责任印制：段文超
社　　址：北京市海淀区芙蓉里南街 6 号院 1 号楼　**邮编：**100080
网　　址：www.dscbs.com
经　　销：新华书店
印　　刷：北京盛通印刷股份有限公司
开　　本：710mm×1000mm　1/16
字　　数：385 千字
印　　张：25.75
版　　次：2009 年 5 月第 1 版　　2020 年 1 月第 2 版
印　　次：2025 年 10 月第 7 次印刷
书　　号：ISBN 978-7-5098-5444-0
定　　价：60.00 元

此书如有印装质量问题，请联系中共党史出版社读者服务部　电话：010-83072535

郭汝瑰（1907—1997）

|| 序 ||

我如愿以偿，有幸成为这部书的最初读者。从我认识作者的那一天起，整整四十个年头过去了。这部书把我带回了往昔那些充满危险而又充满希望的艰难岁月。作为郭汝瑰同志的老友和他重归革命队伍的见证人，我重温了好多亲切的回忆：汝瑰同志原是国民党内的一位热情奔放的爱国将领，在抗战中及胜利后一直和全国人民一样坚定地追求祖国的民主进步，繁荣富强。可是，国民党当局至今还指责他为“共谍”，把他的活动说成是“戡乱”失败的原因之一。

记得在抗战将胜利和内战未爆发的前夕，我爱人任廉儒同志，两次安排了他和董必武同志在我家会见。汝瑰同志其时是国、共、美“三人小组”会议国民党方面代表张治中将军的副手。他对马歇尔的“调停”寄以厚望，甚至还幻想蒋介石“放下屠刀”，化干戈为玉帛。他的想法是真诚的，也是很天真的。但是，无论董老或是廉儒同志，在和他倾谈时，都没有去打破他的幻想，他们要让蒋介石和马歇尔给他上一课，以事实告诉他：“此路不通。”因此，我要说：要不是国民党抗战末期政治、经济、军事各方面都使他失望的话，他是不一定要去找共产党的；要不是国民党粗暴地在抗战胜利后，践踏了包括郭汝瑰同志在内的亿万民众渴求和平的愿望，他也不一定非脱离国民党不可。我认为，从这个意义上讲，回忆录是令人信服地回答了台湾当局的叽叽喳喳。

我所以称汝瑰同志为回归者，乃是因为他在1927年四一二政变时，便是共产党人吴玉章的密使，他的使命是回川到他堂兄郭汝栋部队从事革命工作。哪想到大革命的失败，反把他推入了军阀混战的旋涡……激进而非常幼稚的青年军官郭汝瑰，在国民党“清共”的压力下，东渡日本求学，企望“读书救国”，可是九一八事变粉碎了他的梦想。他愤然终止了学业，而国内等着他的却是一·二八淞沪抗战被“政治解决”的灰烬。直到七七事变爆发，他才找到了报国的机会。他的军事才能逐渐受到陈诚、蒋介石的器重，从此青云直上，跻身上层。而由此他也就痛切地目击了、感受了国民党上层统治集团的腐败。他洁身自好，当了一个好官，然而一个好官无补于“党国”的病入膏肓。于是他想组织少壮派军人的造反小团体，之后又热衷于英国工党的“社会主义”，醉心议会民主，如此等等。然而，这一切尝试都被国民党的法西斯专制独裁所一一否定了。正在这“山重水复疑无路”的时候，他意外地和大革命时代的老朋友、地下党员任廉儒同志重逢，历史的必然和时代给他的机遇一下重合了，像不少真诚的爱国者一样，他找到了自己合乎逻辑的归宿：跟共产党走，因为只有党领导的社会主义道路才能救中国。当然，这时的郭汝瑰同志和三十年代的那个热情多于理智的青年已迥然不同，犹如树木不同于种子。历尽半生的否定之否定，他的回归已上升为更高的层次。从此，他在党的领导下，在决定中国命运的关键时刻，以毅然留在国民党军界的方式，投入了翻天覆地的革命战争，为人民的解放事业作出了自己的特殊贡献。

汝瑰同志走过的道路，曲折惊险；他的人生经验和教训，丰富而深刻。这部回忆录令我一饱眼福，获益匪浅。作者是研究中国军事史的专家，他的性趣，不免偏重于展示他所经历的战争风云，而对他自己，则是过于自责和自谦了。于是我写下了以上的文字，以就教于对这部书和我怀有同样兴趣的读者。

罗莹澄

|| 写在卷头 ||

1937年七七事变后，我就开始记日记，作写回忆录的准备，以求留下我对外作战的史料。可是解放后，我觉得事迹平凡，个人渺小，就不想写了。

熟知我六十年军旅生涯有曲折、隐晦岁月的同志都勖勉我说：

“你在国民党深受统治集团军事当局的信任，为何放弃步步高升的机会，甘冒杀身危险，一意追求加入共产党？解放后三十年你也受过一些委屈，但不灰心，不自馁，终于实现了你的夙愿。是什么力量鼓舞你的，你如实写出来，对某些处变革时代，对革命信仰发生危机的人，可能不无帮助。”

也有人说：“中国新民主主义革命时期，波澜壮阔的革命斗争，使亿万人卷入，其中不少人是从旧营垒中冲杀出来的，你就是其中之一。你历述从旧营垒冲杀出来的思想活动，以启发旧营垒中寻求光明的人，不也有助于祖国统一大业吗？”

有的同志则认为：我参加过国民党许多军事谋议，了解一些军事机密，应如实写出来，为我党我军现代史工作者提供真实的史料，是责无旁贷的。

虽有这些同志的勖勉和期望，但我觉得个人的经历，比起在伟大中国革命斗争中为建立新中国流血牺牲，立下不朽功勋的无数英雄来，实在微不足道。我之背弃蒋介石集团，不过对共产主义有点儿模糊好感，略具爱国心，有点政治军事上的预见。我认识到国民党反动派迟早要遭人民唾弃，我不甘作危害国家的败类，并作反动派的殉葬人罢了。一个人哪能这么一点正义感都没有呢？我还是不肯写。

1982年某月我得到一封匿名信，全文如下：

文天祥　　洪承畴
史可法　　傅作义
郑成功　　陈明仁
李香君　　程　潜
张灵甫　　×××
黄伯韬　　赵德树
李仲辛
傅秉勋
贾绍谊
人生自古谁无死，留取丹心照汗青
历史裁判

这三个×，无疑是代表郭汝瑰三字。我认为这是受封建毒素深，分不清忠于个人与忠于国家民族的是非界限，无时代观念的迂腐之论，太鄙俚糊涂了，便一笑置之！一位同志接过一看，顺手写上第三行：关羽、郭汝瑰。他认为我如关羽一样，“身在曹营心在汉”。我看了接过笔来，添上第四行：郭汝瑰、郭汝瑰，并说明：我的意思，郭汝瑰就是郭汝瑰。时代不同了，信息灵通，人们的视野扩大了。现代的人，有着不同的主义信仰，不同的世界观，追求进步光明，当然要与落后腐朽绝裂，封建时代的某些只懂忠君而不辨忠君与爱国之区别的古人，是无法比拟的。辛亥革命以后，而站在清王朝的立场，说孙中山是叛徒，视张勋、郑孝胥辈为忠臣的人，岂不糊涂可笑！何况近代中国许多坏事都是在封建道德掩盖下发生的，如果不站在现时代人民的立场，不为国家的利益着想而徒谈忠义，只会有助于封建主义“借尸还魂”。我不但不敢高攀古人，不乐于与封建时代的人比，更深恶痛恨封建道德，助长专制独裁，妨碍民主法治。这位同志明白我的意思之后说：对呀！一些封建道德，危害中国，不能等闲视之……你对蒋介石集团的种种情况皆所目睹，深知许多内幕，就是应该辨明大是大非，用爱国主义驱除这一缕不散的封建阴魂，以求有助于祖国统一大业嘛！你以亲身经历，从某些角度揭示读者以国民党政权覆灭前夕的整个社会面貌，摆出一面镜子，使后人有前车之鉴，总是有利于祖国长治久安的好事嘛！就是保存一些真实史料以供近代军事史的研究，也不是小事呀！这是大是大非问题，你应该写下自己的亲身经历。

听他这么一说，我思想斗争很久。我想：我确曾亲见国民革命军北伐，国共合作，祖国一片兴盛气象。蒋介石另立中央，定都南京后，代表腐朽阶级的当权人物尽弃孙中山先生的教导走向革命反面，搜括民财，荒淫无度，派系倾轧，倒行逆施，置国家前途于不顾，使亿万人民流离失所。解放战争中三大战役失利，从蒋介石到一般亡国大夫、奸商市侩，纷纷出售南京房屋，转移国内资金到海外去，与南明朝马士英、阮大铖辈在南京不守时，不忘“一队娇娆、十车细软”的丑态，何其相似乃尔！这真是一场“桃花扇底送南朝”的金陵春梦！我将自己的耳闻目睹写下来，作为历史借鉴，确实是义不容辞的，于是我决心写。写只是为了宣扬爱国主义，揭露封建主义。揭露只是为了吸取教训，不是存心丑化任何人。如果台湾军政各界老长官、同学、同事、朋友，原谅我“攻错若石”的苦心，不吝指教，交换意见，共励忠诚谋国之意志，因而能有助于祖国和平统一意见的接近，那就远远超出作者的期望了。

此外，我还要结合我六十年的军旅生活，就所经历的历次战争，提出一些个人在战略战术上不成熟的看法，从旁说明国防措施与整饬吏治，发展生产，是息息相关的，或者也能对我国的军事与国防建设起到微小的作用。

郭汝瑰

目录

一、青少年时期
（1907—1925 年）

家庭和家教

“灵台无计逃神矢，风雨如磐闇故园。”一个人的身世，总逃脱不了时代和潮流的支配。我出生在国家风雨飘摇可能被列强瓜分的时代，我在淳朴而落后的故乡度过我的童年，我所处的封建的家庭环境，我所受的中、小学教育，对我这曲折的一生，无疑是有极大影响的。虽然现在回忆起来，已经“事如春梦”，只依稀记得一些片段了，但就是这些片段，在我的心灵深处，起着长久不可磨灭的作用。

1907年9月15日（农历八月初九），我出生在四川省铜梁县尹家市（现名永嘉乡）达昌池的一个家道衰落的书香之家。尹家市距铜梁县城九十里。四周尽是一片丘陵地带，小山丘像蒸笼里的馒头一样，一个挨一个挤得紧紧的。小山上边嵌着一块块的耕地，两山之间布满一层层的梯田，土丘边到处是一簇簇青翠的竹林。这里虽没有四川长江沿岸、嘉陵江边那样的“蜀江水碧蜀山青”的幽美秀丽的景色，倒也有一番“华实遍野，黍稷盈畴”的景象。我家就坐落在四周为竹林掩映的四合院里。

我家原来姓文不姓郭。据长辈们传说：“我家入川（移居四川）的老祖祖名叫郭文治，他曾传下一张纸条，上面写着‘余家世文姓，为洛阳总兵，国朝定鼎后，移居于此。’文治祖就姓文名治，他由洛阳到鄂西，经四川入贵州，后来又由贵州到四川遂宁，最后才移居铜梁。”

故乡铜梁

我父亲名锡柱，号朗溪。他身体矮小，貌不出众，从小勤奋好学，写得一手好文章，深得铜梁县巴琼书院院长陈昌（号世五）的赏识。陈世五知道我父亲家境清贫，便让父亲一边在书院读书，一边照管藏书楼（图书馆），因此，父亲有机会阅读了不少书。当时铜梁县常常搞会考，考取第一名的，可得奖金两百文到六百文，父亲就靠写文章会考，领奖金维持学食费。

我父亲就在废除科举这一年，预试时，考中重庆府长案（第一名），应录取为秀才。却因废除科举落了空，我父亲感到终身遗憾。

我的名字原叫汝桂，因为我生于八月初九，恰好是清朝考举人（秋闱）入场那天，尽管生我这时已停科举，父亲还是醉心于“蟾宫折桂”（中举之意），所以给我取了这样一个名字。

父亲好议论时政。他经常批评北洋军阀政府和国民政府政治腐败，官吏贪污。他说成渝铁路，清政府曾筹集大量经费，却被蒲殿俊及但懋辛、邓锡侯辈贪污了。1952年成渝铁路建成，他认为四川人民四十年的愿望，到共产党执政才得以实现，专门去坐了一小站途程的火车，并作诗歌颂人民政府。他还意味深长地向我外甥王力之（中共党员）说：“辛亥革命，我也是打旗旗赞成的人，不想三十余年后，国民党就腐败不堪了，你们共产党应引以为前车之鉴，找出防止腐败退化的方法才好。”

父亲强迫我从小读《曾文正公家书》，我在曾的一封信上（这信大意说，兄弟间一人独得父母欢喜，这人便是不孝）批“作伪、假道学”。父亲见后打了我两记耳光。虽然挨了打，我还是最不喜欢曾国藩，而喜左宗棠。父亲要我熟读《马援诫兄子书》，要我也学龙伯高敦厚周慎、谦约节俭，不要学杜季良豪侠好义，要我量入为出，不可奢侈。这大概是因我夸夸其谈，针对我的缺点，给我的教训。可惜我一直未办到“敦厚周慎”。我一生廉洁，这一点还是对得起父亲的遗教的。

父亲于1958年逝世，终年78岁，他留的遗嘱却是一首诗：

生性疏直愚且鲁，于世于人殊无补，
一朝气尽离人寰，直与草木同朽腐。
腐草朽木焉足珍，付之一炬不为侮，
不用延僧做道场，不用招魂树木主。
骨灰不妨投江中，免占人民一抔土，
无何有乡是吾乡，清风明月自千古。

他主张火葬。他的遗著还有《新修铜梁县志》。

对我影响最大的还有母亲，她名朱位椿，是自幼丧失父母的孤女，幸喜她父亲兄弟六人，未曾分居，家中衣食不缺。她的三伯娘很慈祥，她就依三伯娘长大。她三伯娘很勤俭，因此养成了她勤劳朴实的生活习惯。她不认识多少字，但治家井井有条，什物放置都有一定位置。我们常穿补丁衣服，她说："笑破不笑补"，"一寸不补，撕破一尺五。"夏季在院坝乘凉，仰望满天星斗，她就教我们唱儿歌："天上星宿儿洒洒稀，莫笑穷人穿破衣，一把指拇有长短，山中树木有高低。"我们三兄弟做错了事，或争吵，她总把我们叫来站一排，先打手板，边打边说："你们要友爱，兄爱弟、弟敬兄，要有孝心，看你大伯伯，都五十多岁了，只要祖母一骂，他就双手下垂，规规矩矩地站着听祖母教训。你们看你父亲三兄弟那样友爱，几十年都没说过一句红脸的话，你们为啥不向他们学？"她经常一面教这些封建道德；一面诉说家庭贫寒，说她一人要管我们兄弟三人衣服鞋脚，要洗衣煮饭，十分辛苦。还边说边哭，要我们听她的话。她打我们效果并不大，她哭却能感动我们，常常是我们认错，说："妈妈！你莫哭，我们听你的话了。"她才收泪。

我幼年时，母亲教我唱了许多儿歌，现在还记得以下两首：

老姆虫，老姆虫，肉又多嘴又硬，钻进树子吃得不住嘴。吃得树心空，树子倒，树子倒了做柴烧，看你子子孙孙哪里跑？

鹦哥鹦哥哪里来？我到成都买花来。买花要买桃和李！春来看花，秋来吃果子。莫买蔷薇和月季，闻到是香，摸到是刺。凡事都有好结果，当初选择要由我。

据她说："第一首是教人不做坏人，莫把国家弄破败了。第二首是教人做事要慎始，选正当的路走，一辈子才有好结果。"

母亲思想很封建，反对自由婚姻，特别对女子上学很反感，她认为：女学生嘻嘻哈哈，不成体统。她竟以女学生不守贞操为由，执拗地反对我的自由婚姻。以后她为二弟主持的父母之命的婚姻，二弟不满意，她才得到教训，再不顽固反对青年们自由恋爱了。

她身体素来强健，但因患霍乱死去，终年48岁。

憎恨人生路不平

由于父亲任教员，当时我家四担谷的田地，佃给驼背子饶大爷家种，所以我除捞柴，打猪草而外，不懂农活。我所见的农村是：农民租种地主的田地，每年按期向地主交租，地主收租后再向国家纳税、上粮。因此，地主又叫“粮户”。其实，地主向国家交纳的粮税都是间接压在农民身上的。当时佃农终年辛苦，还可勉强度日。另一种人是“土客”，用五串或十串钱向地主租一块旱地来种，这种地只能种包谷红苕，他们一辈子都只能够以这些勉强度日，如遇灾年，就连这些粗粮也吃不上了。还有一种人，四川人称为“长年”，则更悲惨，他们一无所有，一辈子成不了家，年轻时卖力气为生，一到年老，只有讨口要饭等死。然而就是这样“乐岁终身苦，凶年不免于死亡”的农民，还经常遭军阀打仗，拉伕拉兵的蹂躏，农民只要一听说过“粮子”（兵），就跑都跑不赢，千方百计躲藏起来，以免拉去当兵当力伕替军阀白卖命。我舅父朱宋学在一首插秧歌中，有这样一段，很足以说明当时农村情况：

……插秧都要立嘹望，瞭望误作一声啸，骇煞满田都腾跳。问农何事太惊忙？渠道去岁不及防，拉去至今未还乡，插秧倘不趁时了，诚恐拉伕人又来。治世农民只说苦，乱世农民向谁诉。输租输税复输力，岁暮不得归

20世纪前期四川的灾民

田圃。

我12年农村生活，耳濡目染，使我内心自发地同情农民，憎恨丘八。

1919年，我堂兄郭汝栋任川军第二师（师长刘存厚）的工兵营长，邀父亲担任军需，于是，父亲辞去了铜梁县立第五高等小学校长职务，前往成都任职，并带我去成都读书。那时四川交通极不方便，陆路全靠两条腿步行，当时我只有12岁，就跟着父亲步行七天到成都。

我在成都读书五六年，每次回家，返校，基本上是走路。尹家市到成都，有两条路可走，一条是由尹家市，经龙水镇、吴家铺、上东大路再经内江、资中、简阳、茶店子到成都。东大路九十里为一站，成都到重庆间共有十站，需走十天；另一条路是由尹家市经大足、安岳、乐至到简阳，上东大路到成都，这条路称为小北路。虽然是偏僻小路，然而全程只需七天，因此，我们往往结伴走这条路。

那时我年轻，体力好，精力足，走路尚不感到困难，有时为赶路，一天走上一百多里。跑累了，就坐会儿滑竿，或骑一站马。当时，沿途一带的穷人，以抬滑竿和出租溜溜马来维持生计。出租溜溜马的稍为好些，一旦出租后，只须跟在马屁股后面跑，唯有抬滑竿的一无所有，他们辛辛苦苦抬上一段，换几十百把个铜钱维持生活。更可怜的是，这些人几乎都染上鸦片烟瘾，面黄肌瘦，萎靡不振，把抽烟看得比吃饭还重要，每次招揽乘客，总是以骷髅般的身体，抬着一张蜡黄的脸，露出一口烟熏的黑牙说："先生！请坐滑竿吧！……价钱不高，只要几个烟饭钱。"他们一招揽到生意，就撂下滑竿跑进烟馆，呼噜呼噜抽上几口，只待提起精神，然后才抬上滑竿走路。这些人由于生活的折磨和鸦片烟的毒害，往往抬不上一两年就病死在路旁。

东大路沿途十五里或二十里地就有集镇饭馆，栈房的主人是眼巴巴地盯着大道上来往的贩纸、贩盐的挑夫或其他客人。不断地高扯着嗓门喊："请坐！河水豆花！刚上气的'帽儿头'（饭）！"而沿途栈房设备极坏，稻草上铺一床竹席子。几十个人睡一个通铺，冬天则在柜台上领条被盖，起床后再送还。被盖上虱子、臭虫成堆，累极了的行人，也酣然睡去，听凭虫咬。虽然也有上官房之类，供那些坐轿子的达官显贵或有钱人住，但硬板板床上的被盖、席子也很不清洁。

目睹社会的落后，国家的贫穷，人民的痛苦，使刚走上人生道路的我，受到极其强烈的震动。人间何世？人生道路为何不平？

成都联合中学

1919年，伟大的五四反帝爱国运动在北京爆发，上海各地相继蓬勃展开，汹涌澎湃的革命浪潮也势不可当地震撼着闭塞的四川，整个社会，即使是中小学学生，也相继卷入了爱国主义的洪流中。这时我恰好到了成都。

我到成都高等师范附属小学学习期间，学校已流行着关于社会主义的肤浅看法，师生都已知道“赛因斯”（Science，即科学）和德谟克拉西（Democracy，即民主）。师生中也互相谈论孙中山、苏维埃、大同思想、共产主义一类问题。不仅大家热情谈论救国之道，还常常走上街头参加爱国运动，宣传亡国的惨痛及救亡图存的道理。少年学生只有一颗纯洁的赤子之心，虽不善于思考，但强烈的爱国思想却深深印入心中。当时，大家切齿难忘的就是民国四年，即1915年5月9日袁世凯承认的出卖国家主权的二十一条，人们把这天称为“国耻”纪念日，每年凡是这天，师生都纷纷上街游行宣传，讲得痛哭流涕，听众也都无限愤慨。这一幅慷慨激昂的情景，至今仍清晰地呈现在我的脑海里。

我在成都高师附小毕业后，曾返铜梁中学住了一年，读第六班。因乡间闭塞，功课差，学风也不好，所以我又接着考入成都联合中学（后叫石室中学，即现在的成都第四中学）。联合中学是当时名噪一时的王牌中学，校长张铮，号仲鸣，我们暗中叫他“张Tiger”（老虎）。他毕业于日本东京帝国大学法律系，是一个典型的教育救国论者，听说以后任过四川教育厅厅长。他回国后把东京帝大的第一高等学校的教育方法和制度完全搬用于联合中学，提倡勤俭好学，朴实无华，把课程抓得很紧，升留级制度十分严格。学校非常注重考试，用考试来迫使学生钻研功课。一临到考试，学生们都慌了，也不要命了，日日夜夜，死记硬背，来应付考试。当时学校一方面要求学好英、算、国，号召学生学理工，鼓励学生当工程师（物理、化学、三角、外国史、外国地理，一律都用英文本），一面又要求学生死读古汉语，强调“不读汉后书”，要学生熟诵许慎《说文解字序》《孟子》《庄子》《墨子》《荀子》《韩非子》的某些篇章，还要学生读些《史记》《汉书》《诗经》《离骚》选段。鼓励学生以《资治通鉴》等为课外读物，也学图画、手工、体操，可就是不教音乐。在图书馆的右角，设了一个求是学会，订些杂志之类读物，鲁迅的《狂人日记》我就是在这里阅读的。

奇怪矛盾的教育方式，虽然一定程度上阻止了一些读死书的同学去过问政治，但蓬蓬勃勃的社会革命，实际上是阻止不了的。伴随着马列主义、三民主义在四川的传播，无政府主义、国家主义也四处泛滥。

当时全国青年的思想混乱，无所适从，如果说成都联合中学是全国全省的缩影的话，那么，我的寝室又是全校的缩影。当时联合中学宿舍，每一寝室住八个同学，与我同寝室的有向履丰、王臣泮、张国维、陈钧铸、张兴培、涂家瑛及骆某（外号博士）。张国维有个叔叔张雨村，曾留学国外，是国家主义派的干将。他来联中发展组织影响张国维，张国维又影响向履丰、魏自新、叶植嵩等。他们都订阅《醒狮》周报。陈钧铸外号Fox（狐狸），性情开朗，聪慧活泼，接受新事物快，他独推崇孙中山。向履丰等硬说孙中山是“孙大炮”，只唱高调，接受赤化，主张不合国情。陈坚持孙中山主张光明正大，所放的大炮都是可行的救国救民的良谋，不是空炮，只因军阀阻碍，无法推行，这不是他的错误。陈以后入黄埔四期，加入了共产党，我入黄埔五期还同他通信，但未见面，宁汉分裂，他大概牺牲了。张兴培家贫，绝对不谈主义，只读书，他最后得李家英的帮助，留法学工程，成了工程师。

当时，高师附小来了一个名叫胡子霖的人，香港大学毕业，并不教书，喜欢打拳，我常常请他教拳术，我进联合中学后，还常常去请教他，因而关系很好。在一次打拳之余，我问他：

“胡先生，你参加了青年党吗？青年党是怎样一个组织？”

胡老师摇摇头说：“青年党的主张我不同意。”

“那你相信什么呢？”

胡老师沉思了一下，慢慢地说：“社会上不是流传有社会主义吗？我相信社会主义！国家主义那样狭隘，对中国能有什么用呢？不过要说清楚，也很不容易。你年纪还小，要多动脑筋，好好想想！”

胡老师的谈话，虽然闪烁其词，使人不明究竟，但由于师生友谊的关系，我十分相信他的话，竟始终未加入青年党而对社会主义有着朦胧的好感。

在我刚刚开始探索人生道路的时候，胡子霖老师对我的影响，是我终身难忘的。后来，我离开联合中学，就再没见到胡老师了。可是1927年我在黄埔军校毕业回到四川涪陵后，在涪陵省立第四中学和涪陵女子师范学校讲演和发表文章都强调“维护孙中山三大政策”“打倒蒋介石”，受到当时国民党左派重庆莲花池省党部的推荐和宣传，并被四川进步报刊所刊载了。不知怎的，我随即收到了象牙图章一枚，上面刻着“汝瑰仁弟惠存，胡子霖赠”，既无书信，也无通信地址。这时我才察觉到胡子霖早先反对国家主义而推崇社会主义，在发现我有所进步时，又赠图章以资鼓励。看来，他很可能早就是一个很进步的人。为了纪念他，我对这枚图章是十分珍爱的，即或在戎马倥偬的艰苦时刻，我也不曾遗失，使人遗憾的是，这枚图章却在解放后肃反运动中丢失了。

事隔五十余年，今日平心静气而论，中学时期严格的考试制度，好学朴实、勤俭正直的思想品德教育，给我增加了许多知识和教益。“走在时代的先头”是我中学时期确定的信念，这对我一生都是有影响的。

1924年，联合中学发生了反对校长张铮的封建教育方式的学潮，我被选为学生代表之一。

当时许多学生反对学校过于严厉的教学制度，反对学校没有开设音乐课。其实，在当时内战频繁，贪官污吏横行，民不聊生的混乱的时期，张铮这种廉洁奉公的办学精神是十分难能可贵的。按理说，学生们的意见也丝毫不能触动张铮的一根毫毛，然而我们到四川督理公署向杨森告状，竟然一告就准，立即撤掉张铮的校长职务，改派刘东塘为校长。原来军阀杨森为了控制川西，早就千方百计设法把自己的亲信、心腹安插到政治、军事、经济、教育等各个领域。他巴不得学生反对张铮，等我们一闹，他就顺水推舟，委派其心腹政客刘东塘上任。

刘东塘一到联合中学，立刻废除了张铮的许多制度，学校纪律十分松弛。考试很不严格。不仅如此，刘东塘一反张铮克勤克俭的办学作风，任意挥霍教学经费，大饱私囊，仅仅一学期，就把学校搞得乌烟瘴气，这又激起了全校师生的反对。学生们一闹，杨森被迫又换上一个校长文藻清，他虽比刘东塘谨慎，恢复了许多张铮的传统，但才能远不如张铮，使号称王牌的联合中学，终不能恢复元气。在这种情况下，同学们认为早知如此，当初根本不该反对张铮。大家冷言冷语，埋怨向杨森请愿的代表。其他代表这时都毕业走了，只有我这个代表还在校，我内心很不安，非常尴尬，哪怕只一学期就毕业了，我也不愿再在联合中学继续读下去。恰好父亲有意要我去同济大学学医，我就借机离开成都。

到广东革命去

1925年12月14日，我翻过龙泉驿山岭，天正下着小雪，把大地粉刷得洁白无尘。却没想到，这便是我脱离纯洁的学生生活，走向社会的开端。我的堂兄郭汝栋这时已升任师长，驻防荣昌，准备派遣几个学生到广东黄埔军官学校去。就建议我前往广东。那时，军人在社会中印象极坏，很令人瞧不起，母亲十分不放心让我前去；父亲犹豫不决，认为最好是能想法考入上海同济大学学医。所以来信要我到荣昌，准备随同郭汝栋所送学生一道去上海。我离开荣昌时，父亲拿出三百元钱对我说：“汝瑰，你到上海后自己选择，愿当兵就去广东，愿在同济大学读书就留在上海，进同济大学读预科。一路上自己保重。”就这样我离开了父母和家乡，前往上海，这时我刚满18岁。

这年春节后，我从荣昌出发来到重庆，搭上了去宜昌的客轮。我们一行九人，除了我，还有郭汝栋派往广东学习的六个军官：傅秉勋、袁镜铭、左世琳、唐柏森、刘子钧、李阶平。我们七人由一名叫李能久的顾问和钟方丞副官长护送。

我们到达汉口后不久，护送我们的顾问李能久突然主张除把我送去上海外，其余的人送到张作霖的东北讲武堂去。原因是，李能久在汉口碰见故友刘世英，刘是吴佩孚的政客，正为吴佩孚“组阁”而四处奔走，李见有入阁当小政客的机会，遂决定不去广东，而依附于吴佩孚。对于李能久的主意，钟方丞和其余几个军官坚决反对。我们私下商量后，就抛掉李能久，由钟方丞护送我们前往上海。

来到上海，是考入同济大学读书，还是前往广东？就到了最后决定关头，我绕室徬徨，一直决定不下来。最后只好前去同济大学，找该校学生，原联合中学的同学陈廷栋，请教于他我该怎样决定为好。

“你既打算考同济大学，那你打算学什么呢？”他问。

我说：“我正拿不定主意，家父想叫我学医，认为医生是自由职业者，一辈子自由自在，不愁温饱；我自己却想学工，走科学救国的道路，但我堂兄汝栋却要我到广东去进黄埔军校，三条道路正犹豫未决。”

听了我的情况，陈廷栋扶扶眼镜，沉思良久，慢慢地说：

“汝瑰兄！你若愿学医，那就留在上海，如果想学工，那就问你，你家办不办得起工厂？如果办不起，国家工厂又少得可怜，毕业就是失业，学了又有何用？”他激昂地继续说：

“国家政治不上轨道，学什么理工，搞什么科学救国，统统是假的。汝瑰兄，我看你如果学理工，不如干脆到广东去革命的好！”

他的话使我大伤脑筋，学医吗？非我所愿。学工吗？也前途渺茫。记得父亲临别时告诫我说：家里虽存有一千元，但中法银行倒闭了，存款全部付诸东流。这样，我读大学都很难保证，哪里办得起工厂？看来此路不通。恰好同行的几个军官正巴不得我同去广东，便千方百计怂恿我。而袁镜铭一句话开了我的窍，他说：

“你不是常说要走在时代前头吗？既知政治不上轨道，学什么都不行，为什么不参加革命，使政治上轨道呢？明摆起的一条路，还犹豫什么？”

我于是在“使政治上轨道”的理想支配下，又同他们一行在上海搭乘日本轮船“庐山丸”前往广州。

二、在黄埔军校

（1926—1927 年）

到黄埔去

孙中山在苏联十月革命的影响下，在中国共产党的积极协助下，改组了国民党，制定了联俄、联共、扶助农工三大政策，实行国共两党合作，建立了黄埔军官学校。这使国民党气象为之焕然一新，全国革命形势也为之大振，一时间“到黄埔去”成为全国各地热血青年的响亮口号。奔赴黄埔，犹如一股洪流，什么力量也抑制不住它。我和“庐山丸”上的百把个青年就是流入这滔滔洪流中的涓涓细流。

1926年3月“庐山丸”一到广州，我们立刻感到这里到处洋溢着强烈的革命气氛。当时广州正举行声势浩大的省港大罢工。街上到处张贴和悬挂着“打倒帝国主义”“支援省港罢工”等红红绿绿的醒目标语。广州革命气势的磅礴、革命热情的高涨，使每一个踏上这块革命策源地的中国人都感到扬眉吐气，精神振奋。

我们在广州，先住进一家小旅馆——蓬莱旅馆，将郭汝栋的保送公文报送后，就专心等待黄埔军校第五期招生。一个月后正式入学。

黄埔军校当时正式的校名是中央军事政治学校。按规定入校学员须先当六个月入伍生，入伍期满，再参加考试，升学为学生，每期学习八个月毕业。

当时，入伍生部（部长方鼎英）下设两个团：第一团团长为郭大荣；第二团团长为陈复。我被分配到入伍生部第二团第三营第十一连，驻广州白云山瘦狗岭下的沙河。从广州到沙河，要经过黄花岗。我第一次经过那里时，不由肃然起敬，缅怀七十二烈士的革命精神，默念着“黄花岗上草青青，赤血洗净中华魂”的诗句，内心无比感奋。

沙河营房，地势宽敞，视野开阔。营房门口迎面悬挂着“党纪似铁，军令如山”八个大字，使人一看便知在当时的革命队伍里是非常强调纪律的。由于筹措经费困难，校舍也很简陋。寝室和讲堂兼食堂，是用毛竹和蒲扇叶搭起的临时棚子，睡的是竹子架起的双层床，穿的是一身布军装，赤足草鞋。生活条件虽很艰苦，但满怀革命激情的我们，一跨进黄埔反觉为革命吃点苦是无比光荣的。

我进黄埔军校时，还处于国共合作时期。黄埔学生入学时，都需加入国民党。中共党员考入黄埔的，或黄埔学生参加共产党的就持有两个党证。我的前期同学代表当时两种思想和两种势力的斗争一直没有停止过。倾向共产主义的进步学生组织了“青年军联合会”，而思想保守、落后的学生组织起了“孙文主义学会”，两个组织明争暗斗常常发生纠纷。1926年5月，蒋校长颁布了“整理党务案”，反对跨党，规定任何人只能参加国共两党中的一个党。持有两个党证者，或交出共产党证保留国民党证；或保留共产党证交出国民党证。黄埔学生交国民党证的不乏其人，我所在的第十一连便有两个。也有未暴露身份的共产党员，暗中还持有共产党党证。

当时国民党左派和共产党，励精图治，热情奔放，为革命不惜牺牲个人。而代表国民党右派的西山会议派老气横秋，腐败保守，自不振奋，还阻挠别人进步。两派之间，矛盾不能调和，是很自然的，问题在于如何正确处理这个矛盾，是割掉赘瘤大踏步前进呢？还是杀掉带头奔跑的马来制止马群前进？蒋校长先前还说：“自不努力而唯惧他人之蚕食，岂不痛哉？”他提出“整理党务案”，明目张胆地排斥共产党，这就只能加深矛盾，分散革命阵营的力量，使革命遭受顿挫。难道不许共产党偕同一道革命，还能制止共产党在全国范围革命吗？中国人不愿当亡国奴，则革命有的是市场。所以不管共产党也好，国民党也好，谁代表国家、人民的利益，谁就能得到人民拥护。自己不革命，还要阻止别人革命，这样的党，这样的人，必然会遭到人民的唾弃。

1926年6月5日，国民政府任命蒋中正为国民革命军总司令，7月1日发布“北伐宣言”。7月9日国民革命军在广州东校场举行隆重的北伐誓师典礼。大会由第三军军长朱培德任指挥，由总司令部副官长张治中司仪。先由国民党中央监察委员吴稚晖监誓并授印，国民政府代主席谭延闿作了简短的致词。然后由总参谋长李济深宣读誓师的誓言。蒋总司令在会上作了长篇演说。参加这次典礼的有：中央军事政治学校第四期学生（兼毕业典礼）；第五期学生；第一军第一师（王伯龄），第二师（刘峙）；第三军军官学校，第二十师六十团（李杲）。当天下午，北伐部队即由大会会场出发，开始了轰轰烈烈的北伐战争。实际上未誓师北伐前，第四军、第七军、第八军已在湖南战斗。所以誓师仅是蒋介石就职及正式宣布北伐的仪式。我也随黄埔五期学生参加了这次大会，目睹了这一隆重的场面。当时我非常天真地憧憬未来，满以为不久就会旭日高升，荡涤了污泥浊水，祖国大地将是一片光明。

北伐出师后，驻广东的部队减少了，对反革命残余和乡间的土匪需要军队震慑。于是第五期入伍生，除参加北伐奔赴前线者外，均开赴石龙、东莞、虎门、太平一带驻防。我所在的第二团第三营全部驻太平，轮流以一个连去防守虎门要塞的上横档炮台。

我们到达太平住入营房，白天操课，晚上放哨，岗哨一般都放在荒芜的墓地上。当时，广东人有个风俗：凡人死了后，把棺材停放在山上，待尸体自行腐烂后，才取出骨头，放进罐子里再置于山上。因而，山上随处可见棺材和罐子，令人毛骨悚然。复哨有两个人，还可以互相壮胆；放单哨，在黑暗中，哪怕一只野狗走过，也骇得魂不附体，所以我们放单哨时总是悄悄地两人聚在一起，只等排长来查哨时，我们才分开。有时，为了壮胆，我们也以各种借口放上一枪。如果遇上下雨，那就更苦了，虽然穿着雨衣，但放完两个钟头哨，还是浑身湿透，而临时搭盖的哨所也遍地是水，无法休息。经过一段时间的

黄埔军校的战斗演习

锻炼，我们逐渐习惯了这种恐惧而又艰辛的军事生活了。

后来，我们十一连轮到守上横档炮台，条件好了一些。上横档炮台，属虎门要塞，建筑在珠江江心的一个小岛上。那时这个炮台中，正关押着吴铁城、熊克武、余际唐、喻培棣、欧阳格等人。据说，吴铁城因3月20日中山舰事件，蒋介石委过于他而被捕。川军总司令熊克武据说是因与陈炯明通信，阴谋颠覆广东政权而被蒋介石拘押的。我们每天轮流看守着他们，除去厕所外，不准他们任意出房门走动。

熊克武、余际唐和喻培棣被关押在三开间的房屋里，右边一间是卧室，左边一间空着，当中一间是厅堂。他们三人经常在厅堂活动，余、喻两人下围棋，熊克武则坐在餐桌头上观战。每当轮到我们四川同学看守时，熊克武总是很高兴，故意找机会跟我们搭话，“啊！你是四川人吧？你家住哪里？”“关在这里真不容易见到个老乡。噫！你多久到广州来的？”有时我们也搭讪几句。有一次被第一排排长文中孚听见了，就向我们吼起来：“你不守纪律！怎么能跟反革命谈话。”弄得熊克武非常尴尬。等文排长走远了，他怪不高兴地说：“哼！反革命？我革命的时候，还不知你在哪儿呢？”

另一次，一个四川同学问熊克武：

“你将来还可以再带兵打反革命吗？你的作战经验多，定会打些出色的仗。”

“不可能，人总是受时代支配的，一个人不能失势。时势造英雄，失了势，再有天大的本事，也干不出事业来。我已受时代淘汰了，你们正可以跟上时代干一番革命事业。”熊以坚定的语气这样回答。我不知他的话是出于真心呢，还是为了表示没有野心，以便得到早日释放。

吴铁城单独住一间房间，他官架子很大，根本瞧不起我们。他的“太太”经常给他送罐头和其他食品来。他看的书报成堆，比起熊克武等的寒酸，相去霄壤。我们入伍生间相互传说，吴是孙中山的干儿子，因此受优待些。也可能代人受过，该受优待。

我在上横档最难忘的一件事，是在退海潮时游泳堕入深水，几乎淹死，同连的同学周子劲将我救起。周是共产党员，升学后我们不在一个科，以后互不通信，也就不知道他的下落了。

我们入伍生无论守卫东莞，还是守卫虎门，反动派、土匪都慑于学生军的声威，不敢骚动。因而有力地保证了国民政府的后方安宁。

北伐频传捷报

我们在虎门驻防的时期，密切注视着北伐战况。报上频传捷报，十分鼓舞人心。同时，我们从私人通信中，也了解到不少北伐中的秘闻。

我们北伐军的物质条件较差，枪炮种类复杂，战斗技术不高，但革命热情高，政治工作好，士气旺盛，征途上又得到广大人民群众的支持，所以能节节胜利，所向披靡。

据当时参战的炮兵队的同学来信说：北伐军一面包围武昌，一面渡江进攻汉口。信上谈到北伐军攻占汉口的情景时说：我们在徐家棚按规定时间开炮，炮声一响，汉口电灯陡然熄灭，一时全市枪声，爆竹声四起。驻在汉阳的吴佩孚所属刘佐龙部约万余人宣布附义，转过来炮击汉口，驻守汉口敌军大乱，吴佩孚仓皇北遁，北伐军没费多大劲就把汉口攻克了。原来我政工人员，早已混入汉口市作工人运动，策动电灯厂工人一听炮声就立即截断电源；有的政工人员还充当黄包车夫，与黄包车夫联络好，一俟电灯熄灭，就从黄包车坐板下取出鞭炮燃放，取出标语四处张贴。在一片黑暗中，吴佩孚只听炮声大作，也不知究竟，骇得魂不附体地弃城逃跑了。敌人一跑，全市马上电灯复明。从这一侧面，说明工人、农民、劳苦大众协助支持北伐军进攻，是北伐军得以进展迅速的重要原因。也证明孙中山提出的联合工农政策是无比正确的。

吴佩孚逃走了，被围困在武昌城内的陈嘉谟、刘遇春延至10月10日开城投降。我们也听到了蒋校长率军向江西进攻，三打南昌遇挫的情况。最使我们震惊的是，校长为了整饬军纪、实行革命连坐法，不得不明令枪毙擅自放弃奉新城的第一师团长、黄埔第一期学生孙元良。还发了告黄埔同学书。我们留在后方的同学，当时竟认为蒋校长大义凛然，执法如山，真是孔明挥泪斩马谡的重演。事后才知道蒋校长一面下令通告全军枪毙孙元良；一面却给路费让孙元良化装逃跑。以后还送他进日本士官学校学习。还听到一师的同学说，第一师代师长王俊确有叫孙元良遇优势之敌进攻，相机撤退的命令。后见责任重大，又不敢承担责任，就把责任一概推给孙元良。当时全师黄埔生不服，曾联名写报告给蒋校长为孙元良辩冤。事情也就不了了之。

最后的捷报当然是11月6日北伐军攻克南昌。

升学和迁校武昌

就在北伐军捷报频传声中，我们升学回到了黄埔岛，这是1926年10月桂花飘香时节。我原报考工兵科，考试结果，把我编入了第五学生队，政治科。第五期学生共编成六个学生队（即大队），第一、第二学生队的为步兵科驻本校，第三学生队为炮科驻沙角，第四学生队为工科驻××，第五学生队为政治科，第六学生队为经理科，同驻蝴蝶岗。政治大队分十三、十四、十五三个队。十三、十四队学生入校较早，8月份就升学了。我因考试成绩尚好，把我编入了十四队。政治大队大队长为沈铸东，十四队队长为张鸿儒。我们在蝴蝶岗学习了一个月，11月国民政府迁都武汉，我们工、炮、政治三个大队也奉命迁往武昌。

我们由广州坐火车到韶关，然后步行翻越骑田岭，经石峰、良田，到达郴州。途中步行3日，纪律非常严。大队长、队长都走在队伍前头，学生没有一个人乱拿人民物品。我们也颇有自觉性，休息时在民房屋檐下坐片刻就走，没有人肯进入民房。我们一翻过骑田岭的分水岭（关口），顿觉寒意袭人，眼睫毛上都结成了一颗颗小水珠。我们当时年轻，虽然走得脚肿腿酸，但一见青

黄埔军校武汉分校开学典礼

翠的群山，腰系薄雾的美景，竟忘了疲倦，争相评论这个山峰美好，那个峡谷幽深。一路有说有笑，不觉到达了宿营地。吃饭后，把脚一洗，倒在稻草上一觉睡去，真比什么都香甜。

到郴州后，我们改乘小木船顺耒水而入湘江北上，每船坐一班人。几百只船，放舟中流，蔽江而下，经耒阳、衡阳、湘潭直抵长沙。耒水和湘江，江水碧绿，岸上翠竹丛生，绝佳的风景，令人心旷神怡。这简直是游山玩水，哪是旅次行军？

从长沙到武昌，我们改乘火车。人稠车小，挤得连解小便都无法动弹，只好用漱口盅接尿由窗口倒出去。我见一块铁板，还没有人占据，于是上去铺上军毯，准备入睡，哪知道越睡越冷，终夜不能成眠，只得站到武昌，真上当不浅。

到武昌后，政治大队驻城内两湖书院的左侧独院内，工、炮大队驻平湖门外。我们政治大队不几天就换了大队长，据说沈铸东到汉口后，朋友请他吃饭，有妓女陪酒，被某见习官闯见，报告他有失革命军人尊严，所以被撤职，大队长职务由十四队队长张鸿儒升任。所遗十四队队长由许继慎继任，十三队队长也改为徐向前。徐和许都是黄埔第一期学生，中共党员。

在北伐战争节节胜利的情况下，北伐军总司令蒋介石伙同张静江，企图把军事政治中心移到南昌，而推翻迁都武汉的原决定。这就形成了南昌与武汉国民政府相对立的局面。武汉国民政府这时已对黄埔实施了改组，下令取消校长制，改以校务委员会负责校务。校务委员会由七人组成，他们是汪精卫、蒋中正、谭延闿、吴玉章、徐谦、邓演达、顾孟余。教育长先由邓演达兼，后由学兵团团长张治中调任。除第五期工、炮、政治三个大队外，还在武汉招收了第六期新生。以后蒋介石为了加强对黄埔的控制，将两个步兵大队由黄埔调到南京；经理科两个队则留黄埔。因此黄埔军校第五期就一分为三。宁汉合作后，国民党定都南京，五期步兵科两个大队就被说成为黄埔军校本校，并继续招收第六期学生，改称中央陆军军官学校。五期工、炮、政治三个学生队的学生，要重新登记，才算黄埔同学，武昌的中央军事政治学校反称为武汉分校。为了证实我的记忆没有错，特附上当时的毕业证书一张以作物证。

黄埔军校的军事课

这里要特别提到两件事：一是宁汉未合流前武汉国民政府招收的黄埔军校第六期学生中，有一个女生队，二百来人。专门培训女军官，这在中国历史上是罕见的。二是我们第五期学生还有人参加了收回汉口英租界的斗争，这也是黄埔校史光荣的一页。

我们学习期间的黄埔军校，是为适应当时革命的需要造就初级干部的。因革命形势的发展快，干部需要量大，时间又短，所以我们学到的军事技术和其他军事知识，是很不够的。而我所在的政治科更是这样。好在大家接受革命理论，愿为主义而牺牲，稍学一点军事知识，就有了作为一个革命干部的基础。兼之当时连年作战，有不少从“战争中学习战争”的机会，所以黄埔军校还是造就出了不少军事人才，为中国革命作出了不少贡献。

政治科是为了造就军队政工干部的，我们当时由陈群教《三民主义》，廖划平教《本党政策》（国民党），萧楚女教《帝国主义侵略中国史》，恽代英教《青年运动》《社会进化史》，甘乃光教《农民运动》，陈启修教《政治经济学》，沈雁冰教《文艺××》。沈雁冰时常穿中国式长袍，外套西装大衣，长短很不调和，他讲课很风趣，给我印象极深。黄埔政治教官多数是共产党员。在他们的影响下，我读过李达编著的《马克思》及《独秀文存》一类的书。当时流行的共产党主办的刊物《向导》更是我们的主要读物。通过教官们的讲解和课外阅读，使我们初步懂得了一些革命的道理，帝国主义的侵略和军阀统治是导致国家衰弱，社会腐败，民不聊生的根源。要使国家富强，民族独立，人民解放必须投身于革命洪流中，推翻帝国主义和封建军阀的统治，统一全国，实现反帝反封建的新三民主义，进而实现社会主义，才能使中国真正地振兴起来，成为一个强国屹立于世界。

血花剧社的一幕

正当武汉政府准备对蒋介石采取种种措施，防止他独裁，武汉市内出现了反蒋标语和漫画时，蒋校长居然于1927年1月，在一片反蒋声浪中来到了武汉，召集黄埔军校学生代表到“血花剧社”开会。

“血花剧社”是根据“先烈之血，主义之花”而命名的，地址在汉口原大世界旧址。这天，几百名黄埔军校学生代表聚集在这里，敬听蒋校长训话。当时，蒋校长全身戎装，缓缓走向讲桌，举目扫视，静立片刻，随即把脚一顿，大声说：“我究竟是逃跑吗？还是自杀呢？”陡然之间全场听众惊讶不已。他停顿片刻继续说：“万万想不到，我在前方率领将士浴血奋战，而后方发生种种谣言中伤我。我是校长，你们不听我的话，我很伤心。作为老师、校长对待学生跟父母爱护子女是没有什么两样的。我有个老兄，他年轻时不成才，我母亲把我们两兄弟喊在一起，干脆分了家，声称分了家后再不管我哥哥了，但是却常常喊我偷偷地去看我哥哥嫂嫂，看他们有没有饭吃。以后，我留学日本回来后，老婆告诉我说：‘你留学走后，母亲一端起饭碗就念你，时常流泪。’可见当父母的人，不管儿子成不成才都是一样爱护的。可惜，一些学生丝毫不尊敬爱护自己师长，真使我感到痛心疾首。”蒋介石悲痛的声调，随之激昂起来说：“同学们须知，今天正是革命成败关头，你们要相信我，坚定不移地誓为中山先生三民主义之实现而奋斗。”

听了蒋校长一番“苦口婆心”，慷慨激昂的讲演，一部分学生为校长“沉痛”的心情所“感动”，偷偷逃往南京追随蒋校长去了。左派学生识破了蒋介石妄图用封建感情笼络学生、网罗党羽的阴谋，仍留在武汉。

1927年宁汉冲突加剧，武汉反蒋，南京反共，双方频繁地发表讲演和文章，公开论战。宋庆龄来校讲《三大政策》，何香凝讲《廖党代表精神不死》，郭沫若发表了《请看今日之蒋介石》。而逃往南京的周佛海则发表《逃出了赤都的武汉》，攻击诽谤武汉国民政府。宁汉矛盾激化，3月23日，武汉政府在国民党左派联合共产党坚决反蒋下，明令罢免蒋氏。蒋氏就更加疯狂反共，在上海发动了反共的四一二事变，大肆逮捕和屠杀共产党员、国民党左派分子、工农群众及青年学生。接着广州、长沙等地也发生事变，黄埔军校政治部主任熊雄，政治教官萧楚女都在事变中惨遭残害，黄埔学生被捕者也不计其数。回想当年，宁汉双方互相攻击的主要论点，不外是汉方抨击蒋介石独裁，破坏“总理三大政策”；任用北洋军阀政府的政客黄孚、王正廷勾结帝国主义和封建军阀反对共产党，反对进步势力，而宁方攻击武汉赤化过火，共产党篡夺党权，并且造谣说共产党主张共产共妻，搞什么妇女裸体游行，男女同浴等等，以蛊惑人心。不难看出，汉方所争的是政治大事，革命前途的大事，而宁方政治上无理，只好利用封建意识施展其造谣中伤之能事。他们所制造的许多危言耸听的谣言，都是对当时各地在共产党和左派领导下，所兴起的妇女解放运动和农民运动的诬蔑。当时嫌农民运动过火的人，无非是思想落后，或者自己就是封建地主，死抱着阶级偏见不肯放手。至于国民党右派说什么如果联合共产党，国民党就要亡党，这就要看你这个党代不代表人民利益，国家利益。如果国民党不代表人民利益，国家利益，则国民党要亡。如果共产党不代表人民利益，国家利益，共产党也要亡。当时，蒋介石先生搞独裁，耍阴谋，国民党内部本已酝酿倒蒋，北伐军除第一军外，几乎都反对他（我在武汉亲见第六军军长程潜坐在反蒋大会的主席台上）。那么是什么力量使蒋介石能一下夺取了党、政、军大权，使中国开倒车数十年呢？并不是什么国民党左派和共产党的主张不合国情，不得民心；也不是蒋总司令有什么杰出的天才。而是在新旧势力的斗争中，代表新思想的革命力量和代表旧势力的帝国主义、封建军阀、土豪劣绅及国民党反动集团联合起来的反革命力量相比，过于悬殊，导致了革命的失败。所以历史唯物地看问题是“时势造英雄”，蒋介石先生这个反共英雄，是历史逆流所造成的，“其谁曰不然”。

在宁汉分裂声中提前毕业

1927年4月14日，蒋介石发动四一二政变的消息尚未在武汉群众中公开，整个城市在形势剧变中仍保持着暂时的宁静。这时，中共党员、黄埔军校校务委员吴玉章、办公室主任李合林，把我和傅秉勋叫到校务委员会办公室，要我们提前毕业，立即返回四川。

吴玉章严肃地说：“你们知道南京的消息吗？”他见我们茫然的眼神，继续说：“现在形势十分危急，蒋介石已经公开叛变，很可能进攻武汉，四川军阀杨森将会配合蒋介石进攻，你们尽快返回四川，想尽办法让郭汝栋阻止杨森出川攻打武汉。如果郭汝栋阻止无效，可让他待杨森出川后，伺机打其后方，使其崩溃。如果这也办不到，要郭汝栋无论如何不出一兵一卒帮助杨森。”

是时，二十军军长杨森兼任川鄂边防司令部司令，郭汝栋为副司令。郭驻防涪陵，拥有两师一旅兵力。

我们肩负着吴玉章、李合林给予的使命，提前毕业了。同时提前毕业，一道分到郭汝栋部工作的，还有任逖猷、赵启民、蓝鼎彝三人。任是共产党员。

离校前，军校发给每人二十元服装费，购置皮鞋，武装带，军装等。我们一天时间就按规定制备齐全，一身军官打扮，由武汉上船，溯江而上。

当时，我们只知道蒋介石已发动四一二事变，但对蒋疯狂屠杀共产党的具体情形毫无所知。一路上，仍以革命军人自居，而不知道驻防宜昌的部队，是忠于蒋介石的独立十四旅彭启彪部，稍不注意，就会被彭扣留。幸好轮船直航重庆，不靠岸，我们糊里糊涂地过了宜昌。来到奉节，我们还是麻痹大意不知警惕。奉节已是杨森防区，由所属第八师师长王文俊部驻防。

这天晚上，我们下船进城去找饭馆吃饭，正吃着，突然听到街上急促的脚步声和吆吼之声，原来是王八师（四川人当时这么称呼王文俊）的巡查队出巡。只见为首一人手捧木牌，上书一个“令”字，一个排长不断吼叫：“一切人立正，站起来！”我们新从黄埔毕业，对这腐朽封建的一套毫不理睬，照常吃我们的饭。这个排长一见，冲上前来吼道：“干啥的，令箭在此，为啥不站起来？”我们当中不怕事的说：“我们是黄埔的，我们不懂你们这一套。你们这一套是土办法，九州外国都没这套东西。”这排长一听，鼓起一对蛤蟆眼说：“咹，你们是黄埔大学毕业的军人，怎么还说黄话？到我们城防司令部去说。”一听这话，我不禁着急起来，他们是杨森的队伍，而杨森是反武汉的，弄不好会吃亏。所以急忙站起来，同他们赔礼道歉，说我们刚到奉节，不懂规矩，请求原谅。同时，我又自我介绍说，我是郭汝栋的堂弟，我们都是分发到他那里去做事的。这样，我们才侥幸地离开了奉节，随后再经万县到达涪陵。

从此，我结束了军校学生生活，开始了戎马倥偬的生涯。墨子有几句名言：“染于苍则苍，染于黄则黄，所入者变，其色亦变。”我18岁投奔黄埔那时正是一个思想纯洁，毫无世故，满腔热血的青年学生，经过一年多的军校生活，正像一缕洁白的丝放进了红色的染缸，思想所受的影响是极其深刻的，这就决定了我的曲折的一生。历尽劫波，回头一想不禁怅然。

黄埔同学会

我离开黄埔后，经常梦绕蝴蝶岗和两湖书院，却再也没机会旧地重游了。1932年，我到南京参观中央军校，原来以为母校不殊往昔，哪知道气氛完全不同。所有“打倒帝国主义！”“准备流血牺牲”一类标语，全换成“礼义廉耻”“负责任”“守纪律”“辨顺逆”一类东西了。我在广州和武汉，都不大知道黄埔同学会，但是南京的黄埔同学会则在1927至1932年时期声势显赫。它不特是蒋校长直接控制的封建组织，而且是一个迫害黄埔同学的特务组织。黄埔同学会规定凡是黄埔学生，都须由同学会负责登记考核，领到登记证的，才被承认是同学，有共产嫌疑的，不许登记。登记了的会员，如果失业，都可到同学会登记失业，立刻可以领到生活费，同学会还负责重新介绍工作。同学会会员必须绝对服从校长领导，不允许有其他组织活动，更不准参加共产党的活动。若参加共产党的活动一经查出，即严加惩处。同学会还鼓励同学间互相检举，谁是共产党员，被检举了的，要写悔过书，否则会坐监。在武汉毕业的五期学生，在同学录上是无名的，必须有两个同学担保才准登记，这些都说明黄埔同学会当时是结帮拥蒋，并迫害进步同学的组织。黄埔同学会的负责人主要是当时黄埔同学中的头面人物，如曾扩情、贺衷寒、刘咏尧等人。他们之下，又有一批喽啰，作威作福，为所欲为，今天说这个是共产党员，明天说那个有共产嫌疑，因此被迫害，甚至被迫害致死的同学（有的是共产党员，有的是思想左一点）不知凡几。我也是被检举有共产嫌疑的一个，但是我却因祸得福，我考陆军大学时，是用黄埔五期毕业的学历，但同学录上无名，又未登记。不知是哪位同学为我作了“好事”，他检举我与傅秉勋有共产嫌疑，陆大考试委员会审查，反而因此反证，证明我是五期学生，准我考试。从这以后我的“黄马褂”（泛指黄埔生）才算正式穿稳了。

蒋军后来戏称陆大毕业的黄埔生，为“绿头巾赏穿黄马褂”，这种人比较行时，官运亨通？只绿不黄，只黄不绿都略逊一筹。蒋军有嫡系、准嫡系和杂牌之别。全部军官从上到下，一律是黄埔师生的称为嫡系；军官约半数为黄埔生的，叫准嫡系；地方军官多的部队，则称为杂牌。所以同是蒋军，黄不黄关系重大，“天子门生”“黄虫”的称号，不是无因的。

黄埔的海潮依旧，革命高潮退了，黄埔精神消失，黄埔历史影响犹在，我从思想到遭遇都逃不脱黄埔的影响，往事如烟，使人感慨系之。

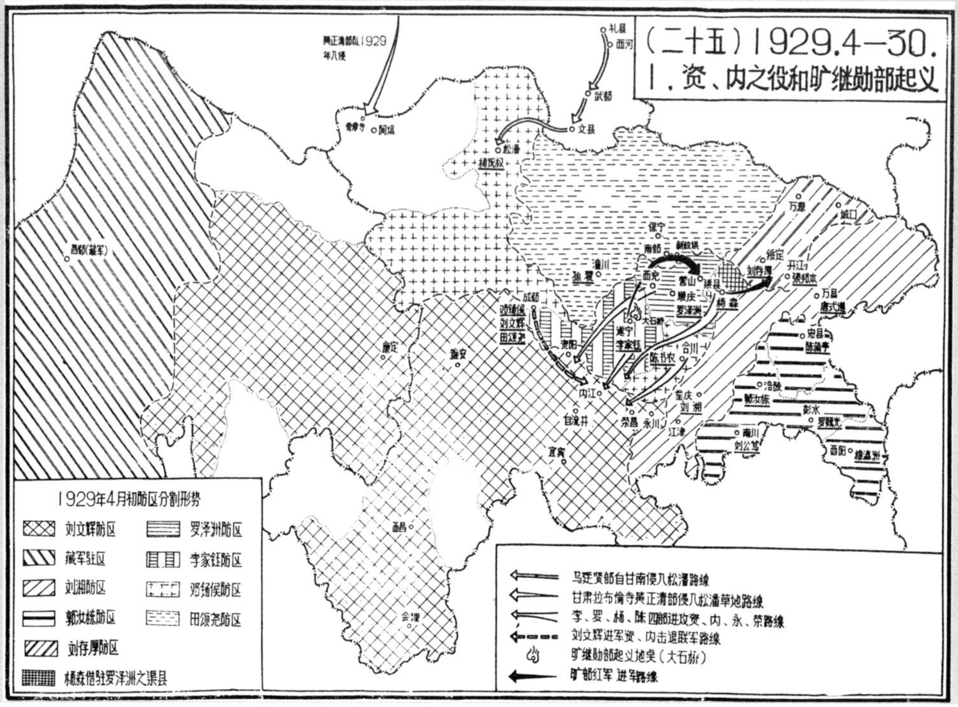

三、奉命回川

（1927—1930 年）

我的堂兄郭汝栋

1927年4月14日，我奉吴玉章之命，从武汉回到四川。

这时四川军阀杨森，兵力十来万人，驻防下川东。杨森自己驻万县，郭汝栋防区在涪陵、彭水、酉阳、黔江等县。

“防区”照军事术语解释，是军队驻防区域的意思，但四川的防区制，则有不同的内容。1918年熊克武以“四川督军”名义召开整军会议，扩编川军为八个师，指定各师粮饷概由驻防县局拨给。这是四川防区制的开始，以后各军阀下面又有许多小军阀，各占一块地盘，构成四川这一独立王国中又有许多更小的独立王国。这些大小军阀都是些土皇帝，他们在其防区内以军统政，以政敛财，以财扩军，成为一个地区的政治、经济、军事、财政的独裁者。他们为所欲为，无恶不作，中央及省政府对之都鞭长莫及，督军、省长也徒有虚名。人民涂炭比全国各省都厉害得多。

1926年北伐胜利，四川各大小军阀，摇身一变，就成为国民革命军的军长，这时除二十军杨森外，占领防区的面积大的还有二十一军刘湘，二十四军刘文辉，二十八军邓锡侯，二十九军田颂尧等。当时刘湘已有兵力约十一万人，驻防重庆及其附近二十余县。刘文辉所部驻自流井、宜宾及上川南，约十万人。邓锡侯约六万人驻华阳、新都、广汉等二十余县。田颂尧约四万五千人，驻防川北绵阳等二十余县，力量雄厚的数刘湘、刘文辉和杨森。

我回四川不久，蒋介石在南京成立了国民政府，蒋汪合流，武汉共产党被挤走，我与吴玉章失去了联系。郭汝栋既与我是堂兄弟，而他的部队里又有不少中共党员，我便留在了他的部队。

我在郭汝栋部队共计三年（1927年到1930年）。我先在政治部当科员，主要负责办壁报。三个月后，转搞军事，郭汝栋认为，做军官起码要从当排长做起，才能理解士兵心理，掌握带兵的本领，因此要我当独立旅军士队的区队长（相当于排长）。军士队的队长姓刘，其他三个区队长是：余国干、李仲达、左世琳。我们四个都是黄埔军校学生，以后都升任为独立旅一团二营各连连长。二营营长傅秉勋，营副李阶平，各连的第一排排长也都是黄埔学生，一时二营被称之为“黄埔营”。当时这种黄埔学生云集在一处，在四川部队中还极为少见。以后我又升为营长，一直到1930年东渡日本。

郭汝栋原是重庆府中学堂学生，辛亥革命前夕，孙中山组织的同盟会为了在四川发动和领导民主革命，派了许多会员设法进入教育界开展革命活动。同盟会会员，革命党人张培爵进入重庆府中学堂，任该校的监督。他借教育做掩护，暗中进行革命活动，在青年学生中发展组织，壮大革命力量。1911年辛亥革命时，张培爵公开打出革命旗号，宣传资产阶级民主革命思想。在张培爵的影响下，郭汝栋也跟着闹革命，参加了张培爵组织的“炸弹队”，成了“炸弹队”队员。

学生时期的郭汝栋，满怀革命热情，积极参加革命活动。听说他结婚的前一天，突然失踪了，新郎不在，喜事怎办？家里十分焦急，派人四处寻找，仍无踪影，直至深夜他才气喘吁吁地回到家里，原来他跑到鱼口坳（距家六十里）去给革命党人送信，走了一天一夜，脚都走肿了。

辛亥革命时，在同盟会领导下，四川人民举行了反清武装起义，并宣布独立，成立了“四川都督府”，张培爵被公推为副都督。后来张培爵到了成都，郭汝栋和许多“炸弹队”队员也随同到了成都，进了四川军官速成学堂。他在这个学堂学工兵，受业一年半，于1913年秋毕业，毕业后分在川军第二师（刘存厚任师长）工兵营当排长。郭精明强干，以后逐渐升任连长、营长。又由营长而团长、旅长、师长、军长。郭的部队驻涪陵、酉阳、秀山、黔江、彭水等地。他本人驻涪陵。涪陵鸦片烟生意很盛，且川盐销售到贵州去的，大都要经涪陵溯乌江经龚滩转运，因此烟税盐税收入丰厚，成为郭汝栋得以迅速扩军的经济基础。

早在1924年，郭汝栋当杨森的旅长时，就和孙中山有联系，孙中山委任他为第一混成旅旅长。1925年，郭被封为杨森部队第九师师长时，郭的部队打的是北洋军阀的旗号——五色国旗。这时广东方面，革命浪潮已蓬勃发展，前途光明，于是郭便派代表和学生到广东，和广东革命力量取得联系，以便为自己将来的生存和发展创造更多的条件。1926年在北伐的胜利进军中，四川军阀迫于革命形势，纷纷弃北附南，改旗易帜，这时郭又首先打出青天白日旗。1927年，我回到涪陵时，他任川鄂边防副司令。

由于郭当时是川军中比较能接受革命思想的人，我以为他是革命的，吴玉章同志对他也抱有希望。我们从武汉回四川后就对他讲明了吴玉章的三点意见。郭听后立即很认真地回答：“杨森和我感情不好，平时互相猜忌，我无法劝他。袭击他，我力量不够，不过如果杨森出兵，我一兵一卒也不帮他。”这说明他既不肯做杨森的工作，又不肯打杨森，而是站在一旁，隔岸观火。这时由于大革命还未失败，因此郭仍以左的面目出现。他与既是共产党又是国民党左派的李筱亭、杨闇公等人，在重庆莲花池积厚里建立的左派国民党四川临时党部——莲花池省党部有联系。郭汝栋部队的政治部主任尹肇周就是莲花池省党部派去的。尹肇周是同盟会会员和共产党员，负责领导军队和涪陵地方工作，与正在涪陵做革命工作的共产党员李蔚如联系很紧密。川东地下党在郭汝栋部的势力很大，政治部副主任胡陈杰，很得郭的信任，郭认为他是人才；政治部科长饶绘峰、邓济时；科员徐孔嘉、雷清尘、赵启民、任逖猷、钱杏荪、刘思南、周见非、张嘉民、赵理钧；干事陈林、陈劲；及少校团副袁镜铭、傅秉勋（以后任营长）、霍恂；连长李惠元；排长任忾先、刘恢初、芶锻璞等，都是共产党员，而且地下党组织在郭汝栋部队发展也很快。我们从武汉一同回四川的五个人中，最初只有任逖猷是共产党员，回川不久，傅秉勋、赵启民都相继加入了共产党。郭汝栋的随营学校第三期学员，许多人都加入了共产党，我是在郭的部队退到綦江，才参加的。

早在去黄埔军校学习时，我就希望祖国政治上轨道。进黄埔后，每星期一要作总理纪念周，读《总理遗嘱》，其中国民革命“目的在求中国之自由平等”，“欲达到此目的，必须唤起民众及联合世界上以平等待我之民族，共同奋斗”一段话，深深印入我的心版。我认为这是救国的最正确的道路，又认为当时以平等待我之民族是苏联，我们应“以俄为师”。孙先生的联俄、联共、扶助农工三大政策是实现中国自由平等这一目的的最正确手段。在这种思想支配下，我渴望知道苏联社会主义革命、共产主义是怎么一回事。在黄埔军校亲聆了恽代英、萧楚女、陈启修诸位教员讲课，马克思列宁主义的革命理论吸引了我，解放全人类的共产主义远大理想使我心驰神往。当时共产党人的革命品质也使我深为敬佩。我由崇拜孙中山先生的新三民主义，进而赞成共产主义。我认为共产主义更好，共产党更革命、更进步，衷心希望自己也能加入党组织，成为一名共产党员。在武昌时，我们一同到广东的袁镜铭已加入了共产党，我知道后，要求袁镜铭介绍我入党，不久袁镜铭问我愿不愿意加入“左社”？并说这是汪党代表（精卫）组织的。由于我认为共产党更进步，因此我说：“我不加入‘左社’，我要加入共产党。”由于我当时年纪轻，又是川军郭汝栋的堂弟，组织要考验我，所以没有达到我的夙愿。

回四川后，我在郭汝栋的政治部任科员时，仍坚持孙中山三大政策，写文章和发表演说时都坚决拥护武汉政府，我与共产党员们非常友好。我当连长时，有个上等兵叫邱志坚，我觉得他看上去像个知识分子，不像当兵的，猜想他可能是党派进部队来作兵运工作的同志，于是就经常和他接近，照顾他工作、生活。隔了约半年多，部队已退到綦江南川，袁镜铭有次对我讲：“你表现尚好，现在党同意吸收你。你们的党小组长就是邱志坚。”从这时起，每个星期或隔一星期，邱志坚就来召集我和共产党员司务长林受之开一次会。开会地址常在田边、地角，也没有什么仪式，内容主要是汇报思想情况和工作情况。

郭汝栋的政治部和军队内有那么多共产党员的事实，说明他当时还是拥护武汉革命政府的。蒋介石叛变革命，宁汉合作以后，他屈服于刘湘的压力，出卖共产党员李蔚如，才暴露出了他真面目。

李蔚如是四川督军熊克武的参谋长，是一个优秀的同盟会会员和共产党员。他在涪陵龙潭地区宣传革命，组织工农武装，很快搞起了约几百支枪的武装力量。刘湘一直拥护国民党右派设在重庆的省党部，他怕共产党势力扩大了危及自己的统治，把李蔚如视为心腹之患，必欲除之而后快。于是一面派他的师长蓝文彬到南川进逼冷水关捉李蔚如；一面暗中勾结郭汝栋要他协助。郭汝栋于是凭借自己的“左”倾面目，表面支持李蔚如，实则暗中出卖他。郭汝栋假意打电报质问刘湘，为何大兵压境，要刘维持友好，互不侵犯，并煞有介事地把电稿交给我，要我登在壁报上。这封电报实际上是登给李蔚如看的，目的在于使李蔚如造成错觉，认为郭汝栋和刘湘有矛盾，思想对立。我当时不懂其用意，就在报上登了。之后，郭汝栋又装成好人，派共产党员傅秉勋（傅当时已是郭汝栋的妹夫）和徐孔嘉对李蔚如讲："刘湘要危害你，但不要紧，郭汝栋支持你。"并派一个团交李蔚如指挥，以加强李的防守力量。李蔚如见郭汝栋派了两名共产党员来通风报信，又派一个团交给自己指挥，于是对郭深信不疑。一天晚上，李蔚如发现自己身旁有人在活动，细看都是郭的兵，自然未加防范，岂料这团人和蓝文彬部队勾结起来，把李蔚如捉住，交蓝部带到重庆南岸黄桷垭残害了。也有人说是郭遣涪陵县县长吕心孚，去龙潭镇约李蔚如开会，在会上捉的，但不管细节如何，都是郭出卖的。出卖李蔚如事件发生后，政治部主任尹肇周极为愤慨，认为郭汝栋两面三刀，当面是人，背后是鬼，坚决不干走了。郭汝栋矢口不认账，并任胡陈杰为政治部主任兼军部副官长，对其他共产党员也没有侵犯。共产党也利用这个机会继续开展地下工作。

亲历四川军阀混战

四川军阀为扩大地盘，扩充势力，经常互相混战。据不完全统计，自辛亥革命到1930年，四川大小战争达四百来次。由于连年战祸，四川人民在军阀的压榨下，生活在水深火热中，一遇天灾，树根菜头，掘食殆尽，卖妻鬻子，随处可见，真是满目凄凉，惨绝人寰。四川人民对军阀极为痛恨，编了一首讽刺诗："四川七军长，称名遍五行，水火木金土（水指刘湘，火指刘文辉、赖心辉，木指杨森、郭汝栋，金指邓锡侯，土指田颂尧），骄贪狡诈横，害人终害己，相克不相生，都怀统一梦，谁也搞不成。"

1928年我在郭汝栋部队当连长时，就亲历了倒杨（森）倒刘（湘）的军阀混战。

1928年1月7日，南京国民党政府下令免去杨森本兼各职，二十军军长由师长郭汝栋升任。这是在刘湘阴谋操纵下，发动倒杨策划出来的。

刘湘与杨森矛盾很深，两部防地相互毗连，势均力敌，彼此都把对方视为劲敌，刘湘亟欲翦除杨森的势力，以便在上下川东称王称霸。因此，刘湘一面密请国民政府免杨森的职，一面利用郭汝栋、范绍增等与杨森的矛盾，并拉拢赖心辉一致倒杨。

赖心辉驻防江津、合江，势力较小，希冀在倒杨后占点便宜，扩大地盘，加以刘湘愿助赖心辉饷银二十万元，于是就甘愿充当刘湘的马前卒。

郭汝栋是杨森的部下，实力较大（有两师一旅），而且本人精明强悍，遭杨嫉妒。杨常想法削弱郭（如借集训为名调走机枪迫击炮），郭亦不甘受杨约束，图谋抵制，因此，矛盾日益加深。刘湘又从中挑拨，怂恿郭在倒杨中充实自己，丰满羽翼。当杨森被免去二十军军长之职而由郭汝栋升任时，杨郭矛盾就表面化了。

杨森的师长范绍增、吴行光也不愿被杨森削弱，并受刘湘等人笼络，准备和郭汝栋联成一气倒杨。范绍增当时防地绵亘长寿、垫江、大竹一带，地居万县之侧，又邻涪陵，便于相互联系，进攻万县。他们联合起来打杨森，力量还是很大的。

经过一系列酝酿、准备，1928年5月12日，郭汝栋在梁山通电就任二十军军长职，倒杨之战爆发。郭汝栋、赖心辉、范绍增三部进攻万县，企图一举占领杨森军部所在地。吴行光部则由梁山向开江、开县进攻，之后转而进攻万县。联军打到万县附近，搞得杨森措手不及。这时郭汝栋没有乘胜进攻，而是按兵不动，给杨森写了一封逼其下野的信，并限他三天之内答复。杨森有了喘息之机，于是调兵遣将，进行反击。特别是罗泽洲部在双方激战方酣时，袭击联军后方垫江、大竹、长寿，联军腹背受敌，使其首尾难顾，而全线崩溃，退回涪陵。杨森大获全胜，跟踪进攻涪陵。郭汝栋沿长江、乌江防御，兵力分散，致使杨森部队攻入涪陵城。郭汝栋反击，将杨森渡江部队全部歼灭。但杨仍准备渡江进攻，郭判断杨森不至于再在涪陵附近渡江，而将有力部队，配备于乌江上游白涛镇一带，而以战斗力较弱的独立旅第二营防守乌江口至火柴厂一段。殊杨森再度在涪陵城附近进攻，其装甲轮一艘载兵窜入乌江口，在我营左翼的第七连阵地登陆。我乃率第六连预备队一个排侧击敌人，敌人大部队直向纵深突击，我一个排无奈何向东撤退，随大部队退往南川。战后追究责任，第七连连长李仲达撤职，由排长赵启民升任连长。郭汝栋失败后，退驻刘湘防地南川綦江就食，过寄人篱下生活。

倒杨之战后，杨森急于报复，乃于1928年冬到1929年春掀起倒刘之战。杨森联合李家钰、罗泽洲、赖心辉、郭汝栋等部，以杨部为主力进攻重庆打刘湘，企图夺取刘湘的重庆防地。

此时，李家钰任四川边防军总司令，罗泽洲是邓锡侯二十三师师长，李罗两部在1925年以后，两三年之间，势力逐渐壮大，驻在四川的北道（李家钰驻遂宁、罗泽洲驻顺庆）。他们在四川大局动荡中，极欲向外扩张，如一举取得重庆，则以后的发展不可限量，因此，积极参与策划倒刘之战。

郭汝栋在倒杨森失败后，退到綦江南川，依附刘湘。他与赖心辉都怨恨刘湘，既发动倒杨，打仗时又并不积极出兵支持，故当赖心辉提出倒刘时，郭也同意倒刘。

赖心辉在军阀中力量较弱，仅两师人马，防地很小，并且在倒杨之战失败后，损兵折将，亟谋在倒刘中恢复，发展。

当时，杨森等联军在数量上占优势。杨森居于下川东，从东边打重庆；赖心辉在重庆上游江津，从白沙沱渡江由西面打重庆；郭汝栋在重庆南面，由李家沱、渔洞溪渡江打重庆；罗泽洲据有邻水，决定经江北进攻重庆。形成四面夹攻之势。郭汝栋由于参加过倒杨，与杨矛盾较深，杨联郭倒刘，只是暂时的利用。郭怕在倒刘胜利后，杨森势力大了，对他不利，不要说增加防地，恐怕生存也成问题，况且在倒杨之役丧失的涪陵防地还是一块肥肉，很想趁机夺回。于是他明与杨森联系暗又与刘湘勾结，此时刘湘也亟想拉拢郭汝栋，以削弱同盟军的力量。于是对郭讲：“你趁杨森出兵后方空虚时，去打杨森后方，占到哪里，哪里就是你的。”郭汝栋即背盟参加刘湘对杨森的作战。趁杨主力在长寿附近的张关、铁山坪一带与刘湘主力王陵基激战时，突然由渔洞溪、李家沱强行军三天三夜，袭占涪陵城，又继续东下，攻占丰都、忠州、万县，把杨森的老窝端了。1929年元月，刘杨在张关、铁山决战，刘湘的王陵基师，以轮船运兵由长寿境登岸，迂回到杨森军队侧后，杨森大败，损失很大，又不能回下川东防地，只得寄食罗泽洲防地内，后来回到广安老家去了。以后刘湘遂统一下川东，顺利地占有下川东二十余县的地盘（除杨森防地外，还包括罗泽洲失掉的长寿、垫江、邻水、大竹四县），雄踞沿长江出入四川的门户，采取远交近攻的手段，在短时期内，势力远驾于四川各军阀之上。

郭汝栋的防区也扩大了，占据酉阳、秀山、黔江、彭水、涪陵、忠县、丰都、石柱等八县。部队由原来的两个师增为三个师。吴行光的参谋长肖毅肃，此时弃吴投奔郭汝栋，郭认为肖是有才华的人，推心置腹地任用他，派他为先遣司令，率第一团进驻龚滩、彭水。第一团团长朱载堂，少校团副霍恂、政治干事陈劲，第一营营长傅秉勋，第二营营长黄永兴，第三营营长是我。

我们驻龚滩时，遭到罗靖光的进攻，朱载堂率部占领大岩门高地防御，这高地周围四五十里仅有两条隘路可通，殊罗靖光部队由樵径偷上大岩门，朱载堂急聚集第一营退上马鞍城，集中力量趁罗部前进中混乱，举行反攻，一面调集第三营侧击敌左侧背，敌不支退走，我率第三营追至头塘坝而还。这是我第三次参加军阀混战，罗靖光是熊克武的师长，熊部在广东被蒋介石解决，罗率数千人经湘黔边境回四川，想攻占酉阳龚滩一带防地，这一战失败，他的幻想全破灭了。不久我率第三营两个连进驻龚滩以南九十里的丁家湾时，遭受在贵州失败退入四川境内的谢彬师的进攻，我寡不敌众，向后退却，谢部以“神兵”追击。“神兵”身裹红布，头挂黄钱纸，手持标枪，大呼“打不进，杀不进”以高速度冲击。我营士兵们信以为真，不敢抵抗，我立即亲自带第十连的一个排，掩护退却，排长苟锻璞射击技术良好，可以百发百中，先打倒为首追来的“神兵”，“神兵”才不敢紧追，但一部又沿山脊对我平行追击，我还是疲于奔命，喘不过气来。退到朝天宫，才挡住了两路“神兵”的前进路，这时我手头掌握了一个多连兵力，才举行反击，将敌人击退，计程已一气跑了四十五里。我终身都记得受人平行追击的滋味。由于这次是我独立指挥吃了败仗很不好受，总想有机会打个小胜仗挽回面子。但不巧的是又叫我打一股乱窜的“神兵”，我事先进行了教育，说明没有枪弹打不进的人，出发前我在镜子上写了“败不生还”四个字。因为“神兵”行动飘忽，我老追不上，于是选四个排的精壮，急行军穷追。一天下午，我过小溪洗洗脚，就落到队尾后面了，恰恰此时，尖兵发现“神兵”，我急忙赶上前指挥，但各排排长已自动展开攻击，我手头未掌握预备队，只抓住第一线一个排，“神兵”突然对我所在排发起冲击，中士李银山非常沉着，举枪待其接近，然后射击，不料竟不发火，全排士兵一下就溃退下来，幸旁边树林里闯出一个士兵，一枪即把为首“神兵”击毙，全排高呼：“打得进”，踊跃反冲，才把“神兵”击退，并追歼殆尽。李银山背上被“神兵”戳了一刀，但伤势不重，我令他再试试枪是否打得响，才知是一粒不发弹，换几支枪都打不响。这次我受教训特别深，终身都以行军不走本队先头队，不掌握预备队为戒。

四川由于军阀频年战争的摧毁，使沃野千里的天府之国，农田荒芜，一片凄凉，人民衣食无着，因饥寒而死亡者不计其数，军阀混战的罪恶真是罄竹难书。“云无心以出岫”，当时郭部的共产党员和我却也参加了这罪恶活动。

随郭汝栋部队出川

宁汉合作以后，郭汝栋看到革命逐渐转入低潮，于是从投机革命转到追随蒋委员长以图生存。1930年蒋冯阎大战，湖北湖南空虚，蒋介石调郭到鄂西驻防，以稳定后方。郭认为鄂西是富裕之区，即准备出川到湖北。

1930年，党内正当李立三“左”倾冒险错误路线统治时期，中央派来的四川军委书记李鸣柯同志，主要抓涪陵、江津、合川的军运。在立三路线影响下，李鸣柯搞“左”倾暴动，提出一支枪也要暴动的口号。郭汝栋部队出川之前，政治部人员绝大多数是共产党员，军事干部也有不少共产党员，有人主张趁郭汝栋部队出川时，把部队拉出去搞暴动。所以我由龚滩回到涪陵，胡陈杰立即问我们怎么办？我说：“党有命令叫怎么办就怎么办，我绝对服从。但我个人认为拉出去也搞不了多久，因为从兵力上看，我们只有一营人，不是军阀的敌手，并且出去后到哪里去筹措补给？一营人吃什么？拖来拖去最后只有被军阀吃掉。”参加过八一南昌起义的共产党员李惠元也说：“留在郭汝栋部队较好，你（指胡）可以掩护我们，因为郭汝栋不会怀疑你，这样，我们可以大力发展自己的力量。八一南昌起义我也参加过，起义后不久就被反动派打垮了，我们要吸取这个教训，现在主要是蓄积力量，待机行事。”这时郭汝栋部的地下党组织，是由刘道盛、胡陈杰负责领导，他们最后通知我们全部随郭汝栋出川。政治部的同志们全体，先随同政治部主任胡陈杰一起乘司令部的轮船出川了。

出川时，我们第一团是由龚滩赶回涪陵的，所以最后搭轮船东下。我这一营，夜间由涪陵城外吴祀坛乘木船到荔枝园换乘轮船。集合时，十一连连长赵启民所指挥的三只木船只到了两只。赵启民本人乘坐的一只，直等到轮船要开时还未到来，我们预料他把部队带走了，只得起程走了。他一共带走了二十一支枪，二十几个人。从此我们很久不通音信。1945年，我任国民党军政部军务署副署长时住重庆，赵启民到临江门我家中看我。我问及他当时的情况，他说："谷排长（共产党员）和我坐一条船，他不相信组织通知出川的决定，就叫我不走了，把部队拉出去。于是我们的船就往上水开，船到白鹤梁时，顺水就向下开，到了涪陵下游的珍溪，于是就在那里建立了第二路红军。之后，和川北另一支革命力量汇合起来，约有二三百人，坚持了一年之久，即被反动派搞垮了。"他不得已回到了巴县烟坡乡里，以后更名赵国平，隐藏在国民党部队。从此，他就和党失去了联系。解放后，我任川南行署交通厅长住泸州，赵启民又来见我，说在泸州地委工作，正谋恢复党籍。后来，我到南京军事学院工作去了，听说他1953年因病去世。

郭汝栋部队出川时，队伍进行了改编，带到湖北的人马，编成了三个混成旅和一个独立旅，第一混成旅旅长王靖澄；第二混成旅旅长刘公笃；第三混成旅旅长肖毅肃；独立旅旅长花茂如。共约两万多人，留下陈兰亭和廖海涛两个师，编入刘湘的队伍，陈、廖成了刘湘的师长。

郭汝栋部开到湖北以后，先驻防在宜都（宜昌）一带，蒋冯阎大战中，蒋介石把在湖北的部队都调到平汉路驻马店前线，郭汝栋部就逐渐被调东移到黄州（黄冈）、武穴（广济）一带。这时恰好桂系和张发奎部队攻下湖南岳州（岳阳），派人煽动郭汝栋反蒋，郭不肯干。肖毅肃则极力怂恿郭反蒋，并对人说："将在外，君命有所不受，他可以独断专行。"郭听到后，马上写亲笔信给肖的两个团长，指示要有他（郭）的亲笔信，部队才许开动，不久张发奎退走，郭深感肖毅肃轻率，怕他误事，不久就任肖为参谋长，夺去他的兵权。

这年七八月，我所在的第一团调往平汉路花园、广水一带护路，部队分散在各个车站，袁镜铭此时已离开郭汝栋的二十军，专任地下党平汉路方面交通。我到广水，得知国民党要到汉口捉拿袁镜铭，于是先期派专人去叫他逃跑，并请他把一团党员情况介绍给红军。但不久我在广水遭红军袭击，负轻伤回汉口住院，袁来医院看我，我怪他联络不确实。他说头绪多，互相弄不清楚。他怪我不应抵抗，实际我从睡梦中惊醒，各连排已纷纷逃散，根本不是有组织的抵抗（这个部队可怜得营连之间都没有电话）。听说第十连连长李惠元用白手巾联系，也被乱军打死。我住院约三周，袁常来看我，带些书籍杂志宣传品给我看，我才知《向导》已改名为《普洛尼陶尼亚》。

我出院才知道第三营损失甚大，被裁销了，我调黄州第二十军军部参谋。

我的婚事

我在郭汝栋部队当军士队区队长时，队部驻在涪陵南门外石嘴，另一个区队长李仲达，住家在一个号为“方信成”的药铺隔壁。“方信成”药铺有个姑娘，叫方学兰，她父母早亡，只有兄嫂，那时她在涪陵师范学校读书。李仲达的妹妹李季达和方学兰是同学。李仲达很为我的婚姻操心，常对我讲要给我找一个妻子，问我要什么条件，我开玩笑地回答：“只要能独立生活就行。”有次李季达约方学兰和另外几个女同学春游，路过我们部队驻地时，李季达耍了一个小小的花招，假借来喊她哥哥，让方学兰和我见了一面。由于彼此相距较远，她们又是几个女同学一路，我连方学兰是啥模样都没看清。可是，这事

郭汝瑰的夫人方学兰（1951年）

却让方学兰的哥哥知道了，认为一个大姑娘，自己出去相亲，有辱门楣，于是把方学兰关起来，不准她上学了。那时，四川一方面封建思想十分浓厚，婚姻不自由，许多人结婚时门上贴着“宁立平等地，不结自由婚”的对联。另方面，北伐时期，要求妇女解放，婚姻自主的进步思想已传入四川，方学兰是个很有个性的姑娘，她不甘受封建压迫，一个人偷偷冲出牢笼，孑然一身跑到成都读书去了。她到成都后住在亲戚毛百年家。写信回来向家里要钱，她哥嫂先不给，企图在经济上断她后路，以此胁迫她回来就范，但不寄钱她也坚决不回来，她家没奈何，只好给她寄钱去。

我对方学兰十分同情，认为是我害了她。她由于看了我一眼，就被迫离乡背井，远走他乡，于是便开始和方学兰通信。

我父亲思想比较开明，在婚姻问题上对子女并不过多干预。我母亲封建思想却很浓，她极力反对，她认为女学生不讲三从四德，无论如何不许我和方学兰结婚。她和我曙村二伯娘（即郭汝栋的母亲）想了一个主意，给我介绍了一个姓张的姑娘。她是二伯娘的干女，取名郭汝华。张家原是信教的，我当时错认为信教的是洋奴，因此坚决不同意。二伯娘和我母亲无法，只好求助于神灵。她们写两个纸条子，一个写郭汝华，一个写女学生，揉作两团，烧起香，由我拈，拈到哪个算哪个，恰好我拈到的纸条上写的是女学生，她们才不勉强我了。

我当连长后，部队打了败仗，从涪陵到綦江。这时我要求入党不遂，思想有些消沉。“漫笑人迷我更痴，百年多是几多时。伤心看破世间事，起坐中宵读鬼诗”这首诗便是这时作的。有一天我和几个朋友喝酒醉了，跑到綦江城墙上去玩，我很忧郁地说：“人生没什么意思，跳下去结束一生算了。”别人听我这么说，以为我恋爱受挫，就要自杀。于是告诉我家里，父母听说儿子要自杀，当然作出让步。等郭汝栋部队一返涪陵，赶快找人到方家说媒去了。方家开始不答应，怕人说是自由恋爱结的婚，名声不好，几经说媒，方家终于答应了。我们才于1930年1月19日结婚。

我们的婚礼很奇特，既是自由结婚的形式，又掺杂许多封建场面。婚礼在礼拜堂举行的，有介绍人，主婚人等一套西化仪式，在穿着打扮上也是按照西方的一套，我穿的是西装，她穿的是婚礼服。从方家到礼拜堂只有约五百步的距离，方家一定要坚持用花轿去抬，一路要吹吹打打，热热闹闹的，这才算是正式嫁出去，否则就是瞧不起方家，我家只得按此办理。从礼拜堂回到我家时，母亲又非要我们给她叩头不可，我们又只好穿起西装，婚礼服给她叩头。这种东西方大杂烩的婚礼，也说明了虽然当时人们的思想已逐渐解放，但封建意识还是很顽固地束缚着人们的头脑。

四、在日本

（1930—1931 年）

到日本去

郭汝栋的第二十军到湖北后，蒋介石逐步加紧控制，使郭逐渐失去在四川当土皇帝的权势。这是蒋介石吃掉地方部队的惯用手法。蒋介石首先就设法将郭部中的共产党员清除干净。他派亲信曾扩情以四川同乡的身份与郭拉关系，两人函电往返不绝，对郭施加压力，要他将部队里的共产党员清除出去。他们非常清楚郭汝栋的政治部主任胡陈杰是至关紧要的人物，所以首先压迫郭更换政治部主任，而由陈孟熙等一批亲蒋的黄埔学生来主持政治部。于是所有政治部的共产党员都无法容身，纷纷要求离开，郭一一礼送离职。胡陈杰才气过人，有魄力，有朝气，深得郭汝栋信任，郭送给他一笔钱，要他到日本留学。这时只有少数未暴露身份的共产党员留了下来，但都与共产党失掉联系。

郭汝栋为人圆滑，听人说我和傅秉勋是共产党员，他既要保全我两人，又要应付蒋介石，所以他悄悄地问我：

“老弟！你究竟是不是共产党员？你告诉哥子！”

“我不是共产党员。”我回答。

“你不是就登报声明嘛！以免使我为难。”

“我不是共产党员登报做什么？如果登报，倒使人认为‘此地无银三百两’，欲盖弥彰，反而不妙。”

“我们是兄弟，我对你是好意，你对三叔（指我父亲）那么有孝心，秉勋对他哥哥那么友爱，我对有孝悌的人绝不反对，即使是共产党员我也不反对。”

“我知道，但我确实不是共产党员。”

他无可奈何，过了几天，他又对我和傅秉勋说：

“老弟！你们两人色彩太重了（指赤化嫌疑太重），叫你们登报声明，你们又不愿意，我又很难处。这样吧，干脆我送你们到日本的士官学校读书。读两年多，加上来去时间共三年。三年之后回来时，如果共产党失败了，你们的色彩也淡了，我可以掩护你们！如果共产党胜利了，你们又干就是嘛。”

我当时一方面仅从兄弟的封建感情出发，以为他为我们打算，煞费苦心，我既不肯登报，那么，去日本躲避一下无妨，反正将来再说，此时不应过于为难他。另一方面我认为帝国主义列强对中国的侵略蹂躏，主要是由于我国军事上落后造成的，我不妨去日本研究军事，学点对付敌人的本领，将来对革命的贡献可能更大。于是就同意郭汝栋的安排，前去日本留学。对此当时还自以为得计！岂知这成了我政治生活中的一个转折点，此后走了十几年的弯路。虽然我始终向往共产党、结果也重新回到革命阵营来，但这一转折总是终身的一个污点。

我动身到日本是1930年冬天。同行共三人：我、傅秉勋和林泽仁。我和傅秉勋是到日本士官学校学习，林泽仁是到步兵学校学习。

当时，我们打算和胡陈杰一同去日本，因为郭汝栋送胡一千块钱，他到手用得精光，再找郭要时，郭就只给了他六百元，胡感觉不够，所以我们商量一同去，先用他剩余的钱，加上我和傅秉勋挤出一点钱维持生活，待考上学校，再向郭要钱。我在汉口起身时，我的衬衫在洗衣店洗了未干，就托胡陈杰代取带到上海来一道走。我们到上海后，等胡陈杰二十天一直不见来，只得先起程到日本去了。回国后才听说胡陈杰一到上海就与共产党取得了联系，被派到洪湖去了。他在贺龙领导下当洪湖红二军团第八师的参谋长，后来被诬为取消派牺牲了。

到日本之前，有个教师曾专门教了我们半年日语。我的日语稍好些，能讲几句日常用语，傅秉勋和林泽仁完全不能会话。由于我们不会日语，临走时老师就把日常用语如“你要到哪里去？（アナタハトコハ行クウモリテスカ？）你要买什么东西？（アナタハトンナモ買ウツモリテスカ）我要乘汽车（ワタシハタクシ乘リタイト思イマス）”等等写在一个笔记本上。我们带上笔记本，一路走，一路学习。

我们都是初次出国的“土包子”，途中出了不少洋相，闹了许多笑话。从上海出发时，我们坐的一只很高级的船，叫“上海丸”。船上陈设讲究，服务周到。地上全是绿色地毯，睡前、早起都有悦耳的音乐，侍者来往照顾非常周到。一次我们吃完西餐后，上水果，侍者把洗手指水的银碗端来摆在桌子上，我们不知这水作什么用，以为是漱口水，林泽仁就喝了一口，想漱口后吐回碗去，殊不知就在这会儿，侍者把水碗端走了，地上铺的地毯，不能把水吐在地毯上，只好吞下肚去。

到了日本长崎，我们乘火车经大阪到东京，在乘车途中我们吃完苹果后，傅秉勋把苹果皮放在会话本子上扔出窗外去，由于风大，把写有日语会话的练习簿吹出车外去了，丢失了练习簿，我们就成了“哑巴”。

船到东京以后，幸好我能讲几句日语，看到戴红帽子的搬运工，知道叫“红帽子”。我叫了一个搬运工，对他说有七件行李，搬运工把行李搬上了车站，随即为我们叫来一辆出租汽车，把行李搬上了车，我们给了他五十钱（日元五角钱）搬运费。这时他又说又比，比画了半天，我才明白应给他七十钱，但我们没有二十钱的小硬币，我顺手就再给他五十钱，他无钱补，我用手势表示“算了，给你。”他摇摇头表示：“多了，不要！”最后搬运工表示不愿多要我们的钱，只收了半块钱就走了。

上汽车后到哪里去呢？我们既不知地点又讲不好日语，就在纸上写了“支那の旅馆”几个字，意思是中国的旅馆都行。这几个字司机认识，以为我们要去的地方名为“支那の旅馆”。于是驱车四处寻找“支那の旅馆”，跑了好多地方都找不到。后来他弄懂我们的意思是只要中国人的旅馆就行，终于把我们送到了“中国青年会”。司机驾车跑了不少弯路，既浪费他的时间，又多耗了汽油，但他竟没向我们多要一文钱。

我们初到异国，人地生疏，语言不通，日本工人却一点不敲竹杠，这说明日本工人阶级的诚实、纯朴，表明了他们有较高的道德水平。

进日本士官学校

日本工人阶级有较高的道德水平，可是在资本主义的日本，上层社会却是腐败的，我们进士官学校的经过就说明了这一点。在“中国青年会”我们陈述来日本的意图后，被送到了“成城”学校。这个学校是为进士官学校作准备的，专门补习日语。负责人是个名叫继屯的日本退役少将。我们叫他“ツク”先生（即继屯先生）。

何以一个语文补习学校都要由一个少将负责呢？我们知道，日本统治阶级在明治维新时期，就奠定了以征服中国为主要目标的大陆政策。1927年9月上台的日本首相田中义一，在给天皇的密奏中就露骨地提出：“惟欲征服支那，必先征服满蒙；如欲征服世界，必先征服支那。”日本为了达到侵略中国东北，进而征服整个中国的目的，企图培养一批中国人充当日本军国主义的走狗，在中国制造内乱，以便分而治之。这就是日本统治者竟以一个将领来主持成城学校的用心。

继屯知道我们是军长郭汝栋送来读书的，对我们十分“照顾”，目的当然是利用中国军阀，为日本军国主义服务，充当他们的马前卒。

在成城学校学习了半年以后，我们就正式报考了士官学校。

第一关是考日语，虽然我专修了一年日语，但会话仍很困难，考试时首先是听写，记得第一句考官念完“タングンウヒ”（弹丸雨飞）四个字后，我搔首弄笔，搜索枯肠，意义仍不得而知。第一句话都听不懂，写不出，心里越发紧张，后面越做越糊涂，简直等于交白卷出考场。日语过不了关，我和傅秉勋都名落孙山，没有考上士官学校。

考不起学校怎么办呢？这时我们碰到一个叫宋子扬的中国留学生，他比我们先进日本士官学校，对日本的社会情况已有一定的了解，他知道我们考士官学校不成后，就带我们到招考士官候补生的负责人那里“走后门”——行贿。这个负责人叫加藤。见过加藤后，我和傅秉勋各送了他一百日元的礼券，然后说：“我们俩想进士官学校，请您多关照。”他收了钱，表示心领神会，以后也确实帮了忙。

给加藤“进贡”之后，宋子扬又带我们去见士官学校金子定一上校，他是中国学生队的大队长，管两个队。他见到我们后首先问：“打过仗没有？”我们说：“打过。”他接着问：“与谁打仗？”我们答：“与四川军阀杨森部队打仗。”这时金子定一上校教训我们说：“这个仗不好，打内仗不好。‘战胜异国为荣，残杀同胞为辱’，只有讨伐共产党就不同了，因为共产党是听苏联指挥的，打共产党就等于对外作战，战胜异国。”中外反动派对待共产党的态度是多么的一致。金子定一上校知道我们有来历，表示愿意录取我们。

由于我们给加藤送了礼，又会见了金子定一上校，打通了关系，不久就接到了“备取”通知。1931年4月，我们就正式进了日本士官学校。

日本士官学校中的中国学生与日本学生是分开编队的。经常是两期学生在校，编成两个队，一期学生在联队队附（即附队学习之意）。我读的是第二十四期，所以当时在校的有二十二期和二十三期各一百余人。

进入士官学校的学生，叫士官候补生（即候补军官的学生之意），当时我们一同进日本士官学校的中国学生共有一百多人。

进校后，按学校的规定，首先要下联队学习六个月，即交给联队代训六个月，以学习士兵动作、了解联队生活。一进校我和傅秉勋就分开了，他进第三师团炮兵联队，住在名古屋。我进第三师团工兵大队第二连，住在丰桥。大队长金子四郎上校，中队长都筑敦上尉。专门教我们的是中尉名井上辰雄。六个月的联队生活就从此开始了。

在下联队期间，我当了两个月的上等兵、两个月伍长（下士）、两个月的军曹（中士）。六个月的联队生活虽短，但受益颇大，使我了解了日本部队的连队教育和练兵精神，懂得了许多过去不知道的东西。

日本统治者为了把士兵造就成替天皇效忠、为军国主义服务的工具，军队教育非常严格。连队内讲究层层绝对服从，建立了官长欺压士兵的野蛮秩序。凡是日本人一穿上军装，就要做天皇、军国主义的驯服工具。不仅士兵要绝对服从长官，就是士兵与士兵之间也讲究资浅的要服从资深的，一年兵要服从二年兵，见到二年兵就要行礼，二年兵可以打一年兵的耳光，一年兵只得忍受。士兵对长官的口头禅是“ハイ！”（是！）联队还常以“武士道”精神和“忠君爱国”的思想对军人进行奴化教育，要他们肝脑涂地地为军国主义效劳。

日本的联队教育也有许多可取之处，如教育士兵生活简朴，纪律严明，练习军事技术严格认真，作业力的养成一丝不苟等等。

我们在日本士官学校读书，按照中国方面和日本订的有关条例规定：中国士官候补生每人发两套新呢子军装、一件新呢子大衣、两套布军装、两双新皮鞋。日本士兵则只发一套新军装、再发一套退伍士兵穿过的旧军装、旧皮鞋。旧衣服上有的打了补丁，皮鞋也是穿坏补好的。士兵很辛苦，筑城、架桥、爆破、坑道，样样都干，衣服磨损快。士兵们很爱惜衣服鞋袜，平时在军营劳动、操练全穿作业服或旧军服、旧皮鞋。新军服一般要到节假日或有事出去时才穿，并称之为“外出服”。

日本士兵的饮食也很简单，工兵大队共有五个培训的中国候补生，一个日本士官候补生。我们六人在军官食堂吃饭，一日三餐都很简朴，早上仅吃一碗酱汤（日本人叫シソ汤）、一碗干饭、两块用锯木面腌的泡萝卜；中午一大品碗饭、一大品碗菜，菜一般是马铃薯、红萝卜（他们叫人参），再加一点肉丁在内。节假日有一份肉。最初我往往吃不完一碗饭（约半斤），但又不能倒，只得悄悄告诉炊事员少盛点，否则被军官看见，就要对你浪费粮食进行批评、教训。随着训练任务的加重，我逐渐也能吃完一碗饭了。隔一段时间，全营官兵都要吃一顿“野战饼干”。“野战饼干”又叫重烤面包。这是一种备战饼干，很硬，不好吃，但营养丰富，能满足人体的需要，吃这种饼干既可解决仓库里积压久了饼干容易变质的问题，同时又是对士兵的一种锻炼，以便将来适应战时生活。我们野外演习，背包里经常要带两包野战饼干，在野外就以它为午餐。

日本士兵讲究卫生，很爱清洁，天天要洗澡。洗澡设备很简单，一口锅上面放上木架，架上一个木桶盛水，形同甑子一样，人站在桶内木架上，水能上来，人又掉不下去。木桶的旁边放几个装衣服的篮子。水烧到三十来度时，人们就下去洗澡。军官先洗，士兵后洗。日本士兵劳累一天，洗澡是个乐事，大家边洗澡、边唱歌，疲劳顿消，很是快乐。日本百姓也天天洗澡，每条街都有澡堂，既便宜又方便。

日本联队还专门教士兵洗衣缝补，士兵的衣服都是自己洗、自己补。宿舍里整齐、干净，东西都放在规定的地方，井然有序。每个士兵床前有一个床头柜，个人的物件都放在床头柜里。

他们没有大吃大喝、请客送礼的习惯，对来营办公事的军官从不招待，也没有繁琐礼仪。有次训练完后，连长走来对我们士官候补生说：“你们士官学校的队长来了，在客厅里等着你们去。”我们到客厅，对队长行了礼，向他问了好，然后他询问了我们一些情况。我当即发现，工兵联队烟没招待一支，茶没端一杯，什么礼节也没有，桌上只摆了一只烟灰缸，队长自己掏出烟来抽，公事办完后，就夹起皮包走了。

日本军队不仅生活俭朴，而且纪律严明。行军、休息以及各种作业，都有严格的纪律。每次行军，早上很早就要起床吃饭，饭后背上枪和背包，共约四十斤重，然后出发。路上每走四公里，休息十分钟，一个上午要走六个小时二十四公里。行军途中，尽管步伐不一定整齐，可以小声说话，但仍很肃静，没有一点喧哗之声。到达目的地后，休息一两个小时，下午就做各种工兵作业。做得最多的是土工作业。第一次上午行军二十四公里以后，我已筋疲力尽，全身骨头像散了架一样，下午掘土时划定每人一平方米面积的寻常土（指不硬不松软的土）向下掘，越深越好，班长喊一声："作业开始！"士兵们一言不发，抡起铁镐就挖，一干就是四个钟头。日本兵有的人挖了四五公尺深，我费了九牛二虎之力，只挖了半公尺深。这时教官走过来很骄傲地对我说："你佩服了吧！"然后让我停止作业，并带我去作业场巡视，我见一个日本兵不小心把左邻兵的手铲伤了，顿时鲜血直流，受伤的士兵默默地看了对方一眼，用嘴把伤口上的鲜血吃掉，又抡起锹镐继续铲土。班长见他鲜血直滴，才报告排长，排长叫他去包扎。包扎回来一句话不说又继续铲土。可见，日本军队平时就注意纪律、注意养成士兵吃苦耐劳的精神，即使受了点伤，也不叫喊，忍着伤痛继续干。

日本联队的教育很认真，工兵的各种基本训练和各种军事技术训练，即使很平常很简单的项目，也要按一定的步骤和要求，严格认真，一丝不苟，反复练习。这样做的结果明显提高了工效，各项任务完成得又快又好，为战时完成工兵任务打下坚实的基础。

比如投土作业，他们不是把土铲起来，投出去就了事，而是要求用手拿着圆锹柄，身体跃起，一只脚向着圆锹的边沿用力一踩，一脚下去就要把圆锹土装满，装满以后，侧转身，面向后，圆锹柄向上，然后转身面向前，后脚一蹬，再把土抛出去。这样不仅使用了手上的力，脚和腰部的力也用上了。土抛出去时，要又准又远，中途不散落。开始投土时，每一个基本动作都要经过反复练习，要达到相当熟练的程度，做到干净利落、准确有力为止。

再如练习划船（日本人叫操舟），要求也很严格。手拿着橹不能弯腰，头向前看，身子挺直，向前划时，臀部不能翘起，脚一蹬，上身向前倾斜，把橹推出船舷外边，又才收转来，这样摇橹才有力，又不易疲劳。船前进时，船头不许摆动，这样速度才快。因为两点之间直线距离最短，船头若摆动，走的就不是直线而是“之”字线了，那会影响划船的速度。

此外，各种工兵军事技术训练如爆破、坑道、架桥等等，也要求严格。应用架桥必须用绳子捆木材，捆绳子日本称为结绳，也有一定的程序和办法。绳子捆好打结，每个结怎样打才能既省时又牢固都有讲究，谁先打好结就喊一声“完了”。伍长检查质量合格，他就该受到表扬。然后解开又重新捆。如此反复练习，直到熟练而又准确才停止。钉两爪钉，也是这样，钉了又拔出来，拔出来又钉，每次作业四小时，一天八小时，就是这样反复训练。

各项基本功训练都要经过反复练习，反复操作，直到符合要求为止。在工兵训练的最初几个星期，我每天练下来，全身每块肌肉都在疼痛，好似遍体挨了一顿毒打一般，只能趴着睡觉，锻炼了一段时间，也就渐渐习惯了。

我所在的工兵连架桥，无论使用制式材料或应用材料，都非常注意准备工作，把材料按先后使用顺序，整理安置在材料置场，一声作业开始，各作业班有条不紊，进行作业。一百米宽的河川，使用制式材料一齐架设，一般三十分钟便可架好。

我们的教官井上辰雄常说：“筑城不是工兵的专业，各种掩体的构筑是步、炮、坦各兵种自己的事，工兵主要是指导阵地构筑及完成阵地的有技术性的部分。”他认为现代筑城应深向下挖，不能高出地面，以减少敌火杀伤，工事的伪装隐蔽重于坚固，发扬火力重于掩蔽身体。阵地无侧防不能坚固，侧防火力要注重伪装隐蔽，并与障碍物配合以增大杀伤能力。他和连长都筑敦都注重攻击作业，如在障碍物中开辟通路、障碍物通过，近迫作业，侧防机能破坏，阵内扫荡作业等。

有一次一位中尉指导扫荡作业，我们候补生也加入军官团参观这个演习，都筑敦讲评时，批评了动作不勇猛。他鼓励大家要有勇敢牺牲精神，敢于使用手榴弹、爆破筒等器材进行连续爆破。都筑敦曾投考日本陆大笔试及格，口试因嘴扁，仪表不好落选，因此在第三师团工兵大队很有威信。他竭力推崇进攻，他说：“攻击是最好的防御。”这与日本军国主义以武力搞侵略扩张的主张是一脉相传的。

因受时代限制，这些都只是总结第一次世界大战经验的战术概念。防坦克、防原子弹的概念在那时还没有，机械化程度也很低（只有漕舟机、空气压缩机、凿石机、电气点火机等低级机械），但他们做到教士兵熟练使用现有武器器材的战斗技术，养成顽强的体力、作业力、行军力……以及严肃的军纪，是未可厚非的。

正是由于日本士兵平时训练有素，所以战时战斗力很强。当然战争的胜负并不仅决定于此，但军队的军事素质，确实是一个不能忽视的重要因素。

我在第三师团工兵大队，还了解到日本的军队教育，计划性很强，每年由陆军省发布年度教育训令，规定各师团初年兵、二年兵各应完成的训练课目及陆军省校阅或秋操大演习所需要占用的时间。各师又根据训令拟定年度计划，把一年分为几期（步、炮、工不同），列出每期应完成的课目及师团长期间校阅所要占用的时间。然后各步、炮联队，工兵、辎重兵大队根据师的年度计划，拟出全年的期间计划，严格实施，每个连都是全训。每一期训练期满，师团长均按期校阅，校阅成绩的优劣，就是军官考绩的重要依据。

我在工兵大队除参加军官团的演习外，还经常参加军官团课堂讲解和报告会等。凡是大队去各学校学习毕业归来的军官，都要报告学习心得和战术技术的新发展情况，军官团还按计划练习马术，可惜我们没有马，不能参加。我们大队有个见习官，挂日本指挥刀，戴上士肩章，在军官团非常谨慎。经常同我们一道玩的士官候补生村上英二暗中对我们说："见习官三个月期满后，由军官团呈报他品质学术够格作一个军官，然后天皇才发布命令，任命他当少尉军官。"所以，那个见习官表现得特别谨慎就不难理解了。作为一个日本军官，不是一出士官学校大门就不再学习，而是只要在役一天就得不断学习。军官团对每一个军官都有监督促进的责任。我认为这是一个很好的培养军官，提高军官素质的制度。

备受歧视

我在联队的六个月生活，是不愉快的，由于中国百年积弱，不断发生内战，弄得政治腐败，民生凋敝，国势衰微，国际地位低下，所以中国人在日本备受歧视、欺侮。而当年我东渡日本，虽然主要是由于政治上有"共党"嫌疑，借以避难，但也想来日本研究军事，学点本领，学成回国虽不能“治国平天下”，也多少能为振兴中华出一点力。因此到日本后，我迫切希望多掌握一点先进的军事技术。但事与愿违。在日本学习期间，对一些关键的军事技术和新式武器，日本军官想尽办法阻挠我们学习和使用。一次，我所在的工兵大队奉命到松浜的飞行联队协助演习架桥。部队出发之前，教官就对我们五个中国留学生讲：“这次演习架桥，任务很重，很辛苦，你们就不去了吧！”我们不愿放过学习机会，大家都坚持要去，结果和工兵大队一起去了。由于这次演习涉及了空军和工兵的一些较先进的军事技术，日本军官深怕被我们学到手，部队到松浜后，日本教官竟翻脸无情，板着面孔对我们说：“这是机密，你们回去！”就这样把我们五个中国留学生全赶回来了。我们心里真是说不出的屈辱和愤恨。还有一次到天龙川架桥，日本教官为了不让我们学到新技术，就装上一副关心的样子，假意由副大队长带我们去游山玩水，把我们从架桥现场支走了。又一次，学习爆破，只教我们学过了时的急造爆破筒来搪塞。较新式的爆破器材就不叫我们使用，只准隔一条小山沟远远参观。司务长看到制式爆破筒爆破时浓烟四起，威力很大，就得意忘形地说：“恐怕张作霖就是用这种爆破筒炸死的吧！？”其实这次用的爆破器材，不过是一些烈性炸药，机械信管、电气点火之类的东西，并非什么尖端武器。

日本军队上下级之间本来等级森严，很讲所谓“礼仪”，可是对中国人他们就扯去了“礼仪”的面纱。我们在联队当上等兵时，日本联队不是派下士（伍长）或中士（曹长）当我们的助教，只派一个叫加藤的上等兵教我们。两个月后，我们升了伍长，加藤仍是上等兵，但加藤碰到我们时，仍然趾高气扬，昂首挺胸而过，不向我们敬礼，以表示他对我们的轻蔑。

不仅日本军内如此，在日本国内对中国人的歧视也是很令人气愤的。日本住房有一种“贷间”，即房主将多余的住房写出招贴，出租给别人，租房客人的伙食由房东包揽，并照料客人的一般生活。我同傅秉勋为了学习日语，想朝夕都与日本人接触交谈，就按照招贴去租贷间，竟因为我们是中国人碰了钉子，女房东答复“房子已租出去了。”因为他们瞧不起中国人，嫌中国人脏。有次我们在丰桥街上看见一个很可爱的日本小孩，便走过去逗他，不料这小孩却直嚷嚷：“支那人脏！支那人脏！”

日本人对中国人的种种歧视，像一把利剑，深深地刺伤了我的心，感到受了奇耻大辱，精神上受到强烈的震动和刺激。深深感到，一个国家如果不能独立富强，其国民在国外就直不起腰，抬不起头来，想到这里，我暗暗下定决心，回国后要为祖国的繁荣富强而奋斗。

日本军制种种

如果说黄埔军官学校对我政治思想方面的影响很大的话，那么，日本士官学校对我军事思想方面的影响也很不小。不特士官学校，而且整个日本的军事制度、练兵作战的那一套方法，对我都很有影响。

日本陆军军官在士官学校受养成教育，第一阶段须在联队体验士兵生活；并学习士兵的军事技术及班战斗教练，很重实践。第二阶段在学校除实践之外，并要学习战术、兵器、军制、地形、筑城、交通等各种教程。我虽中途退学，未窥全貌，但我退学时除弄到全套士官学校各种教程而外，还买了五大箱军事书籍，如《想定作为法》《独法军思想变迁》《军队成规汇集》之类，读后使我获益不小。我认为日本军国主义对内实行法西斯军事化，对外推行侵略扩张制度，穷兵黩武，飞扬跋扈，由于它的反动本质所决定，其政略上具有很大的片面性局限性，无多可取，但日本军队一些制度成规和教育训练方法，确有许多地方值得我们认真研究探索。这里我仅就日本的兵役制，军官服役等情况，作简略介绍。

日本的兵役是实行征兵制，全国人民都有服兵役的义务。18岁至20岁服第一国民兵役；20岁至25岁体检合格的服现役。现役五年只两年在营，第一年称初年兵，要学会一个战士所必需的战斗技术和战斗动作，以便参加班、排、连战斗教练，二年兵主要是复习、熟练各种战斗技术及战斗法则，两年在营期满就回家、就业。在五年之内，国家有事动员现役兵，就立即来连报到。五年现役期满时，再回连队接受训练，参加三个星期的演习，就转为预备役，国家有事动员预备役时，都按规定到连报到。预备役八年期满，又再次回到原来的连队接受三个星期的教练，参加演习后，转为后备役。后备役期满，即转入第二国民兵役。我在丰桥工兵大队时，见第一连一群三十多岁的老兵，同我们的教官井上辰雄非常随便，我觉得奇怪，因为日本兵对军官照例都该毕恭毕敬的，为什么这群胡子兵如此随便呢？一问，才知道这些是十三年前与井上当候补生在工兵大队队附学习时同连的兵，他们预备役期满，转入后备役，来此接受训练的。从这件事使我进一步了解到当时日本军队的动员能力和军官人事制度。

当时日本陆军有二十三个师团，估计现役兵在营人数约三十万，一半是初年兵，一半是二年兵。如果全部动员现役和预备役的话，就可征集到初年兵人数的十三倍之多的有训练的兵员，即约二百万人。日本连队平时编制没有排，全连只有一个连长，还有三个中、少尉军官充当教官。连长通过特务曹长（司务长）及曹长伍长（军士）们直接管理全连各内务班的战士，要到国家有事动员之后才按战时编制编排。由于现役兵是在营兵人数的一倍半。所以动员全部现役兵时，这个连可能成为两个连，因此连内资深的中尉可能成为另一连的连长，不足的军官，则动员预备役军官补充，不足的军士，由各年度退役的上等兵充当。我在工兵大队时，有二三十个“干部候补生”与我们同时在营受训练。经了解，他们是大、专学校学生，到了服兵役的年龄，就来营受半年教育，完了后就成为预备役军官，这样不大耽误他们的学业，又解决了动员时军官不足的问题。我所在的工兵大队有一个中校大队附和一个少校大队附，他们工作较少，气派不小。我问井上辰雄中尉，他说：“他二人是为战时动员准备的大队长，平时按年资和成绩也可升任其他职务。”

我还见工兵大队有一队补充兵，细问才了解这些兵是补充现役或预备役死亡、工伤事故的缺额的。原来这是因为日本每年都要编动员名册，各个年度应动员的连队官兵都要配备齐全，所以知道缺员多少，而有计划的作补充准备。所有应动员的官兵，动员时各人所属部队的番号、所在地点等，都事先通知本人。战时只要一声广播“某某年度的士兵动员入营。”应动员的人就可立即赴指定地点按战时编制组成队伍。日本当时约有一亿人口，平时养兵不过五十万，而动员时陆、海军（空军此时属于陆、海军）估计可动员六百万训练有素的士兵。这种兵役制度平时寓兵于民，战时又能迅速征集大量经过训练的兵，是很值得我们研究的。

中国有十亿人口，兵员十分充足，如果我们能够尽可能地减少现役兵员人数，健全完善预备役制度，改革民兵制度，我们不但可以腾出大量人力、物力、财力投入四化建设，而且在战时可以迅速成几倍地扩充军队，担负起保卫祖国，制止侵略的职责。

日本陆军军官来源有二：一是招收中学毕业生；二是考选优秀军士。但都须进士官学校学习。中学毕业生进士官，须附队学习六个月，再返校学习二十二个月。毕业后一般可晋升到少校退伍，很少能升任上校的。军士考入士官后，一般很难升上尉，所以日本人称这种军官为少尉班毕业的。

日本士官候补生村上英二，在谈到教官井上辰雄入伍十三年才任中尉时告诉我："日本军营中有一句顺口溜："神气的少尉，贫乏的中尉，哎呀！好不容易的上尉。"为什么少尉神气呢？少尉不准结婚，一个人薪津富裕，生活阔绰、神气。中尉结婚后受家室之累，所以生活不宽裕、贫乏。因为日本军官人事制度规定，见习官三个月即可升任少尉，少尉停年二年期满才可升中尉，中尉要停年七年才可升上尉，而且不一定停年期满就升级。井上辰雄算优秀军官，他在士官学校三年，出学校任军官已十年，还是中尉。可见任何人升上尉都得十二三年时间。而且有的军官，升不到上尉，就会退伍。但是只要升上尉，薪津就多了。所以有好不容易，生活上松了一口气的感慨。大队部有个姓犬饲的军官升了上尉，他高兴极了！他当大队值星时，每晚餐都满脸是笑寻我们六个候补生说话（中午全体军官会餐，晚上只大队值星和我们候补生吃饭），硬要请我们喝啤酒。由此看来，一个日本军官很不容易升上尉确非虚语。

士官学校毕业的学生，一般都分发回他队附学习的联队（团）。当尉官时，就编入这个联队的官组，其升迁调补，都要凭考绩与全联队（团）军官相比较，平时还要受这个联队的军官团教育。任少校以后则编入所在师的校级军官官组，其升调要凭考绩与全师的校官比较。少将以上编入全国的将官官组，其升调凭考绩与全国的将官比较。日本军官升级固有停年的限制，但任职也有规定年限，不能长久任一个职务而不更换，这叫经历调任，目的在于使一个军官经历各种职务，以增强他的服务才能，培养他的资望。尤其对有培养前途的军官，更是有计划地对他实行经历调任。例如一个陆军大学毕业的军官，让他当两年队职军官（如连长、大队长、联队长等），又调他当两年参谋，再调他当两年驻外武官，再调他当两年军校（士官、兵科、陆大）教官，这就可以使他文武全才、资历过硬。不仅别人对他心服，也便于人事部门发现人才，知道某人长于某种技能，适于某种职务。就可以选贤任能，使“官称其职”、“人尽其才”。日本军队这种军官服役制度及用人制度，使我想到我们社会主义国家更应该有一套比较完善的适合我国国情的“人事法规”（在军队为《军官服役条令》），举国一致，严格执行。我认为“世有伯乐，然后有千里马”是“有治人，无治法”的历史唯心主义的思想体系，会导致“人存政举，人亡政息”的不良结果。如果干部的升迁完全依靠首长个人意志，极易形成派系、山头。这在十年动乱中，顺我则昌，逆我则亡，任人唯派的做法，已在干部制度中造成极恶劣的结果。因此，在用人方面应该有完善的人事法规，严格执行考试、考绩，经历调任等制度，蔚成“法治”风气，自然就可以人才倍出，干部幸进之风才可能停息，国家政局也可以长久稳定。近世许多国家，实行文官制度，行政事务干部都经文官考试选择，然后任职终身。日本丰田汽车公司的“丰田人”也是考试录取，对它选用的人终身包下来，都是“铁饭碗”，但无“吃大锅饭”的弊病，这些都很值得参考。

五、在陆军大学

（1932—1937 年）

退学回国

1931年，日本军国主义为达到“征服全中国，必先征服满蒙”的计划，于9月18日，令盘踞我东北境内的关东军炸毁了长春至沈阳线上的柳条沟一段路轨，诬我军队所为，以此为借口炮轰我沈阳北大营，挑起了九一八事变。这时，我们正好要结束联队生活。9月20日前后，日本报纸大登北大营事件，工兵大队官兵都作了传达，他们见到我们中国留学生，都投以蔑视的眼光，我愤恨羞愧得无地自容，出寝室门便低着头，再不愿碰见日本人的目光。可就在这时候，井上辰雄中尉和冲野少尉等总来讲“日支亲善”，说局部地区的误会，很快就会过去，劝我们回到东京，不要“喧哗”（闹事），好好完成学业。这种一面打耳光一面甜言蜜语的亲善，便是傻子也会知道是什么用意，只要有点爱国心的中国人，无不想奋发图强，湔雪国耻。九一八的炮声，也惊醒了我在日本“学点本领”的梦幻，日本军国主义者是不允许中国自强的。日本并不是“避难者”的乐园，除了归国为振兴中华而努力，不允许我有任何其他选择。

9月底，我同在第三师团工兵大队队附学习的其他四个中国士官候补生离开丰桥，井上辰雄中尉和冲野少尉还到车站送别。我们当然也“感谢”一番，就上火车没精打采地回到了东京。这时东京的中国留学生群情激愤，怀着强烈的爱国主义热情，纷纷请愿退学。我们士官学校第二十三期、二十四期的学生，也纷纷到中国青年会馆开会，决定申请退学。面对学生们的爱国热情，中国驻日大使汪荣宝却传达蒋介石的旨意：留学生要安心求学，不要闹事，要相信政府能解决“中日争端”。可是我们很多士官同学，不听这一套，自发成队地去日本陆军省申请退学回国。日本宪兵数人乘马前来驱散学生，中国大使馆也派了一个姓丁的参赞来劝学生回校，我们坚持不走，宪兵扬鞭跃马，冲进学生队伍，一时秩序大乱，新闻记者摄影机的灯光闪闪，人们的喊叫声高响入云。丁参赞怕次日的报纸登出他的“玉照”，以袖掩面，高呼“回去吧！”这一屈辱的场面，我至今回忆起来还不胜悲愤。幸当时我们坚持不走，日本陆军省无奈，才派人出来说：“可以退学。但退了就不能再入学。”我们大叫：“亡国奴才再回来。”于是大多数人都办了退学手续。我本来在日本就深感屈辱难忍，所以这一次我是热心的退学鼓动者。我认为要退就要全部退学，才足以显示中国人不可欺侮。我在中国青年会开会时，就竭力宣传“日军进攻锦州，两国宣战。如果我们不走，就都会成为俘虏。”想把所有的学生都鼓动走光。遗憾的是，竟有十来个人不愿退学，而且以后退学回国的人，也有再去日本复学的。至今五十年过去了，我还觉得作为一个中国人，不应该这样没有爱国心，干这种有损中国人的尊严，叫外人鄙视的事。

档案中找到的郭汝瑰在陆大时期的照片

11月，北风怒号，海水呜咽，我们一群中国留日学生愤然返回祖国。由于大家都是穷学生，坐的是普通客轮。离日本上船时，中国人在日本受歧视、遭侮辱的种种情景，一一浮现在我的脑海，心情十分沉重。这时我一只脚站在岸边，一只脚踏在船头，将一块石头扔在海里，内心发誓说：“我们不打败日本，成为一个战胜国，我就决不再到日本来。”

我们士官学校退学的二十三、二十四期学生，一到上海，便在上海青年会礼堂开会，决定每期学生推举代表两人去南京训练总监部请求：允许我们投考中国陆军大学。我是二十四期学生两名代表之一。

我们四个士官退学学生代表，到南京后，求见了许多日本陆大或士官学校毕业的先辈，请求为我们投考陆大说情。他们口头应允，实际没有行动。主管此事的关键人物是训练总监部副监周亚卫先生，他一见面便责怪我们不听政府招呼，不能沉住气在日本完成学业。我们只好说：“日本侵占我国东北广大土地，我们激于爱国义愤，实在忍无可忍，待不下去了，才退学的。既然已经回来了，请政府想办法安顿我们学习！”

“不听命令，怎么能安顿你们呀！”周先生板起他那哭丧面孔，毫不留情地说。

我们慑于威势，有求于人嘛，当然就低声下气地再三请求：“我们不回来倒也算了，既然回来了，如果政府不管，弄得一些人又跑转去，就有辱国体了嘛！还是请副监想法吧！”

他沉思片刻说：“不能准你们考陆大，你们二十三期的，去中央军校八期报到，二十四期的去第九期报到，继续学习！”

“像我这样黄埔五期毕业的，似乎不好再到九期学习了，还是请准我们考考陆大试试看吧！”我以为又抓住理由了这样说。

“那么你们军校毕业的自行去投考吧！”

我们再三请求无效，只得回来劝所有同学照周副监的决定去中央军校报到，千万不要再回到日本去。还鼓动说：“不要看眼前吃亏，从长远看，取得黄埔资格也可能有好处。”

结果二十三期同学无一人报到，各自散了。因为他们离毕业只有几个月，认为不须再学就可工作了。二十四期同学，如蔡文治、林同门等，都进了中央军校第九期。还有少数几个人又转回日本士官学校去了。

我虽然以黄埔学历可考陆大，但初试期过了。恰巧郭汝栋保送的两名初试及格的学员中，有一个人是四川陆军测绘学校毕业，学历不合格，被取消复试资格，需选员递补。林泽仁返回郭妆栋的四十三军后，任参谋处长，见机就为我寄来密封空白试卷，令我把试卷答好，连同保送公文，一并向参谋本部投递。这时我走投无路，不愿回日本，也不愿到湖北阳新郭汝栋部，因为他们正在“剿共”。找共产党嘛，正当革命低潮，一时也找不到，于是决心潜心求学，待毕业再作打算，因此我按林泽仁的办法做了，这样我便取得入陆大的复试资格。

陆大的性质和简况

陆军大学经历清王朝、北洋军阀政府和国民政府三个时期。它是仿德国和日本陆军大学兴办的。目的是培养高级指挥员和参谋。我在陆大学习时，听德国教官说：“普鲁士高级将领，多系王亲贵族，他们在作战指挥时常因侦察敌情、地形和传达命令指示，分身不过来，就常派自己的子弟和身边亲信去干。这就要求这些皇亲国戚子弟和亲信们须具有绘图能力和熟知战略战术及参谋业务等本领。为了培养他们，老毛奇元帅就在参谋本部兴办测绘学校和陆军大学。所以，以后测量局和陆军大学一直属于参谋本部。”1930年至1931年，我在日本学习和1932年至1937年在蒋军陆大学习和任教时，见日、蒋都是仿德编制——测量局和陆大归属于参谋本部。

陆大校址初在北京，后迁南京，抗战又迁到重庆山洞。据说：陆大第一、二、三期，是草创时期，陈调元是第一期，我在陆大学习时，日俄战史教官黄家濂是第三期。第四期以后“人才蔚起”。蒋军高级将领如李济深、徐永昌、林蔚、周亚卫（以后又入日本陆大）、阮肇昌、贺国光、熊斌、王泽民等都是这一时期的陆大学员。七期以后，东北军入关，张学良办了一个时期。所以，第七、八期学员，多系东北军军官。张学良易帜（改五色国旗为国民党政府的青天白日旗，与蒋委员长合作，时人称为易帜），蒋介石接办陆大，先后派黄慕松、周斌等任校长、教育长。八期、九期，特别班三期同时在校，这是陆军大学在北京时最盛时期。开办特别班，是因为蒋军中许多高级军官都想入陆大旁听，但是每期能批准旁听的人数有限，蒋介石便开办了一个特别班，招收这些人入学。入学考试不考普通科学，只考军事学。我所认识的蒋军高级军官如卫立煌、黄维、夏楚中、郗恩绥、温鸣剑、张秉均、戴之奇等，都是特别班或第九期的学员。第二次国内革命战争，卫立煌师侵入红军四方面军的七里坪、金家寨，蒋介石特别赞誉卫立煌，说：“我送卫立煌去陆军大学学习，这几年学得不错。”这也为陆大提高了身价。八、九期和特别班毕业后，蒋介石把陆大迁到了南京。

1931年11月陆大在南京招收的学员为第十期。这时，蒋介石声称九一八国难当头，要求两广和谈，已略有眉目。所以陆大第十期第一批只招收八十三人，为两广留二十来个名额，表示和解。

陆大招生办法，完全仿效日本陆军大学。即报考生须受过正式养成教育的军官学校毕业（还规定从某期起至某期止的年间限制），任主队职军官二年以上，经过资格审查合格，才能参加考试。当时承认由保定军校、黄埔军校、云南讲武堂、东北讲武堂、西北军校、商震办的河北军事政治学校、阎锡山办的太原军校、日本士官学校等军官学校毕业者，才有报考资格。考试分为初试和复试，初试在行营或各军举行，中央各军事机构及中央军校（即黄埔）高级班等，在军校礼堂举行。各师可保送两名初试及格学员。连同初试试卷送南京参谋本部，经审查合格后参加复试。复试由参谋本部组织的陆军大学考试委员会主持，在南京中央军校大礼堂举行，试卷均密封。军事学考应用战术、基本战术、兵器、筑城、地形、军制、交通等教程。应用战术为考试重点。第十期第一批复试考的应用战术，想定是一个有骑、炮、工兵加强的步兵支队的遭遇战，地点是在秣陵关附近。基本战术、兵器等考试题目，已不记得了。这一期因规定投考学员要有二年主队职经历，所以没考实兵指挥。普通科学考语文、政治、高中数、理、化、史、地及一门外国语。我是选日语参加复试的。笔试之后，还要口试，我幸被录取了。

第十期原定1931年12月1日入学，后因一•二八上海抗日战争爆发，推迟到1932年3月1日才开学。校址在南京薛家巷（后改称汉口路）屈子祠（军政部旧址）。编制很小，校长、教育长之下设有教务处、编译处、骑术处、秘书室、医务室、总务组等。教务处之下有印刷所和图书室。学员不编队，无队长一类管理人员。

陆大招收的第十期学员中，有旁听学员五人，即钱卓伦、李及兰、何绍周、甘丽初、吴斌，他们是蒋介石特准的，没有参加考试。入校后同样受教，同样毕业。第十一期也收有特准旁听生。以后要求特准入学的职级较高、资历较深的军官增多，于是招收特别班第二期，加以容纳。因第十、十一、十二期都是每年招生一次学制三年，加上

陆军军官学校的几位校友在校本部旧址留影

特二期，所以，我在陆大时，共有四期学员同时在校。

第十期第一任校长是杨杰，字耿光，云南大理人。以后因蒋介石要“作之君，作之师”自任校长。杨改任教育长，但校务实际仍由他主持。他是日本士官学校及日本陆大毕业（在士官学校曾与蒋介石、张群同期，在日本陆大与熊式辉、陈仪、张亮卿等同期），战略上见识高远，他在日本陆大毕业时，御前战术考试，名列第一。1936年，两广反蒋介石，蒋的谋士们多主张用兵，他反对。他以当时两广反蒋的形势为背景拟成想定，要求陆军大学研究院第三期研究员们战术作业提出作战计划。我们都忽视了想定上日本正窥视中国的背景情况，答案都是攻韶关，下南宁。他讲评说，这样日本就胜了。他的原案是大军压韶关桂林；以共同抗日为理由，与两广协商，政治解决，我们都心服。1944年，他见第二次世界大战中英美在诺曼底登陆后的战略部署，批评说：“艾森豪威尔（当时任欧洲盟军最高司令）的扇形展开，包打败仗”，不久，果有亚当森林之败。但杨为学有点“得大意”，“不求甚解”；他接受新事物快，思想能随时代进步。1946年，蒋介石、陈诚叫嚣，三个月消灭共产党军队。他冷笑地说：“如果美苏之间的问题不解决，不要说三个月消灭不了共产党，就是三年，三十年也消灭不了。”他任驻苏大使归国后，军事思想有所改变，经常引用恩格斯的军事著作。但他为人负才骄傲，大言不惭，因而不免言过其实，遭受打击。杨杰一直与何应钦、朱培德不睦（朱是他的连襟），对老上级程潜则颇恭顺。1949年，他由昆明潜赴香港，准备去北京参加政治协商会议，被蒋介石派特务暗杀。杨杰主持陆大，喜搬用日本陆大那一套。按日本陆军军事学校的二级学制，士官学校（相当于中国黄埔军校）负责养成教育，把一个普通中学生或部队选送投考的军曹（中士）通过军官候补生训练，培养成为一个军官。举凡一个校、尉级军官应具备的战术、兵器、筑城等军事知识、“忠君爱国”的思想、军官仪态，以及作风等，都应达到一定要求。士官学校毕业后见习三个月，成为少尉。以后通过步、骑、炮、工、通讯、经理等兵科学校的补习教育，增进各兵种知识。陆大则为培养高级统帅和参谋的陆军最高学府。凡经历过二年主队职（营、连长），不论进过或未进过兵科学校的军官（上尉或少校）都可报考陆大。每期在学校三年，所以三年一考。因年龄限制，一般终身只能考两次。日本军官，只要能够考上陆大，一登龙门，便身价十倍，不愁不位至将军。因此，每个学员都很自负，自视高人一等，表现得气宇轩昂。所有在校学员不编队，没有管理，学校功课完毕，即各自回家，战术作业也可在家里作。杨耿光在主持中国陆大时，也只管学术，不负管理责任，要求学员自重自治（十期、十一期均无班主任，除少数未婚学员住陆大宿舍外，余均租房住校外）。他不管政治思想教育、纪律、作风、仪表等，他认为这些是军官养成教育的责任。殊不知蒋军军官养成教育质量较差，照搬日本那一套行不通。十二、十三期以后，学员人数多了，纪律不免废弛。

陆大的课程、训练、校风

陆大第十期的课程，重点在军事学术，有战术（大军统帅、海军战术、空军战术、化学战、装甲兵战术、炮兵战术等）、战史（拿破仑战史、普奥战史、普法战史、日俄战史、第一次世界大战史等），参谋业务（包括军队编制、装备、辎重、输送、动员等），邻邦军备，兵要地志，军制、军队人事法规、军队教育、兵器、野战筑城、永久筑城、地形（包括航空判读）、谍报勤务等。另外还有马术。非军事课程，有政治学、经济学、社会学、国法学、国际公法、心理学、逻辑学、数学、外语（德、英、日）等。

应用战术是重点中的重点，分别由中国及德国教官担任。中国教官除张亮卿、何成璞、徐祖贻、林熏南是日本陆大毕业外，其余皆中国陆大前期同学。他们在第一、二学年教师战术，第三学年教军战术，都是照搬日本那一套，运用《战斗纲要》及《大军统帅》上的原则，指导图上和现地战术作业。他们结构想定，写出基本情况，补充情况，要求学员用文字或要图作情况判断，决心处置，作战计划，阵地编成，火网编成等。

图上战术每星期两次，分六个战术班（每班不超过二十人），在室内作业。

现地战术，第一、二学年每年春秋两季举行，各约一个月。第十期第一学年秋季战术实施，在句容、镇江等地，春季在淞江、嘉兴、乍埔、杭州、莫干山等地举行。第二学年秋季在徐州、海州一带，春季在济南、青岛、淄博等地举行（在青岛还作了战史旅行，讲日德青岛之战）。出发前，按原战术班由教官发给想定并加说明，学员即结合好地图，标绘好情况在图上研究（考虑腹案），然后作认领乘马，整备图囊图板行装等准备工作，到现地即乘马侦察，对照地形，对照情况，在图板上作业。在一地完成一个科目后，又转移宿营地，在另一地形进行另一科目的演习，直到按计划完成各项预定科目为止。

不论图上战术或现地战术，都是令学员充当同一职务，作同一答案，交卷后，教员阅卷分案，讲评，颁发原案。如系连续想定，则根据原案构成补充情况，再令学员根据情况作出答案，照前法进行教学。这就是我军所说的集团作业。这种战术教育法比较呆板。

第三学年现地参谋旅行，春秋各一次，（第十期秋季在北平、宣化、张家口一带，春季在六合、扬州、镇江一带举行）与现地战术比较，想定结构，规模大，兵力多，作业范围广，除作战指挥有关作业外，还有运输及补充补给，前送后送等有关参谋业务，军务，后勤问题的作业。指导方法也不同，教员按想定分配学员不同职务，使按不同职务作不同作业，也都各有原案。下一情况，都按原案构成，进行推演。这种指导方法，蒋军称计划统裁。这种作业方法即我军今天的军事导演。

以上这些由中国教官指导的战术作业，都是单方面的。只有毕业前进行的一次“高等司令部勤务演习”（简称高司演习），即我军今日的“军师两级首长司令部演习”，是红蓝两军对抗，（蒋军及日、德各国，都以蓝色代表自己，而以红色代表敌人。对抗演习时，常称红蓝两军或称南北两军，东西两军）在室内用图上兵棋进行推演。杨耿光自任统裁（即我军总导演），张亮卿，何成璞分任东、西军统裁。由一些战术教官和第一期研究员任端末统裁（我军今日称端末导演）。记得我这次担任的演习职务是一个不重要的角色——骑兵旅长。这次演习也是计划统裁，按原案推演，而且主要目的是搞命令、计划、通报、情况要图、决心要图等（即我军今日所说的战斗文书），我主要搞的是骑兵搜索计划和命令。这次高司演习，战术构思不精，只是一个形式，参谋业务也只讲究格式，没有什么战术运用上的磨炼可言，胜负判定，不能使学员心服，学员搞得十分乏味。主要是由于战术素养低，不能让学员自由奔放，发挥战术才能，适时以情况诱导其按计划推演。所以，搞计划统裁，又生怕对抗演习中学员答案分歧，推演不下去，故情况设得简单，使学员一眼就明白该如何决心处置，以免脱出原案范围，说服费事。

教海军战术的姜鸿滋，讲了一些单纵阵，双纵阵等阵形，我未获什么教益。以后，一矮壮的德国教官教潜艇战，我印象也浅。现代战争，制海权重要，尽人皆知，我并非不重视，可能是由于海军知识少，不能深入理解。

陆大在北京时就聘请了德国教官。第十期由史培曼（Speman），顾德威（后由石达开Starke）教应用战术，林德曼（Lindeman）教炮兵战术，史太秋（Stvetiis）及另一希特勒空军的青年军官（不记其姓名了）教空军战术，皮尔纳教装甲兵战术，麦次纳（Metzner）教化学战，古稀（Gruse）教大军统帅、战史及阵地战，王恩瀚（Wangenheim）教参谋业务，编制装备，动员输送，列强军备。

这批德国教官都身经第一次世界大战，史培曼、顾德威、史达开、古稀都是德国陆大毕业，战术素养较高。史培曼、顾德威初教我们团、旅战术。所以，当时称德国教官教的应用战术为小战术，以后，一直由师教到军，集团军，大军战术，参谋旅行。我们由德国教官指导的战术班都一直称小战术班。他们的想定结构比较巧妙，很注意战术战略上的态势，地形影响及时间、空间关系（远、近、险、易、广、狭）。文字不多，没有什么格式框框，但深入研究，一换算时间、空间，考虑地形天气影响，就感觉意味深长，很费思考，才能作出答案。他们的指导方法也比较灵活。第二学年后，经常混用计划统裁和自由统裁（根据学员答案推演），交错进行集团作业和军事导演。例如，想定发下后，先令学员以军师长等指挥员身份作集团作业，然后，分配演习职务，进行军事导演，根据答案选两个不同方案的学员分任指挥员及参谋长，让他二人去辩论。这样，他不多费口舌而利害自明。接着，按指挥员的决心，指导下去，适时出情况诱导，使错误的方案，愈益显得不利。讲评时，从头到尾指出利弊得失，使学员心服口服，记忆深刻，受益较多。现地战术用自由统裁，如出现不利于按计划转移宿营地而出情况又诱导不过来时，就发补充情况，又令学员集团作业，选符合原计划的答案，更换指挥员，继续演习。

我们由德国教官指导的战术作业班，经常是五十三四人，人数太多，集团作业，展开辩论时，不易普遍发言，军事导演时，也难让学员轮流担任比较有意义的职务。因此，他们经常搞对抗的军事导演，将学员分成红蓝两军。这样一来，每一组便只有二十五六人了。参谋旅行组成两军，各一名教官。史太秋和古稀经常参加，充一方的指导，教官先发想定一般方略（我军现称一般情况）及蓝红两军特别方略（特别情况），令学员集团作业，作出判断，定下决心处置，教员先后分赴红蓝两军，根据答案指定学员演习职务。然后，根据红（蓝）军的决心处置等作为补充情况诱导蓝军（红军）推演，推演到一定阶段，又出情况，令书面作业。然后，利用蓝军书面作业时间，赴红军指导。将蓝军推演的结果，构成补充情况诱导红军。如此交错在红蓝两军间往来指导，红蓝两组都无空闲，直至完成预定科目。最后，由教官系统地报告战斗经过，评判胜负，讲评得失。

最有趣的是史培曼用同一想定指导研究院第一期研究员和第十期小战术第一班学员，但所得的结果（胜败和运用巧拙）完全两样，这种自由统裁的双方对抗的军事导演，教员不固执原案（腹案），两军胜负悉决于演习指挥员的战术决策，演习起来生动活泼。但指导很不容易，教员要脑筋灵活，点子多，见机生情，出情况诱导学员，而又不显现故意为难某方的情景。杨耿光主张只在第三学年参谋旅行时用这种方法实施，他认为此时学员的学力够了才能完成演习。但中国教官怕这样作，德国教官第二学年起即提早经常作。

德国教官的战术思想基本上是体现德国《军队指挥》一书（该书系《联合兵种的指挥与战斗》修改后改称的），强调集中优势兵力（飞机、坦克、大炮），彻底进攻，速战速决，注意利用制空权，高速度进攻的原则，但不硬啃条文。例如，敌我对等兵力装备时，他们为了集中优势兵力，以多胜少，很注意行军态势，战略动机，以便先求得有利的战斗正面和有利的战略形势，一下就集中发挥所有力量，予敌打击，改变兵力对比，并一步步紧逼，不让敌方挽回颓势，一直“以优胜劣”打到底。

对预有防御准备之敌进攻，不搞开进、展开那一套，而是直接就攻击准备位置并不总是对敌阵弱点业已了如指掌，一来就对敌弱点进攻，而总是在战斗中发现好机，投入决胜力量，向有利的方向发展，这些都对我留下深刻的影响。

《军队指挥》除防御之外新增防支（持久抵抗）一章。我认为这是鉴于第一次世界大战东线战略防御，以攻为守，过早调动了西线兵力，致马恩河会战失败，因而强调次要方面避免决战，以空间换取时间，不硬性防御，以便重点方面，集中优势兵力决战。持久抵抗就是次要方面避免硬顶，避免力不如人，死争一城一地，徒增伤亡的一种战法。虽不及“你打你的，我打我的，打得赢就打，打不赢就走”的高度机动、灵活、主动；不及我人民战争的汪洋大海，可致敌灭顶之灾的强大威力，但也终不失为劣势对优势采取持久战的一种战法。第二次世界大战后，大量飞机坦克投入战场，高速度大纵深进攻，已改变了第一次世界大战的许多战争指导规律，但只要注意到防空降，防空，防集群坦克，打人民战争时亦可以持久抵抗战法作为参考。

有一年暑假前，杨耿光要德国教官指导我们一周的沙盘战术。他们认为沙盘的优点，在于显示地貌地物比地图有立体感，而地形缩小若干倍，又比在现地易于观察全部地形，了解纵深情况。但沙盘须二千分之一以上大比例尺，地貌地物才显示得清楚，最适宜于连营战术。团以上战术，正面纵深场较大，所需地域面积大，沙盘上比例尺小了，地形模糊，反不如地图上推演兵棋清楚，连以下战斗，所需地面不宽，现地战斗教练，比沙盘更有效果。但沙盘可以不拘真实地形如何，随心所欲，按教育课目的要求，显示地物地貌，又可以把堆成的地形推了，按另一课目的要求，重新再堆。这种沙盘教学最适宜于教员随心所欲地假设理想的地形和敌我情况，教军官学校初学战术的学生，深入理解战斗原则，灵活运用战斗原则。（恰似日本人所谓白纸战术的搞法）例如，史培曼设一横亘东西的马鞍形高地，一高一低。令南北两军的排长从等距离去争夺高地。北军排长全力以赴，争最高的高地。他却诱导南军排长以两个班赴最高的高地，而以一个班赴较低的高地，这个班当然先到达较低的高地的顶端，即以轻机枪侧射登高峰的北军，使其卧倒，南军另两个班就得以先到最高的高地。所以，沙盘仍不失为良好的战术教育的补助手段。这就是德国军官学校教沙盘战术，而陆大则不教的缘故。我认为他们对沙盘战术的看法颇有道理。

蒋军好搞电气沙盘，地形和情况（如显示炮兵和飞机轰炸弹着点），永远不变，这只能是模型，缺乏战术的意味，用于战后讲评，总结经验则可，用于磨练战术则很不足。实战中，仿敌阵地作现地沙盘，进行演习，使指挥员明了上级的意图、自身任务、行动方式方法，熟悉地形道路及敌人配备等，对战斗实施有很大帮助，是各国行之有效的办法，这是应该推广的。

古稀讲大军统帅，只讲原则，未应用于作业。他在讲歼灭战略和持久战略、内线作战和外线作战等原则时，都举战例证明原则。他主张打歼灭战，并主张以歼灭战达持久之目的，他举七年战争和第一次世界大战兴登堡东普鲁士方面作战为例，说明以攻为守，歼灭敌人的有生力量，可达持久之目的，颇受学员欢迎，惜比较大而空。

林德曼教炮兵战术，主要是第一次世界大战凡尔登战役和以后阵地战那一套战术，炮火准备长达一星期甚至半月、一月之久，时间太长，难收奇袭急袭之效。导进弹幕射击，阻止射击、逐次集中射击，破坏射击，交通遮断射击等，讲解亦尚清楚，可惜未搞炮兵战术作业，亦不如后来我看见苏联专家炮兵战术计划精密，也未与史培曼等教的战术联系。史培曼也是炮兵军官，他主要只注意野山炮或野战重炮（十加，十五榴）的杀伤半径，有效射程，遮蔽高，运动性等战术性能和放列阵地，观测所的选定以及完成效力射准备射的时间等，从不涉及集中射击，破坏射击等技术问题，亦不大注意防坦克炮的运用，部队防空注意到伪装，行军时取对空距离等，但未具体指导过高射炮运用，这些都是缺点。

史太秋等教的空军战术，强调进攻，赢得制空权，认为攻击为最好的防御；强调发展轰炸能力，重于发展驱逐（歼击）能力。例如，敌机来袭，他们认为驱逐机拦击次要，最好的办法是出动轰炸机炸毁炸沉敌机起飞的机场或航空母舰，或尾随回航敌机，一网打尽，主张对进攻之敌实行反火力准备，强调摧毁敌军需工业，交通枢纽，瘫痪敌人工业交通运输，他们强调飞机性能和航空工业后备能力，认为敌对双方宣战后第一线飞机首先接触，一星期内双方飞机和飞行员数量迅速下降，一月以后，双方空军力量的强弱，主要决定于飞机制造能力、所造飞机的性能和飞行员训练能力。因此，他们强调要搞民航，以保持空军的后备力量。他们称飞机是炮兵的长臂，即可以打击炮兵打不到的敌方深远纵深，从而认为空军的主要任务是：攻击在炮兵有效射程外的敌后方。攻击机应超低空飞行，以领导地面步坦兵冲击，其震骇作用多于杀伤作用。但当时还未强调空降，空运的作用，也还未明显显露出糅合《制空权论》和《机械化兵论》为一团的闪击战。以第二次世界大战后的眼光来看，他们的空战战术思想，当然是很不够的。

第十期所学装甲兵战术最差，教官皮尔纳不懂战术，讲些“的塞尔”发动机之类技术问题混时间。（以后，我入研究院第三期时，奈维格教机械化战术较好）

麦次纳讲化学战，战术技术结合，很受学员欢迎。他认为糜烂性毒气，障碍作用大，但无补于进攻。窒息性化学战剂初出现于战场，颇有震骇敌人的精神作用，但要大面积达到有害浓度不易，所以，战术上可收一些效果，战略上不大发生作用。这虽是第一次大战经验总结，但第二次世界大战，化学战剂确实没有被大量使用。现在，美苏都在研究化学战剂，美军在越南战场上施用过，苏军也正用以对付阿富汗的游击战，但大量用于正规战，看来也不会有什么战略意义且为舆论所不容，在政治上处于被动。

古稀教的阵地战多是一些呆板的防御配备和进攻的方式，我觉得在战略战术上未给我什么印象。

白俄教官布尔宁教过战略学，他取材苏军条令、介绍了战略、战役法，战术的概念与我后来在南京军事学院所了解的大体相似。

战史也是陆大重视的课程。杨耿光常说战史是战术之母，熟读战史，不仅可以推敲战争双方的庙算谋议、战略决策，师法古名将用兵，也不仅可以找出一些战例，以证明战术原则，加深对原则的理解。更重要的是总结过去战争所留给我们的经验教训，窥测出未来战争发展的趋势，找出指导未来战争的规律，制定战略战术原则，用以教育训练干部，作好未来战争的准备，以争取未来战争的胜利。所以，第十期时，战史课程相当多。龚浩讲拿破仑战史，黄家濂讲日俄战史，杨耿光自己讲北伐战史，德国教官古稀讲普奥、普法战史及第一次世界大战史。第二次世界大战前，各国的典令原则，都渊源于第一次世界大战的经验总结。所以，第一次世界大战史，又是战史中的重点。可惜古稀当时都是站在德国立场，着重研究国境会战、马恩河会战、坦仑堡会战、华沙会战、罗马尼亚会战等的战略得失。事实上，第一次大战中，飞机坦克已起重要作用，已是闪电战的滥觞。第十期在校期间，制空权论、机械化兵论都已甚嚣尘上，而古稀在这些领域毫未涉及，研究战史而不推想未来战争，这样研究用处不大。这点也可作为我们今天研究第二次世界大战史的殷鉴。

德国教官王恩瀚教的参谋业务，编制装备，邻邦军备、动员输送等，都很一般，不过汇集了一些资料而已。他讲动员也讲了工业动员，变平时生产为战时生产等，但对国防建设上如何发展工业，介绍得不够。当时，国民党几无工业，可能也是学员印象不深的原因。第十期毕业时，戴高翔、魏汝霖等编了一部《中国将校必读》，多取材于王恩瀚的讲授。

筑城先由中国教官马龙文讲，完全是照搬日本教材。以后，一德国工兵教官讲筑城，否定堑壕体系，主张注意伪装分散的据点式阵地。

其余课程，不一一介绍，只有三门不为人重视的课，我认为值得一提：

1.白俄教官布尔宁讲的谍报勤务，内容丰富，对于如何获取情报，传送情报，反谍，防谍，今日都尚有参考价值。

2.戴锡龄教官教的军队教育，既说明一些军队教育的原则，又详细说明每年度训练总监部如何下达训令、各军师如何作出指示，各团如何作出年度计划，期间计划，周间计划，每日计划。这一套虽然都取材于日本，但教育计划性强，对部队要求严格（都是全训），对搞部队教育，很有帮助，我认为今日也有参考价值（与我所见苏联顾问的《军队训练法》的教材有相似之处，也可以相互补充）。

3.马术，当时战马被誉为无言战士，是战场主要交通工具，也是现地战术、参谋旅行的交通工具。所以，当时我们每星期有两个下午练马术。以后，杨耿光主张学摩托车和汽车驾驶，但未能实现。如今现代战争已经发展到运用电子技术实施指挥，但指挥员和参谋大都还要靠在飞机、汽车、摩托车甚至战马上实施指挥。因此，所有指挥员和参谋都应学会马术（山地交通不便地形，仍用得着），学会驾驶汽车，能驾驶飞机更好，不能空中驾驶，也应学会在空中目视侦察能力。

第十期曾于第二、三学年的暑假，两次去庐山五老峰下海会寺参加庐山训练。

1933年，庐山开办“北路剿×军官训练团”，陈诚任团长，杨耿光任教育长，所以，杨耿光弄我们去。先以为去任连排长教员，哪知到庐山后，把我们编为第十二连受训。

1934年，“庐山剿×军官训练团”，蒋介石任团长，陈诚任副团长，陆大第十期、十一期学生均前往受训。第十期中有少数同学任排长，我和多数同学还是学员。

这两次暑假训练都是为蒋军打气为主，而所谓军事训练只不过是陪衬而已，只搞一些诸如射击、筑城、爬山运动等士兵动作。1934年，德国总顾问巴德讲了一次初级战术，讲搜索，警戒、瞭望等七个问题。

每天朝会，每周纪念周，蒋介石、陈诚均要讲话，但无非是些“不成功便成仁”，“受围不惊”，“被俘不屈”之类呓语。张励生（当时似系行政院秘书长）则经常阿谀奉承蒋介石、陈诚，说他们讲话好极了，并对蒋、陈的讲话作些发挥，使人听了肉麻。受训完后，各发一柄短剑，上镌“军人魂”三字。这不仅仅是个装饰品或自卫武器，实际意味着蒋介石要求每个军官要“效忠党国”“不成功便成仁”的意思。两次训练团受训对我来说，除在庐山避暑爬山外，一无所获。

因为陆大学员学的是联合兵种的指挥，所以要熟悉各兵种情况，日本陆大是把学员分到不同兵种的部队去队附学习，当时中国无较强的部队，所以杨耿光把队附勤务改为兵种学校参观见习。我们去步兵学校、炮兵学校、工兵学校见习，看了战斗演习。详情已记不清，只记得步校现地沙盘，搞些泥人，我们戏呼之为阎王殿，但这只不过是调皮而已。我认为，现地沙盘，可在沙盘上显示情况，而令学习者在现地作各种战斗动作和决心处置，是一种好教育方法。另外，我们还参观了海军和空军，每人都作一次感受飞行。史培曼还组织参观了几次炮兵射击。

我们毕业后，学员曾分组赴军政部、军令部、铨叙厅见学一月。我分配在铨叙厅，厅长林蔚。这一个月见习是我难忘的一次学习。在这里，我们学习了“人事法规”，了解了任官、任职、退伍等手续。这一套人事法规，完全抄袭日本（日本《军队成规汇集》汇集了全部人事法规）。

平时军官分官组进行考核（尉官以联队为单位分组，校官以师为单位分组，将官全国范围内分组，以比较优劣）。

有停年和经历调任的规定。停年即每一级军官有一定的晋级时间，使其熟悉职务，不到规定时间，不得晋级。如少尉至少一年半才能升中尉，中尉三年才能升上尉，上尉四年才能升少校，如此等等。经历调任是为了培养军官的才能，当其任一职务，两三年后，即改任他职，如相等级别的参谋、教官、队职军官等职务对调。这些办法颇有可取。但蒋军并未认真执行。在用人上仍然是任人唯派、任人唯亲。文化好的终身参谋，政工人员终身卖狗皮膏药。军师长把持一个部队长久不放，压抑有才能的中青年军官晋升等现象比比皆是。有法不依，怎么能把军队建设好，军队哪会有战斗力？

第十期毕业后，曾选三个学员去学空中侦察，我是其中之一。1935年冬，我被派往杭州笕桥空军学校学习，时间六个月，在空中飞行共四十小时。学了空中照相、航空判读、目视侦察、炮兵射击指挥、空中射击等等。学习完后，还规定我每年须去空军服务一个月，但我以后未去过。现代战争，战场辽阔，指挥官参谋人员，常须空中视察、指挥，培养一些陆军人员具有空中知识，办法是好的。而且，现代战争，海、陆、空常须联合作战。所以最高统帅部、方面军等的指挥员、参谋，能具有海、陆、空三军知识最好。

由于杨耿光提倡上课记笔记，陆大十期学员，上课很少缺席，还专心记笔记。下课后，学员们不是作战术作业，就是整理笔记。早晚自习，常有许多人读外国语文，看参考书籍。翻译官们对我们说："陆大在北平时，学员颇讲究交际，互呼'学长'，校友观念很深，庆吊往还、请客送礼之外，还经常一下课就携带家属，或家属们互相邀约，看戏打牌。甚至还三三两两，狎娼宿妓。学习风气很薄弱，没有你们这样好学。"这些话可能是故意糟蹋先期的同学以讨好十期学员，但陆大移南京后，风气有些小小转变也是真的。我记得1933年旧历初一，我们不放假，照常上课。学员到齐了，教官王恩瀚也到了，只邹编译官不到，经频频催促，才姗姗来迟，腼腆地说："以前旧年新年没人上课，所以未准备来。"这就是一个例证。第十期以前，学员拜把兄弟，以便在社会上互相拉扯的，可能也有，但未闻其详。第十期毕业时，某几个同学攀龙附凤，同甘丽初拜把兄弟，结小团体，陆大第十一期以后这种结小团体之风逐渐盛行起来。后来，蒋介石先生糅合黄埔同学会和四校同学会等为中央各军事学校毕业生调查处，原是为了"作之师"，（他兼各军事学校校长）殊凑合在一起，结果还是一盘散沙。各拉各的帮派。连蒋介石先生的蓝衣社（复

陆军大学第十期毕业同学谒陵留影（部分）

兴社）也不例外（国民党、黄埔同学会都腐化失灵，蒋介石又想借此法宝作团结黄埔学生的中心）。蓝衣社的骨干十三太保如贺衷寒、曾扩情、康泽、刘咏尧、邓文仪、刘健群、酆悌、滕杰、陈复等多为黄埔学生。所以，陆大十期学员中的黄埔学生除我一人外，都成为争取对象。星期日活动，正经得像煞有介事，实际这个法西斯组织与流氓集团青红帮无异。

我认为当时许多陆大学员，没有政治灵魂，某些人只知拉封建关系，把爱国主义、民族气节都置之脑后，学习只是为了加强个人本领，取得陆大文凭，提高个人社会地位，好升官发财而已。我知蒋介石也与冯玉祥、阎锡山、李宗仁换帖，拉封建关系，上有好者，下必甚焉。“上下交争利，而国危矣”这一反面教材，值得鉴戒。

我任陆大研究员和教官

1936年3月，我在杭州笕桥学习空中侦察告一段落后，返陆大复命，即拟返回原部队。杨耿光认为我这个多言好辩，会钻教官的空子、捣蛋调皮的门徒，是个讨厌的学员。我不特经常弄得教官下不了台，也出杨耿光的洋相。记得第三学年春季现地战术实施他在滁州亲自指导现地战术。一个学员作决战防御案，摆一个外八字阵地，前面设前进阵地，诱敌人一进攻，便缩回本阵地。他讲评时说："这是乌龟的缩头战术。"弄得哄堂大笑，这个学员狼狈不堪。演习到镇江，他拿出一个渡江占领桥头堡固守待援的原案（这是仿照他在日本陆大毕业时御前战术作业的方案）。他抽问学员，一一评击。他批评完后、问道："这原案有个缺点，你们看见否？"我应声而出说："看见了，这成了瓮子里的乌龟，'瓮中之鳖'。"大家听后又哄堂大笑。

他刚才说了人家乌龟战术，这时也不好生气，只说："郭汝瑰，你强辩，瞎扯。"

但是，这时，他认为我是一个对付好抬杠的学员的好教官，硬要留我任教。我执意不肯，并对杨杰说："我见凡当教官的人都是终身潦倒，一事无成。"

杨说："你的看法不对，你懂不懂得委员长是怎么搞上去的？"

我答："不懂得。"

杨说："委员长的成功秘诀就是'作之君、作之师'。所以，至今他还兼任陆大、中央军校及各军事学校校长。我们是师生、我不会害你。如果你在陆大教几年书，结交些师友门生，会对你一生事业有很大帮助。"

这时我内心也不愿到我堂兄郭汝栋部靠封建关系作官，"剿共"做帮凶，又想多学点军事学术，靠本领吃饭。经他这一说，我便决定留下来，并进了陆大研究院第三期。这期研究员，主要是陆大第十一期毕业学员。本期研究院主任是张亮清。

陆大研究院，并不研究比陆大学员所学知识更高深的军事理论和学术，也不研究未来战争和各国军备，而是提高当教官的本领。因此，研究院除照陆大正规班继续进行战术教育及先生讲学生听的方法，灌输些军事知识外，特别注重战术教育法。杨耿光曾要求我们一天要作出十个想定。我们虽不免粗制滥造，但总凑足数交了卷，这些磨炼，可增进教员迅速构成情况的能力，使教员能随机应变，以情况诱导学员作业，办法是未可厚非的。这里已没有中国战术教官，都是外国教官任教。指导我们应用战术的是史达开、奈维格。奈维格是一个机械化兵科军官，教机械化兵战术颇得研究员好感。他结构想定也比较巧妙，设想战略态势，计算时间、空间，都引人入胜。战术课目，仍是攻（包括遭遇战）、防（包括持久抵抗）、追、退，也同史培曼、石达开一样，一来就造成包围迂回有利态势，再局部形成优势，打敌人一个致命伤，然后，步步紧逼，不让敌人挽回颓势，直至全歼敌军为止，他也讲究攻弱点（攻瑕），灵活机动，向打得动的方向发展。所以，行军、展开，都讲究既一下就发挥出全部力量，又注重有灵活转移重点的余地，只是计算行军长径、行程、时间、距离换算等关系，与炮、坦完成进攻准备的时间不同而已。防空除大口径高射兵器分段跃进，小口径高射兵器在行进中掩护外，更注重夜间机动。但与空军联系不如苏联专家所搞的紧密。防坦克也未强调防集群坦克，不曾计算防坦克兵器密度，这当然是因受时代限制的缘故。

研究院也由史太秋教空军战术。今天回忆起来，没有什么值得特别留意叙述之处。但有一事记忆犹新。一次，我们研究员乘马搞现地战术，见道旁伐倒一株大树，任其日晒雨淋。史太秋就喟然长叹说："你们中国如此破坏自然，浪费木材，说明你们生产不发达，而又浪费资源。在德国，这种现象是要受法律制裁的。"这本不属于军事范围的事，然而，四五十年后的今天，中国仍不免乱伐树木。我深有感慨，所以赘述于此。

研究院还有一名教永久筑城的白俄教官斯达维斯基，曾在法国某军事学院担任过教官。所讲内容过于陈旧。讲日俄战史的多马舍夫斯基，当时却颇受研究员欢迎。他站在沙俄立场，所讲与黄家濂据日本战史讲的大异其趣。他经常用"战胜者毋庸批评"一话来原谅俄军的错误，轻视某些日军战略决策的正确性。他没能以"古为今用"的精神探讨战术思想的发展规律。但他以"沙窝伊大将之骡，随大将身经数十战，但于军事思想无补"来讽刺那些经过实践，却不去总结经验教训，取得教益的人，是意味深长的。我以为这对学习战史，只讲史实，赞赏古代名将的一些决策而不寻求战争规律发展的人，也是辛辣的讽刺。解放后苏联专家韩切夫斯基在军事学院印发了一份军事发展史的图表解教材，但是言必称希腊罗马。我们中国三千年军事发展过程，至今还不曾看见系统研究的著作。太遗憾了！我希望能早日看见一部比较系统完整的中国军事史！

我没等到研究院毕业，就被推上了教学第一线，叫我担任战史教官。因十四期的欧洲战史（第一次世界大战史）教官被学员赶下了台，要我在紧急情况下“伍间增加”。我在陆大学了三年德文，而陆大战史材料多为德文本，我想借此机会增进德文水平，而且认为教战术就是那一套原则，倒来倒去还是那一桶水，搞到一定水平，再搞也难进步，不如在战史宝库中苦心钻研，还可获较多教益，因此，欣然前往任教。

我认为古稀（我任教官时他已回国）教欧洲战史，在战略决策得失探讨和学术观点批判上，还是讲得不错的，为什么不受学员欢迎呢？原因在于唱“折子戏”，讲个别会战史，而未对整个战争经过、总的教训得失作出结论，东鳞西爪，贯穿不起来。而且中国人对外国地理不熟，外国人名地名难记，他采取注入式的教学方法，所以不能引导学员深入理解。因此，我糅合一本德文小册子《第一次大战经过》及张亮清在日本陆大学习时的《欧洲战史教材》。从老毛奇及史蒂芬国防计划一直讲到国境会战，小毛奇修改作战计划以及以后历次会战发生经过得失，介绍一个轮廓，然后，分别选择有战略价值的会战，详细讲授。把一些战争关键的经过情况，写成想定形式，令学员作业，然后，发表当时双方决策部署，再令学员批评得失。这样的教授方法逼迫学员深入了解情况，熟读地图，研究经验教训，教授法似稍有改进。但决策得失，经验教训，还是剽窃书本，人云亦云，并无创见。而且，我原计划的一整套，未写完就走了。

陆大在蒋军建军和作战中的作用

国民党建军并不始于黄埔。1924年，国民党改组前已有军队，如第二军谭延闿，第三军朱培德，第四军李济深，第五军李福林，第六军程潜，第七军李宗仁，稍后的第八军唐生智。虽然蒋介石从黄埔军校发展起来的第一军是骨干，各军都接受了苏联顾问鲍罗廷、加仑将军的建议，设了党代表，但军队是由士官生、保定生、云南讲武堂学生按日本一套编制装备训练起来的，战术总是抄袭日本。以后德国顾问谢克特、法根豪生等来中国，参加中央军校及陆大教育，成立教导第一、第二、第三师（即以后的八十七、八十八、三十六、十四师），教导总队，炮兵第二旅等。于是部分军队又采用德国装备，并按德国顾问建议，编制训练，战术也抄袭德国。中枢军事机构及大部分军队，都还是日本陆大学员、士官学生、保定学生等为骨干。

人事制度以及兵役制全都是抄袭日本的。陆大的战术思想、参谋业务也多未为军师长所接受，一直到全军溃灭时为止，作战指挥还是老一套。所有这一切都说明陆大对蒋军建军影响不大。

不过，陆大学员个人在战场上仍多少发挥了一些作用。陆大八、九、特三期学员参加蒋军嫡系部队的不很多。十期学员毕业后，则多在蒋军中服役（在杂牌部队的少于嫡系部队）。开初，一般多担任军、师参谋长、参谋处长、作战科长及军事委员会的处、科长、参谋等职务。只有何宣、黎行恕、甘丽初、李及兰、何绍周、官慧民等少数人，任军、师、旅、团长。抗战前，在唐生智、张治中的准备对日作战秘密机构服务的陆大学员，对袭击上海日海军陆战队司令部及构筑淞沪、吴福、锡澄、沧石等防线既设阵地，多负计划指导责任。“七七”“八一三”以后，布满蒋军军委，战区，集团军各军师的陆大九期、十期及十一期特别班一、二期学员，在战场上颇发挥作用：第一，他们所学的搜集情报，判断情况，调制情况图，现地侦察、在图上定下决心，进行指挥这一套参谋业务（这以前，蒋军搞这一套的，简直是凤毛麟角），使各级指挥员作战指挥，心中有数得多。这不特对抗日作战有一定贡献，也因此而取得各军师的信任。第二，抗战初期，陆大毕业学员不多，无形中有个学派，电话上一呼“学长”，就分外亲热，上下左右，联系情况、交换意见，特别灵通。这样的联络工作，是一般军、师长所办不到的。因此，得到他们特别倚重。如我初到十四师任参谋长时，我的师长（以后任军长）霍揆彰并不倚重我，及到淞沪作战，我可以亲去第一线营连为他视察情况，建议决心处置，并在图上研究各项预案的利害，我俩人经常共铺一张图在桌案上，研究可能发生的情况及应该如何处置，待到友邻下级电话一来，他便可立即处理，我接电话时，用红蓝铅笔在图上指预定方案，他一点头，我便可负责处置。于是，他常说：“你们陆大这一套，我以前全不懂。有这样一套进行指挥，方便而有把握多了。”我在战场上可以经常与上级友邻甚至遥远的友军联系。淞沪大溃退时，我们五十四军未得命令，不敢退却。我与六十六军叶肇的参谋处长同期同学郭永镳通话，抄下命令，了解我们五十四军十四师撤退时机、路线、到达位置等，最后才撤退。虽在安亭车站被日寇截断退路，全师仍绕道而还。从此以后，霍揆彰总劝各军、师长非用陆大学员作参谋长不可，不然联络不广，情况不明，打仗无把握。另外，部分任师、旅、团长的陆大学员，尚能顽强战斗，也使人不再议论陆大学员“开口兴登堡，闭口坦能堡”只会纸上谈兵了。所以，第十期学员，在各处都立住了脚，也对抗日战争作出了一些贡献。抗日战争中、后期，许多十期同学便任军师长和战区，集团军、军参谋长，这对作战指挥和改建军队都发挥了一些作用。

1943年，我见杨耿光先生于重庆龙门浩。他任驻苏大使归来，思想较左，受特务监视，非常愤怒，经常咒骂蒋介石、何应钦无能，大有“老骥伏枥”之感。我安慰他说：“抗战以来，失地千里，丧师百万，但如果屡败屡战，纠缠敌人不放，最后胜利，仍然可期。这其中你的门墙桃李作了不少的工作，也挽救过多少局部失败。他们在抗战中所起的一点作用，全部是你熏陶之功所致，也可以自慰了。”这虽是安慰他的话，但对陆大学员在抗战中所起作用的概括，并不是虚构。不过，今天看来，“屡败屡战，纠缠敌人不放，最后取得胜利”主要是全国人民和共产党的作用。

在解放战争中，陆大学员的官更大了，在蒋军中负的责任更重要了。但帮解放军忙的却很不少。当然，国内革命战争，政治进步与落后是胜败的主要关键。但军事上的原因则是他们那一套战术不适应没有固定战线的人民战争。他们不理解中国革命战争规律，弄不清情况、战场经验又远不如解放军。解放军机动性大，神出鬼没，“打得赢就打，打不赢就走”，致使蒋军攻“不知其所攻”，守又“无所不备，无所不寡”，总是遭伏击袭击。这样，在总兵力上，蒋军虽然占优势，而在决战关键时刻和地点上，则经常措手不及，兵处劣势。从而使蒋军在解放军包围和猛烈追击下，难逃被歼灭的命运。

六、在抗日战争中

（1937—1945 年）

双十二事变前后

日本侵华，九一八就开始了，尽管1932年十九路军一·二八淞沪抗日也打了一仗，1934年长城抗日第二十九军又抵抗了一阵，全国人民发出“大刀！向鬼子们的头上砍去”的抗战歌声，但是全国性的抗日战争要双十二事变后才真正开始。这是因为蒋记国民党政权要“安内而后攘外”，对日本的进攻持不抵抗主义，在这一政策支配下，中国连年阋墙争斗，日寇就得寸进尺，侵略不已，虽全国舆论沸腾，总办不到“枪口向外”。西安事变蒋介石才被迫放弃了错误政策，一致抗日。

从1932年初到双十二这一段时间，我在蒋军陆军大学学习和任教，这时国民党的南京政府，表面上统一了全国，但实际上张学良的东北军和冯玉祥的西北军的旧部——冀察政务委员会委员长宋哲元所辖的二十九军，山东省长韩复榘所辖的第十二军（孙桐萱）、五十五军（曹福林）、被蒋介石调到江西“剿共”的孙连仲部、留陕西的杨虎城部、甘肃省的邓宝珊部等都仍保持半独立状态。至于山西的阎锡山，绥远的傅作义，广东的陈济棠（后余汉谋），广西的李宗仁，云南的龙云，四川的刘湘、邓锡侯、刘文辉及宁夏、青海的马鸿逵、马鸿宾、马步芳、马步青、马守援等地方军阀都割据一方，表面上打着青天白日旗，但蒋介石并不能指挥调动，有的甚至公开对立。

蒋介石可以直接指挥的部队，一般人都说有嫡系、准嫡系、杂牌三种，但事实上也没明确的界限，大约可以这样说：

张宗昌余部徐源泉、孙传芳余部上官云相、郭松龄余部郝梦麟、云南出去的范石生、贵州出去的谢彬、四川出去的郭汝栋、赖心辉等部都是归顺蒋介石的杂牌军队（当然从广义说东北军、西北军、桂系军队等也可称为杂牌），杂牌军队常有被加上“剿共不力”“纪律不佳”等罪名而被消灭的可能。有时即使不撤销番号被改编掉，也得不到补充而日益弱小。他们知道“剿共”是借刀杀人，消耗了得不到补充，所以经常避免与共产党（当时一般这样称呼红军）打硬仗。我二弟汝瑚在郭汝栋的四十三军任过无线电排长，他告诉我，有一次郭汝栋率部追击红军，前卫报告追上了红军，郭汝栋立即下令“埋锅造饭，吃饱了好打共产党”。汝瑚感觉奇怪就问道：“你天天喊追共产党，怎么追上了又不打呢？”郭汝栋忙拉他到旁边小声对他说：“我一无补给场所，二无野战医院，打下来伤兵往哪里送？械弹向哪里去补充。”郭汝栋这一生动例子几乎可以代表所有杂牌部队的心理。

准嫡系军队最初是北伐时期的第二军谭延闿部、第三军朱培德部、第六军程潜部、第四军的一部分如陈铭枢部等，但以后黄埔学生毕业多了，他们奔赴各杂牌军，逐渐掌握权力，于是这些杂牌军也逐渐成为准嫡系。

嫡系部队，最初主要是北伐时期的第一军发展起来的，以后新成立的部队及吞并的杂牌军，凡主要干部都是黄埔学生的，都是嫡系部队。这些部队分别与何应钦、顾祝同、陈诚、胡宗南、汤恩伯等有特殊关系，因而嫡系部队又形成许多派系。何应钦受蒋介石猜忌，不敢明目张胆拉派系，但对顾祝同、刘峙及杜聿明、宋希濂、王敬久等黄埔出身的将领，他都能指挥裕如。顾祝同对苏北的王敬久、韩德勤、方先觉等关系较深，陈诚掌握第十八军、胡宗南掌握第一军、汤恩伯掌握第十三军都自成一派。蒋介石经常制造矛盾，又利用矛盾，以甲制乙，又以乙制丙。借此以掌握军队，左右局势，殊知派系林立，终酿成离心离德的结果。

双十二前夕，冯玉祥名义上是副委员长，但实际指挥不动军队。

1936年12月12日南京一片平静，我写讲义到深夜，睡得特别酣畅。13日我清晨起来去到黄泥岗买菜，见中央军校教导总队的队伍，全副武装如临大敌地开赴下关。我觉得情况有异平常，一打听才知昨日张学良、杨虎城在西安扣留了蒋介石，这些部队是准备在浦口搭火车开赴洛阳前线进攻张、杨的。我顿时觉得蒋介石不被杀掉也将长期被扣留。内战发生，兵连祸结，中国又不知道将闹成什么样子。随后听说冯玉祥主张讨伐，但当他发现他指挥不动军队时，声调就低了，何应钦在嫡系部队中坐第二把交椅，他一面调动部队，宣布徐庭瑶为前敌总指挥，并声称派飞机轰炸西安，一面电邀汪精卫返国主政（我听说汪返国途中曾去日本勾结）。隔两天又听说宋美龄、宋子文等主张不打，认为打就是置蒋介石于死地，随后听说蒋的美籍顾问端纳到了西安，继而宋美龄、宋子文于20日、22日相继去西安。12月25日晚十时左右，全南京城响起了一阵一阵的鞭炮，说蒋介石出来了。接着蒋介石到南京，把送他回南京的张学良关了起来，报上还发表了“对张杨的训词”。我当时地位低微，听到这一切，仿佛是读传奇小说一样，百思而不得其解的是：张杨何以会“纵虎归山”。以后才知是出于共产党调停，以便举国一致对日抗战。我们一般人当时也认识“安内必先攘外”。“枪口对外”，才可不打内战。例如1936年两广事变时，陆大教育长杨耿光以蒋桂双方实际情况为想定，要我们战术作业，定下决心，拟出作战计划。我们答案都是进攻，杨发表原案，却是大军压迫，政治解决，一致抗日。并讲评说，军事解决，不是“中央”胜，也不是两广胜，而是日本胜了，我们非常佩服杨的高明。但是共产党这次下这一着妙棋，我们做梦也未想到。我对这样快就解决了“攘外安内”的问题，急转直下就转入准备抗战，真是高兴得心花怒放。

蒋介石决定抗日事虽出于不得已，但也加紧了抗战准备。由于我们陆军大学第十期是1935年3月毕业，第十一期是12月毕业，两期同学大多数走上了重要军事岗位，所以我们在陆大当教官的人，消息也颇灵通，对蒋介石的抗日准备，一鳞半爪，知道不少。我说蒋介石加紧了抗战准备，是说他这以前也略有准备，不过不积极罢了。我听说1935年何应钦认为：如对日开战，几个月后就会没有械弹装备补给，所以军政部在湖南株洲修建兵工被服等厂，在军实方面做准备。成文的国防计划，当然不可能目睹。但听说，委员长侍从室主任林蔚拟了一个国防计划，经蒋介石批准，大意是对华北的防御准备，由唐生智在军事委员会内密设执行部主管其事。在海州、徐州、开封、洛阳一线构筑防御阵地，建了不少钢筋水泥的机枪掩体，以作阵地骨干，在沧州石家庄线也构筑了防线（陆大十期同学文小山、李荻秋在执行部任参谋，李还亲身侦察各线重机枪掩体位置，知之甚详，以上情况是他告诉我的）。南京警备司令谷正伦（十期同学吴光朝任其参谋处长）负责南京近郊及镇江、句容等地国防工事。中央军校教育长张治中主持锡澄线（无锡至江阴）以东至淞沪等地国防事务（原因是一•二八他曾率第五军在淞沪协同十九路军对日作战），在青阳港西岸、吴（江）福（山镇）线及锡澄线构筑国防工事。

张初先在中央军校设高级教官室为秘密办理国防事务的参谋处，由陆大十期同学童元亮以少将步兵科长名义主持业务，陆大十期同学史说、方传进、沈蕴存、陈保生都以战术教官担任参谋。1936年双十二以后，张治中在苏州成立京沪警备司令部，张任司令，以中央军校教育处长徐权兼参谋长，童元亮兼参谋处长，龙娇、史说相继任第一科（作战）科长，唐化南任参谋。他们都是我陆大十期同学，从他们口中我概略知道经蒋介石核准的张治中的作战计划，是先作所谓扫荡战，消灭日军在虹口的海军陆战队司令部及杨树浦公大纱厂的日军部队，然后封锁长江，坚守海防。张治中集团的右翼由张发奎任苏浙边区司令，驻嘉兴，担任澉浦、乍浦、嘉兴地区国防工事的构筑。

与此同时蒋介石承认了陕甘宁边区，停止了对红军的进攻，释放了大批“政治犯”，当时称为爱国七君子的沈钧儒、章乃器、邹韬奋、王造时、李公朴、史良、沙千里等也被释放了。为了解除后患，蒋介石对一些可能叛变，供敌人利用的老军阀、政客，也分别情况，一一进行了处置。

老军阀孙传芳，自从他的部队被北伐军打垮以后，一直寄居天津，他是在日本士官学校毕业，与日本人一直有往来。蒋也恐他给日本人当傀儡，便由军统秘派一个叫施剑翘的女子去把他杀了。

唐绍仪是一个老政客，他和孙中山是同一时代的人。唐自从被迫辞去袁世凯政府的总理职务以后，再没有重上舞台的良机，当见时机已到，便向日本帝国主义摇尾乞怜，这正合日本人的心意，实在是一拍即合，于是，他们便暗中勾结起来。如果让他们的阴谋得逞，其影响之大，危害之烈不可估量。但蒋介石毕竟是一个老奸巨猾的人，对此早有预料，并派特务赵理君去把他杀了。

段祺瑞与日本军国主义关系颇深，蒋介石担心在全面抗战时，段可能被日本利用，于是便利用他曾在保定军校学习过几个月，段是保定军校监督的往事，与段拉师生关系，写信给段，称段为老师，问段还记得“蒋志清其人乎？”并说日本人快来了，特迎接老师到后方安全地方去。这就安定了段祺瑞，终未受日本人的利用。

蒋介石就是这样，采取软硬兼施的手段，能拉的就拉，能杀的就杀，必要时也可以拿钱收买，制服了一批人。

抗日战争以前，国民党的中央军事体制是仿照日本的，主要如下：

军事委员会	委员长：蒋介石
下设	
办公厅	主　任：朱培德
参谋本部	参谋总长：程潜
军政部	部　长：何应钦
训练总监部	部　长：李济深（唐生智？）
	副部长：周亚卫
军事参议院	院　长：陈调元
兵站总监部	部　长：俞飞鹏
铨叙厅	厅　长：委员长侍从室主任林蔚兼

七七事变时庐山所见

我在陆军大学第十期颇受歧视，主要有三个原因：第一，我是黄埔五期政治科在武汉毕业的，有共产嫌疑，思想恶化（当时把抽鸦片一类人称为腐化，把思想进步一点的人称为恶化）。因此，当时加入了蓝衣社的同学们不准吸收我，还监视我。第二嫌我调皮捣乱，不服管教，不好驾驭，其实我只是心直口快，好辩论，不看风色，有理的事要争到底，见不平的事好出来说话而已。我进校第一天，王泽民教育长点名，把我名点漏了，我就质问：“报告教官，为什么没点我的名？”“你看！就是你把秩序弄乱了！你叫什么名字？”他不喜欢我称他“教官”。“我叫郭汝瑰，不是我把秩序弄乱了。”他于是重新点名，点到我名字时，他又漏掉了，我于是抓住机会说：“报告教官，不是又把我点掉了吗？”于是引起了一阵笑声，有人就觉得这小家伙调皮、犯上。第三，我是从杂牌部队来的，我的中校参谋底缺（领薪的单位）在川军郭汝栋的第四十三军。

尽管如此，有的同学还是认为我能干，学术上有一套。我同班的一个同学曾粤汉，就认为我思想虽“不正常”，但很能干。

曾粤汉进陆大前是陈诚的下属，毕业后任十八军十四师的师参谋长，那时人们认为，带兵的职务比不带兵的职务要强些，因此，曾不愿任师参谋长，而愿调任四十二旅旅长。十四师缺师参谋长，要有人顶替他才能脱身，曾粤汉便将我介绍给十四师师长霍揆彰，霍向陈诚汇报说：“此人能干，只是有一点不好，思想左倾一点。”

陈说：“年轻人嘛，叫他来嘛，那有什么关系，年轻人就是要思想左倾一点好嘛。”

曾粤汉这样告诉我，并约我于1937年3月专程去湖南岳阳部队驻地见了霍揆彰一面，我认为十八军标榜“不要钱”，可能是一支较好的抗日的军队，亦表示同意。5月，我就正式调离陆军大学，到常德任十八军十四师参谋长。

我任职不到两个月，7月初，蒋介石在庐山办“军官训练团”，我又被派往“军官训练团”将官队学习，地点还是五老峰下的海会寺。这次训练中，没有再讲“剿匪”战术，而主要是宣传抗日了。蒋介石并且邀请学者名流，在庐山商谈国事，针对日军对平津的进逼发表谈话说：“如果日军进攻宋哲元的军队，就会牵一发而动全身”，将奋起全面抗战。但同时他对日本帝国主义也还抱有一定的幻想。所以，谈话也说：“和平未到绝望时期，决不放弃和平；牺牲未到最后关头，决不妄谈牺牲。”

1937年7月7日晚，卢沟桥事变发生，从而揭开了抗日战争的序幕。消息传到庐山，蒋介石就下令李默庵的第十师，关麟征的第二十五师北上助战，这时李默庵、关麟征恰好在庐山军官训练团，他们出发时，我们训练团召开欢送大会。关麟征上台慷慨激昂地说：日本帝国主义侵占我东北，残杀我人民，现在又继续向华北侵略，令人忍无可忍，我誓遵委员长命令，与敌人血战到底。然后大家齐声高唱：

枪在我们的肩膀，血在我们的胸膛，
我们要捍卫祖国，我们齐赴疆场。

欢送大会，抗日气氛很浓。我也禁不住流下了兴奋的热泪，心想当兵十余年，光打内战，这次能对外作战，总算不虚此生了。

因战争已打响，训练团不久就结束了。我同全师受训军官兼程奔回常德，8月初到武汉时得知十四师奉令开河北长辛店，部队已由常德出发，我们就在武昌等待部队到达，然后一同由汉口大智门车站登车北上。我的爱人方学兰同三弟郭汝玲送我上车，方学兰问：

“不知这战争哪年才能完啊？”

“像哥哥这样的军官死三百个就差不多可以结束了。”我三弟调皮地逗她。她眼泪像屋檐水一般滴了下来，我连忙叫他们走了。我从此踏上了抗日征程，开始了八年抗战生涯。

淞沪战役

“万里赴戎机，关山度若飞。”运十四师的兵车，黑烟滚滚，昼夜飞驰，殊不知师部列车到达永年车站。忽然接到蒋介石电令：“原车南下，开苏州待命”。于是我们掉转车头转津浦路向苏州急驶。车到南京我与师长霍揆彰一同进谒何应钦。何向我们说：“得情报日机今日首次袭击南京，你们要注意防空。”所以我们入暮才开车。到苏州第三战区前方指挥所，见到第九集团军总部参谋处长童元亮、作战科长史说及方传进、沈蕴存、唐化南等一批同学。经他们的介绍，我才清楚了全国的情况。

抗战开始，蒋介石将军事委员会改组为大本营（以后又改称军事委员会），主要机构和人选如下：

军事委员会委员长：蒋中正
参谋总长：何应钦
副总长：白崇禧　程潜
参谋本部改为军令部　　部长：徐永昌
军政部不变　　部长：何应钦兼

训练总监部改为军训部	部长：白崇禧兼
军事参议院不变	院长：陈调元
办公厅不变	主任：徐永昌（贺耀祖）
新成立一个政治部	部长：陈诚
	副部长：周恩来
新成立一个军法执行总监部	部长：何成濬
铨叙厅不变	厅长：林蔚
兵战总监部改为后勤部	部长：俞飞鹏
委员长侍从室不变	主任：林蔚

（见附录《1937 年 8 月国民革命军战斗序列表》）

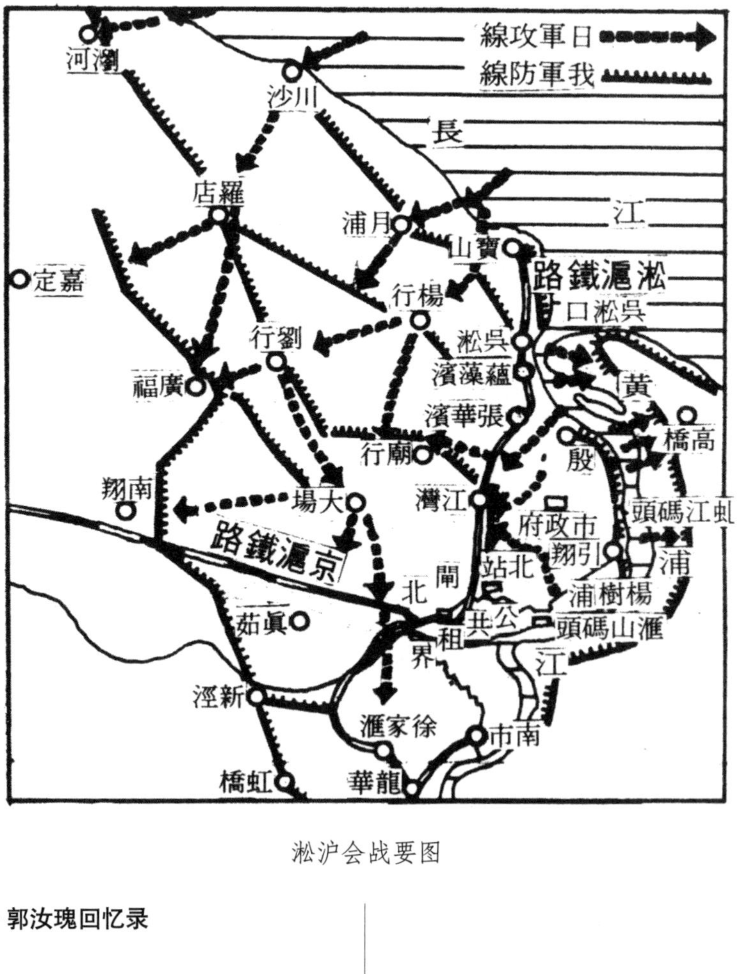

淞沪会战要图

八一三之前，因受一·二八战后所订淞沪协定的限制，安亭、太仓停战线以东，中国不得驻军，上海市仅保安队两个团，战斗力不强，不足以执行扫荡任务，于是张治中向蒋介石建议，以黄杰的税警总团独立旅钟松部化装为上海保安团，进驻上海，蒋介石答应了。当夜何应钦与张治中一同由蒋介石处告辞出来时。何拍张治中的肩膀说："文白，这是要出事的呀！"这个旅进入上海，一部进驻虹桥飞机场。日久果然日军微有所闻。8月7日，日虹口司令部派军曹大山勇夫（有人写资料误以大山勇夫为中尉，其实军曹相当于当时国民党军队的中士）乘机踏车到虹桥侦察。他蛮横无理，非要进入机场不可。当他强行闯入时，被化装的保安队士兵开枪击毙。事后，淞沪警备司令部参谋处长童元亮与上海市市长俞鸿钧商量，将判死刑的犯人化装为保安队士兵枪毙后，陈尸于大山勇夫尸侧，通知日军，说大山勇夫先击毙我门哨，我战士还击，才将大山打死。日军要派租界法医验尸，我方坚持在中国境内应由中国法医验，争执不决，形势日趋紧张。8月11日晚，蒋介石下令，命张治中的八十七师由江阴、福山以汽车运送至杨树浦；八十八军由苏州开闸北、虹口；三十六师由无锡火车运输到江湾。与此同时蒋介石并准

1937年8月14日，日军炮弹在上海南京路爆炸后造成的惨状

备沉船封锁江阴的长江航道。使日本长江以内舰艇，部队无法逃走而将其全部歼灭。殊不知汪精卫行政院的主任秘书黄某，将此消息密告日军。日军得此消息，一夜之间，即将江阴以上长江内舰艇及汉口日租界海军陆战队撤到上海，致上海日海军陆战队兵力增到四五千人之多。8月13日，我军未进攻而日军就先启战端了。8月14日我空军到沪轰炸，我军开始进攻，日本海军陆战队司令部坚固，我军未能突入，杨树浦方面攻到汇山码头，又被迫退了出来。新成立的杜聿明的装甲兵团的两个战车连，在这次战斗中，损失殆尽。日本国内增援部队迅即到达，于是双方陆续增加部队，而战争激烈展开。

（一）罗店之战

我所在的十四师之所以由平汉路方面开回上海，就是由于陈诚预定任淞沪战场左翼兵团总司令。他要集中使用他的基本部队的缘故。

陈诚指挥的左翼兵团负责防守宝山、罗店、浏河口、白茆口、福山、太仓、嘉定、刘行、杨行地区，以保障张治中中央兵团侧背。这是鉴于1932年一·二八淞沪抗战时，日军白川大将便派兵从浏河口偷袭登陆，抄十九路军后路，从而迫使十九路军从上海撤退的惨痛教训，防止敌人抄袭而采取的步骤。所以我师一到达苏州，即奉命开赴常熟警戒白茆口到江阴一带江面，以防日本人登陆。

上海正面，张治中的中央兵团虽攻打上海日海军陆战队司令部未克，但日军向我发起反攻时，中央兵团各师采取街市防御，敌我之间一栋房子一栋房子地争夺，战斗十分激烈，彼此伤亡相当，日寇进展困难，于是，便迅速调兵增援，在川沙口偷袭登陆，直攻罗店。

罗店是左翼兵团十八军李树森的六十七师在那里驻守。李遭敌强烈炮火袭击，支撑不住，撤出罗店。战斗进行之中，我十四师奉命增援，十四师编制，有四十和四十二两旅，每一个旅有两个团。此时，四十旅的八十团，四十二旅的八十四团防守江岸，尚无部队接防不能撤。故我师只有七十九、八十三两个团由常熟出发，星夜兼程直奔罗店，到达嘉定城后，发现罗店虽被日军占领，但未继续进攻，六十七师部队仍在罗店南与敌对峙。师长霍揆彰同我研究作战方案，我讲："我们虽然只有两个团。但右侧方是我们的六十七师，现在是晚上，敌人不知道我们增援上来了。因此，我们可乘日军立脚未稳之时，拿一个团正面进攻，另一个团迂回到敌背后，两团夹击，六十七师佯攻配合，定可夺回罗店。"师长对此作战方案表示赞同，乃命高魁元的八十三团由西向东正面进攻罗店，阙汉骞的七十九团迂回包围。六十七师协同我作战，在右侧方佯攻。

这时候，我刚到十四师任师参谋长不久，在官兵中尚无威信可言。因此，师下属个别军官对我的作战方案表示怀疑，阙汉骞就以要我给他划战斗地境线为借口，不愿接受命令。副师长凌兆尧听见后反驳阙说："迂回部队就根本不划地境线嘛，两个团又不是并肩作战，要什么地境线？"阙无言对答，只好带着部队勉强地出发了。

高魁元接到命令后，带领全体官兵从正面向罗店发起了进攻。罗店的西侧横隔着一条小河，挡住了我军前进的道路。八十三团正面河面上有一座桥，但早已被敌人轻重机枪火力所封锁。我军虽数度向这座桥发起冲击，均被敌人打退，死伤惨重，进攻顿挫。

这是由于那时，国民党军队没有经过严格训练，进攻战斗动作不行。同时，以前从未遇到过这样激烈的战斗，士兵们缺乏战斗经验，加之山炮营尚未到达，进攻又无炮兵支援，我血肉之躯，怎敌得过敌人无情的炮火，于是几百个士兵就在桥头作了壮烈的牺牲。

造成进攻失利的另一个重要原因是阙汉骞没有严格执行命令。阙在接受命令时就表现得不坚决，他的部队迂回到敌背后时，敌人并未发现他们。但阙并没有立即带领所属三个营的兵力向敌人进攻，因罗店背面也隔有一条小河，他只命令第三营过去，其余两个营原地待命，第三营的士兵们找了一些桌子、门板、板凳搭了一个临时浮桥，就顺利地到达河对岸，敌人也未曾发觉。他们一举捣毁了敌人的清水司令部（可能是代号），并缴获了敌人大量的服装，背包、味精酱油，正宗酒等物品。但是正面枪声激烈，情况不明，不敢前进。于是，他们找了一块方圆不到两公里的竹林，到里面藏了起来。

十四师司令部设在嘉定城内，攻打罗店时，师指挥所推进到施相公庙，部队向罗店发起冲击，战斗最激烈的时候，师指挥所接到从嘉定城内打来的电话，说陈诚要上前线视察，师长叫我回去接他。

我回到嘉定城内，片刻，陈诚来了，我以香茶相待。陈问："这儿离前线有好远，汽车能不能去？"

我答："不远，汽车能去。"

我便同陈诚一道坐小车来到施相公庙。陈听到前线枪炮声十分猛烈，而司令部就在敌人的大炮射程之内，感觉有点震骇，急忙对师长说："嵩山，你这个指挥所太靠前了，日本人的飞机厉害得很，一到天明，他飞机一炸，我们就会溃不成军，赶快撤下去。"说完就离开了指挥部。

陈诚来前线视察，不鼓励士兵们奋勇杀敌，反而叫部队撤退。师长霍揆彰听陈诚这么一说，当然是求之不得的事。陈刚走，师长就立即给正面进攻的八十三团下达了撤退命令，而迂回的七十九团与师部电话老叫不通，命令不能下达。霍竟要丢下这个团不管就要走。我说："整整一个团丢下不管怎么行？"霍不听，与副师长凌兆尧坐上小车就跑了。我一直等到把七十九团电话叫通，下达了撤退命令后，才离开指挥部。

中国军队在罗店之战后缴获日军的步枪和机枪

当时，情况并不十分危急，师长竟置一个团的士兵生命于不顾，甚至连参谋长也不要了，实在是叫人哭笑不得。我离开指挥部后，步行了好几里，才到一条河边追上他们。他们大概认为这里比较安全了，又才停下来等我。天明前，我们回到嘉定城，打电话问前方情况，知道八十三团已撤退下来，牺牲了二百多人。七十九团两个营完完整整地撤退下来了，但第三营还未撤下来。傍午才知道，该团因第三营未接到撤退命令，在竹林天刚亮，敌人就发现了他们，敌人用大炮，轻重机枪一齐向他们开火，并动用飞机对这一片竹林狂轰滥炸。在这片方圆不到两公里的竹林上，丢下了数十枚炸弹，部队立脚不住赶忙撤退。来到河边，原来搭的临时浮桥本来就不坚固，有些门板、桌子早已被水冲走，渡河困难，加之敌人在后面追赶，部队一片混乱，又有不少士兵被敌人打死，或负伤后掉入河中淹死了。第三营的李营长也在此阵亡，生还者不到半数。

时隔不久，日军又从宝山登陆，攻打宝山县城，周磊的第六师在宝山苦撑一周，伤亡殆尽奉命后撤。夏楚中的七十九师（属陈诚十八军系统）又在月浦一线与敌人交锋，夏与日军作战数日，伤亡很大，呼叫十八军军长罗卓英，请求增援。夏说："我的人牺牲完了，没有人了。"罗说："你是什么？难道你不是人？你就在那里给我顶住。"

（二）南塘口之战

此时，十四师已将罗店方面的防务交给十一师及六十七师。全师两个旅四个团，在南、北塘口顾家角及其以南地区摆成一线，等候七十九师被消灭后，迎击日寇进攻，四十二旅旅长曾粤汉食欲大减，夜不能眠，有些胆怯，不愿当旅长。师长怕他误事要副师长去代理，可副师长却说："这种状况叫我去，我才不干呢。"师长问我愿意否？我说："为国家打仗嘛，怕什么？我去。"我便同曾对调，曾粤汉当师参谋长，由我代理四十二旅旅长。当我率十四师四十二旅在南塘口一线布防时，夏楚中向我通话，埋怨罗卓英说："我给罗卓英打电话，请求派兵增援，他派一个班的人来我也不嫌少，他却一个人不派，还问我是什么，妈的㞞，我当然是人啰。"我听后将此事告诉了师长霍揆彰，并说："这是一个好机会，我们乘日军进攻夏楚中时，派兵夜袭进攻月浦之敌的右侧背，去一个团，一个旅都行，我愿意带去。”师长不敢做主，叫我直接请示罗卓英。殊罗说：“你不明白现在是持久抗战，要一线一线地顶，以争取时间。”

我说：“以攻为守，一样可以争取时间，我们加一个部队上去，假如把日本人打垮了，他退下去了，我们实际上就争取了时间，即使不打垮，给他以很大的伤亡，他的进攻速度也就慢了，这与持久抗战并不矛盾。”

罗说：“你没有弄清楚上级的意图，不准你乱动，擅自行动要受军法制裁。”我的意见未被罗采纳，故只好死待在南塘口、北塘口、顾家角一线，等日军来进攻了。

月浦离南塘口、北塘口仅十五里之地，夏楚中师被打垮后，我们就成了敌人进攻的目标。1937年9月13日（阴历八月初九），日军正式向我阵地发起进攻。这一天，正是我三十岁的生日，我开玩笑说：“有这样多的日本人给我放炮做生，自感洪福不浅。”接着连日数十架敌机在我阵地上狂轰滥炸，我指挥所又在敌炮射程之内，炮声震耳欲聋，死神时刻在等待着我。一次，一颗炮弹正巧落在指挥所内爆炸，尘土飞扬，房上的瓦片稀里哗啦掉了下来，我等竟无一人伤亡，亦云幸哉。有人凑趣引八十三团团长王中柱的话说：“哎，这炮声这么凶，叫人什么名利心都没有了。”我拿起一个钢盔往头上一戴，也开玩笑地说：“我什么也不顾了，但是，我的头也还是要顾一下。”众人一听，一阵苦笑。敌人总是

八一三抗战中在上海街头战斗的中国士兵

炮击后就要冲锋，我军如顶住了，就再进行炮击，然后又冲，战斗异常激烈。每到下级营、团长叫喊顶不住了，或一部溃退下来，我就出掩蔽部督战，指挥作战时，总急得我满头大汗，汗水变成水蒸气蒸发到钢盔上，然后又变成水顺着钢盔边沿流下来，如同下雨一般。由于我军只要坚持到薄暮，敌人就停止进攻。所以下午不断看表，望太阳落山，但每看表一次时间都不过过去五六分钟，真是度日如年。副师长凌兆尧一次上前线视察，见到这种情形，急忙要离开前线，他的卫士倒还想得很周到，特地给我带来了两个苹果。

在这次战斗中，我配备一个团正面与敌人作战，另一个团作预备队，若第一线团阵地失守，我就立即命预备队以一个营进行反冲击，复又将阵地夺回。但伤亡很大，一个团连冲三次就快搞光了。充预备队的八十四团一营营长宋一中，个子矮小，他带一个营反冲上去后又被日军打退，我即命士兵将宋绑起，送来枪毙。宋营长苦苦告求，我说："那你就回去恢复阵地，丧失阵地的就杀头，没有第二个办法。"宋营长心想，丧失阵地是死，与敌人作战也是死，不如为国捐躯。他又带领士兵们冲了回去，果然把阵地从敌人手中夺了回来。伤亡仅几十人，他本人不但没有死，甚至连轻伤也未曾负，但几天以后，他却瘫了。当时战斗之激烈，可以想象。

战局危急之时，八十四团团长邹毓南力主退却，我说："那怎么行。"立即拿出纸笔，给师长写信留下遗嘱。大意是："我八千健儿已经牺牲殆尽了，敌攻势未衰，前途难卜，若阵地存在，我当生还晋见钧座。如阵地失守，我也就战死在疆场。身膏野草，再无见面之期了，他日抗日战争胜利后，你为世界名将，乘舰过吴淞口时，如有波涛如山，那就是我来见你了，我有两支钢笔，请给我两个弟弟一人一支，我那只手表就留给我妻子方学兰作纪念。"这位团长看了我的遗书后，无地自容，即返前线，我亦亲临前线督战。有一次，我见一个广东教导旅的干部临阵脱逃，拿出手枪正准备向他开枪，他急忙冲到我的面前，用手将我的手枪托起，跪在地上说："我家还有老母啊！"

"混账！"我一边骂一边用力踢了他一脚，他顺势在地上一滚，爬起来就跑，我见他返回阵地，也就没有再向他开枪了。

一天，在我旅与四十旅战斗分界线顾家角南的四十旅防御阵地一侧，垮了一个缺口，敌人钻了进来，我向师长报告说："右翼进来了一股敌人，好像是在四十旅的地境线内。"师长左袒阙汉骞，打电话给阙。问究竟是哪旅的正面被突破了？

"郭旅长，你没有查清楚，是谁的地境，怎么就往上报呢？"阙汉骞认为我中伤了他，很不示弱地打电话质问我。

为弄清情况，以免引起内讧，我对一个姓刘的传令兵说："你敢不敢上前线去，查明敌人是从哪个旅正面进来的？"

传令兵："我敢"。

我又问："到顾家角呢？"

传令兵："我也敢。"

我继续问道："那么到连部呢？"

传令兵："敢。"他回答很坚决。

我说："那好，你去吧！"

传令兵接受任务后，即刻出发，天还未亮便从前线返回来了。他不识字，画了一张草图给我，图上画有一座桥，桥的右侧方画了一个醒目的大箭头，而我旅与四十旅正以桥为界，桥左侧属我旅，桥右侧属四十旅。我将此情况报告给师长，并说："我不是与阙旅长争输赢。敌人打到了我的正面，我也要垮下来。打他那边，坚持不住，也没有办法，补救就是了。"结果，四十旅丧失阵地的那个营长被革了职。

本来，阙汉骞的四十旅，在我右翼、六十七师胡琏旅在我左翼，连日战斗的结果，阵地逐渐后移，但旅部硬顶住不能退。于是他二人来到我的掩蔽部，三个旅长共用一个指挥所，指挥所设在郭家宅。

战争正激烈进行时，一天，六十七师前线的一个团长给胡琏打电话说："我没有子弹了。"

胡琏说："没子弹怎么？我还是没有子弹。"说完把电话丢了。

我在旁听见后，马上对胡琏说："伯玉，不行啰，他借故说没有子弹了，退下来，你把他没有办法，将来这个账难得算。你赶快打电话给他，就说郭旅长的子弹运来了，大家分到用，快回来领。"我的子弹确实刚运到。其实，那个团长要子弹是假，借故是真。运了一些子弹上去，再没有借口，他又稳住了。从此，胡琏常常对人讲，在那么紧张的场合下，郭汝瑰能够想到这些，出乎他意料之外。

这一仗打得十分艰苦，国民党的部队与日军作战时，最不讲究做工事，战壕挖得既不深，又不坚固，同时也很暴露，敌人一眼就能看见我们战壕在什么地方。而日军训练有素，作战不慌不忙，首先对我阵地用炮猛烈炮击一二小时，战壕里的士兵多数被破片所伤，我下级官兵又缺乏战斗经验，凡遭敌强烈炮火袭击，不是往竹林里躲，就是到小山包里去藏，这正是敌人求之不得的，敌人将所有的炮都对准竹林、小山包打，竹林、小山包就成了弹巢，往往伤亡很大。这时候，敌人开始冲锋了，往往一冲就垮，如冲不垮，他又退下去再炮击。敌人冲锋时，我方即用轻重机枪猛打，而敌人的“三七”平射炮又是专门对付机关枪的，很快就能瞄准，只听见“卡……孔”一声，机枪就完了，士兵们都叫它“卡孔”炮，确实很厉害。敌人实在太猖狂，可我师一个山炮营一共却只有八门大正六年式山炮。口径很小，射程又短，东一炮、西一炮，打得很不解恨。一天晚上，我命山炮营长将八门山炮集中“放列”。急袭射击三分钟，营长很害怕，但军令如山，他不敢违抗。八门山炮朝着敌人的阵地一齐开炮，仅五分钟就打了一百来发炮弹。敌人迅速用光测，双曲线交绘法，很快测出我炮兵阵地所在，几分钟后就行制压射击。敌人集中火力向我炮阵地开炮，下了四五分钟的炮弹雨，地都震动了。幸亏是夜间，敌人目标不准，我方仅伤亡十几人，山炮完好无损。但从此以后，山炮营就再也不敢集中射击了。师长知道后对我说：“你不要勉强，我们是劣式装备，两家伙打烂了，我们就没有了。”

9月17日（中秋节），我部接到撤退命令，我八千多人的旅，撤下时只有两千多人了，而且多是一些伤号和炊事员。36挺重机枪，都打坏了，把打坏的枪互相拼凑，亦只有4挺机枪还能用，其余概被敌人“三七”平射炮所打坏。唯有迫击炮连的炮，一门也没有坏，且伤亡很少，我问迫击炮连的张连长：“你是怎么打的？”

张说：“我把迫击炮连阵地设在一片开阔的棉花地内，对敌人打炮时，不用炮架，而用手托起炮筒，连打几炮，就搬几十到一百公尺又打，敌人就拿我没有办法了。”

我部下撤，交防给第四军，第四军军长张德能很自负，还以北伐时的“铁军”自居，他用指责的口气对我说：“你们这个仗打笨了，应该进攻。”

我说：“对，应该进攻，专守是一件笨事。”

后来，张德能果然进攻，但冲不动，垮了下来。张德能一垮，蒋军将领就说进攻不行了，要持久还是只有死守好，其实，并非张进攻有错，而是张进攻不得法。记得王耀武的五十一师在施相公庙与敌人作战时，王每日夜袭都可搞得十支八支步枪，或打死几个敌人，或捉一个把俘虏回来，王耀武师既能如此，若张德能部进攻得法又焉有不同之理？

张德能部打垮后，后一线的部队又与日军抗衡，同样，只知道死守。蒋军第一流部队一般只能硬顶七天，就牺牲殆尽，胡宗南部守刘行，只三天就溃不成军。唯西北军王修身部（杂牌）因工事坚固在刘行顶了九天，装备好的部队不如装备差而做工事能力强的部队。

淞沪会战中上海民众代表劳军

阙汉骞最初老跟我过不去，我当师参谋长时，他就经常拿我在陆大时讲的欧洲战史来讥讽我，说：“参谋长，你开口兴登堡，闭口坦仑堡，”“参谋长，这前面你还敢来呀？”

我说：“为什么不敢来？”

南塘口这一仗，我与他同当旅长，曾经共用一个指挥所，他见我作战时将生死置之度外，敌人的炮弹打中了指挥所，我仍从容不迫，照常指挥，从此，他不小看我了，与我感情很好。

经过七天七夜的战斗之后，我的喉咙肿了，嗓子哑了，说不出话来，拿电话筒的手痛得抬都抬不起来。中秋节晚上部队下撤时，皓月当空，我与阙汉骞骑马并肩而行。一路上，他兴致勃勃，问这问那，好像这时候他才刚认识我一样，而我却在马背上瞌睡蒙眬，也不知与他谈了些什么。

在这激烈的战斗中，爱国团体组织了许多慰问团，宋庆龄、何香凝也专门组织了一个慰问团到前线来慰问，并给前线士兵送来了白兰地酒和三炮台香烟等物。我本来不抽烟，但这时不断抽烟、喝酒、寻求刺激，何香凝还送给了我一件毛线衣（以后我珍藏很久）。亲人的慰问，更增添了我前线官兵杀敌的勇气和决心。

（三）守南翔

十四师在太仓经过一个月休整补充之后，又奉命守南翔，我又回任师参谋长。四十二旅旅长由罗广文接替担任。

十四师部队到了南翔，立刻占领阵地，这时天气已经有点冷了。当我们暗夜经过十五师的阵地时，流着汗拼命作工事的十五师战士问："喂！你们是哪个部队的？"

"我是你们的哥哥，怎么都不知道啊？"霍揆彰一边走，一边转过他那肥胖的身体回答，十五师的战士听了以后不很高兴，霍揆彰接着说："我们十四师，你们十五师，怎么不是你们的哥哥？"

十五师的战士听后，一个个都大笑起来，一个人说："这家伙是个大官！"

"哈哈……"又是一阵笑声，我们也就渐渐走远了。

我们在南翔严守阵地。敌主攻是由大场方向南下，所以十四师正面战斗并不激烈，这时罗卓英在广福镇指挥，一夜要我去开军事会议。罗卓英说："副总参谋长白崇禧认为专守防御不是办法，主张广东部队到达，即进行反攻。辞公（指陈诚）要我们研究，如何反攻为好，以便向上级反映意见。"我们研究结果，认为正面应在苏州河坚决抵抗，侧面由南翔到罗店应全面反攻，重点应保持在广福镇方面，广东新锐到达，即应使用于广福镇地区，向大场方向冲击。七十九师师长夏楚中也参加了会议。他的部队正在广福镇正面，他认为这是向坚固阵地进攻，主张把部队分成几个波向前冲去，第一波到达指定线后，即构筑工事，巩固占领地区，然后第二波又向前冲击。如此各波交换向前直冲到敌炮兵阵地。他是想他的部队作有限目标的近距离进攻。

会后不久，广东部队一五九师、一六〇师在南翔东发动反攻（实际是反突击），一夜之间，便垮了下来。广东战士确实勇敢，但战场纪律很差，溃退下来的士兵经过十四师防守地区时，成群向后乱闯，口头不断地用广东话叫：“冲啊！耶瓮枃（一五九）耶落零（一六〇）！”

在我们的阵地后，他们乱放枪，不论敌机高低远近，都轻重机枪，步枪齐鸣，初先我们不知道原因，误认为敌人插到了我们后方了，经查明才知广东部队打飞机。

这次是淞沪战场三个月战斗中的唯一的一次反突击，事后史说告诉我：“广东部队到上海时，士气很壮，白崇禧亲自到张治中司令部与张商量反攻，张治中与童元亮均不十分同意，白又问我，我力主夜间反攻，白同意，他亲自指挥。但部队不熟悉阵地进攻的方法，不知压制消灭敌人火力点，而只凭血肉之躯猛冲，故伤亡甚大而溃退下来。我们陆大同期同学官惠民团长、夏国璋旅长均在这次战斗中以身殉国。”

我认为这次反突击失败，战术战斗上都有错，但战略上的错误最大。如果不只在南翔以东正对敌人的主要突击方向实施反突击，而是保持主要突击于广福镇、大场方向从南翔到罗店都放弃阵地全面反攻，敌人侧背到处有弱点，则给敌人一定的打击是可能的。事后有人告诉我，原来也准备由广福镇方面反击，但南翔以东正面坚持不住了，所以急急忙忙把一五九、一六〇两师对着敌主攻方向反击。这是主力对主力的顶牛战术，不要说是劣势装备与优势装备之敌作战，就是同等装备之敌作战，这样搞也会败下阵来。

淞沪一带，港叉纵横，便于国民党军队利用小河沟一步一步地顶，虽然遭受很大的伤亡，也给敌人进攻带来很大困难。日军在上海作战两月，进展缓慢，于是，敌人潜行到我防备最弱的金山卫登陆。金山卫属于右翼军张发奎的地境，这方面多是一些杂牌部队。注意力主要放在澉浦、乍浦，对金山卫疏于戒备，所以我驻金山卫的部队仓皇应战，终因寡不敌众，弹尽人亡，遂使金山卫落入敌手，张发奎即命部队堵塞突破口，终归徒劳。这时候，上海正面作战的朱绍良集团（接替张治中）几十万国民党军队有被日军截断退路之危险，而蒋介石仍不实施战略退却，一心想再顶几天，坚持到九国公约在日内瓦开会，依赖九国公约强迫日军退兵。敌人登陆成功后，继续向前推进，几天以后，就占领了松江、青浦。蒋委员长这一下就慌了手脚，立刻下达撤退命令，一声令下，前线数十万军队，顿时如排山倒海似的退了下来。在一条铁道线上和一条公路上到处都是溃退的士兵，加之敌机轰炸、人马践踏，秩序更乱。

不知何故，我师一直未接到撤退命令。此时，广东叶肇的六十六军在我左侧，离我师尚近，我便向六十六军参谋处长郭永镳（我陆大十期同学）通话，问："撤退有我们没有？"郭说："全部撤退，你们十四师经青羊港，昆山往下撤。"我将撤退命令记录下来，天黑时，我师亦开始撤退。

敌人占领青浦后，又派出一支小部队夜袭安亭，并捣毁了薛岳的军团部。薛岳泅水逃脱，我们撤退路过安亭时正与其相遇，见他冻得缩成一团，狼狈不堪。霍揆彰（进攻罗店时已任五十四军军长，但仍只指挥一个十四师，所以他仍在十四师），忙将自己大衣脱下给薛岳披上。

薛岳的司令部被敌人打垮后，士兵们不知敌人虚实，一个个闻风而逃，公路上的十几个师远远望见安亭起火，也以为敌人大部队至此，又都横朝铁路线上乱跑。简直是草木皆兵，风声鹤唳。恰巧又遇一座铁路桥，一匹马四只脚落入枕木空隙里。既把它推不下河，又把它弄不起来。挑子、马匹全都过不去。后面的人又拼命往前挤，不少士兵便被挤下河去淹死了。

幸喜撤退部队中，有一个连长，来到安亭后，命他的部队侧击夜袭安亭之敌。事实上，这里只有敌人的侦察分队，所以很快将其打退，我们所有部队又才安全后撤。

（四）青阳港战斗

霍揆彰既任五十四军军长，十四师新任师长陈烈到任了，我仍任十四师师参谋长。次夜，我与陈烈带部队撤退到了青阳港公路桥时，见奉命在青阳港组织收容的八十七师的部队要过早地烧毁那座桥。如果公路桥被破坏，我师的四十旅，以及其他部队的几万人就会因桥梁破坏，无法过河，而被日军歼灭。陈烈看见后，急忙上前制止。守桥部队的士兵问："你是谁，不烧桥你能不能负责？"

陈说："我是十四师师长，我们还有一个旅的人没有过来。"

守桥士兵又说："那你打电话请求我们上级，看意见如何？"陈烈便给在昆山指挥青阳港战略收容部队的吴奇伟打电话说："我们还有一个旅的人没有过来，这个桥不忙烧，我把师工兵营调到这里来，把炸药安装好，另外派一个连的人在青阳港东岸，组成一个桥头堡，尽量掩护我们的人都过桥，到最后，说炸桥，一炸就行了。这样好些。"吴表示同意。

但守桥的士兵说："这桥是你叫不烧的，那就由你们来负责防守。"

陈说："负责就负责。"

陈烈一面令扑灭桥上的火，一面命工兵营聂营长装药，并派出一个连到青阳港彼岸桥头占领桥头阵地，收容我们的部队过桥，一直等了一天一夜，退却部队仍未过完，我师四十旅也还有一部分受伤士兵未到达，这时日军混在我退却士兵中，突然发起冲击，守桥头堡的连被冲垮了。"敌人来了！"负责警戒的士兵大叫，工兵营聂营长即令炸桥，但因电机点火装置出了毛病，炸药未能引爆。敌人一下子就冲过桥来，占领了桥头阵地。

本来安装炸药时应准备两套装置：电机点火而外还要安装导火索点火，以防万一，殊工兵聂营长考虑不周，竟酿成如此大错。

陈烈见桥被敌人占领，早已吓得语无伦次，不知如何是好。我安慰他说："不要紧，我可以亲自上去组织人暗夜拿炸药到桥下去人工点火。"陈听了这话以后，同意我去组织工兵人工爆破，但我到达前线时敌火非常猛烈，桥头防守更严，无法接近。炸桥未遂，陈怕桥夺不回来，要受军法制裁，便不惜牺牲，命士兵硬冲，但多次向敌人发起冲锋，均被敌人强烈火力所击退。这时候，我又想起了山炮营。

山炮营自从在南塘口与敌人较量之后，再也不敢集中"射击"。山炮很笨重，撤退不便，丢又可惜。我叫山炮营长留下三门山炮及全部炮弹，其余撤走。并命三门山炮对准公路桥一齐开炮，炮弹打完为止，炮兵们一心想把炮弹打完了好往下撤，因而，一个个也都不怕死了。三门山炮对准公路桥拼命打了两个多钟头，几百发炮弹在公路桥周围开了花。虽山炮弹威力太小，桥未被炸断，然而却阻止了敌人进攻。敌人见公路桥方面不能进展，次日半夜又用几只铁舟在公路桥下游偷渡，又占领了一个新据点——朝霞村。为了阻止敌人继续向前推进，我师又在朝霞村附近与日军对垒，离朝霞村不远的河岸，国民党原修有一个水泥工事，我二十多个士兵带着一挺机枪进入工事，对准朝霞村猛射，给敌人以很大的伤亡。但这种机枪掩体设计实在太差，工事高出地面一公尺多，外八字的枪孔完全暴露在敌人火力下。敌人用“三七”平射炮对准机枪孔连打了几发炮弹进去，工事里的士兵不炸死也震死了。从那以后，就再也没有人敢进那样的机枪掩体了。

我师在青阳港与敌人作战数日，伤亡近七百人，包括七个营长。战斗激烈，仅次于南、北塘口。待到战略收容的目的已达到，部队又奉令乘黑夜撤退，经昆山来到苏州。

淞沪战争刚打响时，苏州的百姓认为，国民党军队将一触即溃，日军很快便可打到苏州城。因此，百姓们都纷纷逃亡，致使苏州市面萧条，形同死城。后见国民党的军队竟能在上海与日军抗衡达三月之久，苏州安全无恙。原逃亡在外的百姓又都陆续回到苏州城。各行其是，一到夜间，苏州城内外又摩肩接踵，熙熙攘攘大开夜市起来。殊不知，兵败如山倒，百姓见前面部队已撤到苏州城，自然又都着了急，家家的妇孺老小，都急着离开这块危险之地。慌乱之中，大家乱成一团，什物散失满街，骨肉四方逃散。这时苏州不是天堂，而是人间地狱了。

我们撤退路过苏州城外护城河桥时，看见一个大约三四岁的男孩，躺在栏杆上睡着了，这小男孩长得又白又胖。一个老兵看见说：“这个娃儿真乖。”

霍军长说：“你把他背去嘛。”

老兵说：“我自己的枪都背不走，哪里还背得动这个小孩。”

苏州河上，逃难的船只，拉船的多是一些女子，她们的丈夫或兄弟大都先走了。苏州的女子，一个个长得都很娇嫩，平时很爱装饰，现在也不讲究了，她们把高跟鞋脱下来，搭在自己肩上，赤着双脚，在河岸上拉着纤绳

八一三抗战爆发后，几十万市民涌进上海租界躲避战火

艰难地行走，船上坐着她们的老小。一天很难走十里八里，看见这情景，真叫人伤感，我们这些当兵的，竟连老百姓的生存权利都不能给以保障，太可耻了。

一路上，尸体遍地，伤号叫苦连天，逃难的群众络绎不绝，到处都是一片凄凉的景象。部队行军休息时，偶遇一间房屋，进得门去，但见地上躺着三五具尸体，不得已，只好与死尸相伴休息，并自我安慰说："打死的人是不会传染的。"

蒋委员长原想把淞沪退下来的部队导入吴（江）福（山镇）和（无）锡澄（江阴）线既设阵地，再一线一线地顶。可是，部队残破百姓逃，保甲长跑，开永久工事门的钥匙，都找不到手，哪里还站得住脚。结果，这些工事门都尚未打开，钥匙还在保长、甲长手里，部队就又往下撤了。我师乃由无锡向西沿太湖到宜兴，又由宜兴到广德。刘湘第七战区的部队到广德后，十四师又再退暂节渡。正在这个时候，敌人开始向南京进犯了。

从1937年8月13日到11月12日，长达三月之久的淞沪抗战以上海失陷而告终。在淞沪战役中，国民党军队在民族大义鼓舞下，牺牲精神很高，官兵们用血肉之躯阻挡敌人海，陆、空联合进攻，给了日本帝国主义以一定的打击，挫败了日本帝国主义者骄横的侵略气焰，数十万下级军官和士兵为打击日本侵略者，为保卫自己的祖国流尽了最后一滴血，这种爱国主义精神是值得高度评价和永远纪念的。

南京失守

淞沪战役之后，国民党军队元气大伤，士气低落。日军在占领上海之后，分兵三路进攻国民党政府所在地南京，一部由太湖北侧经苏州、无锡、常州、镇江，攻南京；主力由太湖南侧经吴兴、长兴，取道广德。又分兵一部继续西进，占领郎溪、芜湖以包围南京，主力则取溧阳、溧水、天王寺，句容，攻击南京。12月初，敌人便进抵南京城下。

蒋介石把他的精锐部队全部调到南京城，其中有：王敬久的八十七师、孙元良的八十八师、宋希濂的三十六师、叶肇的六十六军，以及桂永清的教导总队等。决心在南京死守，若能侥幸支持一两个月。那当然是天大的好事，如打不赢日本人，败而后和，也可以堵国人之口。据说这是根据张群“抗战必亡，不战亦亡，战而后和，和而后安”的方针决定的。此时，德国大使陶德曼也奔走于日蒋之间，要两家不打，共同进攻苏联。

一切安排妥当之后，蒋介石命顾祝同为南京城防总司令全权指挥，他自己则准备退往武汉。南京城防总司令这个重要职务，要是在平时，谁也愿意干。可是现在实在是太担风险了。顾祝同心想：十有八九是活不出来了，他同他身边亲信，都留下遗嘱，安排好了后事，坐待死神的到来。

说也奇怪，这时候，唐生智跳出来要求担任南京城防总司令。

唐生智任职后，即在青龙山、紫金山各处层层设防，而以南京城为核心，构成环形防御背水阵。并封锁南京浦口间水上交通，把船只都集中北岸，以示必死。

12月5日，南京四郊战斗异常激烈，青龙山、紫金山、汤山等地相继失陷，十五万大军不得不退进南京，困守孤城。

12日，日军攻进南京城，国民党军队眼看有遭全军覆灭的危险，唐生智这才慌忙下达突围的命令，并给十五万官兵指定了不同的突围路线。于是一声令下，官兵们纷纷各自逃生，一齐拥向下关。

下关一带，到处都是溃退的士兵，大家都抱着要过江逃难的目的乱窜，会游泳的士兵到还好一点，不会游泳的人，有的拖一张桌子，有的拖一条板凳，有的抢一块木板，就往江北游。下关一带，哪里有供十多万人使用的桌子、板凳，他们往往为争一条板凳或一张桌子互相残杀。到达江心，许多桌子、木板翻了，士兵们纷纷落水，于是长江里到处漂着士兵们的尸体，真是惨绝人寰。

唯独六十六军军长叶肇，带领两千士兵从陆上突围（其实，敌人并非处处设防，南京城很大，他哪有那么多兵力严密包围？），很容易就进入山林，跳出了敌人的包围圈，并在当地老百姓的掩护下，白天躲、晚上走，全部安全转移。他们的遭遇倒还比向北边逃命的士兵好得多。

敌人攻打南京时，陈诚所属各部，胡宗南、周碞等部退往广德。川军刘湘所属各军则进出广德、泗安地区，我见刘湘部装备甚差，士兵们没有水壶，每人背一个竹筒筒，没有背包，每人背一个竹背夹。我认为他们尚能因陋就简，共赴国难，蒋介石将这样的部队，置于进攻南京日军的侧背，适时出击总还可以发生一些作用，但他们战斗力极弱，遇敌一触即溃，我所在的五十四军（只有一个等待整补的十四师）在誓节渡休息，前方广德的川军佟旅与日寇翼侧骑兵掩护支队接触。一下就被冲垮，十四师只得以残破的军队，坚守阵地，敌人终未越雷池一步。广德泗安的国民党军队坐视日寇大军西去，南京岌岌可危，无动于衷，蒋介石也不命这些部队侧击，甚至连扰乱性进攻也未采取。

如果说淞沪战役，没有适时诱导我国军队利用水网地带和多线国防工事逐次作持久抵抗，是置七八十万大军于日寇海陆空军火海中自己消耗的拙劣战略，不利于长期抗战的话，那么，使十余万大军背靠长江在南京作环形防御，就更是睁起眼睛把军队送给敌人歼灭的愚蠢战略（淞沪还使敌人付出五六万人伤亡的代价，南京则一无所得）。所谓南京是国民政府首都，国父陵寝所在之地，不能不战而退的说法，从军事上看是不值一顾的。军事上“战”，只是为求有利于战胜敌人，明知要吃亏，只为争面子而战，不符合消灭敌人，保全自己的原则，知兵之将是绝对不干的。如果军队有决战能力，以南京为据点吸引敌人进攻，而从广德、郎溪方面反击敌人侧背，当然不失为可行之一案。但精锐消耗殆尽的情况下，也是不能执行这样战略的。就当时具体情况看，虚守南京，让敌人扑一个空，而我则侧击敌人，使其付出若干代价，而后退入天目山等地，与敌持久，则是可行的。

南京失守后，日蒋和谈气氛越来越浓，德国大使陶德曼亦出来斡旋，传说蒋恐桂系不干，征求白崇禧对和谈的意见，白说："如果条件不苛刻还是可以谈。"但日本人的条件中，最主要一条是承认"满洲国"独立，这使蒋介石大伤脑筋，如要他默认成立一个"满洲国"还可以，但要他黑字写在白纸上，他又不干了，故使日蒋谈判告吹。

日蒋酝酿妥协和日寇攻徐州而推迟了进攻国民政府的临时首都——武汉，给了蒋介石喘息的机会，他在武汉又整补起来了五十万军队。我所在的五十四军就是在这时整补起来的。这是日军战略上的失策。

南京失守后，我率十四师残部徒步行军，经宁国、歙县、景德镇到南昌、乘火车到九江、再船运武汉整补。

珞珈山干部训练团

武昌东湖的珞珈山，风景秀丽，气候宜人，每逢春暖花开时节，这里百花争艳，雀鸟齐鸣，夏季又为避暑之胜地。武汉会战以前，大约1938年5月至6月，蒋介石在这里举办了"珞珈山干部训练团"。这时十四师在武昌补充训练。我被派到训练团学习，这次训练没有什么特殊例外，主要是打气、宣传"抗战必胜，建国必成"。军事讲课内容均与日作战有关，周恩来同志时任政治部副部长，他曾来训练团给我们上课，讲的题目是"游击战"。那时候，抗战气氛很浓，训练团内，到处都贴满了宣传抗日的标语。在训练团的大门口，其中有一幅"拥护蒋委员长抗战到底！"的横幅标语特别引人注目。可一天早晨，我起床后，发现这幅标语突然不见了，我感到奇怪，一打听，才知道有人说这是共产党提出来的。共产党提出这幅标语有暗示，意即："你蒋委员长抗战到底我就支持，你蒋委员长不抗战到底，我就反对。"共产党所持这种态度本无可非议，然蒋介石却做贼心虚，令人将标语取下，并规定，以后凡要写这类标语，就只能写"拥护蒋委员长抗战"，"到底"二字不准再用。从这件事上，我已预感国共合作潜伏着危机，同时，也说明蒋介石要对日妥协并非谣传。陈诚的参谋长郭忏就曾对我说：“武汉失守后，抗战还打不打下去就是一个问题了，我听有关方面说过。”他对我讲这话时很机密，并千嘱咐，万嘱咐要我绝对保密。郭忏是陈诚的参谋长，而陈诚则是蒋介石的亲信，这个话事出有因，自然是一目了然的。由此看来，武汉会战确实是抗日战争的转折点，是投降或再继续打下去的关键。

武汉战役

南京失守后，十四师徒步行军经宁国、歙县、祈门、景德镇到南昌，改乘火车到九江，再船运到武汉，就在十四师在武胜关整理补充期间，中日进行了徐州战役，我未参加这一战役，但台儿庄大捷、徐州突围和花园口黄河决堤等扣人心弦的大事，总是令人关注的。

台儿庄大捷，全国燃放鞭炮，这一仗，对于增强全国人民抗战胜利的信心，鼓舞军队的士气确实起了不小的作用，战术上也对我们有很大的启发。据我了解：日华北派遣军与华中派遣军，初无配合打通津浦路的企图，华北的矶谷、板垣两师团，豕突狼奔，分别南下，孤军深入，又未相互很好配合，板垣师团在临沂受阻不前，矶谷师团单独进攻台儿庄。遇我孙连仲集团坚决抵抗，伤亡甚大，汤恩伯军团又从其侧背反击，因而不得不狼狈撤退。这说明敌人战略上犯了错误。我军装备虽劣而人数众多，常居外线作战地位，捕捉到敌人过失，发挥外线作战的优势，是可以击败敌人的。可惜抗战中国民党军队总爱正面专守防御，一点被突破，全线都退却，在敌人侧背上的部队，纵然居外线有利态势，怕惹火烧身，宁可作壁上观，而不敢侧击敌人，放弃有利的机会，助长日寇的疯狂，是很令人痛心的。

徐州附近地形平衍，童山濯濯，我五六十万大军，离心退却，竟没一个师遭敌人歼灭，且向敌后退却的部队，都如入无人之境，事后安全而归。足见敌人虽构成战略包围态势，然而地广兵稀，到处都是空隙。我军在国内作战，有人民协助，化整为零，随时可以安全脱险。所以在我国土内反抗入侵的敌人，可以不沿后方联络线退却，而且过多的侧背安全感，是不必要的。

黄河决堤后，中原百姓在水中逃难

1938年5月19日徐州撤退，6月5日开封陷落，为防敌人西进，蒋介石下令破坏花园口河堤（商震的二十集团军指挥黔军蒋在珍的新八师掘开的，当时陆大十期同学魏汝霖任二十集团军参谋处长，写了一篇掘堤经过和经验，说几次掘开未成功，最后挖成阶梯逐次下降，河堤崩土，才不堵塞水流了），造成黄泛区，使数百万泛区居民死亡枕藉，流离失所。历史惨剧的祸首当然是日本侵略者，但我不相信中国军队舍此残害同胞的下策，便无阻敌西进的方法，我也不相信日寇因此泛区就会改变它的战略方向。掘堤之举，智耶非耶？可以各有看法，但我觉得这是中国战史上可耻的一页。

德驻华大使陶德曼，斡旋中日和议，未得结果，打通津浦路又告一段落，日寇就决计调集队伍，溯江西上，进攻国民政府的临时首都——武汉，企图进一步迫使国民政府投降。6月15日，日军攻陷安庆，继续西上，再陷马当要塞，突破长江封锁线，于25日攻占九江，于是拉开了进攻武汉的序幕。

国民党的军队经过整理补充，四十多个精锐师在武汉三镇摆开了与敌决战的架势，蒋并命他的亲信陈诚为武汉卫戍总司令。保卫大武汉的一切准备工作都在陈诚指挥下，积极地进行。这时苏联支援的炮火和航空队也都到达了武汉，国民党军队元气，已大大恢复。

霍揆彰在武昌成立五十四军军部后不久，我被任命为五十四军军参谋长。五十四军下辖十四、十八两师，这个军属陈诚嫡系部队，自然械弹补充都很优先，还派来一德国顾问韩里西斯(Henrysis)协助训练，部队一边练兵，一边修筑工事。武汉保卫战又是搞的一个环形背水阵，全不吸取南京保卫战之教训。当时，陶德曼斡旋仍未死心，蒋介石也未堵死谈判投降的大门，所以在蒋军的德国顾问仍未撤走，他们对中国十分“友好”，手把手教中国军队构筑阵地，给中国士兵讲解修筑阵地要多大的纵深，怎么伪装，如何完成火网和障碍设施等，可谓细致入微。军事委员会德国顾问团还先后在汉口的横店和武昌的葛店构筑两个模范阵地，以供部队仿效。我所在的五十四军十四师就构筑葛店模范阵地，这个阵地选择在北依长江边的白浒山，南临豹子澥（梁子湖）的隘路上，两翼有依托，纵深有约一公里浅丘，似乎地形很好，（横店模范阵地也是两翼依托湖泊的丘陵地隘路）但它们是几十个师守卫的环形阵地之一部分，环形阵地一点被突破，几十个师就都有被压迫于水际而歼灭的危险。此时因我任军参谋长须经常前往葛店指挥，而指导构筑葛店模范阵地的德国顾问们就是我在陆大学习时的老师史培曼、石达开等，见面后很亲热，他们经常给统帅部汇报说：“葛店工事做得很好，郭参谋长给我们留下了深刻的印象。”其实，我对德国顾问围绕武汉三镇修筑环形工事的做法深感怀疑，假如在陆大学习时，同学们做像这样的战略决策，做这样的作战计划非挨批评不可。然而武汉保卫战沿三镇外围修筑工事，明明是让中国军人去送死的下策，他们却毫无建议，岂非怪事。

自从陈诚的参谋长郭忏给我讲了“武汉失守后，抗战还打不打得下去就是一个问题了”的那一番话以后，我深感此次会战，非同寻常，抗战的前途，此一战关系很大。“天下兴亡，匹夫有责”，我作为一个军人，现在还是为民分忧，为国效劳的时候，一定要为抗战尽自己的微薄的绵力。主意打定，我将湖北五万分之一军用地图贴在墙上，揣摩了两三天，一个初步的作战方案便在我脑海中形成了。

时隔不久，陈诚召开了有军长、师长、军参谋长等有关人员参加的作战会议。陈诚在会上向大家作了战前鼓动讲话之后，还鼓励各部沿武汉三镇构筑环形工事，各地工事一律仿照横店、葛店模范阵地构筑，并尽先完成水泥钢骨轻重机枪掩体，最后还说：“望全军将士同心协力、破釜沉舟，准备与敌人决一死战。”紧接着，陈诚又叫郭（忏）参谋长、刘（云瀚）参谋处长向大家宣布早已拟定好了的具体作战方案。在那次会议上，十四师师长陈烈，五十四军军长霍揆彰与我并排就座，当我听了郭忏、刘云瀚的作战方案以后，对他们说："这又是要遭歼灭的样子。"他二人听后忙问："你有什么高见，起来讲一讲。"我说："我没有形成书面的东西，怎好信口开河。"

他二人怎愿意白白送死，又极力怂恿我发言。陈烈急忙写了一张内容为："五十四军参谋长郭汝瑰对作战方案意见具申理由与指导要领口述"的条子，传给陈诚，陈诚看了条子以后说："好哇，郭参谋长，你起来说一说。"

"那好吧！"我一边说一边站了起来。"一点不成熟的意见，同时也未形成文字，说出供大家参考。我认为这个作战方案，实际上是步南京战役之后尘，'如果我们沿武汉三镇构筑环形阵地，一点突破，必将全军崩溃，同时，这又跟南京战役一样，背水立阵，一旦战争失利，我全军将士就有下河吃水的危险。我看武汉三镇地形，到武汉核心阵地就已经不好守了，最好，我们尽量利用山地在武汉的外围作战。我判断，敌人主力将海陆军配合沿江而上，两岸陆军迂回包围我沿江要塞，节节进展，今日寇已攻下马当要塞，长江南岸之敌必从长江南岸瑞昌地区登岸，进攻金鸡岭后，再向码头镇、

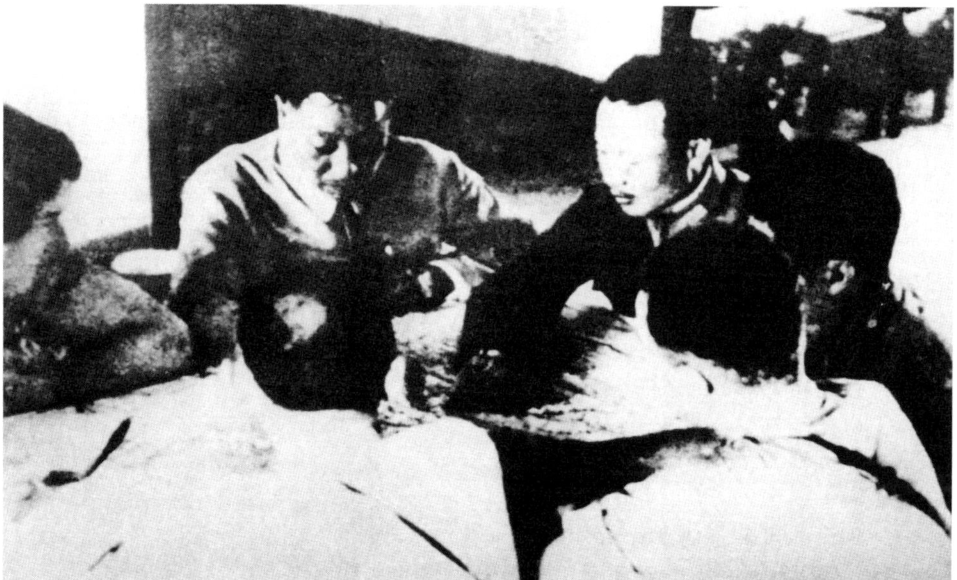

1938年秋，第九战区司令长官陈诚在武汉保卫战中制订作战计划

富池口进攻。然后以一部兵力攻打黄石，并经鄂城进攻葛店，进迫武昌。这是因葛店南边是豹子澥（梁子湖），北边是长江，中间只有一公里多宽的丘陵地，不宜大兵团作战，因此，敌人必定只使用一部兵力，敌人主力必经阳新西侵，攻占滓州、三溪口、金牛，直趋贺胜桥、汀泗桥，截断粤汉路，以断武昌部队之退路。敌另一路陆军必从长江北岸龙坪地区登陆，并经田家镇、蕲春、浠水、黄陂，进迫汉口的北部，控制汉宜公路，截断我军的退路，以完成大包围武汉的计划。如我坚守武汉核心阵地，让敌人阴谋得逞，我军将士就将遭受歼灭，其惨景与南京战役相比有过之而无不及。因此武汉保卫战首先应利用幕阜山脉和大别山脉有利地形与敌作战，应先在长江南岸完成金鸡岭一带山地工事，然后顺次完成码头镇、富池口、滓州、排市、三溪口、金牛等地区工事，长江北岸应先完成广济东北山地工事，然后顺次完成田家镇、团风、杨罗等地区工事。我军可利用山地寻机予敌以严重打击，最后在金牛地区若不能击破日军，则长江南岸守军应跳出圈子，免遭歼灭，长江北岸同样在黄陂不能击退敌人，也自行撤退。敌人费尽九牛二虎之力，突破武汉外围，也仅能获武汉空城，而我军则无重大伤亡。武汉撤退后，我军亦可凭借崇山峻岭之屏障，与敌人周旋，在此有利地势上，日军机械化部队，将无能为力，中国便可继续抗战，人莫予毒。日军也就永远不可能征服中国。”

参加会议的中央军和云南部队的人听了我这一番讲话之后，都纷纷表示赞同，陈诚听后也点头称是，并说：“那好，作战方案重新研究过。”他一边说一边在会议桌上顺手拿起一个信封，在上面写了参加制订作战计划会议人员名单：

参谋长：郭　忏

参谋处长：刘云瀚

……

五十四军参谋长：郭汝瑰

陈诚将此名单写好当众宣布后，作战会议也就到此休会。我与刘云瀚非常友好，我参加重新拟定武汉战役作战计划，他毫不介意，并基本上按我上述意见制订了一个新的作战计划，把外围防御推进到幕阜山脉和大别山脉地区。及日寇进攻开始，蒋介石又以白崇禧指挥长江北岸、陈诚指挥长江南岸作战，我所在的五十四军担任码头镇、富池口一带江防。当时，五十四军仍只有十四、十八两师，战斗当中才又拨来荣誉（伤兵）师及展书堂的八十一师（原西北军韩复榘旧部，仅数千人），归五十四军指挥。码头镇以东，金鸡岭一线正面逐次由孙桐萱，汤恩伯，关麟征等部担任防御。我们江防部队和这一线部队均统归汤恩伯（兵团司令）指挥。

日军进攻路线不出我之所料，日寇擅长登陆作战的山下兵团沿江而上，以一部从瑞昌境登陆，向我金鸡岭阵地进攻，孙桐萱、汤恩伯各军节节抵抗，一个军伤亡殆尽，换上一个军在后面占领阵地又顶。关麟征初来时，不可一世，他以曾参加过台儿庄战役自吹自擂，在我面前炫耀说："日寇矶谷、坂垣的战术确实灵活，我的士兵同矶谷、坂垣打过硬仗，就怕他们瞧不起当面日寇，骄傲轻敌出事。"殊知关的部队与日军作战仅四天就败下阵来，调后方整补，经过五十四军军部时，口称"对不住，我来得迟，走得早。"我问关麟征："当面日寇的战术能及矶谷、板垣活泼否？"关不对而退。四天以前的神气劲也不知跑到哪里去了。他不知台儿庄他担任侧击，打硬仗的是孙连仲部，这次他的部队正面顶，被动挨打。又无友军侧击敌人，所以很不容易支持。

码头镇由十四师四十二旅守备，仅加强独立炮兵××团的76.2野炮一个营，这些炮是苏联支援中国的。我看炮架是1916年制，不觉冷了半截，殊日舰驶入15000米射程内时，这个营一次奇袭射击，敌舰掉头就跑，原来苏联将第一次世界大战时的野炮炮管炮弹加以改造，射程加大了，且

武汉保卫战中，国民党第五战区部队向鄂东大别山开进

1938年秋，驻守武汉东部要塞田家镇的中国军队炮兵与日军展开激战

可穿甲，长江内航行的小舰艇是不敢与它硬碰的。展书堂的八十一师，人数少，武器差，士气低落，守备码头镇东三四里许的赤山湖与长江间的几百米宽的隘路，因在野炮营射程内，敌炮舰亦不敢进犯。

以后金鸡岭方面友军逐次后撤，敌人已进出码头镇侧背，四十二旅才放弃码头镇后撤，十四师两个旅及荣誉师利用山地，逐次抵抗，退到富池口附近。就在这退却途中，汤恩伯通知他所指挥的四个军的参谋长到兵团指挥部开会，我们四个军的参谋长骑着马，在离军团部十余里处不约而同地走到一起来了。半夜之时，突然天下大雨，行走十分不便，加之，一个个又都穿得十分单薄，偶尔一股寒风吹来，实在叫人难以忍受。大家都想休息，天亮再走，恰又前不挨村，后不靠店，无处安身，只好继续赶路。后来到一座桥头，见桥上有一凉亭，便进去栖身，也不知是谁，（大概与我们有同样遭遇的人吧），早已在里面“铺好了”稻草，我们四个人便都和衣而睡，把雨衣盖在身上，并又在上面铺一些稻草，倒还觉得十分暖和，由于过度疲劳，我很快进入睡乡。第二天天亮，我们又策马上路。现在回想起来，都还觉得军旅生涯十分有趣，这次与汤恩伯的见面，他用日语称我为同学，他是利用机会与我拉士官同学的关系。谈话中，使我难忘的是他再三叮咛我们要争取外线，谋求从翼侧打击敌人，我认为这是他在台儿庄尝到了甜头，得到了好经验，心中暗暗佩服，祝愿我们在他的指挥下，为祖国立大功。

富池口在富水入江的三角地区上，与长江北岸的田家镇遥遥相望，田家镇有旧炮台，富池口富水的南岸有一座山，名半壁山，靠江的一侧，悬崖峭壁，地势十分险要。旧时，为防止上游的敌军沿江而下攻打南京，封建帝王们曾弄了一根铁索横江拦起，并在山的正前方刻上四个大字“铁锁横江”，这时仍清晰可见。但半壁山，只是高百多米，纵深不足一百米的孤立石山，又无树木隐蔽，在现代战争中没有什么价值。蒋介石却遥令五十四军十八师在左翼依托此山，背富水构成一扇形阵地，坚决死守。我认为背水作战，非常不利，即用军长霍揆彰名义，建议以扇形阵地为前进阵地，另于富水西岸构主阵地进行防御。但蒋介石在遥远的后方，硬干涉前方部队的局部战术动作，不采纳我的意见，要十八师死守以半壁山为依托的背水阵，结果使十八师在敌人海陆空强烈炮火轰击下，全师覆灭。富池口之战，分明属于指挥上的错误，却硬将十八师师长李芳郇押交军事法庭问罪。

富池口失守后，日寇又向浲州、三溪口进攻，云南张冲部继续正面堵击。而此时，汤恩伯指挥各军（包括五十四军）则退到日寇进军方向的左侧，排市以南山地。汤恩伯得意地说是争取外线，可是当日寇接连三天向云南张冲部猛烈进攻时，汤恩伯指挥的数万军队在山上作壁上观。四十二旅旅长罗广文，电话报告：“见排市日寇营地灯火辉煌，人数众多，熙攘往来，看得清清楚楚，这是敌人补给基地。”我问罗广文：“敌人兵站在不在我们山炮射程之内？”

罗答：“在。”

我又问：“八二迫击炮射程达得到不？”

罗说：“迫击炮推进几个山头就行。”

罗广文是士官炮兵科毕业，我相信由他指挥对敌急袭，是可以胜任的，

武汉保卫战中，中国军队用高射机枪向日机射击

我便急忙给军长霍揆彰建议说：“我们推进山炮营，并集结几个迫击炮连给敌人一个突然袭击，并拿几个步兵连冲他一家伙，到天亮时就回来。”霍不愿“引火烧身”。

汤恩伯与我见面时，以同学相称，我又想起他争取外线，侧击敌人的谈话，便又向他通话，请求下令。可汤却说：“不要打，打就把敌人惹来了。”我建议的目的正是要给敌人以损失，并牵制敌人，使他不解除我们在他侧背上的威胁，就不敢继续前进，这样三溪口正面，就可以多支持几天。然而却未能如愿。三天以后，张冲的部队就垮了。敌人又继续往前推进，而我们在敌人的侧面的部队也往后退，五十四军军部由辛潭铺撤退。那天正好又是中秋之夜，与一年前我由罗店撤退时一样，明月有情，照我夜间行军，马上略感薄寒，仰望辽阔的天空，想到“八千里路云和月”“力尽关山未解围”的诗句，又不禁怆凄感慨至极！最后，关麟征部在金牛抵挡不住敌人的进攻，按计划武昌的部队都跳出圈子，敌人只扑进一座空城。江北情况亦大致如此。武汉遂于1938年10月25日陷落。

我所在的五十四军经通山、通城退往长沙，再退常德。离长沙次日，长沙就大火。长沙大火系湖南省长张治中所为，并美其名曰：“焦土抗战。”时人不满，汪精卫即借故发表《为什么误解焦土抗战》公开投敌，蒋介石做贼心虚，遂将酆悌、文中孚、徐昆三人处死。湖南人特做了一副对联讽刺张治中：

治绩安在？两个方案一把火，
中心何忍？三个人头万古冤。
横额：张皇失措

一月以后，张治中去重庆时与我们在桃源见面，还自叹这一失误，使他的政治生命完结了。当时我就疑惑他替人受过，1983年我得史说同志如下的信，才真相大白：

“……9月下旬，张治中将第九集团军总司令交给朱绍良，转任大本营某部部长。我随他到了南京，闲住了一个多月。11月初的一天晚饭后，突然唐生智派人找我到他公馆去。到后，见在座已有七八人。过了半小时，唐来了，坐定后说：‘我今天在军委会开会，委员长问谁守南京？何敬之就是不作声，我就说我守。我现在任南京卫戍司令，与城共存亡。现在阎锡山守太原，如太原失守，阎锡山死，中国尚有救，我之于南京也是如此。’接着他数了守南京的近二十个师的番号后，问道：‘你们有胆量与我守南京的站起来！’大家都站起来了，于是唐说：‘大家明晨来到职！’我出来即去找张治中，张说：‘我已改任湖南省政府主席，你跟我到湖南去，在后方训练一些部队。’我就这样到了长沙。”

长沙大火是武汉将沦陷前，蒋介石亲自到长沙对张治中指示的。武汉沦陷后，蒋从南岳衡山电令长沙撤退时必须彻底焚毁！张令长沙警备司令酆悌准备。酆的计划“于汨罗江撤退时先放空袭警报散百姓，然后焚烧”，张把“撤退时”三字改为“撤退后”，并对酆悌说：“你指挥的长沙警备第二团和长沙保安大队大多是长沙人，必不忍心放火，你去对他们讲讲焦土抗战的道理。”酆回去对警部参谋处长许权说：“明拂晓我检阅部队！”当夜许找警二团团长徐昆商议，二人猜不出检阅用意在哪里，并如何检阅。因酆悌睡下不许人叫醒他，他二人又不敢问，以为必是检阅放火准备。于是连夜拖运汽油，及喷油的水龙头放置各街道里弄，以便放火。半夜后，天心阁附近失火，各处准备放火的士兵说：“放火了！”就到处放火。就这样烧了大半个城，而日军到岳阳南新墙河就不前进了。蒋介石从衡山到长沙，将长沙警备司令酆悌、警二团团长徐昆、长沙警察局长文中孚杀了，省主席张治中撤职留任、保安处长徐权撤职查办，警备部参谋处长许权判无期徒刑。张治中一个月后调重庆任委员长侍从室主任。

长沙大火中的街道

此次武汉战役与南京保卫战役相比损失较小，各军都只受损失而幸免于歼灭，唯长江北岸损失了两个野炮团。蒋介石、陈诚对此也就心满意足了。以后陈诚还到处吹嘘，说他的指挥好，白崇禧还丢了两个炮兵团。

武汉失守后，蒋介石一心投靠英美，德国顾问撤离，长江流域的蒋军就与日寇长久对峙，进入消极抗战阶段。

我军在常德驻防期间，霍揆彰被任命为二十集团军副总司令兼洞庭湖警备司令，我任参谋长，指挥五十三军周福成、五十四军陈烈，七十三军彭位仁等三个军，商震为二十集团军总司令，又指挥霍。这是蒋介石收拾杂牌的惯用伎俩。我们以五十四军驻益阳守备洞庭湖南岸、七十三军驻临澧守备洞庭湖西岸、五十三军驻津市守备洞庭湖北岸，华容、南县、安乡等地，并于白螺矶沉船，封锁长江航道。在八百里洞庭周围植桩作水际障碍，征用木材商的木材，不计其数。霍揆彰忌讳人称他“福将”，但他警备洞庭湖时，敌人毫无侵扰，以后蒋介石调商震为第六战区司令长官。不久，又调他为军事委员会办公厅主任，官名很大，但只能管军事委员会的事务，兵权则被完全调空了。

商震调离二十集团军以后，霍揆彰便当上了二十集团军总司令，我则被任命为二十集团军参谋长，司令部设在桃源。

听覃振谈宋美龄的婚事

桃源那个地方，出了三个很有名的人，人称桃源三杰龙、虎、狗。龙即宋教仁，虎即×××，狗即覃振。覃振时任国民党立法院副院长，德高望重。二十集团军在桃园驻防期间，恰逢覃振回家探亲，他亦来部队看望全体官兵。我等自然热情相迎，并特设午宴招待。席间，覃振畅所欲言，加上有酒助兴，天南海北无所不谈。最初，大家在覃面前不免有些拘束，后见覃平易近人，毫无架子，也都随便起来。交谈之中，我们都批评国民党官僚。覃振最不喜欢谭延闿，说他简直是官僚之尤，把谭骂得一钱不值。为讨得覃的欢心，我们也凑趣说：“章太炎写的有一副对联是送给谭延闿的，院长可还记得否？”

“记得，记得。”他一边喝酒一边继续说道：“章太炎骂谭延闿的那副对联简直是写绝了。”说完他便摇头晃脑地背了起来：

椿萱跨四位，乃父制军又总理，生母谭如夫人，养母宋太夫人；
显达历三朝，有清公子兼翰林，容共武昌主席，反共南京主席。

我说：“其他话都好懂，乃父又总理，是由于他提倡称孙中山为国父，只是养母宋太夫人这句话不解其意。”

覃说：“千真万确，你们不知道内幕，是这么一回事。”覃说到这里很得意地拿起酒杯开怀畅饮起来。我们一心想知道其中之奥妙，一时间，忘记了席上的佳肴，一个个都目不转睛地望着他。覃一杯酒下肚之后，又才继续说道：“孙中山一贯想拉拢军阀有势力的人一道闹革命，他的那个办法已经失败多次了，但都未曾从中吸取教训。军阀们要靠他，利用他的牌子时，就通电服从他，一要争名争利争地盘时就又反对他。孙中山与宋庆龄结婚后，知道姨妹宋美龄尚待字闺中，又想利用她来拉关系。恰遇谭延闿丧偶，孙中山为了拉拢这位湘军司令，求得宋家同意后，就出来做媒把姨妹宋美龄介绍给谭续弦，遣人告诉谭，殊谭说：‘哎呀！不行！我不能糟蹋一个青年少女，续弦是应该，但我身体不好，已经不能人事，不敢耽误宋美龄的青春。’但传话人说：‘那怎么行，宋家和宋美龄已同意，谁能证明你说有病，不是瞧不起她家的托词吗？孙中山丢不下这个面子，宋家更丢不下这个面子呀！’谭延闿说：‘不要紧，我自有办法。’次日，谭延闿即备办厚礼去宋家，恭恭敬敬地给宋太夫人磕了三个响头，拜宋太夫人为干娘，认宋美龄为干妹妹。他的养母宋太夫人就是这样来的。”

“啊，原来是这么回事，官僚真会做官。”大家听后都七嘴八舌地说道。

覃振见大家兴致勃勃，便又滔滔不绝地说：“这位湘军司令常常到宋家看他的干妹妹，宋美龄见谭延闿如此对得起她，也就对谭分外好感。为了表示忠贞，1929年蒋介石下野跑到了日本，后从日本回来，为了东山再起，向她求婚，蒋介石的用意是十分清楚的，无非是为了钱，因为宋子文是财政部长，蒋介石想拉拢他（指宋子文）。但宋美龄却说，‘要想与我结婚有一个条件。非谭延闿做媒不嫁。’蒋介石便遣人给谭延闿说，谭一听马上应允，‘应该，应该。’于是谭延闿便出来做媒，宋美龄遂与蒋介石完婚。”

“宋与蒋结婚后，为了了结她与谭延闿的未遂姻缘，就视谭延闿女儿谭祥如自己的女儿，要为她选佳婿。她选女婿的条件是，文官要博士，武官要少将。”当覃振讲到这里时，我插话说：“对，对，对。这件事我在陆大读书时听说过。”

“是啊！”覃接过我的话讲并继续说道：“宋美龄找来找去，找到了陈诚，陈诚本来是有老婆的，但感情不好，他把她离了，后由宋美龄做媒，陈诚就与谭祥结了婚。”

我听了之后，仍感到大惑不解，问覃振：“世人都说宋美龄原来的爱人是刘纪文，覃院长又作何解释呢？”

覃振说：“啊，那绝对不是，刘纪文是古膺芬的女婿。孙中山当总统时，古任文官长。以前，刘纪文的家很贫寒，根本不可能送刘到美国留学。刘纪文到美国读书是古膺芬资助的，刘在美国哥伦比亚大学读书时与宋美龄是同学，但他们之间只有同学情谊。刘纪文一直没有忘记古膺芬，并望毕业后回来与古的女儿结婚。但是，当刘从美国回来时，古的女儿却已经离开了人世。刘纪文当南京市市长，是古膺芬的关系，也可能与宋美龄有关系，但宋美龄原来的意中人是谭延闿而不是刘纪文。”

我听了覃振的一番话，觉得宋美龄有中国妇女的传统道德，一个受西方教育的女子，能如此，是值得尊敬的。《金陵春梦》的传说，毫无根据，应当予以澄清。

参谋长会议

武汉失守后，国共合作潜伏着的危机日趋明朗化。1940年春国共两党摩擦的事件，层见叠出，冀察、苏鲁两战区更甚，同时山西又有新军“叛变”事件发生，影响更大。据此，何应钦曾几次召见十八集团军参谋长叶剑英面谈，（陆大十期同学张继寅因职务方便参与其事。此时何的侍从高级参谋肖毅肃辞所兼的军令部第十三科科长、荐张继寅代）但因国共双方各执一词，达不成协议。于是，蒋介石乃于1940年3月上旬电召阎锡山、李宗仁飞渝，与在渝的何应钦、白崇禧、程潜等共商对共大计，即所谓“巨头会议”。会议由蒋介石亲自主持，中央各有关部的部长、厅长等均参加了会议。

刘斐以军令部作战厅厅长的身份出席，并在巨头会议上提出了两面作战的方针，即一面抗日，一面“剿共”。

会后，刘斐要第十三科科长张继寅代他起草一份建议，并将所要写内容与张说明，张次日即将建议书写成，交给刘斐。据张继寅对我说，此建议书只提出了两面作战的方针和理由，没有详列具体部署。方针大意是：为澄清抗战大局以利国家的生存，必须实行一面“剿共”、一面抗日的两面作战方针。其理由有三：一、共产党假借抗日以自壮，所以到处制造摩擦，发展力量。与其养痈遗患，将来不易剪除，何如趁现在他的毛羽尚未大丰，及早下手之为得计。二、就国际关系来说，苏联援华，主要是在支持共产党，何况国无常交，兵不厌诈，终不能期望他能真诚地永远帮助我们，随着世界形势之变化发展，我们也能争取得其他与国或盟国。三、就现有我方兵力来核计，以现在陕西的兵力，至多只需抽调一部来增加，即可以肃清陕北，覆其老巢，不致影响对日作战的部署，对散在各战区或沦陷区的共军，先解决其容易消灭的，再逐渐解决其余，由各战区因应情况妥筹办理即可。

刘斐将建议书送去数日，未见回音，张继寅便私下问何应钦的侍从参谋肖毅肃对此事所闻如何？肖道：“总长他们另有计较，认为当前不宜如此。”虽然他们没有照刘斐建议立即去办，但实已伏下二、三次反共高潮之动机，并且企图利用参谋长会议大讲其共产党制造摩擦之事例，合唱给共产党代表听一听，以激起全军公愤。

正是在这种背景下，由参谋长会议秘书长刘斐积极筹备，蒋介石亲自主持的参谋长会议，于1940年3月中旬，在重庆召开了。各战区、各集团军、各军参谋长均参加了会议。十八集团军参谋长叶剑英也到会出席。

在那次会上，叶剑英、曾粤汉（十九集团军参谋长）和我（二十集团军参谋长）三人并坐一排，曾粤汉居中。曾与我是陆大第十期同学，曾与叶又是云南讲武堂的同学，老同学相会，十分亲热。曾把我介绍给叶剑英，我与叶互相热烈握手，不断交谈，以示友好。

八路军参谋长叶剑英

会议刚开始时，由各战区汇报作战情况，尚未出现异常。而后第十战区副参谋长周学海（我陆大十期同学）在汇报中途突然说："共产党的军队不打敌人打我们。"接着，周历数了十八集团军的种种"罪状"，最后，他说："忍耐是有限度的。"

蒋介石一直闭着眼睛听周汇报，并微露得意神色。这时候，他突然睁开眼睛，很不高兴地说："忍耐有什么限度？"

蒋介石这么一说，会议的内容便急转直下，其余发言的人皆吠形吠声，纷纷攻击十八集团军，并且越来越大胆了。有的攻击十八集团军到处制造摩擦，散布破坏抗日的言论，有的攻击十八集团军自印自发钞票，破坏币制等等。会议气氛十分紧张，大有兴师问罪，使十八集团军参谋长叶剑英无言答对之势。曾粤汉见此情形对叶说："我看你怎么得了啊，都攻击得你体无完肤了。"

然而叶剑英却镇静自若地回答说："没问题。"

当其他人都搜肠刮肚地讲完了的时候，叶剑英才不慌不忙地上讲台说："有人说我们十八集团军不打敌人打国军，这真是海外奇谈，完全不是那么回事。"于是，他便针对一些人给十八集团军历数的种种"罪状"一一举出真情实况进行了驳斥。叶剑英口若悬河，使到会众人对比双方的话，觉得十八集团军也有理。这时候，叶清了清嗓子又继续说道："至于说我们解放区乱发钞票那是没有根据的。"他慢条斯理地从裤袋里摸了一张角票出来，用手举起，并说："你们看，这角票已经烂成这个样子，两边都贴上了纸，票面不清，已经不能再使用了。我们不发一点就地使用的，怎么办？大家都知道，角票是辅币，这怎么叫破坏币制呢？"事实上，当时国民党政府币制十分混乱，各地甚至一些县都在自印角票。故蒋介石听了叶剑英这一番话以后，毫无办法。最后他拿起粉笔在黑板上写道：

“所恶于上，毋以使下，所恶于下，毋以事上；所恶于前，毋以先后；所恶于后，毋以从前；所恶于右，毋以交于左；所恶于左，毋以交于右，此之谓挈矩之道。”

他写出这段话，无疑在宣扬恕道。表示他能恕道待人，也望八路军军事上恕道。但他在黑板上把“絜”字写成“挈”字。冯玉祥见了，指出：挈字应改为絜字。他“唔！唔！”两声，对冯点了点头，把错字改了。蒋介石本想利用参谋长会议对十八集团军攻击，然而没有起什么作用，会议只好以十八集团军参谋长叶剑英“舌战群儒”而告终。

任暂编第五师师长参加长沙第三次会战

一个既担任过高级参谋，又当过各级战列部队长，并且军事教官、驻外武官样样经历齐全又有实战经验的人，才有可能成为一个才能比较全面的高级指挥员。这是我们一些受日、德各国军事教育的人的指导思想，我自从给霍揆彰当参谋长以来，彼此配合很好，我们作战时共用一份地图，用红、蓝粉笔画好可能有的备案，无论上级下级电话一来，我们相互在地图上一指，就可得出共同意见，立刻回答对方。霍认为我是他最得力的助手，故一直不让我离开他的司令部。我由师到军、集团军，一直任参谋长。霍也知道我应该去经历一下师长职务，并有很多这样的机会，但就是找不到适当的人接替参谋长职务，直到二十集团军司令部与副总司令部合并，商震的参谋处长魏汝霖（我陆大十期同学）改任二十集团军副参谋长，霍认为此时有合适的人继任参谋长了，这才同意让我去任师长。本来，当了集团军的参谋长以后，就不必回任师长了，但因没有那个经历，还得去过一个度。霍揆彰便写一个报告经蒋介石批复，调我到彭位仁的七十三军昕辖陆军暂编第五师当师长。

那时候，我深得陈诚器重，陈一心想提拔我，也打报告给蒋介石，要我任四十三师师长，但由于报告在霍之后，故批准了暂五师。以后，陈诚见霍揆彰还埋怨说：“你看，我们事先不通气，我在保，你那里又保去了，让他当四十三师师长好些嘛，那是一个好部队。”

彭位仁的七十三军下辖十五师、七十七师，暂五师三个师。十五师和七十七师属湖南土著部队（何键旧部）。暂五师是湘西土著龙云飞的部队。部队中，有苗族，有汉族，土匪习气很浓，幸汉苗民族隔阂很少。而层层吃缺，官兵同赌，纪律废弛，装备不齐，战斗力极弱，这个部队很难掌握。是去还是不去，我犹豫不决。

暂五师的参谋长田君健是我陆大特三期任教时的学生，见面时，常以老师称呼我。我当二十集团军参谋长时，他又是我下级，因有师生这个关系，常常给他以照顾。此时，田闻我去暂五师犹豫不决，特来对我说：“郭老师去嘛。”

我说：“我没有把握，这个部队我不想去。”

田说：“不要紧，你去，我担保没事。”

我问：“这个部队我能掌握住吗？”

田说：“能，郭老师的才能我是知道的，老师就不必多虑。我们戴师长早就想走了，他不想再带兵了，前方危险。只要把他弄到一个安全的地方去，当一个师管区司令，他也就心满意足了。”

听了此话后，我对田说：“好，那就去吧！”

主意打定，我们就做了一个集团军的命令，调戴季韬为衡郴师管区司令。其实，师管区司令要蒋介石才有权调任，以集团军做此调令，只不过想把戴骗走而已。

暂五师在湖南澧县一个小镇顺林驿驻防。1941年10月1日，我受命前往。师长戴季韬得任师管区司令，喜出望外，他代表全体官兵向我表示热烈的欢迎。并与我一道到前线与官兵见面。但一路上，戴三番五次要我帮忙，好像有什么心事，要向我说，可话到口边又收回去了，我不知其故，后来，田参谋长来对我说：“戴师长有困难，请你照顾他一下，要你帮一个忙，你看怎么办？”

我问：“他要我帮什么忙？”

田说：“他差一点人员、枪支、弹药、被服、装具，交不够数。”我听田参谋长这么一说才恍然大悟，原来戴师长的顾虑在这里。我心想，吃缺那是国民党军队司空见惯的事，何况这又是一个土匪习气重的部队，若把他逼狠了，他可能把部队拉出去，又去当土匪，那就把部队接过来再说吧。于是我慷慨地把图章拿出来交给田说：“参谋长，你一手成全两家，你既要对得起我，也要对得起他，要怎么办，就怎么办吧。报了就算了，我都承认。”

田说：“差得多哟！”

我说：“再差得多我也不过问。你去办，在移交册上盖章好了。”

事后得知，戴季韬的部队不但人不够、枪不够，甚至连通讯器材都不够。他的兵一共三千多人，却上报近七千多人。不特领饷吃缺，他甚至把多报部分人的军装、衬衣、被盖等全部拿去卖了。吃缺最厉害的还是大米，一个士兵每月配四十几斤米，戴多报四千多人，仅一个月就可多领一万六千多斤，将这些大米卖成钱，这在当时可是一笔不小的数字。卖得的钱自然没有士兵的份，都被戴季韬等人装进了腰包。以后，戴仅凭二十集团军的命令，就轻而易举地当上了衡郴师管区司令，也多亏他在部队贪污的这些钱帮忙。

交接之事，田君健做得很漂亮，戴见我如此慷慨大方，实出他意料之外，戴也很讲义气。临行时，特来登门致谢。戴对我说：“承蒙老兄照顾弟不胜感激之至。老兄的为人，弟没齿不忘，我即将离开此地，剩下一点米弄不走，就送给你好了，一点小意思，请不要见外。”

我说：“那好吧！我领这个情。”

初来时，我也听说戴有一点米，但总认为不多。殊不知竟有几十万斤，装了好几船，戴季韬弄又弄不走，一时又卖不完。他走之后又不敢再遣人来取，因为一经查出，是要治罪的，戴便只好把它送给我了。几十万斤大米交给我，我还拿它真没有办法呢。于是，我便召集参谋长、团长、参谋处长、副官处长、军需处长们开会，商量对策。

我说：“戴师长临走时，送给了我们很多大米，这么多，不好处理，我准备上交算了，你们意见如何？”

他们听了我的话之后，就七嘴八舌议论开了。这个说：“那都交得，你不是打戴师长一记耳光吗？”

那个说：“值那么多钱，又何必交了呢？”

显然，他们都为那么多米眼红。我说：“卖，我是不敢的，一经查出就要杀头。”

军需处长和团长们却异口同声地说：“不怕得，我们去卖。”

看来，他们一个个还都是卖米的行家。我说：“那就这样办吧。这些米本来送给我，我私人也不要，就归公好了。你们成立一个军米保管组，随便怎样处理都可以，只要你们给我保管好就行了。”

军需处熊处长，团长们都心领神会，“军米保管组”很快就成立起来了。军需处长就是军米保管组的组长，团长们一个个都是军米保管组的成员。名为保管组，实为卖米组，他们很快就把几十万斤大米全部卖光了，赚了好几万块钱。

我将此款买了五百亩淤沙地，在洞庭湖边，办起了一个守本农场（师的代号叫守本）。凡师里因伤致残的军官，均可带家属到农场生活，此农场预计可安排四五百人。同时，还办了一个守本织布厂，以编余的苗族军官吴副旅长恒良为厂长，这个厂亦可安排一部分受伤官兵家属到厂里工作。从而解除了官兵们的后顾之忧，使他们能安心在前线奋勇杀敌。另外，还买了一部小汽车供师部使用。

以前，暂五师的官兵们薪饷，都只能领到国民党饷章规定数的一半。因国民党不按编制拨款，而用八万块钱包给戴季韬。戴等人又从中克扣，这自然养肥了军官，苦了众士兵。我来之后，估计表册上的接交人数算还有浮冒，如点名发饷，人人均可按国民党饷章关饷。我便决定照此办理，并告诉了军需处长。军需处长说：“钱不够啊。”

我说：“不要紧，我估计够，另外我不要钱，你放心！”

关饷这一天，全师官兵都集合在一块方草坪上。我当众宣布：“从今天起，我们暂五师全体官兵一律按国民政府的饷章关饷，我也跟大家一样，一视同仁，现在由我点名发饷。”话音刚落，操场上立刻沸腾起来了。他们高兴、跳跃，当士兵们领到薪金时，一个个都流出了热泪。这是他们自参军以来，第一次享受到国民党正规部队士兵们一样的待遇，这怎么能不叫他们高兴啊！关饷完毕后，我发现造册领饷的三千多人仍不实，各团均谎报多人。我便对大家讲：“以前，戴师长在时，他克扣你们，而你们为了生活，谎报人数吃缺，这是出于不得已，这次造册领饷，各团又沿袭旧规，因不知新法，故不加追究。今天下去，各团名单要重新核实，人数少了没关系。今后，如再有谎报人数吃缺者，定严惩不贷。”这件事很顺应军心，士兵们训练、打仗等一反常态，部队就这样被我掌握住了。

天下事真是无巧不成书。此事刚过，恰遇国民党军发动向襄河西岸日寇进攻的襄西攻势，我师奉命出击，部队刚刚渡过长江，正准备向敌人进攻，日军却自动放弃一个据点。这真是天赐良机，我师未费一枪一弹，就轻而易举地占领了敌人一个据点，同时，“缴获”了敌人大量的军服、军用外套、味噌浆汤、正宗酒等之类的东西，胜利凯旋，即向上级报功请赏。

国民党部队的军官们办事都很“巧妙”，平时谎报人数吃缺，一打起仗来就报伤亡逃亡。我也借此打了胜仗的机会，谎报：“我师返回渡江时，遇敌机轰炸，沉船××艘，伤亡××人，损失枪支××支，通讯器材××件。”结果胜仗也打了，士兵缺额武器器材缺少数也抵了。

襄西攻势打了胜仗，陈诚便借此机会培植我，决定我师改为甲种编制，并照国民党饷章发饷，补充械弹之外，还拨给一个奥国造斯德雅迫击炮营，消息传开，军心大振。

1942年初，日寇将进攻香港，英国求援。蒋介石由湖南第九战区（薛岳）调李玉堂第三军和欧震的第四军由长沙出发经韶关到深圳，支援香港。武汉日军司令阿南得知后，即向长沙发动牵制性进攻，轻易地突破川军王陵基、杨森等部防线，渡过汨罗江，一直到达长沙外围。薛岳令川军留敌后威胁其侧后，调回李玉堂的第三军，令其坚守长沙市。时逢李军长已被蒋革职，李对薛说：“我的职都被撤了，怎么指挥打仗？”

薛岳说：“你打嘛，我担保不撤你的职。”

李玉堂回到部队，将薛岳的话原原本本向全体官兵们作了传达。官兵们也都愿成人之美，齐心协力打退敌人进攻，以保李玉堂的军长职。故那一仗第三军打得很拼命。

战斗之中，李玉堂又施“巧计”。在长沙市街战，每守一条街，就将前面几条街烧掉。我们当时戏呼之为“火障碍”，日寇在火障碍面前无能为力，虽进攻数日，毫无进展，敌人本无一定要攻占长沙的企图，又遇着李玉堂军的坚决抵抗，并见欧震等南调部队已调回湖南，牵制目的已达到，兼之后方又受威胁，弹药枯竭，就向后撤退，这就是所谓长沙第三次大捷。

日寇进攻长沙时，薛岳命七十三军由澧县常德急行军到长沙集合待命。常德离长沙三百五十里，三天赶到，非昼夜兼程不可。可老天爷却偏偏与我们作对，部队刚刚出发，天上就下起了鹅毛大雪，刺骨的北风迎面扑来，呼吸十分困难。偶尔路经一片竹林，风小一点，便于呼吸，便如同进了天堂一般。天渐渐黑了，但白雪的反光仍可辨出路影。一路上，由于敌机轰炸，加之公路被破坏了（为防敌进攻，搞所谓交通破坏战破坏的）行军十分不便。一走一停，士兵们疲惫不堪，不少士兵一边行军一边打盹。我有一马可骑，这倒比士兵们好得多。但在这种天气里骑马，却也并不好受，骑不上一个钟头的马，我的双腿就失去了知觉，只好下马步行一会儿再骑。走着走着，马也走不动了。我一看才发现马尾上结了一个很大的冰球，只得命饲养兵提一桶水，将马尾放在水里摇动，待冰球融化脱落，才继续赶路，走上一两个钟头，马尾上的冰球再生，遂又再洗……我师全体官兵，就这样雪中行军度过了阴历新年，克服了困难，终于按时到达目的地，薛岳命我所在的七十三军防守湘江西岸岳麓山一带。如长沙失守，就由七十三军在此线阻击敌人，及见日军在长沙作战失利后撤，薛岳乃令七十三军追击。军长彭位仁深知我师补充未齐，战斗力很弱，就对我说："让七十七师在前面追击，你这个部队跟在后面走就行了。"薛岳就更藐视我了，长沙打了胜仗，他趾高气扬，把我叫到他的指挥部去，时有他的参谋长赵子立（陆大十四期的同学），军务处长曾粤汉，参谋处长饶少伟（陆大十期同学）在场。薛问我："部队要追击，你这个部队行不行？"

我答："行。"

薛岳又问："打追击仗你懂不懂？要超越追击？"

我答："懂得。"

1941年12月第三次长沙会战期间，国民党军队与日军在长沙市内展开激烈巷战

后来我得知，我走之后，薛岳对曾粤汉等说：“我看这个矮子不行。”

曾粤汉说：“这个矮子有几手哟，你不要看他矮。”薛却不以为然。

我从薛岳指挥部出来即回到师部，当夜带兵出发，岳麓山与长沙之间，被一条湘江所隔，因人多船少，渡河困难。直至第二天拂晓（即1942年阴历初一），仍有一通讯连尚未渡河，然敌机三架却突然至此，实出意外，这一连人还未来得及疏散，敌机便俯冲下来，接连投下两枚炸弹，不偏不倚，恰好在人群之中爆炸。幸存者仅四十余人，通讯器材大部分受损，致使我师在追击时，通讯极为不便。

且说七十七师奉命追击敌人，打到汉家山，遇敌反扑，损失颇重。军长对我说：“这一下该你了，你还是要去追一追才行啊，你的部队行不行？”

我说：“行。”

我回到师部即召集团、营、连长们开会。我说：“七十七师在汉家山被敌人反击，受了损失，军长令我师追击。但我们军长、薛司令长官都瞧不起我们，大家要争一口气，现在是打追击仗，最好是超越追击。今天，我们这个部队没有本领打硬仗，我们可以打巧仗嘛。你们当中有本地人没有？有，

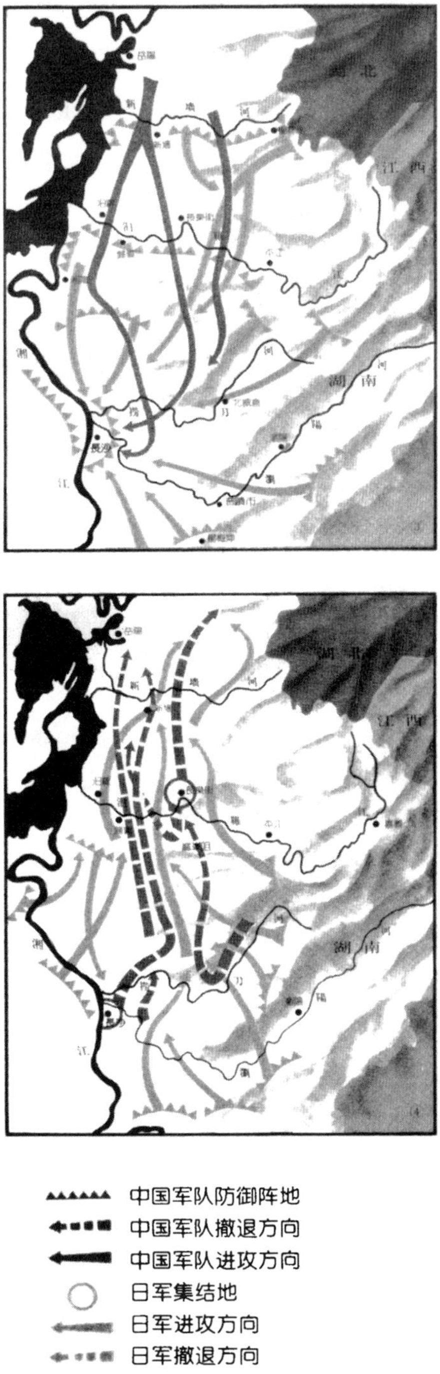

第三次长沙会战示意图

就报名。”话音刚落，便有好几个连长、副营长报了名。我从中挑选了五名。并对他们说：“我们现在成立五个临时支队，由你们五人分别担任支队长。你们到部队去各挑选一连士兵，趁黑夜摸出去。家乡的路，你们最熟，可找捷径而行。绕到敌人退却必经的飘风山一带，藏起来。你们的打法是，避开敌人的大队，专门摸尾吃零。”待一切准备就绪之后，这五个支队便神不知鬼不觉地出发了。

第二天，我带着剩下的部队追击敌人，大家见我这个队伍人又少，枪也不好，都瞧不起。我觉得此乃人之常情，不足为怪。追击途中，一天，突有敌十二架轰炸机比翼飞来，我们遂作紧急疏散，散进连绵的橘子林内，敌机在我们上空轮番轰炸扫射达两小时之久，我心想这次必定会伤亡惨重，不料解除警报，清查人数却仅伤亡两三人，可谓幸甚。第二天，我师便打到飘风山。在此之前，贵州柏辉章师在飘风山刚被日军反击打下山来，当我部到达时，敌大部队已撤走，我师十三团顺山谷追击，遇敌收容队交叉火力网阻击，伤亡数十人，遂又折转，向山脊摸去，见敌收容队又已撤走，只是敌炮兵团仍在向飘风山行阻击射击，而我师的旗帜却在山上高高飘扬。即打电报回长官部：“暂五师已占领飘风山。”薛岳很高兴，命我师继续追击。以后，部队一直打到汨罗江，均未受挫。

我初来暂五师时，部队土匪习气很浓，所到之处，拉夫偷盗，扰害人民。后虽经整军教育有所好转，但拉夫扰民之事仍时有发生，影响极坏。在部队奉命开回长沙之日，全师结集待发之时，我令全体士兵解开背包检查有无民物。当时，特务连有一士兵，背包里有一床红印花被面，特别显眼，尚有两件便衣，我当即责令出列执行枪决，全师为之震惊。至此之后，部队所到之处，再不敢擅取人民的东西了。

我正面追击的部队收获甚微，但我原派出的五个支队却胜利而归，每一个支队都分别缴获了敌人几支枪和一些炮队镜、通信器材，其中有一个支队还俘虏两个敌人。我一上报请功，薛岳压抑不住欣喜之情，对饶少伟、曾粤汉说：“这个矮子真有两手，还看不出来。”

薛岳授意他的军务处长对我说：“你打了胜仗，长官很高兴，你就多报一

三次参加长沙会战的第九战区司令长官薛岳(中)

点嘛，就报二十几个俘虏，一百多支枪吧！”

我说：“我不敢，将来要我交那么多东西，我拿不出来。”

军务处长说：“长官叫你报，你就报嘛，难道今后还要问你要枪吗？如果有人问，就说交给我了，你若还不放心，我给你打一张收条好了。”

我说：“那好吧。”

军务处长当即给我开了一张收条，我便按长官的意图上报请功。

打了胜仗，薛岳在岳麓山开庆功大会，并要各师长军长报告作战经过。第三军李玉堂、第四军欧震，当然都打了硬仗，报告得有声有色，但追击战部队，除暂五师外，其余各部均未缴获敌人的武器，更没有俘虏敌人。在全战区的庆功大会上，我讲：“敌人撤退的规律是天拂晓，步兵即向后退却。仅留骑兵断后，我们追击敌人，百姓报告说，敌人骑兵刚过去，摸马屎尚热。可人怎么追得上马？接着敌机便来轰炸，我部队疏散，躲避空袭，敌骑就去得更远了。敌机去后，我们又追上十几里路，快要追上敌人骑兵，天就黑了。远见敌人安营扎寨，骑兵退进步哨线里边去了。我们派队夜袭，敌人步兵防守严密。打两枪，他也应几枪。第二天早上，步兵跑了，又是骑兵断后，飞机轰炸，一到下午敌骑又收进步哨线里。”紧接着，我便向大会报告作战经过。我说：“根据敌人的这个规律，我师打飘风山是仅与敌后卫接触，打的汨罗江正面追击，都没有什么收获。唯有按长官指示，派出支队绕过敌后卫，

1942年1月，第三次长沙会战胜利后召开庆祝大会

作平行追击。因而，略有收获。”俘虏和缴获数目，当然是按谎报的情况瞎编的。别的部队也不知我讲的情况是真还是假。无所可否，可是第七十七师师长韩浚暗中对我说：“你报告得很好，但是要注意别人嫉妒！”

以后，蒋介石又对薛岳进行嘉奖，薛岳对我也另眼相看。九战区在岳麓书院办了一个军官训练团，他非要我兼任一期（一个月）军官训练团校官大队的大队长不可，我亦欣然同意。

军官训练团的训练对象是各个部队的团长、副团长、营长等。教育长是叶肇，我自己又兼任战术教官。暂五师的副师长彭士量也是陆大十一期毕业同学，我把他请来，作图上兵棋演习，他指导东军，我指导西军，进行对抗演习。这一套东西，校官们以前没见过，都觉得十分新鲜，自然兴趣盎然。我还经常从暂五师调些兵来作演习，并给他们讲班、排、连应该怎样进攻，还进行了一次班战斗实弹演习，把训练搞得有声有色。

这一下薛岳处处照顾我，陈诚也一心扶持，他们加快为暂五师补充兵员，配给装备，很快就把暂五师搞起来了。

长沙三次大捷后，七十三军归入九战区战斗序列，我师奉命开驻长沙西岸岳麓山顺塘一带整训补充。因此，我在任校官大队大队长的同时，可以兼顾暂五师的训练。我觉得当时中国军队，搞制式教练，固然是形式，由于不注重练基本功，战斗教练也流于形式。于是我本着在日本学习的经验，在训练中，狠抓了三个环节：第一是纪律养成。如射击纪律、战斗纪律、作业纪律、行军纪律等。第二是技术养成。如刺枪技术、射击技术等。第三是力的养成，如体力、行军力、战斗力、作业力等等。我尤其重视对士兵们射击技术的训练，首先教士兵们要懂得射击方法（瞄准的方法、击发的方法）。并要求训练时射击枪要无依托，战斗时枪要有依托，每个连的射击成绩我亲自检查。同时规定，凡按射击教范的要求达到特等射击的战士每月津贴一块钱，特等射手生病时，医务人员送医上门。每连有九个特等射手的，连长升少校，遇缺即补营长。有人说你哪有那么多营长。说也奇怪，一年多我师百步穿杨的特等射手，不乏其人，却没有一个连长能升少校。其余两个环节，纪律养成和力的养成，我也要求甚严。就拿培养战士的土工作业力来说，我首先教士兵筑城作业，先不注重工事如何修，而是先教如何投土捣固，并要求步兵用小圆铲每小时要除土0.5立方米，工兵用大圆铲每小时除土一立方米。进行班战斗教练时，我将德国军用书籍中的图复制下来给士兵们讲解，轻机枪组要与步枪组交互火力掩护，向前跃进。任何人不得违反这个规定，这是战斗纪律。我教军官守阵地时要懂得侧防，进攻时要懂得制压，要他们熟记“没有侧防就不成阵地，舍制压就不能进攻”这两句口号。然后，作阵地示范，侧射火力如何与障碍物配合，并教官兵们进攻时如何制压敌人的重机枪、轻机枪、迫击炮等。为了使干部战士（当时称官兵）懂得这一套如何进行，我不断办教导队，亲自指导。这样仅几个月的训练，部队素质便大大改观。

记得我刚到暂五师时，我说我喜欢射击，一个名叫沈筌的团长听了之后，就在我面前吹嘘说：“打枪嘛，不是我自夸，那是弹无虚发，摔一个柚子到空中，我可以一枪打中。”

湘西土著之中，确有打好枪之人，实不敢藐视，我忙对他说：“沈团长，耳听是虚，眼见为实，你就露一手吧！”

我遂命人拿了一个柚子来，抛上天去，叫沈团长用手枪打。看热闹的人，把我和沈团长围了个里三层外三层，可他连打了几次，均未击中，沈狼狈不堪。接着，我又在距离五十米远的大树上画了一个人头大的圆圈，命全师军官手枪射击，整整一个下午，竟无一人击中目标。当时，暂五师战斗力之弱，可以想见。

然而，几个月的训练之后，在一次九战区举行运动会的射击比赛中，我派出的射手，夺回了运动会上射击项目的全部锦标。

世人皆知，国民党军中“一人得道，鸡犬升天”，新官上任，带来一大群亲友旧部，把前任的大部换掉。但我出任暂五师师长时，只带一个卫士郑国辉和秘书王石夫，旅团长一个不换，连军需处长和副官处长都不换，录用干部，实行任人唯贤的路线。采取人事公开的办法统率全军（我到师就提出“经济公开，人事公开，意见公开”的口号），如全师有一个连长缺，必将全师的副连长、中尉排长、参谋、副官等凡有任连长资格者，均集中师部甄别、比试、考核，论其战功年资学历，择优而用之，师内的打手（有战功的人）、军校学生，特别心悦诚服。

长沙第三次大捷，我的家属千里迢迢，冒着生命危险从四川的酉阳、秀山，湖南的辰溪来到部队。副官处吴主任见我家属至此，无栖身之处，要特务排让出房子。我得知此事后对副官主任说：“当兵的人住的地方，怎么能让她住呢？”副官主任再三坚持，我仍执意不肯，并在老百姓那里找了一间草房让老婆安身。一回到“家”里，老婆责怪我说：“你也做得出来，房子这么漏，一下雨，我连立脚的地方都没有。”

我说：“这说明我对得起我的士兵嘛！”

这件事在部队中广为流传，影响很大。也正是通过这一件件小事，使我在士兵中的威信特别高。

1942年冬，陈诚叫刘云瀚打电话问我：“你愿不愿意到国防研究院去学习？”此消息来得实在太突然，我又惊又喜。心想，到国防研究院，一定可学到不少东西，机会难得，即对刘云瀚说：“我愿意去，请你报告长官。”

1943年初，我便到了国防研究院。在我离开暂五师时，有一件事给全体官兵们留下了极为良好的印象：我临走时没有多要一个钱。这看来是一件小事，不足挂齿。但在国民党部队中却简直是不可思议的。官兵们见我来去一身清，无不为之感动。其实，要想在国民党的部队里真正当一个好官很容易，那就是真正不要贪财。今天解放军不贪污是天经地义的事，但在那种环境之下，不要钱就真不容易啊！

以上所写我在暂编五师的经历虽全属事实，但写回忆录应力戒自我表扬，我为什么不避讳呢？一方面我要暴露国民党军队的丑恶，并说明“饥者易为食，渴者易为饮”。有爱国心的军人（尤其将领），如果能够洁身自好，讲求学术，忘我地整顿训练部队，素质再差的军队也可整顿成为劲旅。如果再加上“出阵之日即忘其身”的精神，就以当日国民党军队的装备，在持久战斗中的相持阶段，是可以多消灭敌人而促使反攻阶段早日到来的。反攻阶段又是可以多依靠自己力量，取得胜利的。另一方面是作台湾国民党骂我是“共谍”的回答。说实在的，我是爱国主义者，我在进国防研究院之前，是舍生忘死为国——也就是为国民党卖命的。像我这样对剥削憎恨，略具爱国心和正义感的人，到重庆目睹国家要在一批蠹虫手中葬送掉，而不弃暗投明以挽救国家，是不可想象的。就是今天台湾当局置国家前途于不顾，国民党内部有识之士，恐怕也不会那么心死，无所作为吧？另外，我亲身经历两种军队，认识到今日解放军有共产主义的远大目标，有共产党的严密组织，军队是共产党领导的国家军队，全体指战员都不是为任何个人出力，所以领导干部不用讲求统驭术，费那么多苦心驱使别人为自己卖力，就可以有团结坚固，勇敢牺牲的军队。我对比今昔，觉得今日我军干部，可以而且应该抽出较多的精力和时间，在政治工作方面倾全力坚强党的组织，发扬大公无私，先人后己的共产主义精神；在军事方面，潜心研究现代军事学术，倾全力训练部队，把生产、福利等事务交给国家去办理，则这支军队必定可以摧毁任何入侵之敌，完善地保卫祖国。

在国防研究院学习

蒋介石为了在中国培养出希特勒所鼓吹的所谓“全能将校”（即陆、海、空三军都能指挥的人），如隆美尔、凯萨林、伦斯德特式的人物，调集了少数人在重庆浮图关山上办了一个国防研究院。国防研究院连主任副主任一共有41人，主任王东原，副主任杜建石，其余39人中，有的叫研究委员，有的叫研究员。研究委员就带有教师的意思，我是研究委员。另外，如沙学浚（学国防地理）、吴光杰，以及一个姓石的（学教育的）也都是研究委员。此外，没有专门的教师，因为希特勒搞的那套东西还是一个新花样，国内很少有人懂得。

国防研究院研究的主要内容是：研究平时战时的国防体制；研究陆、海、空三军联合作战的指挥技术；研究国家的经济、教育、军事、工业等如何有利于国家实行总动员，即军队、机关、学校、工厂、农业、商业、交通等平时怎么准备，要设什么机构，才便于转为战时体制，战时体制又如何构成，才便于打仗；研究全国的最高统帅如何才能统管全国的军事、政治、外交、经济等，实行一元化领导；研究孙中山的学说，尤以研究他的建国方略为主，如修多少铁路、南方大港、东方大港等如何设计等；此外，还研究蒋介石的著作《中国之命运》。蒋介石《中国之命运》是希特勒《我的奋斗》之翻版。此书并非出自蒋介石之手笔，而是陶希圣代笔，以蒋介石的名义发表的。书的内容，多在于责备共产党，说什么，这么多年，国治不好，主要是共产党捣乱等等。因遭全国人民反对，此书未大量公开发行，国防研究院对于上述诸类问题的研究，也只不过是闭门造车而已。如研究陆、海、空的指挥技术时，就是由我做的一个想定。实际上，我既不懂空军，也不懂海军，在航空学校学的一点空中侦察知识也十分肤浅。

1943年，在鄂西行军的国民党第六战区部队

国防研究院有时也请一些名流以及国民党主管各部门的人来作报告，以供研究之参考。如请行政院的孔祥熙报告财政问题；兵工署的署长俞大维报告兵工生产的问题；军政部的何应钦派人

来报告军政问题；陈立夫报告教育；经济委员会的钱昌照报告经济管理问题等。

1943年间，日寇在宜昌附近和上下五龙一带集结了大量兵力，准备向国民党部队发动一次新的进攻。当时蒋介石判断不清日寇的企图，这一下慌了手脚，要到第六战区亲临前线指挥。陈诚此时在云南担任远征军司令长官，听到这个消息，向蒋讨好说：“你去还不如我去，明知是丢地方，谁个也守不住，你是全国统帅，丢了地方怎么行，还是让我去吧。”蒋乃令陈诚到六战区前线指挥。

陈诚从云南来到重庆，派人邀陆大十期和十一期在研究院的研究委员，魏汝霖、潘华国、石祖黄及我去研究。陈诚对我们说，他要到前线指挥，并将敌我双方的情况一一作了介绍，问我们对此作何判断。他们几人均一致认为敌人要进攻常德产粮区，并建议将防御重点保持在常德。我不同意此种看法，故一直未发表意见，陈诚见我默默无语，便问道：“你的意见如何？”

我说：“我判断日寇将在上下五龙、宜昌南岸之间，实行钳形攻势，目的是要吃掉长江南岸的防守部队。最近希特勒的钳形攻势闹得很凶，日本人肯定要跟着学。因此，宜将二线兵团七十九军王甲本等部控制在石门一带。假如敌人进攻常德，二线兵团，可打他的侧背，敌人搞钳形攻势也可打他的侧背，这就两全其美了。”陈诚原来写给蒋介石的敌情判断，也是说敌将进攻常德粮仓，听我的判断后，觉得也有道理，就按我的意见修改了他的敌情判断，并照我的建议布置了二线兵团。敌人以后的行动，恰如我的判断，故使国民党部队未遭受大的损失。陈诚大悦。以后，郭忏告诉我说：“长官到处吹嘘你不错。”

在办国防研究院的同时，蒋介石还在重庆浮图关半山腰办了一个“中央训练团”。蒋介石自任“中训团”团长，副团长张治中，教育长王东源，中国的文武百官，包括大学校长，出国考察人员、留学生等均为受训对象。国防研究院距中训团仅半里之遥，故国防研究院的人员每逢星期一，都要下山到中训团参加总理纪念周活动。纪念周活动由蒋介石亲自主持。首先唱中华民国国歌，歌毕，读总理遗嘱，并静默三分钟，然后就由蒋介石讲话。中训团一期为一个月时间，一年大约办八至九期。因此，一年之中，我们听蒋介石讲话竟达三十多次。

在这以前，我对蒋介石不多接近，认为他打过那么多仗，经历过那么多事情，总还有两手，但听了他讲话之后，却大失所望。他期期几乎都是老调重弹，什么“科学的学庸”“大学的道理”“三民主义连环性”等。很少听到他讲政治、当前形势和军事学术问题，有时讲也非常简单，不是拾人牙慧，就是闹笑话。如他讲“立正的道理”，说立正要气沉丹田，一直贯到脚跟。我与吕文贞、韩炼成三人平时很要好，当听到蒋介石讲“立正道理”时，我就用腿碰他们的屁股问：“你的气沉不沉到脚跟？”大家听后，一阵好笑。

教育部长朱家骅组织向蒋介石献鼎，锣鼓喧天，抬了九个赤铜鼎到中训团大礼堂，我们排队久候，只不见蒋介石出来，一会儿听见主席台侧休息室传出咆哮的声音。接着见朱家骅面色铁青，狼狈而出，又一会儿何应钦出来，代表蒋委员长接受了一个鼎。最后蒋介石出台，余怒未息地说：“原来我同意献鼎，只以为是小小一个，不意弄这么大九个，太没有意义了！……”闹闹热热的献鼎典礼，弄得不欢而散。原来朱家骅献鼎就是本“禹铸九鼎”“定鼎中原”的意思，为蒋介石歌功颂德的。蒋欣然接受，殊陈立夫破坏朱的献媚，说：“这是帝王思想，外边批评不好。”所以蒋介石临时翻脸不认账。朱家骅“拍马屁”，碰了一鼻子灰，被大家传为笑柄。

国防研究院的人员，都要轮流到中训团受训。我受训那一期，蒋命我担任副大队长，因有大队长主持，我实际上只挂名，不负任何责任。期末，蒋介石按往常惯例要请客吃饭。那一次赴宴的有：大队长、副大队长、大学校的校长、博士、出国人员等共三十多人。蒋介石规定宴会上的菜是：四菜一汤。菜的质量也不好，记得有一份炒鸡蛋，一份炒青菜，汤倒是一个好汤，汽水蒸鸡。他之所以这样做，只不过是想提倡节俭而已，他请客吃四菜一汤，而平时进餐却远不止这些，我以后曾在他家里吃过饭，菜就十分丰富，饭后还吃水果。

最妙的莫过于他对人讲话的态度了。席间，当他与大学校长、出国教授说话时，满脸堆笑，要他们在国外多宣传宣传，说他们出去为国争光。而当他与我们当兵的讲话时，脸面一下就变严肃了，他板着面孔问我们：“你们对这次训练有什么意见？”谁又愿意在这种场合发表意见，自讨没趣呢？也都顺口答道：“这次受训，收获很大。”蒋介石只是“嗯、嗯”两声，并无心思与我们交谈。

以后，听说蒋介石要找国防研究院的人员个别谈话，我们得知此消息，都很紧张，不知他要问些什么。后来见蒋介石谈话时，他都问：“你对国家，对抗战有什么意见？”我们才知道这只不过是一个过场，大家都把事先准备将要说的话背了一套，背完了事，蒋介石与我个别谈话这还是第一次。

最初，我以为到国防研究院定能研究一些新的国防问题和军事学术，结果对现代化国防知识，增进很少。倒是我读孙中山著作，获益不浅。读了孙中山的《三民主义》《建国方略》等，使我思绪万千。蒋介石自称是孙中山先生的唯一信徒，然而，何时何处实行过孙中山的主义？哪里按建国方略搞过一点建设？我目睹了蒋介石搞宁汉分裂，四一二政变，执行片面抗战路线给国家和人民带来的灾难。前线的士兵，为了祖国的命运，人民的安危，出生入死，不怕牺牲的精神，实在是可歌可泣，而一看重庆糜烂的社会现象却摧人肺腑。四大家族及发国难财的商人，为非作歹，挥金如土，过着灯红酒绿，醉生梦死的生活，而百姓们却饥寒交迫，无以为生，由于物价飞涨，人们又不得不重新回到那以物易物的时代。四川人进茶馆吃茶，都已不再使用钞票，而用棉纱作为支付手段了。由于经多人之手，棉纱都由白变黑了。市场上则是以米作为等价物，进行物物交换。唯独我们当兵的人，却还一个不多地按月领着自己那份薪金。暂五师每月给我汇的钱还不能维持我与老婆的最低生活，好在我还有一个三弟在重庆银行工作，他可利用空闲时间做一点转手买卖，经济稍比我富裕，故每逢星期天，三弟必请我下山吃饭，以补充营养。像我这样一个连年抗战、位到师长在当时说来，地位并不算低，只是因为不贪污就没有饭吃，这究竟是一个什么世道啊！这哪有半点孙文主义的味道呢？这讲的是什么民权？什么民生呀？自抗战以来，只见解放区越扩越大，国民党统治区越缩越小，共产党的军队越战越强，而国民党的军队却一蹶不振，对比国共两党的一切主张和行动，使我开始认识到，要拯救灾难深重的中华民族，要把抗日战争坚持到底，并建立一个民主的富强康乐的国家只有依靠中国共产党。我在黄埔军校及大革命时期，也曾受过一些社会主义教育，现在回想起这些往事，就更觉得共产党好了。因此，一心想找共产党联系。

韩炼成、吕文贞和我志趣相同，彼此间无话不谈。我们见国民党腐败无能，经常私下批评丑诋国民党无民主、贪污、误国，想组织一个小团体，搞一点进步的事情。吕文贞理论一大篇，而处世谨慎，我说吕是秀才，意思是笑他秀才造反。他反唇相讥，说我是大秀才。我们研究员中有个叫张叙曾的人，是吕文贞的连襟，常对我说："国家不成样子了，要起来斗争。"我见他说话思想进步，又是吕文贞的亲戚，准备发展他，韩炼成得知此事后，对我说："汝瑰，要这个呀（以手在颈上一砍，做杀头状），谨慎为好！"这么一说，小组织就没有敢干起来。果然，韩救了我，解放后，我才得知张叙曾是一个军统特务，在北京被镇压，韩炼成原来是一个共产党员，可当时我却不识庐山真面目，我屡次表示要找共产党联系，他都不"亮相"，工作做得真够谨慎。

1944年初，蒋介石要在国防研究院挑选一批以前从未出过国的人到国外考察，本来我是现职师长不能去，恰好吕文贞被选为侍从室参谋，不能去英国，于是我就得机会去英考察。

到英国考察

1944年3月，我以副武官名义到英国考察国防机构的组织情况。我和范诵尧、田席珍一行三人乘飞机从昆明出发，来到加尔各答，在加尔各答停留期间，当地一些华侨商人向我们购买外汇，但不付现款，而是将我们的美金交他拿去购买商品。然后，运到中国去销售，再将赚得的钱寄到我们家中，这样做，双方均有利可图。按正常比价，一千美金只能换回已大大贬值的国民党的钞票三四千元，而这样一转手，一千美金却可得万把元，寄回家中一般可供家属半年生活。出于生活所迫，我也只得做起违心事来了。此事成交后，我们又乘飞机经卡拉奇、巴勒斯坦，到达开罗。此时正遇诺曼底登陆前夕，英伦三岛、封锁出入，去英的飞机不能起飞，又只得在开罗停留了二十多天，诺曼底登陆后，才到达英国的伦敦。

第二次世界大战期间，伦敦一直处在希特勒的轰炸之下。我参观过希特勒闪击伦敦的遗迹，此时德国人经常施放V1无人驾驶飞机，对伦敦进行袭击，但英国人并不恐慌，他们用歼击机打，或放出气球阻拦，V1到达伦敦上空的减少一半。以后希特勒改用V2火箭在德国对伦敦进行远距离轰炸，英国人便无法阻挡，但人民也仍然照常生活，照常交易，只将动物园内的猛兽弄走了，以防其出笼伤人。伦敦从来不放警报，也很少有专门的防空洞，唯有在地下铁道车站处设了很多上下铺铺位，供小孩、老人睡眠。

我在英国期间，听说英国首相丘吉尔亲临受轰炸地区视察灾情。老百姓问他："首相，我们的房子被敌人炸烂了，没有房子住，你干什么去了，你职责呢？"

丘吉尔笑着解释说："报上登了，打仗是全国人民的事情，不应该让任何一家受损失，打完仗，国家负责给你们修，现在不能修，一修起又打烂，不划算。"

我想到中国抗战谁的房子被日寇炸烂了谁倒霉，两者相比，国民党中国大大不如英国。

英国的国防设施没有什么特别值得仿效的，但有一点可取，即战时内阁组织了一个"优先权委员会"（Priority Committee），对物力、人力资源一律通过这个委员会实行统筹分配，凡急需项目，优先安排，使有限的人力、物力、财力，能恰合时机地用在刀口子上。

英国海、空军现代化程度很高，不失为海空劲旅。但陆军的战斗力很弱、士兵"娇"气到了极点。一次，我们参观英训练中心的演习，一个士兵通过一个掩蔽部，他见那里凉快，就坐下来不走了。英军官发现，即上前令他前进，但他就是坐着不动，而英国军官却毫无办法。

1944年6月，中国派出的驻英军事代表团到达英国。为了少派代表团人员，以节省开支，遂将我们前来英国考察的三名挂名武官投入军事代表团，这样一来，我们便可随代表团到战区参观了。

历次参观中，使我最难忘的是参观诺曼底登陆的急造海港码头的模型。

1944年6月6日英美盟军在诺曼底登陆，一面建立滩头阵地，一面修建急造海港。这座海港，具有12公里长的防波堤和三架能同时停泊13艘万吨巨轮的栈桥，13天时间，便建设成功，这真是惊人的奇迹。

我在伦敦时，英国还不许可盟军军官去现地参观，于是做了一座模型，邀请盟国军官参观。我一看，惊得目瞪口呆，心想就是这座模型，也不是13天就能造成。经讲解，才知这座防波堤，是用长70米、宽15米、高20米、重7000吨的浮游水泥箱像挂火车箱一样连接起来，抛锚固定的。这浮游防波堤挡住了风浪，于是就可利用预制构件，架设栈桥。所有一切预制构件的结合，都是机械作业，所以才能这样迅速。

我是工兵出身，深知就是制式材料架桥，架设前材料整顿也很费时间，像诺曼底急造海港这样大规模的器材制造和准备，花费的时间一定不少。讲解员才告诉我：1943年8月罗斯福和丘吉尔在魁北克决定诺曼底登陆计划后，就开始准备。英国所有港口、船坞及四千多个企业都动员起来，投入秘密准备工作。因此，诺曼底海港、码头，说起来是13天架设成功的，实际是几十万人经过约一年的时间建成的。

参观后有人告诉我：这样的设备是两套，英、美各一套，英国的一套，因风浪险恶，架设未成功，幸美国的一套架成，不然盟军后续部队、车辆、械弹、器材跟不上，登陆也可能失败。

在此盟军节节胜利期间，也传闻了一些国内战争失利的消息：首先是日寇进攻常德，蒋介石事先毫无预见，临时只知令余成万师坚守常德城，余苦撑20日，终力不能支，全师被歼，余突围逃脱，后来，蒋介石将余交军法审判，余成万被判刑坐牢。

其次是日寇打通粤汉路，进攻衡阳，蒋介石令方先觉军守城，日军围攻逾月，方先觉投降。（原来暂五师的柏松林参谋，1944年在方先觉部任情报科长，我回国后，柏告诉我，投降是方先觉叫副官处长出去联络的，投降时部队撤下来还有一万多人，机枪迫击炮等尚多，方先觉一见就哭起来了。对柏说："早晓得还有这么多枪和人，我就不投降了。"）投降还在教堂举行了投降仪式，方先觉双手捧"军人魂"短剑递给受降日寇。这对蒋介石标榜"不成功，便成仁"的"军人魂"是一个辛辣的讽刺。更使人气愤的是：以后，方先觉被日寇收买，放回四川，带来诱降条件，蒋介石为了掩盖他与日寇勾搭，却宣称方先觉是逃出来的，并叫他任反共的青年军师长。再一次是敌人打到贵州的独山，盟国友军问起这些消息，我们感觉很不光彩。

诺曼底登陆以后，德国失败，已成定局。英国人不喜欢丘吉尔独裁，准备一旦战争胜利后，就要赶他下台。英国工党领袖艾德礼为了争取选票，拟定一个保险计划：凡英国工人，每星期交一个先令的保险费，对其生老病死，国家一律实行保险。英工党自称社会主义，我当时分别不出真伪，总觉得，这种社会主义到底还是为大众着想，比国民党进步得多。

英工党认为，希特勒定倒无疑。战后，将形成美、苏两大巨头主宰世界，英国要再想回复到1936年以前的状况已经是不可能的了。为了维持其大国地位，就暗中与中国驻英军事代表团团长桂永清商谈，说工党选举获胜，愿将香港交还中国。作为交换条件，望战后中国不附美，也不靠苏，而与英国联合，于战后在美苏之间形成第三势力。桂知陈诚此时已担任军政部长，想凭借我与陈的关系，办事方便一点，乃要我同他一道回国向蒋介石请示，我闻香港即将回归祖国，十分高兴，毅然放弃到战区旅行的计划，1945年2月，随桂永清返回祖国。

桂永清以前曾在德国留过学，后又在德国当武官，与瑞士国际间谍机关早有联系。他对我说："国际间谍机关坏得很，不管哪一国，有钱就能买到情报。美、英、德、法都在那里买，谁的钱越多，谁的情报就越可靠，越有价值。"回国路上，我发现他与途经的中国驻各国使馆均有联系。到加尔各答，与总领事谈话多涉及军统内部，回国后，不住旅馆，而直接到戴笠（住重庆上清寺）公馆下榻，这时我才知道，桂是军统特务。以后，桂永清将英工党意见告诉了蒋介石（我未参加），蒋考虑几天后答复他要一心一意依靠美国，拒绝了英工党的建议，我满以为此次之行定能收复失地，结果却是南柯一梦。

在军政部工作

在国民党军事高级指挥人员中，除军事委员会委员长外，便是军政部部长权力最大。军政部下设有：军务司（管部队编制、装备）、交通司（管通信、交通）、马政司（管军马）、军法司（管军法案件）、兵工署（管兵工生产）、军需署（管军费出纳、被服装备、粮秣补给）、军医署（管军队卫生)、兵役署(管征兵)。

以前，军政部部长由总参谋长何应钦兼任，蒋介石嫌何应钦过于持重，想换新人，去进行一番改革，陈诚及一些人乘机攻击何应钦老大，不振作，军政部暮气沉沉，蒋介石选中了陈诚，陈诚便以敢做敢为的姿态登上了军政部部长的宝座。

1945年2月，我回国后，陈诚要我担任军政部军务署的副署长(军务司扩大为署，署长方天)。我3月就任以后，就一直在国民党的高级司令部工作。

陈诚当上军政部部长以后，有人说军政部变成了土木系。“土”即“十一”，“木”即“十八”，意为军政部被陆大十一期和十八军的旧人所垄断。我不是“土”而有“木”(十八军的干部)，并与陆大十一期的同学很合得来。方天为了冲淡“土木系”“土”的色彩，就荐举我当军务署副署长。陈诚那里当然也很顺利通过了。

军务署管军队的编制、装备，就操纵了全国各军师大小、强弱的命脉，因为当时有甲、乙、丙三种不同的编制，以后又有美械的军。如果一个军定为美械军，就编制大、器械精、经费多、装具足；反之，定为丙种编制的，当然就差劲了。所以当时各军师竞相与军务署讲朋友、拉关系、求好处。

这时欧洲大势已定，美国目光转向东方。虽然美在太平洋上“跃岛进攻”节节胜利，但是深恐日本陆军以阿图岛的“玉碎”精神，在日本本土和中国大陆顽抗到底，则美军将付出较大的牺牲，故一面催促苏联出兵东北，一面出枪出钱，由中国出人，在中国实行“冰人”计划。按此计划、先越“驼峰”(喜马拉雅山)空运二十个师的美械到中国，装备二十个师的阿尔发部队，然后由这些阿尔发部队为骨干，在广东打通一个海口，由美国海运供给大量装备，装备成更多的美械师，以驱逐中国大陆的日寇，由于空运和战略目标的关系，阿尔发部队多在云南、广西、湖南，以后并成立中国陆军总司令部，由何应钦任总司令，指挥这些军队。阿尔发部队虽然主要是由蒋介石、何应钦、陈诚等按战略关系位置决定，但具体业务由军务署承办，装备的先后，运送的缓急，可以上下其手，所以也居很重要地位。

后因飞机运输量小，便决定打通滇缅路，史蒂威率孙立人、廖耀湘两师从印度，经密支那打过来，国民党远征军则从腾冲、经龙陵打过去，两军在八莫会师。然后，从滇缅路以十轮大卡车，日夜不停运送美械，史蒂威主张以部分美械分配给十八集团军，因而与蒋介石意见矛盾。以后魏德迈接替史蒂威职务，与蒋一个鼻孔出气，尽量抑制共产党和十八集团军，国共两党裂痕日深。这时，军令部特别设立了一个第十三科，直属部次长，专门主管共产党的情报和对付共产党的军事计划等工作。肖毅肃和张继寅，相继任过第十三科科长。共产党驻渝办事处当然就有所闻，想进一步了解究竟，以防患未然。这时，我非常反对内战，同情共产党，但我只了解国民党军队编制、素质等情况，供给的情报，不能满足共产党研究如何防止内战的需要。

美国运输机飞越“驼峰”

由于蒋介石一心依赖美国，等待胜利。所以，军令部每周要举行一次大战研究会，注视世界大战动向。

1945年夏，希特勒被消灭，日寇已成釜底游鱼，反共就甚嚣尘上，更加积极起来了，大战研究会也因此变更重点，经常研究如何反共。我为了获得情报，以协调军政、军令两部业务为理由，请求同陈诚的侍从参谋汪奉曾一同参加旁听。有一次研究会研究如何防止八路军、新四军壮大的问题，认为：苏军进入东北，可扶植共产党军队壮大，因此须防止八路军、新四军出关；关内共军如得日军装备亦可壮大，因此须防止日寇投降后武器装备落入八路军、新四军手中。为了阻止八路军、新四军出关，军令部主张装备傅作义一个军以胡宗南两个军，便于日寇投降时抢先进入天津、北平、张家口一线，阻止八路军以新四军东进。这是以后傅作义袭击张家口，第十一战区孙连仲部企图进入北平惹起邯郸战役的张本。根据这个方案，蒋介石令军令、军政两部会同积极准备，以后，全面内战的战略，许多都是这一罪恶阴谋的发展和演进。

参加受降

8月15日傍晚日本无条件投降的消息传到重庆，重庆顿时鼎沸起来。人们从四面八方涌向精神堡垒（现解放碑），爆竹震耳欲聋，“胜利了！胜利了！”的欢呼声一浪高过一浪。我到了精神堡垒，见几个美国兵来到此地，亦被人们抱起，来回往天上抛，场面之热闹，不可言状。

日寇无条件投降来得如此突然，实出国民党意外，此时，蒋军主力中国陆军总司令部的四个方面军（一方面军卢汉，二方面军张发奎，三方面军汤恩伯，四方面军王耀武），在广西和湘西，六战区在鄂西，一、五战区在豫西、陕西，二战区在山西西北部，八战区在西北和绥远西部，第三战区在江西、浙江西部，第七战区在广东北部，第九战区在湘赣两省边区，而广大的东北、华北、华中地区除日军控制交通线外，多在八路军、新四军手中。

蒋介石得日军投降消息，令日侵华军总司令冈村宁次派人到芷江接洽投降。为了达到垄断受降的目的，他一面下令，“全国投降由陆军总司令何应钦布置”，一方面打电报给十八集团军总司令朱德，要八路军、新四军原地驻防待命，何应钦秉承蒋介石旨意，令冈村宁次不得向指定受降部队之外任何“非法武装组织”缴械。又令伪军维持地方治安，并指定七战区在广州、三战区在杭州，九战区在长沙，六战区在武汉，一战区在郑州洛阳，二战区在太原，卢汉在河内（北纬十八

日本宣布投降后，重庆群众在街头欢庆抗战胜利

度以北归中国受降）。汤恩伯在南京，薛岳在徐州。王耀武在济南，李宗仁、孙连仲在北平，傅作义在包头受降，收缴日军武器装备。以后并由熊式辉、杜聿明往东北从苏军中接收主权。蒋介石又与美帝勾结，由美空运、海运这些部队前往，并改六战区司令孙连仲为十一战区司令，由郑州经平汉路北段去北平。一时，蒋军海、陆、空并举，奔赴全国收缴日械。

何应钦亲临芷江（王耀武四方面军司令部所在地）受降，我代表军政部随同前往。一时间，王耀武的司令部宾客盈门，受降人员纷至沓来，王为人精明，擅长交际，待人非常恭敬，彬彬有礼。每日清晨，王必来各处招呼，见人就说“早晨好”，衣、食、住、行等均照顾得十分周到。

交际应酬和拉关系是王耀武的拿手戏。记得还在上海作战时，他的三十一师归五十四军指挥，我同军长霍揆彰到他司令部去，王盛情接待，并招待我们吃梨。他很快就削了一个梨子给军长。然后，他从我手中将我正在削的梨子夺过去，一边说：“你打仗做点计划很行，削梨子不行，我来。”王态度不卑不亢，做得恰到好处。

我在军政部军务署工作时，一次，王耀武来署拜访，他在各司各科到处讨好。然而，却无谄上欺下之感。他故意把别人的钢笔借去写一写，然后说：“您这支钢笔不行，我把我这支‘派克’笔给您，用过了的不要见怪！”其实，他的笔是刚从商店里买来灌上墨水。装满满一口袋，送别人一支，又另外佩戴上一支。见第二个司长、科长处，又如前表演一番。请客送礼这本是国民党的一贯作风，并非王独创，只不过他比别人做得要漂亮而已。

8月18日，日本中国派遣军总司令冈村宁次派金井参谋长到芷江投降。下午三时，金井的飞机在机场降落，部队用汽车将其押送到王耀武司令部，举行授降仪式。因金井要在投降书上签字，所以何应钦特别用一支“鼠须笔”要金井在投降书上签字，准备签字后将笔珍藏起来，做一个历史的纪念物。谁知，签字后，“鼠须笔”却不翼而飞。

受降仪式结束后，金井乘专机返回南京。何应钦令其副参谋长冷欣同机飞往南京，作南京受降之准备。冷去后，瞻仰中山陵，并于当日报刊上登载一则消息，称：陆军总司令副参谋长冷欣某日到南京谒陵。蒋介石在报上见此消息后，大发雷霆，将报纸撕得粉碎，并接连骂道：“混账，这家伙简直是飞扬跋扈，妄自尊大。”即刻打电话将其撤回。

冷欣撤回后，何应钦要我赴南京接替冷的工作。我猜何的用意无非想一箭双雕，他是想派我去南京，借以拉拢，挖陈诚的墙脚（因他常把我作为“西南子弟”相看待，以后又要我去美国作他的军事代表团团员）。万一我出了洋相，他就借此搞陈诚。何的参谋长肖毅肃知何派我去南京的消息后，私下对我说：“老弟，你不要去，此事难搞。你知道他这个人（指蒋介石）很难捉摸，连冷欣都出了问题，你还去得吗？”

这时候，肖毅肃为什么要阻挡我前去呢？说来话长，肖原来是我堂兄郭汝栋的旅长，并甚得重用。1931年，张发奎的部队由广西打到岳州，当时，郭的部队驻黄州、仙桃镇一带，肖要带兵响应张，郭不同意，肖对人说：“将在外君令有所不受。”郭得知后即向部队团长写亲笔信说不得我的亲笔信，不得听其指挥，轻举妄动。此时，肖又染上吸鸦片的恶习，郭越发不满，便给肖几万元钱后礼送出部队。肖离开部队后到上海，去赌轮盘赌，把钱输光，时遇我从日本返国，见其消沉，立即解囊相助，回湖北后，在堂兄面前与肖说情，郭才同意以顾问名义每月给他二百元生活费。后来，我在陆大时，陆大要招收特别班，我认为肖有能力，写信给堂兄，主张保送。郭回信说：“肖烂烟、烂赌，此人已成过渡人物，无培养价值了。”我回信说：“如将肖送入陆大学习，可使其重新做人，还是有前途的。”郭遂保送肖。

肖毅肃考陆大特别班时，我也为他各方疏通。因此，我猜肖出于友好，故有此说。但我曾受肖指挥。在郭汝栋部队时，他任先遣司令。我是他指挥下的营长，后来，他任何应钦的高级参谋，我则任二十集团军参谋长。地位就差不多了。因此不免嫉妒，但终因有肖的劝阻，我放弃了去南京的打算。

9月3日，何应钦令军政部的兵工署副署长杨继增、后勤部的项雄霄和我以及各方面的代表一行十余人，乘专机先往南京。飞机在光华门外降落。进城时，守城门的日本兵不断地向我们举手行礼，百姓们见我们入城，也纷纷上前围观，一个个脸上都充满了胜利的喜悦。

南京城内，市场繁荣，产品应有尽有。我们这些接收大员一进南京城，如猛虎下山，奔赴各个商店，为老婆、孩子抢购丝、绸等贵重商品。当时，南京市面上流行的是汪精卫发行的伪币，接收大员们便自行规定了法币与伪币为一比二百的比率。这样一来，价值二百元的东西，接收大员们一元法币便可买到，这可把生意人整苦了。然而他们却敢怒而不敢言。寥寥数十人，就把个南京城搞得乌烟瘴气了。

何应钦到南京后，受降签字仪式在原黄埔军校大礼堂举行。何应钦、顾祝同、徐焕异（空军司令）在主席台就座。冈村宁次、金井等人在台下面对主席台横坐一排。冈村宁次身高体瘦，光着头。此时，他平日那日军的“傲”气与战败者所具有的“丧”气交织在一起。尽管他故作镇静，极力想保持他那平时的尊严，然而从他脸上流露出的却是颓丧的神态。

何应钦将投降书递给他的参谋长肖毅肃。肖接过投降书后，走下主席台，来到冈村宁次面前，一只手将投降书递给冈村宁次。冈村宁次立即站起来，双手接过投降书，在上面签字后又双手呈还。肖复归主席台，将投降书交给何应钦。然后，由何在上面签字。仪式并无特殊之处，并没有要日本人交出他的军刀。

签字结束后，战犯冈村宁次被依法“关押”，但他却享受着特别优厚的待遇，住在一幢西式小洋房内，过着优哉游哉的生活。

受降后，陆军总司令部搬往南京，驻原黄埔军校。美国用飞机先将新六

1945年9月9日，冈村宁次向何应钦递交投降书

军运往南京。新六军在印度成立时，士兵均经过特别挑选，个头相差不多。士兵们身着清一色美制毛哔叽军服，武器装备精良，入城时，显得很有气派。

新六军接防后，日军全部退入营房，不准出街，只给他们留有几支守卫的枪。但城外日军枪械未曾收缴，名为让其自卫，实际上是要他们不把枪交给共产党。

南京城又成了国民党的天下，所有的接收人员们就大搞起“五子”登科来了，凡“金子、票子、房子、车子、女子”他们什么都要，什么都抢，什么都争。已接管的日本人的东西不用说，就是跑了的日本侨民留下的家具、财物也都成了他们争夺的对象。抢劫的东西，一律归己。

一个一比二百的比率，一个“五子”登科，把饱受日军残杀的南京人民整得叫苦连天。他们异口同声地骂道：“天上飞来的，地上钻出来的（指国民党特务）都坏极了，”“盼了这么久，盼来的却是一伙劫收大员。”

劫收大员们在南京搞的这一套，凡是奔赴杭州、上海、徐州、济南等地受降的，亦是如此。

后来何应钦对我谈话和陈立夫的《成败之鉴》都曾指出蒋介石的失败在于不收编伪军，以致使其投奔中共，壮大共军力量。我的看法：蒋军失败的根本在于国民党策略上的混乱、错误；政治上腐败，如特务、五子登科；经济上的通货膨胀，而上层官员又趁机大发国难之财。战争已经打了十几年了，经济上已十分萧条，人民都已对蒋家王朝彻底失望，人心向背，这才是国民党蒋家王朝失败的根本原因。

当时，卢汉在河内收缴日械完毕。蒋介石为架空龙云，就调他的部队去东北，怕卢汉不听调回云南，又调五十三军周福成部到河内接防。法国也将兵舰开来受降，五十三军的炮兵向法兵舰开炮，将其兵舰打伤一艘，其余各舰都纷纷挂起白旗逃跑了。

蒋介石自以为垄断受降，便可达到独吞胜利果实之目的，殊一拥而上，争夺城市，导致到处出击，备多力分，处处被动，战略上也就伏下了败亡因素。

七、在停战谈判中

（1945—1946 年）

参加三人会议谈判

抗战胜利的喜悦，为时并不太长，蒋介石集团垄断受降，国共摩擦日增，内战魔影把满天喜悦驱散得干干净净。

举行受降仪式后，我因在南京无事可做，便于9月20日左右回到了重庆。

回重庆后，得知蒋委员长曾三次电邀毛泽东主席到重庆共商国事。张治中和美国大使赫尔利专程去延安迎接，并于8月28日与毛主席同机飞抵重庆。现国共双方首脑正在进行和平谈判。我同许多人一样原来都担心八年抗战刚胜利，内战又起，国家和人民又将陷于万劫不复的境地。现在好了，毛主席来到重庆谈判，满天乌云，似又出现一线霞光。10月10日国共双方代表签署了会谈纪要（即《双十协定》），表明国共双方在这次谈判中取得了重大成果，确定了和平建国的基本方针，对政治民主化和军队国家化等复杂棘手的问题也取得了初步协议。这是国内和平团结的开端，是全国人民要和平、反内战愿望的体现。但是，《双十协定》虽然签署，国共双方的军事冲突一日未停。中共指责国民党《双十协定》墨迹未干，却密颁《剿匪手本》，而国民党政府则借口解放军不"驻防待命"，妨碍"军令政令的统一"。唇枪舌剑，更增加了内战危机的严重性。

迅速停止内战，已经成为全国人民的一致呼声，甚至也引起了国际的关注。1945年12月29日，苏、美、英三国外长发表莫斯科会谈公报，对中国问题一致表示要停止内战，建立一个团结及民主的中国。美国也决定亲自出马"调停"，并派三军总参谋长马歇尔将军作为杜鲁门总统的特使来华，着手与国共双方商讨停止军事冲突问题。1946年1月7日由国、共、美三方参加的三人委员会举行首次会议，就有关停止内战，恢复交通，受降及遣俘等问题，进行商谈。马歇尔任主席，四川省政府主席张群任国民政府代表，周恩来将军任中国共产党代表。10日达成了《停战协定》。国共两方都对所属部队下达了停战命令。中共代表和国民党政府代表签署了《关于停止国内冲突的命令和声明》，当日各报均登载了。主要内容是停止一切军事冲突，恢复交通，在北平设立军事调处执行部，执行停止军事冲突的各项协定。与此同时，举国瞩目的政治协商会议又已开幕，中国似尚可得休养建设的机会。我对此兴奋极了，内心以为：停战谈判虽由马歇尔促成，不免耻辱，但是总比兵连祸结，直打到亡国为止的好。我这种天真的乐观，不久便被边谈边打的现实冲洗掉了。

三人会议达成停战协定后，张群坚决不肯再充当代表去谈判军队整编问题。蒋介石于是指定张治中继任。张治中深恐谈判中涉及军政、军令上的一些具体问题，如不取得军政、军令两部同意，便会遭受攻击。所以他又坚决要求军政、军令两部派人充当随员。没想到这份差事会落到我的肩上；也完全没想到一接触到谈判实际，我这颗急切盼望化干戈为玉帛的火热的心，被当头泼上了一瓢冷水。

1月19日晚饭后，接到军政部次长林蔚的电话，要我去商量事情。我立刻跑到军政部林的寝室。他的寝室也就是他的办公室。他处事谨慎、负责，深得蒋介石的信任，长期任蒋介石侍从室主任。在国民党军中，一般都认为他是一个细致有为的参谋人才，包括陈诚在内，都尊称他为林蔚公。他向我说明张治中的想法和要求后，说军政部决定派你、军令部决定派廉壮秋（第一厅副厅长）充当张治中的随员，与共产党代表周恩来商谈军队国家化问题。

他还对我说："国共问题，终究不会谈拢，会谈不过是照例文章罢了，马歇尔此行不可能圆满达成任务。"

听他这样说，我不觉心都冷了半截。但是我怀着不打内战的一厢情愿的想法，仍然天真地认为不会那么悲观。我在当天日记上写道："我以为国共不能互存消灭敌党之念，苟共产党在政治上可求得出路，则国家暂时可望安定"，"共产党武力国家化非一朝一夕所可办到。需采取循序渐进步骤，不能操之过急"，"中国如能得二十年和平建设时间，国家前途仍有办法。惟世界第三次大战纠纷业已形成，中国须注意不能作任何国的前哨，方可免于内部分裂耳"。

2月5日，张治中在军令、军政、军训、政治各部人员整军问题讨论会上，报告军事三人小组非正式讨论整军问题的情况。他说了以下五方面内容：

（一）军队数量。共产党要求保留二十个师，张治中则主张国共军队数量应为十三比一，马歇尔认为照这样规定共产党决不会接受。张于是私下对周恩来说：“共产党以前要求中共军队与国民党军队为一比六，当时中央未承认，现在姑且为一比六如何？”周表示同意。看来中共将来大约可编成十五至二十个师。而蒋先生也表示编二十个师，也可承认。

（二）马歇尔提议国军初步可编为九十个师，共军亦按协议数编成后，再混合编军，若干军为共产党两个师，国民党一个师，若干军为国民党两个师，共产党一个师。哪一方占两个师的军，则军长即由哪一方选派。

（三）驻地问题。概定东北、华北，驻共产党两个师的军，华南最多有共产党一个师。

（四）马歇尔主张整编时间为一年，一年后军队即混合编成。

（五）仿照停战执行小组办法，对改编也组成执行小组监督实施。

张治中报告完毕，林蔚接着说：“官邸会报时，委员长令由军政、军令有关各部组织一整军计划小组，负责计划整编复员及编余军官安置等事宜”，并指定军政部如军务署署长方天不在，即由郭副署长参加。

当时我对张的报告很满意，对担负这一任务更感兴趣。我认为国共双方既已同意整军，蒋介石又下令组织临时机构负责计划。如整军得以实现，内战自然可以避免。我为中国前途闪现的一线曙光而欣慰不已。

2月13上午11时，我与军令部第一厅副厅长廉壮秋同去张治中寓所，请他指示明日开军事三人小组会议，应做些什么准备。哪知他竟无具体意见。一会儿，担任翻译的皮中阚进来，出示马歇尔建议的译文，我们才恍然大悟，原来明日将根据马歇尔这个方案讨论，而我们用不着做什么准备。

2月14日，“军事三人小组会议”整军讨论在上清寺尧庐正式举行。马歇尔、张治中、周恩来相继来临。我上前一一握手，对周恩来叫了一声老师。马歇尔只带作为翻译的华裔美国军官李上尉，周恩来只带任翻译的章文晋，随张治中的则有我和廉壮秋、皮中阚三人。三方人员在一大方桌上成门字形就座，马歇尔居中，右为周恩来，左为张治中。

马歇尔将军虽然闻名全球，但神态温雅而谈笑风生，无丝毫矜持之态。入座后，马歇尔指着手中小刀说："这是用一块巧克力糖从一德国人手中换来的，如换女人，只须半块巧克力糖！"在座的人，闻之无不捧腹大笑。

会谈开始，张治中主张以马歇尔提出的方案为基础进行讨论，周恩来也表示同意，并决定每节讨论之前，均核正译文。

在讨论第一条统帅权时，按马歇尔原方案，认为最高统帅有任免所属军官的权力，但遇必须撤换共产党所领导部队的司令官时，应指派政府内资深的共产党代表所提名的军官，因此，对共产党军官的任免须求共产党提名补缺一节，必须要有时间限制。于是大家一致同意，在"但"字后加上"在整编军队过程中"一语以表示限制。

关于兵力讨论结果，双方同意国共两方军队按五与一的比例，在12个月内全国陆军应为108个师，其中国民党政府占90个师，中共占18个师，每师人数不超过1.4万人。由三个师组成一个军。军直属部队，其人数不超过总兵力的15%。

关于补给区的职责，马歇尔原方案主张除供应补给而外，还训练区内接收的新兵，并监督区内军事学校的行政。我认为补给区处理补给实属自然，但是监督学校行政及训练新兵却与我国现行制度相去太远。周恩来也认为如此规定则我国军事制度也将改变。争论结果，大家主张以尝试的精神接受这一提议。

会谈中，周恩来春风满面，笑声不绝，与珞珈山相遇时面容严肃，截然不同。

次日，继续讨论"复员及配置"两项。

复员一条，开始进行顺利。都同意每月复员现人数1/12，12个月后的6个月内，再编为60个师，中共占10个师。但当张治中提出军队复员完毕后，缩编的军队完全混编，以完成军令的统一，军队国家化时。周恩来对此不同意，马歇尔因双方意见有若干距离，便主张保留待明日讨论。于是就再进行军队配置讨论。

配置第一节规定，政府军及共产党军编成36个军，其中15个军混编。

周恩来认为12个月内即开始混编，中共有困难，须12个月以后之6个月方能混编，并说："应以师为单位混编为军，师以下单位不动，故应称为统编。"

张治中反驳道："统编如何能使军队国家化？必须进一步混合编成，方为妥善。"

"至于进一步军队国家化，须看将来情况发展如何而定。"周恩来回答说。双方讨论至18时，未获协议，于是休会。

会后，张治中写信请示蒋介石，要我持信飞南京请示如何解决。

16日，我赴珊瑚坝飞机场与外交部长王世杰同机飞抵南京。19时半往见蒋介石，蒋阅信后，略问数语，当即表示：如果马歇尔主张国共军队于12个月之后的6个月混编，可即同意。我求他书面指示。于是蒋上楼写信一封给我。我随即于17日飞返重庆，往见林蔚次长。林探问情况。我叙述蒋的指示后，拿出蒋信，林用小刀轻轻揭开信封口，见信笺中蒋的手书，大意是"按马歇尔意思，他说怎么办就怎么办"。林看后照旧封好，交给我转交张治中。

18日15时，我去参军处向张治中报告蒋的指示，并呈出蒋的亲笔信。交谈片刻，周恩来等到来，就继续会议。周恩来首先提出宪兵与18个护路总队问题。周说："宪兵有二十余个团，而铁路尚有路警队，希望把宪兵提出讨论。至于路警队则于秩序恢复后，即不应存在。"

"宪兵编制小，队伍不集中，且无重武器，不能形成力量，而将来谈此问题，尚有时间，最好不要在此方案内讨论。"张治中回答说。

马歇尔听后问："宪兵之任务如何？"

"维护军人纪律，检查车站，维护秩序，从来未参加过战争。"张治中回答说。

周恩来接着说："我并非注意力量的对比，而是注意宪兵制度，宪兵到处干涉人民，则中国民主何以实现？"

马歇尔见状乃说："宪兵制度与政治之间似有微妙的关系，可由政治负责人去研究。希周先生提出书面意见，作本方案的附件。"

接着讨论马歇尔方案中第七条第五节政党关系，原文为："现役陆军人员禁止担任某一政党之职员或其任何委员会之委员。"

周恩来与张治中均主张将此条删去，马歇尔也表示同意。

见此状，我心觉不安：似乎国共两党，都仍未放弃以武力争夺政权或保持政权的企图。我个人确实愿意所有政党均退出军队。政党之间的竞争，可以诉之于选民，以免动辄发生内战而陷国家、民族于危难的深渊。

21日15时半在侍从室尧庐开军事三人小组会，对统编及配置问题，达成了协议。

讨论至此，除宪兵及路警队问题未获解决外，均有结果。

1946年2月25日16时，军事三人小组达成协议的《关于军队整编及统编中共军队为国军之基本方案》在重庆上清寺尧庐国民政府参军长办公厅正式签字。张治中、周恩来，马歇尔先到楼上会议室，在《整军方案》的英文本签字。随后到楼下大厅正式举行华文本签字。除我和廉壮秋参加外，有新闻记者数十名。当张治中、周恩来、马歇尔步入大厅时，相机镁光灯齐明，他们先后发表演说。

1946年2月25日，三方代表签订《整军方案》后，马歇尔、张治中、周恩来合影

随军事三人小组出巡

我理解马歇尔使华，是服从美国太平洋战略设想的需要的。他们着眼限制苏联在远东的影响，企图拉拢中国，或者更明确地说，企图控制中国。蒋介石反共很坚决，当然也反苏。但是经过八年抗战之后，国民党在政治、军事、经济各方面都很虚弱，能不能独自用武力消灭共产党是个疑问，势必靠美方援助不可。万一美国帮助蒋介石消灭共产党，苏联出兵援助中国共产党，则不特中国兵连祸结，还有过早惹起美、苏直接冲突的危险。同时他们对中国共产党也存幻想，认为中国共产党中农民成分大，有民族主义倾向，解放区的经济贫乏，解放军的武器欠佳。诱以某些利益，也可使其不完全依附苏联。他们的如意算盘是：按多党的议会政治模式，使国共两党在中国共存，而国民党占一定优势。所以马歇尔抬出多党制的民主，促使国共政治协商、停战、统编军队。

现在政治协商会议召开了，停战令下达了，关于军队整编和统编达成了协议，问题就在于下停战令后，为了争夺战略要地，各地战斗并未真正停止下来。这有前功尽弃的危险，所以在停战协定和军队整编统编方案签订后，为彻底制止国共两军的摩擦，马歇尔于26日军事三人小组会上，约张治中、周恩来同赴华北视察。我和廉壮秋也随同一起出巡。

马歇尔所定日程如下：

2月28日　　重庆—北平。

3月1日　　北平—张家口（午餐）—归绥—北平（宿）。

3月2日　　北平—济南（午餐）—徐州（宿）。

3月3日　　徐州—新乡—太原（宿）。

3月4日　　太原—延安（宿）。

在讨论行程时，周恩来提议，3月4日可否由太原到武汉再去广州。因其时国民党政府咬定长江以南无共军，仅存残余土匪，只有“剿匪”活动，但不存在停战问题。同时马歇尔、张治中认为，东北是伪满洲国，根本没有中共军队，仅存在政府向苏联提出接收主权的问题。但周恩来认为，中共在中原尚有李先念部队，华南尚有东江纵队，冯白驹支队也一直在海南岛五指山活动，而东北方面国共两军摩擦很激烈，因此对马歇尔、张治中所谓东北、华南无共军的立场，针锋相对地反驳道："你们一口两口说'班底士，班底士'（英文Bandits，即土匪），那我们干脆到广东，到东北去看看！"马歇尔见状，便温和地说道："周恩来将军，那就看看飞机的情况如何，再作决定吧。"

周恩来随即向张治中说："张治中先生，我们出巡，必须有一致的语言，如果新闻记者问我们东北停战如何？我们是否可答，东北停战正在研究中。"

张治中闻言，不知怎么回答才好：如果表示同意，那就等于承认讨论东北停火，表示东北有共军存在；如果表示反对，周恩来言之成理，找不出话来反驳。他窘态毕露地说："马歇尔将军，你看怎么说好？"

这时马歇尔正在埋头玩弄手中的小刀，听到张治中的话，不慌不忙地抬起头来，漫不经心地说："就说'这个问题我们以后再商量'好了。"

2月28日8时，我陪同周恩来、张治中、马歇尔登上马歇尔霸王号专机飞往北平。

到达北平后，军事调处执行部的人员到机场热烈欢迎我们，我和唐保黄同车前往协和医院军事调处执行部。唐保黄任中国驻英大使馆陆军武官，1944年与我在伦敦相识，所以他驱车迎接我（他夫人韩素英我也于此时认识，她思想进步，由于与比较开明进步的克利浦斯爵士有文字之交，唐经常与她口角，我当时很同情她，尊重她）。我先到郑介民办公室与吕文贞等谈天，然后到一讲堂听执行部美军人员关于停止军事冲突、修复交通、遣送俘虏等报告。随即前往大礼堂，参加执行部人员欢迎张治中、周恩来、马歇尔的大会。张治中、周恩来在致辞中均强调：国共两党决不争论以往是非，只真心要求解决目前实际问题。马歇尔则简短致辞说："国共两党都必须着眼四万万人民的根本利益，望能切实执行协定和整编统编军队方案。"

3月1日，飞机飞赴张家口。张家口时为共军驻地，驻军长官为聂荣臻。下

北平军调处执行部三方代表在开会。罗瑞卿（右一）、叶剑英（右二）、郑介民（右四）、罗伯逊（右六）

机后，即乘车入城。沿途见居民衣衫破旧，面容憔悴，八年抗日，人民饱受战争创伤，一眼就可以看出。中共部队由于军需装备困难，军容不整，唯有骑巡队显得雄健强悍。马歇尔、周恩来、张治中先在聂荣臻司令部听取汇报，汇报后午餐。我同席的一位四川籍的中共干部，与我谈得很投机，他特意把

聂荣臻

我介绍给聂荣臻。聂荣臻听说，就微笑地说："好！好！好！我们是老乡嘛。"仅寒暄几句，他又陪马歇尔谈话去了。这时我才认识闻名已久的中共将领聂荣臻。在张家口时，还认识了贺龙、萧克、丁玲、萧三等。可惜都没多交谈。

午餐后，乘机飞往集宁（平地泉），这时集宁还冰天雪地，我们只在飞机上听了汇报，就转飞北平。飞北平途中，我与贺龙座位相邻。贺龙留小胡子，抽着烟斗，仪表威严，谈吐雍容。到北平上空，他见飞机场上停有十多架野马式战斗机，便问我："这是不是伪装的假飞机？"

“看样子不像是假飞机。”我回答。

“怎么看得出来?”他问。

“因为离指挥塔不远,飞机旁有人。假飞机一般离机场主要设备远,敌机袭击不波及。”我答。

他听了微笑地点头。我们一路交谈,他都面带微笑,一派军人风度。

贺龙

2日,由北平飞往济南,济南近郊麦田已呈现绿色,大地有点春意了。我们下机后,于国民党第二绥区司令王耀武司令部听取汇报。汇报完,少停即飞往徐州,听取报告后,知道徐州附近,争执主要有三点:

(一)修复陇海铁路东段,共军认为须将津浦南段沿路之碉楼撤去,方准恢复。

(二)枣庄煤矿被共军包围,此刻矿内粮、水俱缺,但共军仍不撤围。

(三)海州南方盐田,共军至今未撤围。

陈毅

饭后,马歇尔约张治中、周恩来两人及北平执行总部的叶剑英、郑介民、罗伯逊·伯纳德开会,商定陇海路东段立即修复,有碍交通的工事拆毁,无关者不拆(即津浦南段不拆);枣庄煤矿由中共、国民政府共管,由美方派人监督,双方驻军立即撤退。

刘伯承

在济南时，幸遇新四军军长陈毅。出巡前，陈毅的哥哥陈修和托我带家信一封给他。陈毅与陈孟熙面貌酷似，极易辨认，我不待人介绍，就跑去与他握手，我把信交给他，并问："有没有回信？我可以为你带回。"

陈毅爽朗地一笑，带着浓厚的四川口音说："你就给他们带个口信说，我很好。"

他豪爽的气概，给我留下了深刻的印象。及到在徐州午饭时，他的座次排得不高，我认为不符合他的身份，立刻去向主人建议，改了过来。以后他对他启蒙老师的儿子裴治熔（我任军务署副署长时的科长）说起此事时，还说："郭汝瑰相当精灵。"

3日，由徐州飞赴太原，中途在新乡停留，在这里我见到了中共杰出将领刘伯承。我中学时期，就知道刘伯承是四川一时无敌的战将。未见面以前，我总以为他是瘦长而多智的样子，及到一见面，其魁伟而沉默之状，完全出乎我意料之外。

在新乡时，知安阳尚在中共军队包围之中，但是正式冲突已经停止。

4日，离太原飞往归绥（即呼和浩特），时归绥守将是政府军将领傅作义，他业已击退共军，归绥附近已无战斗。所以只马歇尔与傅作义个别谈话，不举行小组汇报。午餐后即飞赴延安。

16时后，我向往已久的革命圣地——延安，便展现在我的眼前，黄色土丘和湾湾的延河托出一座宝塔，高耸云际，山沟里鳞次栉比的房屋，冒着炊烟，田野上虽已没有积雪，但也没有一点青草，一派西北风光。停机后，毛泽东主席，朱德总司令及林祖涵等中共高级领导人均到机场迎接。下机后，检阅仪仗队，见士兵所背子弹甚少，我担心共军战斗力并不强大，而手持刀矛的民众颤栗在寒风里，面有菜色，令人一见便想到西北苦寒。八年抗战，八路军英勇

1946年3月4日，军事三人小组抵达延安，受到中共中央负责人和群众欢迎

杀敌，物质基础很差，所恃者唯革命精神而已。

随后，同乘卡车数辆驶涉延河，到十八集团军总部。朱德总司令茶点招待，糕饼之外，还有牛奶。马歇尔惊喜地说："哪儿来这么多牛奶？"

"我养了一群奶牛。"朱德微笑地回答。

19时到杨家岭中共中央所在地，毛主席设宴招待，席中有海味。毛主席说："这是由张家口送来的。"

毛主席还简短地祝酒，大意是：今后要和平、民主，建设一个独立、自由与强盛的新中国。

饭后，应邀参加歌舞晚会。演出打腰鼓、黄河大合唱等节目时，彭德怀将军陪我观看。演出中途，一个年轻漂亮有学生风度的女同志，抱一件半新旧的人字呢大衣交给彭，彭随即给我介绍说："这是浦安修同志，我的爱人。"

我以为爱人是未婚妻，彭见我迟疑不解的神情，便爽快地说。"就是我的老婆。"其豪迈直率之态，令人难忘。

晚会后，我同廉壮秋被送到一个石砌窑洞住宿。时王明、林祖涵等都来窑洞闲聊。王明五短身材，年纪不大，谈吐流畅。林祖涵亦健谈，但很庄重。

晚宴时，毛主席、马歇尔、张治中、朱德、周恩来、江青等坐在第一席，我与白纳德等坐在第二席。江青不断离席到我们这一桌与白纳德交谈，谈得非常投机："啊！夫人！听说您有病，为何不加紧治疗呢？"

"白纳德将军，延安不是条件很差吗？"

"夫人！那么您愿意到北平医治吗？如果您愿意的话，我十分愿意效劳，一定给您找个最好的医院，来去交通工具，完全由我负责。"

"真的？那太好了！非常感谢你！白纳德将军！"

江青高兴极了，随即小声地说。"我去问问主席。"

江青遂走到毛泽东主席身边，娇声征求毛主席的意见。毛主席正与马歇尔、张治中等交谈，对江青毫不理会，江青等候片刻，回到白纳德这边，颓丧地说："不行！我去不成了。"

我见此情景，不觉暗地发笑。想不到毛主席夫人如此幼稚、无知。

5日，由延安起飞到达汉口，国民党武汉警备司令郭忏等前来迎接。三方

3月6日晚，中共中央举行欢迎晚会。前排左起：毛泽东、马歇尔、江青、张治中

人员在杨森花园马歇尔临时寓所汇报，知共军李先念部被政府军围困，粮食断绝，十分困难，请求移防就食。但张治中反对，他说："不移动部队，免惹起误会。这是我们已达成的协议，必须遵守。"

"总不能坐以待毙嘛。"周恩来反驳说。

于是马歇尔主张供给粮食。郭忏立刻答道："已允代为购粮，但共军必须说明购粮的总数，价格及购运方法。可是共产党方面至今尚未答复。"

上述讨论，纯是表面说法。骨子里是国民党认为这是被包围的共军，容易歼灭。郑介民说过："这是国民党捉到共产党的一条尾巴，共产党要打，首先就消灭他这一部分。"

这样共产党理所当然地要提出移防，以便脱出包围圈。早在26日决定出巡路线的会后，周恩来同志就曾私下告诉我，李先念部缺粮，拟向军政部借款五亿元，望我促成此事。我当时神经过敏，以为这是董必武同志已将我的关系转告了周恩来同志，所以对我表示好感。我也确实向林蔚报告，主张借给五亿元。以后听郑介民"捉到共产党一条尾巴"的说法，才恍然大悟，原来周恩来同志是预先作一伏笔，醉翁之意不在酒。我这个"蒋幹"虽然不懂其中的奥妙，却也为"周郎"起了传书带信的作用。

这次随同出巡，我也很想与中共高级首长通款，表示好感，但接触时多在大庭广众当中，而且廉壮秋时刻未离左右，无法深入谈什么。怅然而返。

东北停战协商

军事三人小组出巡返回重庆，双方在各处的冲突并未停止下来，东北国共摩擦更为激烈，共军中原军区李先念部，及东江纵队冯白驹支队等的问题中共迫切要求加以解决。蒋介石不特置之不理，反于马歇尔到延安之日（3月4日），交下一份实质为作战计划的所谓复员计划。大意是首先攻占热河的赤峰、承德及察哈尔的多伦、张家口。同时以数个军海运连云港登陆，以袭击苏北、鲁南共军之背从而歼灭之。第二步则打通津浦线。第三步再击灭冀南、豫北共军。在政治全面破裂之时，应一举而攻占延安。蒋责成军政、军令、军训三部秘密研究。真是剑拔弩张，大有一触即发之势。正如共产党指责的国民政府要的是假和平，口称和平谈判，而大打内战的部署正在谈判声中积极地进行着。周恩来经常说："不要堵死谈判大门。"这大概就是蒋介石准备的随时关死这半开门的抵门杠吧？

3月9日，军事三人小组在尧庐开会，讨论了三件事：

（一）李先念部共军粮食困难，周恩来请准调往五河或安阳，决议暂时不调动，等一、二周内国共双方拟定复员计划，决定哪些部队应移动时再行移动，目前粮食困难，由张治中负责邀集主管人员讨论具体解决。

（二）广东张发奎不承认广东境内有共军，派去的停战执行小组也联络不上，周恩来要求把在广东的中共部队三千余人海运他处，马歇尔同意去电通知美第七舰队司令柯克，请其设法运输，等答复后，再通知周恩来。

（三）张治中提出共军阻止修铁路，并设路障请设法制止！协议去电北平执行总部令交通小组与交通部代表协商，统一交通行政，共方技术人员应予量才录用。

根据此次决议，以后东江纵队得以转移到山东。李先念部则仍被困于河南光山附近地域。

三人会议对停止冲突，恢复交通及军队整编、统编方案等三个问题，本来均有协定。但由于国民党政府一直声称东北未驻有共军，只有从苏军手中接收主权的问题，不承认这些协定包括东北在内，反而在美国援助下，不停地向东北运送军队，不经协商，即欲强占共产党军队所占领的地区，这就必然酿成双方军事冲突而且战斗越演越烈。谈判当然不可能取得一致意见，分歧就更大了。

在停战问题上，国民党政府提出要共产党从东北退出大部分地区；而共产党则提出的是无条件停战，先停火，然后再谈其他问题。

交通问题，共方提出全面恢复交通，包括铁路、公路、水路及邮电等，同时平毁沿路的碉堡工事；国民党也同意平毁碉堡，但须在军队整编后平完，有些地区还必须保留。

关于军队整编统编问题，双方在驻军数目和驻地划分上也存在分歧。

谈判桌上的分歧是现象，实质是国民党自恃有美国做靠山，有一支庞大的军队，可以一口气消灭光东北的共产党军队。这便是东北内战不可避免的真正原因。

当时，我作为三人会议国民党政府代表的随员，参加了东北停战谈判的全过程，今就回忆到的事，按时间顺序记录其大要，以便读者从中看出国共谈判的症结所在。

3月11日马歇尔奉召回国报告工作，在未返华期间，美方代表由吉伦中将代理。

3月13日会谈中，张治中坚持国军为收复主权有权开入东北各地区，而周恩来认为张的意见未指明各地区的大小，太无限制。周表示对这个问题非请示延安不敢自行决定。因此这天会谈无结果。我认为如此拖延绝非好事，东北两军冲突日烈，则双方死伤，地方破坏也随之日益增加。因此我向张治中建议："共军在苏联支持下，其占领地区也日益扩大，会使谈判愈益困难。现周恩来对国军得占领铁路两侧各三十公里之地区，及共军不得占领苏军退出之城镇两点并不反对，如以后共军势力日增，所占地日广，则将来想控制铁道两侧亦不可能，所以我主张对于所谓国军收复地区，不妨加以规定，以求东北问题之早日解决。因此对于所谓必要地区，不妨指明各省省会及交通要点。"但张治中概不采纳。

张治中、周恩来二人经过反复交换意见，终于达成协议，提出给派往东北的执行小组的训令。

这个训令草案原文是：

（一）小组之任务，仅限于军事。

（二）小组应随政府军队前进，仍为苏军占领之地不得进入。

（三）小组应进至冲突或政府军与中共军密接之处，使停止战斗，并作必要之调整，以免再生纠纷。

（四）政府军有权进驻苏军现时退出之地区、包括铁路两侧各三十公里之地带。

（五）如政府军须进入中共占领地区，须协商决定。

（六）以后东北驻军地区另行商定。

张治中16日把这个"训令"呈报给蒋介石批准时，蒋随即将第四、五、六条加以修改。

第四条改为：政府军有权进驻苏军退出之地区，包括铁路两侧各三十公里之地带，中共军不得占领。

第五条改为：除上项所举地区外，如政府军须进入中共部队驻在之地区，应经由执行小组裁决之；收复主权，必须占领之地区，则由军事三人小组决定之。

第六条改为：以后东北之驻地依整军方案定之。

17日开会，周恩来对蒋介石修改后的训令表示不能同意。18日吉伦又对四、五两条提出如下的修改：

（四）为收复东北之主权，将移动部队，以占领苏军之撤退地区，包括长春铁路两侧各三十公里地带。

（五）政府军如须占领现在中共军所占领之地区，须经过小组商讨。如小组不能得协议，则由高级当局决定之。

这两条也受到周恩来的反对。周恩来认为：如按第四条，则过去、现在乃至将来苏军退出的地方，均由政府军占领。而第五条中，又规定现在中共所占领地区如政府军队须加占领，须经小组及较高当局决定，则不足以保障中共业经占领的地区受到尊重。因此又未达成协议。

3月21日，周恩来带此“训令”草案由重庆飞延安请示，并来电告张，经研究对此草案，中共决不接受。政府军只能接受沈阳至长春间沿路三十里地区，其余地区，须一一列举讨论，经共方同意后，方许政府军进入，如果政府拒绝考虑中共所提建议，则他（周恩来）不再返渝。

张治中接电后，原拟置之不理，但马歇尔电促吉伦将军速赴东北，于是吉伦将军与张治中商妥，复派柯岩上校去延安，向周恩来提出三条命令的新建议（即27日的三条）。周恩来乃于3月25日返渝，当即与张治中、吉伦举行三人会议。周恩来主张在命令后附记加入政府应担保迅速商谈东北政治问题，承认中共建立的民主政权等意见。于是达成协定，三人小组并于27日在重庆牛角沱28号马歇尔办公地怡园签订《军事三人会议关于派遣执行小组前往东北授予北平军调处执行部之命令》。

由精选人员组成三人执行小组，应即派往东北，执行下列诸指示：

（一）小组之任务仅限于军调处工作。

（二）小组应在政府军队及中共军队地区工作，并避免进入仍为苏军驻留之地区。

（三）小组应前往冲突之地点，或政府军与中共军密接地点，使其停止冲突，并作必要及公平之调处。

三人会议同意附加入记录之点：

关于东北军事问题由三人会议继续商谈，关于东北政治问题另行商谈，迅求解决。

签字结束时，周恩来即席发表声明：

（一）东北军事，仍须三人会议继续会谈，以求彻底解决双方冲突。所以今日政府军事发言人所说东北无军事冲突与事实不符。

（二）整军基本方案规定政府在东北驻五个军，据确切消息，现在政府驻在东北已有五个军之多，却仍大批运兵前往，如运兵无限制，则危险事件将不断发生，因此要求政府立即停止增兵。

（三）派往东北之执行小组，估计先往沈阳。望北平执行部通知中共参加的工作人员，到沈阳接洽，以使停战得以迅速实施。

随后，张治中发言。他向周恩来保证政府开往东北之军队，绝不超过五个军，并希望中共不再由海陆运兵去东北。他强调以后整军，中共在东北只有一个军，政府也不会超过五个军，如果超运太多将无法安置。

周恩来随即表示，停战后即不再运兵。当张治中担保政府军在东北未超过五个军时，我在旁悄声提醒他说："只能保证整编完后不超过五个军。"张治中立刻在纸上写"说话不要太老实"给我看。我认为这种不诚意的小动作，最容易使谈判丧失信心，表明国民党在停战谈判中缺乏起码的诚意。

东北停战协议稍有眉目，张治中遂于3月29日飞赴西北。我送他登机离开重庆时，伫立很久，望着渐渐远去的飞机，依依不忍离开机场。

张治中，早期曾任黄埔军校军官预备团及入伍生三团团长，北伐出师后，任国民革命军总司令部副官处长、学兵团团长。黄埔军校迁武汉后，曾短时期任教育长，以后在南京中央军校长时期任教育长，故常能与蒋介石接近，深得蒋介石的信任，因而遭到一些人的忌妒，捏造出不少坏话，说他对蒋氏夫妇，阿谀逢迎。我因不察事实，过去对他很少好感。然而闻名不如见面，当我作为张的助手参加和谈后，竟为他不辞劳怨，为求和平而努力的精神所感动，而佩服他了。

记得1946年2月5日，在军令部讨论东北军事问题时，有些人认为苏联占领东北，故意迟迟不归还主权，为的是使中共能在东北渐渐稳住阵脚。因而他们主张尽量使外国记者前往东北采访，向世界各国报道事实真相，以获得国际上的了解、同情和支持，同时还认为政府也应“将东北真实情况”公诸于众，尽量让世界周知。对此张治中却竭力阻止。张认为东北局势有着极其复杂的国际背景，鉴于美苏两国的微妙关系，必须谨慎处理，不能鲁莽从事。他一再强调政府应委曲求全，力求和平解决东北问题。此外，3月27日，张治中处心积虑，力求东北问题之解决，私下与周恩来谈判，达成东北停战协议。不料，该草案呈报给蒋介石，竟被蒋作了修改。当张在小组会上提出这个修改过的草案时受到周恩来的严词拒绝。周恩来质问张治中说：“昨晚已谈好了，今天怎么又变了。”使张治中有口难言，十分狼狈。散会后，周恩来走了，张治中气得倒在沙发上说：“唉！我有什么办法呢！”以后我们去延安，在开晚会时，他发言说：“将来和平实现，应勿忘我张治中三上延安。”这些事实说明，张确实是反对内战的，他的见识胜蒋介石、陈诚辈远矣。

张治中赴西北后，三人会议的代表由陈诚担任。陈诚先后任过曹万顺军的副军长，十一师师长，蒋冯阎大战中，首先攻入郑州，作战果敢，博得了蒋介石信任。以后任十八军军长，在江西“剿共”大卖气力，更得蒋的赏识。抗战时他任政治部部长，对军委会事务极力要求革新，较何应钦等元老，更显精明干练，敢作敢为。他标榜做官应清廉，不要钱，因而在国民党青年军官中威信较高。加上他的妻子谭祥是谭延闿的女儿，宋美龄看待她如同亲女一般，于是陈诚同蒋介石关系更深，更得蒋的信任。

陈诚深得蒋氏的信任，与其说他有才干，还不如说在坚决反共方面与蒋情投意合。他好大喜功，而不务实，缺乏战略眼光。勉强颂扬他，也只能说他“志大才疏”。

陈诚顽固地追随蒋的反共政策，立志要消灭共产党，他一担任政府和谈代表，就气势汹汹，一心欲置共产党于死地而后快。

3月30日，陈诚与吉伦将军见面就说：“中共与英美等国的政党不同，它是有国际背景的集团。他们一贯不守信义，只知不断争取利益。”他主张：“已定的军队整编统编事项，中共必先严格执行，不然用不着再谈。”他还表白：他虽与周恩来个人关系尚好，但主义不同，友谊关系不可靠，他承认中共东江纵队可以海运，但对中共琼崖支队则不予承认。

同一天他还对我和其他随员说，他担任三人和谈的政府代表，在谈判时只谈整体，决不支离破碎地谈。他要我立即移住他的华一村寓所办公，还邀请外交部总务司司长李维杲移住他家，以便随时研究谈判事宜。他还要我组织一个参谋小组，负责一切谈判的准备工作。

4月1日，我开列随陈诚出席三人会议的随员名单如下：

郭汝瑰：军政部军务署副署长，负责为代表准备整理谈判所需要的资料。

李维杲：外交部总务司司长，负责与美方联络。

许朗轩：军令部第一厅第二处处长，负责军队调动方面的问题。

张超：后勤部高级参谋，负责补给运输方面的问题。

赵学渊：负责复员方面的问题。

裴治熔：军政部军务署步兵司科长，协助郭汝瑰负责整军事项。

随着苏军缓缓退出东北，国共两军争相控制战略要点，战斗遂日趋激烈，因此陈诚于4月2日邀军令部主管人员报告国共两军情况及交通状况。会后令我根据军令部这个报告整理成东北情况报告书及对东北急需处理事项的意见，送他审阅，大意如下：

1. 向美方说明政府军在东北不足五个军之数，需再运一、二个军前往。

2.《基本方案》规定中共在东北编为一个军，但其兵力，远远超过此数，希能确实停止秘密运兵，并速即整编。

3. 中共军队不进占苏军撤退城市、让政府军前往接收主权。

4. 全国一切问题须整个解决，不可因东北局部情况陷全国整军于停顿。希中共速遵《基本方案》造送各项表册，以便计划整军，规定驻地。

陈诚继任谈判代表，虽组成一个参谋班子，为他准备材料、提供意见，但是他仍对情况不熟。4月3日商谈恢复交通问题时，中共方面认为交通须全面恢复，即铁路、公路、水路、邮电等均同时恢复，而现有碉堡工事等则有碍于平民交通往返，故须将其平毁，而保护交通的则须保留，对此陈诚发表不出什么意见。结果周恩来提议："因陈部长情况尚不熟悉，今日暂不作决定。"

第二天，由我同李维杲等研究提出，恢复交通问题的意见，以供陈诚参考。即：

（一）同意碉堡线许可人民自由往来，中共官兵传令如无武装时也可通行，但必要时须接受检查。

（二）同意完全平毁碉堡，但须第一期整编完成后开始，第二期整编完成时平完。

如以上两点得不到同意，可承认派遣小组或在三人会议决定。某些地区的碉堡必须保留外其余平毁。必须保留碉堡之地区如：津浦、胶济、北宁、陇海西段沿线，平绥线之一部。至于陕北封锁线，则待胡宗南回电方定是否撤毁。

对中共则提出如下要求：

（一）修复各路。

（二）保持路政完整：包括用人由交通部考核，收费不容混乱，路警必须统一三点。

（三）供交通用的煤矿，不得破坏。

（四）邮政不得破坏，不得发行邮票。

（五）中共部队不得向铁路向心运动。

陈诚为人心粗气浮，遇事不能深入思考，虽好征求别人意见，但常凭感觉主观武断。他不是智深勇沉有政治远见的人，不能从长远去看中国全局，只靠反共取悦于蒋介石，充当谈判代表，显得不是长才，谈判对手又是周恩来，所以非常被动。1946年4月6日他邀约军政部次长林蔚、俞大维，军令部次长刘斐、空军委员会主任周至柔，外交部总务司司长李维果、军令部一厅二处处长许朗轩及我午餐。饭后商讨东北局势及如何与中共讨论关于中共反对政府军增加的问题以及政府增兵问题。讨论结果决定：对政府军增兵问题，可以说是按停战协定，为了收复东北主权，政府军行动不受限制。所谓不超过五个军，乃指整编后的五个军，不是指未整编的军。同时指责中共目前在东北驻军数，已超出停战协议只驻一个军的规定。强调中共须迅速按基本方案规定驻地，中共军队不接收苏军退出之城镇。关于琼崖纵队问题，可以初期未闻中共声明为理由，根本不承认。

在谈及东北局势时，据刘斐（为章）分析："苏军看中共军队能抵抗支持住国军的进攻，就撤退，否则必然停撤。美方心理是：只要苏军撤出东北，美方就佯作不知，让中共军队占领东北之大部也无不可。委员长（蒋介石）则不敢明言放弃东北，暗中的主意是：能争回到如何程度，即争到如何程度。"

谈判桌是一面镜子，反映出谈判双方的意图，也反映出战场的形势。

刘斐的分析，道出了蒋介石和美国在对东北问题上的微妙差异。出巡前夕，周恩来要求东北关内一样停战，国民党则坚持收东北主权不受限制，反映出当时东北双方力量的对比，中共兵力尚微弱，国民党兵力暂占优势；3月13日讨论派执行小组去东北时，我建议张治中对中共让步，以求达成协议。张治中不肯。说明他看不清国民党军在东北的暂时优势正在丧失。4月初中共在东北兵力已日渐增强，且在苏方支持下，国民党如果要用武力向北打，绝对打不出什么有利局面，也无法用武力控制这样大的地区。这种情况，国民党多数将领是认识不到的。国民党政府一面谋求增加兵力向北进攻，一面希望在谈判桌上捞些好处——占领沿铁路三十公里的地区。陈诚高叫恢复交通，不仅反映出中共军队控制并破坏一些重要铁路路口，国民党无法恢复，而且反映出国民党借铁路线以阻断沿线两侧中共军队的交通往来之目的。所以共产党要求平毁铁路沿线碉堡，而国民党则坚决反对。这些从4月7日陈诚致吉伦将军的两份备忘录及蒋介石致马歇尔的电文，及以后谈判中的表现，都反映得一清二楚。

4月7日陈诚致吉伦将军的两份备忘录如下：

一、恢复交通的备忘录：

1.凡足以妨碍交通之工事与碉堡一律撤毁，但防守性及保护性之工事与碉堡，绝不能拆除。

2.拆除工事与碉堡问题，应从整体解决，即速即执行整编方案，此问题乃可顺利解决。

3.如必拆除，提议于整军第一期完成时开始，第二期完成时拆除。

二、为恢复东北主权的备忘录：

为恢复东北主权，国军须北进接收，提议照马歇尔原建议，共军撤出沿铁路三十公里地区，俾国军通过接收主权。

4月8日清晨，陈诚叫我去他办公室，他同军政部次长俞大维以蒋介石的名义，拟了一篇致马歇尔将军的电报（当然是得蒋同意的），要我誊正拍发，全文如下：

苏军正由东北九省陆续撤退，我国军正开入各该苏军撤退之城市与地区，恢复我国主权。乃中共部队非法开往各铁路线，阻扰国军达成恢复主权之任务，吉伦将军现在以最大之努力求得一解决方式，实堪嘉许，鄙意最好吉伦将军能即往东北一行，查明事实，以作解决之依据。对于国军接收苏军撤退地带一节，事关恢复我国主权，必须办到。今共军非法占领沿铁路线各据点，造成冲突，中共应负其责。因此余要求中共军队立即沿铁路线各点撤开，俾国军可以通过，达成上述任务，至于中共对于东北国事有何其他意见，尽可提出，由三人会议讨论，以谋合理解决。

蒋中正

4月8日

就在蒋介石、陈诚这些图谋下，4月8日下午三人小组于怡园开会，吉伦将军首先提出建议，要求东北的中共军队停止再作任何调动，并立即从最近所占中苏条约所涉及的沿铁路或在铁路上之各城镇退出，离开铁路两侧一日的行程，以使国军利用或通过铁道，而政府军不得追击或扰乱撤退之共军或上述铁路城镇附近之共军。

这个建议，意味着要中共放弃四平街等要点，让国民党军长驱直进。于是周恩来坚持先由执行小组去东北将战斗停下来，然后再商讨国军如何接防共军所占城镇的问题。

4月9日，继续开会讨论，周恩来说："三人小组3月27日协议发出的命令已很明确，不必再另加指示。中共中央坚持认为，必须先将冲突停止下来，再定如何接防。现在政府推翻原协议而不执行，即或再得协议，也可能被推翻，这样，谈来谈去有何作用？"

陈诚说："请周恩来将军注意发生冲突之根本原因是中共阻止政府军接收主权，或攻击已接收之地区，故必须明确规定中共让政府军接收苏军撤退的地区，并限制中共军队不准攻击政府接收人员，只能如此，方能避免两方冲突。"

美方代表吉伦将军也认为3月27日的协议须加以明确指示，并且提出折中方案，主张规定政府军先接收沈阳至长春间沿铁路各城镇。

对吉伦将军的建议，陈诚表示同意，同时声明，希望不要因为这点而影响政府军接收其他地区之权利和义务。而周恩来则极力反对，并对此表示严正立场说："只要双方严格依照3月27日协议，先停止冲突后才能协商接防问题，也才有助于国内和平。"

双方意见完全僵持，未得协议。10日吉伦与国民党军令部次长秦德纯、军政部次长俞大维飞东北调处。

我参加这一时期的谈判，深觉政府负责谈判人员多无远见，每事不经详细研究，一遇困难，就向蒋介石请示，而蒋却依据其反共、限共、灭共的老主意凭一时的感情用事武断作出决定。谈判人员不管这些决定妥与不妥，一概照办。即使事后发现毛病，自有蒋介石负责，承办人反可推卸责任。如东北停战问题，双方商谈已近解决，却因政府方面须在文字上注明政府军有权开往东北的任何地区，而终未达成协议。殊不知东北之大，事实上政府军不能一一占领，其后张治中、周恩来又渐次达成协议，却被蒋介石断然修改。而张治中又不敢向蒋介石呈明得失，致使谈判破裂。然而在谈判中，中共代表周恩来立场坚定，态度鲜明，既有让步，又不损害党和人民的利益，他每订定一文件均深思熟虑。周恩来杰出的政治家风度使我深为敬佩。由此我内心更倾向共产党而鄙视国民党。

4月10日，陈诚向我说，他将要去上海治病，三人会议政府代表将由军令部部长徐永昌或其他人担任。他要我将他担任政府代表以来的经过写出来，交给后任代表参考。他问我有何意见。我说："担任谈判代表，须有研究，要以国家利益为重，敢于负责，对疑难问题，不宜事事请示委员长。委员长决定不恰当要能据理力争。"

"应该如此。"他说。

我乘机向他建议："琼崖纵队事，应早作考虑，如果终究要承认，倒不如早点承认，以免美国人笑我们没有远见，做事不明快。"

"这是委员长的意见，他不容许中共在海南岛插足。"陈诚回答说。

他刚才还同意"不要遇事向委员长身上推"，马上就忘怀了。

陈诚去上海治病后，蒋介石内定徐永昌继任三人会议政府代表，并令俞大维协助。

徐永昌，原属阎锡山部下，被阎派到政府当代表。蒋为了拉拢阎锡山，遂令徐担任军令部长。徐头脑极为迟钝，毫无才能，人称"菩萨"。俞大维时任军政部次长（后任交通部部长），曾留学美国，谙熟英文，极其聪明，自诩为"智囊"，颇受蒋介石、陈诚赏识。所以后来国民党代表实际上是俞大维在充当。

陈诚走后，在徐永昌未来前，国民党政府方面无人负责，三人会议陷于停顿状态。只由我、中共童陆生高参、美军上校辛克尔商谈复员计划。童在商谈中，非常谨慎仔细，总怀疑条文中伏有圈套，我暗地告诉他：

"这部分条文，无关紧要，没有圈套，有问题我会暗示你，你回去问董老便会明白。"

第二次童来商谈时，向我发出会心的微笑。从此讨论进行得非常轻松。

辛克尔同我商量，主张把《复员实施办法》交一份给中共研究。但林蔚不同意，他认为中共方面并未交出任何表册，政府方面不必忙于交出计划。

4月18日马歇尔由美国返回重庆，19日徐永昌邀俞大维、许朗轩和我同他见面。俞大维告诉我，他这次东北之行，毫无结果。由于中共破坏北宁路，进攻长春，使美方默认政府须增兵东北，认为接收主权，不能不排除障碍。

俞大维这番话，可以窥见美方已渐揭去其主持公正、不偏不倚的面纱。美遏止苏联在远东发展的太平洋战略，也就赤裸裸地暴露出来了。

4月23日徐永昌正式通知马歇尔及中共代表，今后由他继陈诚担任三人会议政府代表。当日下午他与马歇尔见面。马歇尔认为，国共双方在面对面会谈中，常因不必要的小事争论不休，致使重大问题反达不成协议，建议以后少进行正式会议，由他先向双方接洽到相当程度后，再进行会议。

恰好此时国民党忙于还都，我也于5月1日飞往南京，谈判会议基本上未举行。但此刻中共李先念所部被围已久，非常紧张，所以周恩来主张前往解决。5月5日徐永昌和周恩来离南京返武汉，然后转宣化店中共中原军区所在地调处鄂境冲突问题。我未随行。

5月5日，国民政府还都南京，三人小组会议也移南京开会。原来政府代表的随员到南京后改为“三人会议政府代表议案研究室”（后又改称三人会议政府代表办公室）。

5月19日晚，白崇禧指挥的政府军攻入四平街，并继续向长春、永吉发展。

22日周恩来提出备忘录，严厉指责政府军扩大攻势，不特在东北侵占四平街、长春，继续向北侵犯东北解放区，同时政府军在平、津、苏北等地均有行动。

此时马歇尔与周恩来，蒋介石以备忘录及信件往来形式交换意见。关于双方在东北驻军数量问题，周提议中共在东北驻军5个师。马歇尔认为中共驻军5个师，政府驻军25个师，这样关外驻兵太多，要求中共改为3个师。蒋介石认为，如中共在东北驻军3个师，则政府军驻15个师。他提出共军驻地仅限于黑龙江省，东北各省政权均应统一。他坚持必须接收东北主权，哈尔滨以北地区只准政府行政人员率必要之军警前往。他还坚持东北应首先实现军队整编。连马歇尔都认为，蒋介石这些意见无异于战胜国对战败国提出的条件。他认为长春之胜（指国民党占长春）毫不足恃，不可叫价太高。

但蒋介石一意孤行，于6月1日成立国防部，6日又单方面发表了《关于东北暂时停战的声明》，全文如下：

余刻已对我在东北各军下令，自6月7日正午起停止追击前进及攻击，其期限为15日。

此举在使中共再获得一机会，使其能确实履行以前所签订之协定。

政府采取这一措施，绝不影响其根据中苏条约有恢复东北主权之权利。

下列各点必须在15日内获得圆满之解决。

1. 完全停止东北冲突之详细办法。

2. 完全恢复国内交通之详细办法及进度。

3. 获得一确切之基础，迅速实施本年2月25日有关全国军队复员整编统编之协定。

蒋中正　6月6日

7日遵照蒋介石的指示，徐永昌要我起草实施基本方案的办法，要俞大维起草恢复交通的详细办法。先邀美方代表讨论，然后再开三人会议。他还对我们说："蒋介石指示：东北共军限两个月内完成整编。允许中共在东北增加为三个师，但关内须减少两个师（最好由华中抽出）。三个师之驻地限于黑龙江。"

6月9日，徐永昌和我，还有许朗轩、李树正，带着有关共军驻地的方案及图表面报蒋介石。蒋同意中共两个师驻黑龙江，一个师驻兴安省西部，并分隶于两个混合军。蒋还令徐催中共答复关于美方人员仲裁权的问题。11日当徐永昌、俞大维和我在励志社，向马歇尔提出停止东北战争之有效办法及整编部队之补充办法时，马歇尔认为在兴安省不宜驻国军两个师，因为这只能刺激苏联。不如在北满减少驻军，尚能增强南满防务。他还认为东北共军整编，两个月之内不可能完成。俞大维也认为此案条件过于苛求中共，不能获得马歇尔的同情。假如政府固执己见，马歇尔一旦停止援助，且命令在华美军退出，则东北政府军所需之枪械船舶均成问题，因此他主张以中东路以北地区让给中共。我也觉得中国需要安定，如真能获得和平，中共在华北驻地不妨扩大，我纯粹从停战着眼，认为只要能维持暂时相安的局面，则政府驻东北军队不必求多，如国际形势有了变化，则东北驻军再多也徒供牺牲而已。我认为两军犬牙交错，容易发生事端，不如明确规定驻地，各自退入境内。为此，不特冲突可以停止，交通也易于恢复，美方参谋人员及徐、俞均表支持，我们于是拟定驻地提案，并详细绘图说明。

15日美方拟定“停止东北冲突办法初稿”主张“就地停火”，双方应退至何地由美方仲裁。6月17日蒋介石要听取谈判人员对东北停战及整编军队意见，我们将美方参谋人员所提之方案和我们所拟的中共军队驻地方案向他作了报告。

蒋介石对中共军队驻地极为重视，处处对照地图查阅。他见我们的方案把吉林省东部汪清划归共军作为驻地，便勃然大怒，说：“嗯，汪清是交通枢纽，军事重镇，你们军令部还搞不清楚？这样重要的位置能划归共军？不行！立即给我重划。要记住，汪清、珲春两地决不能划归共军。”我们下来，只好在地图上将应划归共军的汪清从共军的驻防地区圈了过来。在地图上来看，汪清完全在共军驻地三面包围的袋形地带之中，在那里驻军还能不遭歼灭吗？蒋介石完全像小孩子争玩具一样，只管争到手，根本不顾后果。

6月17日，徐永昌向周恩来提交了一份备忘录，提议以最后决定权赋予马歇尔。18日18时半，三人小组在励志社开会，徐提出：“战斗无法制止，是因为三人执行小组任何提议都需三方同意，才能执行之故，如果国共双方争执不休，战斗就永难制止，因此主张国共双方如果无法达成协议时，干脆请美方仲裁！”

周恩来一听此话，就立即站了起来，指着壁上挂的孙中山肖像非常气愤地说：“我们共产党人是国际主义者，也是爱国主义者。当着孙中山先生的像，我问你，我们中国人的事为什么要让外国人来仲裁？如果中共方面提出请苏联人仲裁，我周恩来便不是周恩来！”

周恩来声色俱厉，竟使徐永昌、俞大维目瞪口呆，一时无言以对。

这天会议就不欢而散。

6月22日，三人会议又在马歇尔行馆复会，商谈停止东北军事冲突问题。

参加者除了马歇尔、徐永昌、俞大维、周恩来、皮中阚、许朗轩、滕代远、童陆生和我，还有美方若干人。

会议开始，马歇尔提议以其起草的“结束东北之战争”草案为讨论的基础，经双方同意后，于是逐条讨论。头两条比较顺利地通过。双方都同意仍应执行1月10日的停战协定，双方正在战斗的部队应立即停战。但在讨论重新调整双方紧密接触或正在战斗的部队，要求撤离具体距离又有争论。共方主张十五里，国方主张三十里，最后暂定为二十里。

当讨论到在执行小组意见有不一致的情况下，依美方高级官长的决定为依据时，当然又遭到共方的反对。周恩来主张各执行小组美方人员只有单独报告权、调查权（可以决定任何时间去任何处调查）和停止冲突之执行权。

徐永昌认为如此一来在指定撤退的具体距离如双方各执一词就无人仲裁。对此马歇尔提出待新协定成立时再行讨论。

停顿已久的三人会议，第一次在南京重开，就未能顺利达成协议。

我此时对国共停战谈判，颇有“搁浅”之感。21日东北停战15日限期已满，蒋介石，周恩来同时宣布再延长8天。我衷心盼望谈判能有转机。

23日三人会议谈判交通问题后，滕代远同志约我同进午餐。我估计他可能有事同我商谈，立即欣然接受邀请，但同往出席会议的许朗轩极力推辞，我怕我的关系被暴露，不敢单独前去，只得约滕下午三时去励志社会谈。下午滕与童陆生同志来了。他向我们询问：整军后编制是否一致？军区之设立如何？补给区是否仍有八个？退伍转业情况及办法如何？东北停战之意见及华北驻地规定之意见如何？

由于许朗轩在座，我们都未表示亲近。我趁机以谈判的姿态，尽量如实地回答他的询问。

“整编后国共双方皆用同一编制，不会不同。军区如何设立，要等待驻地调整决定后才能具体决定。补给区马歇尔提出的方案是八个有争议，究竟设立几个，如何具体补给等，仍须双方达成协议。整编编余人的转业复员办法，与我同童陆生高参讨论的内容一祥，并无改变，不过我国就业困难，需适当根据我国国情组织若干屯垦部队，筑路部队等，才能使复员士兵不致流离失所。”“对东北停战问题，我认为最好而且最重要的是规定驻地，驻地定，两军各自进入驻地范围，则战斗自会停止。”

关于华北驻地，我将所拟的方案及驻地地区附图给他看，同时说明：“这个方案是我们参谋人员的意见，并非批准文件。”他们听后满意地走了。

我们将驻地图按目前蒋介石的指示，重新绘制以后，25日，徐永昌、俞大维持图向蒋介石请示，他又加以更改，并限中共签字十日后退出胶济路，一个月后退出苏北，并退出承德、古北口，由政府军接防。

28日，中共提出“关于国共双方军队驻地的建议方案”，我随即去三人会议政府代表办公室与许朗轩、李树正、傅砚农等，把中共所提议的驻地分别标示在地图上，然后以一份呈送蒋介石，一份报告陈诚，并去国防部报告。

在国防部报告时，我首先说明：在《基本方案》中原规定东北、华北驻军之比例。然后说明几点应注意的地方：

（一）中共欲打破规定，争取保留二十个师。

（二）在东北方面，中共想保有北满，控制哈尔滨、齐齐哈尔、洮安、牡丹江诸点，并在南满控制安东，从而使辽东半岛易与朝鲜联络。

（三）华北方面，中共以一师驻益都，一师驻德州、滕县，以便能包围济南而截断津浦、胶济两线。此外一师驻邢台，一师驻闻喜，以图截断平汉、同蒲两线。如此，横断中原，使政府军与河北、山西、绥远不能连成一片，而陷平津于完全孤立。又中共以一师驻承德，一师驻张家口，以切断平绥、平朝两线，并保持与东北及外蒙的联络。

（四）华中方面，中共以一个军驻宿迁、东台、淮安，如此，则津浦路南段即随时可被截断。

我报告完后，陈诚与陆空各总司令、几位次长开始讨论。陈诚认为，政府要求中共退出苏北、胶济线、承德、古北口等地，必须有理由使马歇尔折服，他认为以“如不指定区域，难民不能返家”为有力理由之一。刘斐说：“此次谈判，实际是周恩来与主席（指蒋）之间的谈判，作为代表必须能完全了解主席的意旨和企图，才能谈。马歇尔与主席谈话，我们所不知道的，当然就苏、美关系。苏联不正面与我交涉，但必然与美方有接触，周恩来与苏联大使必有联系，他可以了解世界大势。我们则除主席而外，谁也不知和战关键。”陈诚接着说：“月底停战的时限虽然到了，但不至于就发生战争，这两天如何转弯，使主席不为难，应由我们去想一妥善办法。同时还必须设法使马歇尔光荣归去好。”

我认为他们这些话是意味着三人会议即将寿终正寝的先兆。

停战谈判尾声

6月29日，据说中共中原军区李先念部突围，不知是马歇尔提议还是周恩来提议：“放一条路让其去延安。”我听陈诚对俞大维说：“政府不能同意放一条路让李部去延安。李部逃得脱，算他们本领好，政府军不能打，算政府军不行。”

这样，大规模的战斗就发生了。以后听说26日国民党政府三十万军队大举围攻鄂东，豫南地区的中原共军。共军主动作战略转移，突出了国军重围。

7月3日，蒋介石接见周恩来，叫他与邵力子、王世杰、陈诚等继续协商。商谈中，中共方面说“战斗发生是由于国民党军的进攻”，国民党说是李先念部突围所惹起。双方各执一词，争论不休。于是马歇尔于7月9日派专机去信阳，把美国、中共及政府三方调处执行小组的人员接到南京。政府方面第九执行小组组长是卢济时，据他对我说：“李先念部是分三路突围的。一部向麻城、罗田一带；一部向宜城；主力已到南阳方面。”因我不知其来意，也不清楚蒋介石的意图，所以只好对他说：“如何调处停战，须待马歇尔调解。”

7月13日陈诚要我写备忘录回复马歇尔，拒绝考虑让李先念北移。据闻国民党军队又向苏皖共军大举进攻，看来谈判已陷停顿。

8月3日俞大维告诉我："委员长不同意对李先念部调处。但是程潜等来电说执行小组去老河口调处，李先念不派代表，故责任应由李自负，我恐怕他们未把小组撤下来，有违委员长意旨。所以问问你情况如何？"

我说："商谈既无诚意，调处也不过徒具形式。各执行小组混搞一阵，反而双方感情愈恶，更加互不信任，不特虚耗国币，也有碍团结。对李先念部调处与否，都不过是这么一回事，李要逃出重围，政府军则企图加以消灭，所以调处与否都是打仗。"

自此调处停战，已名存实亡了。

国民党军向苏北共军全面展开进攻。鄂、豫、津浦、胶济各线，山西热河方面都发生战争。

8月9日马歇尔、司徒雷登与周恩来、俞大维分别会谈，国民党仍坚持有条件停战，共产党则坚持无条件停战。

10日马歇尔、司徒雷登发表联合声明，宣告调处失败。局势越见恶化。

8月27日政府军攻占承德。

9月27日我参加国防部作战汇报，得知政府军即将攻张家口，一周内且将在峄枣支线发动进攻。

国民党已大打出手，然而仍高呼谈判。9月30日陈诚还令我准备整军方案。

他指示将原规定为中共驻地的张北、张家口、尚义、沽源、多伦等县划出。东北方面蒋介石原同意中共于吉林省东部驻军，现也要划出。

10月1日陈诚要我起草一份备忘录致马歇尔和周恩来，说明政府是最希望谈判与停战的，是共军攻击了所谓"严守约束的国军"。因此，陈诚提出今后谈判，须有两个先决条件：

1.迅即提出改组政府后之国府委员名单（计中共八名，民盟四名，并由中共推荐一名无党派人士）。

2.为切实"实施整军方案"，先行迅速规定中共二十师之驻地，并遵照规定期限，进入驻地。否则谈判徒增口角之争及扩大战争之机会而已。

这已经等于向中共提出了哀的美敦书。

11日傅作义部攻入张家口。同时下午蒋介石趾高气扬地悍然宣布召开所谓国民大会，在政治上宣布了国共的分裂。

16日蒋介石发表声明，提出处理时局之具体办法八条，大意是：恢复交通；东北共军照6月间规定驻地实施；华北华中驻地由三人小组商谈，五人小组所获协议，交政协综合小组获得协议；地方政权由改组后之国府委员解决；宪法草案，提交国大讨论。

10月23日陈诚召我作备忘录致马歇尔和周恩来，告以中共如不停止对东北和榆林之进攻，则由中共负战事扩大之责。许朗轩告诉我，这是政府军在东北及陕北采取行动之借口。

这样紧锣密鼓，全面内战显然已不可避免。出人意料的是11月8日，蒋介石又下达停战命令，并宣布11日生效。

11日我随陈诚去宁海路马歇尔住所，与周恩来作非正式会谈，周恩来说："政府单方面宣布停战，我事前一无所知。根据以往经验，凡是政府单方面宣布停止攻击，准备防御时，都是在准备防御的口号掩饰下大举进攻。四个月来，就攻占了一百余城市。因此，我对这次宣布停战，深感忧虑。尤其使我忧虑的是据报：胡宗南、马鸿逵的部队都已集结待命，准备进攻延安。昨天政府飞机四十架飞延安侦察、示威。"

周恩来接着说："政府违背政协决定，即将召开国民代表大会。这个大会一开，就表明国共的分裂。在分裂局面下，军事如何能和谈呢？且此次停战，又保留了防御的借口，我实在不知道如何商谈。但是，我仍愿作最后的努力。请马歇尔将军转请政府缓开国大！"

接着周恩来转过脸来对陈诚、俞大维说："陈总长、俞部长！你们都是政府中人，不知可不可以探听明白政府的意向，并设法解救这万分危急的情况？"

马歇尔见会谈空气十分紧张，提议稍作休息。

休息片刻后，马歇尔问陈诚政府有何停战提议。

陈诚提出了三点笼统的停战的办法，要会议细作商量，即：

1.就地停止，待三人小组派人到来；

2.小组到后，决定军队如何调整；

3.双方意见不同时，看用什么方法解决？他说："我相信，如果军事上的问题得到解决，或者也可以影响政治，因此我请先商谈如何停战。"

马歇尔说："不论政治方面谈判如何，我总觉得，如果停战能达成协议，必有益于政治方面的妥协，所以我希望愈快停战愈好。"

周恩来说："如果不是明天就开分裂的国民大会，那么，停战必有益于军事和政治上各种问题的解决。这样我们才可以有时间从长协商政治上及国民大会的问题。"

周说完问陈诚："陈总长，照你刚才所提出的停战原则，不知你有无具体办法？提出来我好向延安报告。自己也才好考虑！"

于是陈诚把原先准备好四条办法提了出来。并申明：这个办法"只作商谈资料"。

周恩来看后声明："这四项办法，虽然与6月间所商谈的办法，出入很大，但是我愿意把这办法报告延安，自己也加以研究。"

这次三方非正式会谈仍无任何结果。

11月15日国民大会，竟宣布召开。历时一年多的停战谈判，这一下就被堵死了。不久马歇尔任美国国务卿，发表了声明，美方宣布退出军事调处执行部。中国爆发了大规模的全面内战。幸解放战争，仅历时三年，而天下"定于一"。这倒是预料不到的大幸事。

重庆谈判期间的桂园

三人会议曲终人散，已经是1946年了，事如春梦，难凭记忆。幸当年日记尚存，可借以勾起往事。

三人会议失败是坏事，但教训了我，使我世界观发生了变化，这以后我间接参加了用武力批判国民党的伟大人民解放战争。所以我对三人会议的回忆是痛苦的回忆，也是幸福的回忆，是三人会议擦亮了我的眼睛，是三人会议给我的机会，让我回到共产党的怀抱。我至今每过重庆见我与董必武同志两度会见的地址青年路妇婴保健站；每过上清寺尧庐、桂园、怡园等我参与三人会议有关的场所，往事都像电影故事片一样，一幕一幕地掠过我的脑海，而使我发出幸福的微笑。我终于从革命洪涛中走过来了。

八、蒋军整军及改组军事机构

（1946—1947年）

对国防部职权的争夺

我协助张治中工作，参加三人会议的同时，也作了一些蒋军整军及改组军事委员会为国防部的参谋工作。

国民政府的军事委员会是独立于行政机构之外的，历来是枪指挥政治而不受政治约束。其下设军令、军政、军训、后勤各部及航空委员会、海军处等。职权分散，指挥运用很不灵活，是一种很不合理的组织。蒋军内部早就主张改革。

1946年1月10日，政治协商会议召开，军事委员会参谋总长何应钦预料会上必将提出整军问题。他为了预作准备，12日向我要去国防研究院所拟的《国防十年建设计划一览表》（其中有国防机构部分）。13日何又召集军政、军令两部及办公厅主要人员开会商议改组中央军事机构及整军计划问题。我也参加了会议，并把我昔日所写的《建国纲领》交他作参考。这次会议虽无结果，但改组中央军事机构的问题正式提出来了。1月31日政治协商会议通过了五项决议，其中关于军事问题的决议第三条规定："在初步整军计划完成时，即改组军事委员会为国防部。隶属于行政院。"

1946年3月10日，何应钦召集白崇禧、陈诚、张治中、朱绍良、林蔚、刘斐、周至柔等高级将领及军政部军务署主办人员讨论中央军事机构问题，决定采用美军司令魏德迈的建议案，作为改组军事委员会为国防部的依据（这当然是经过蒋介石的授意或得到蒋的同意的）。

魏德迈的建议案是以美国政治制度为基础又拼凑第二次世界大战的一些经验提出来的。这个方案以国防部隶属于行政院，国防部长由政客担任，主要负责向议会阐明军事政策，解决军事预算，整顿军备及所需人力、物力动员等事宜，不直接指挥军队。国防部内设参谋总长主持军事，下辖陆、海、空三军总部及情报部、供应部。此方案可使陆、海、空一元化，使政治可以控制军事，某些精神是可取的。

3月22日何应钦等又在总长办公厅会议室，讨论如何改组军事机构。根据魏德迈的建议，大体决定国防部隶属于行政院，主要管理军事预算、兵工、兵役诸事。另成立联合参谋部，统辖陆、海、空各总部。这样一来，国防部长工作主要属政治范围，是军事政治间的桥梁，在中国具体情况下，显得无军事实权，而参谋总长在一定程度具有指挥军队大权。我作为军务署的主管人员，这几次会议都参加了。当时我想：如果军事大权旁落，蒋介石是万万不会答应的，但是，为了在政治上做出一些让步的表示，借此欺骗国民，统一共产党的军队，继续维持自己的独裁统治，他又不能不同意这个方案。我听说，他在国防部长和参谋总长的人选上费尽了心机。当时担任国防部长可能性最大的是何应钦、白崇禧两人。何应钦虽然忠诚，如果让何应钦出任国防部长，那么，参谋总长一职顺理成章地应由白崇禧担任，这样，指挥大权岂不落在桂系之手，蒋介石就将更难驾驭桂系了。如果，白崇禧出任国防部长呢？情况就大不同了，既可以此笼络李宗仁、白崇禧，又可冠冕堂皇地剥夺白崇禧兵权，使白虽身居高位，却无实权，这样蒋介石就可以名正言顺地使自己的亲信陈诚任参谋总长，掌握实权。这真是一举两得的好主意。但是，何应钦如果不任国防部长，又如何安置呢？蒋介石考虑的结果，就派何应钦为中国驻美军事代表团团长，前往美国负责中美间军事联络。陈诚得知即将担任参谋总长，当然领会蒋介石要他架空白崇禧的用心。于是尽量争权，以对付白崇禧而讨好蒋介石。陈诚4月10日以后，借治病为名不再担任三人会议代表，就是去准备任参谋总长的一切事宜。

5月中旬，我便知道已内定白崇禧为国防部长，林蔚、秦德纯、刘士毅为国防部次长，刘斐、范汉杰、郭忏为参谋次长。国防部下属的陆、海、空，联合勤务等四个总司令也已内定为顾祝同、桂永清、周至柔和黄振球。

蒋介石这一摊子人事安排，是煞费苦心的。除陈诚架空白崇禧外，还不放心，所以就以亲信林蔚任第一次长。林原来是军政部次长，干这一份名正言顺，同时林在白崇禧主持桂林行营时，任过白的参谋长，林为人温和，处理事情平稳，与白无恶感。秦德纯是西北军旧人，任军令部次长，转任此职，无多大妨碍。刘士毅是桂系人物，军训部次长，转任此职是对白的安慰。刘斐是桂系人物，由军令部次长改任参谋次长顺理成章，同时，国防部成立之前，他与陈诚也表示友好。郭忏是陈诚任六战区司令长官时的参谋长，一直是陈的亲信，这当然是陈诚的安排。范汉杰是黄埔一期学生，蒋介石当然相信，陈诚为了拉拢胡宗南，所以也同意安排范在这个位置。顾祝同是蒋最忠实的部将，为人阴柔无疾言厉色，表现不出大的才干，但还平稳，在刘峙、蒋鼎文、钱大钧这一批宿将当中，当然以选用他为好。他资格高于陈诚，虽表面上说陆军总司令直属统帅，与参谋总长地位相当，但权力毕竟小得多，单从资格看，让他屈居陈诚之下，似乎有点委屈，但总比向隅好，所以顾祝同就是心中不满，也隐忍承担。桂永清原是海军处长，周至柔原是航空委员会主任，黄振球原是后勤部长，出任海军总司令、空军总司令、联勤总司令当然无大问题。只有联勤总部是国防部第一肥缺，不免有人觊觎。黄任此职可能有点过渡性质。大骨头争吃完了，剩下的小骨头，便是参谋总长下面的六个厅，十二个局的头头了。当然又是一番热闹。

原军政部军务署署长方天，志不在厅、局，很想有进一步的安排，但一时又轮不到他。国防部第五厅，预定由原军务署移植过来组成，方天任厅长似乎也是理所当然。方天曾私下问我："部长要我任第五厅厅长，你是否同意我干下去？"

我说："如果你一时不能外放，又在国防部无其他高就时，当然以暂干为宜，"

"那么，你是否可以任副厅长呢？"他问。

当时我内心真不愿再在国民党里干，尤其觉得陈诚这个人没有政治远见，好冲动，遇事任性，将来恐相处不好，很想离开他稍走远一点，甚至还想到延安去。这种心情哪里敢透露，同时我也揣测到方天试探我，不过希望我将来能接他的任，他好脱身高升。我只好敷衍他说："如不出任军长，自然可以勉强担任。"

因为第一厅主管人事，任免军、师长可以"上下其手"。第五厅主管编制、装备、教育，对各部队的编制大小（编制决定经费多寡），武器装备的优劣，有支配权。所以两厅厅长都是美差，简直使许多人垂涎。第三厅虽然主管作战，表面上极其重要，但指挥战争难建功而易获罪，打胜仗是军师长们的功，打败仗不怨统帅，而怪第三厅。尤其分配作战任务，决定兵团、绥区、绥署、行营等的编组及战斗序列，很难对付，容易得罪人，当时我们开玩笑说："第三厅厅长的威风，就仅仅是在全国优先打电话位居

第三（任何电话都要让蒋介石、陈诚先打，然后是第三厅）。”所以人们对第三厅的竞争并不激烈。

由于第一厅是铨叙厅改编的，所以原铨叙厅副厅长钱卓伦任厅长。第三厅是军令部第一厅改编的，所以由原厅长张秉钧连任。第五厅是军政部军务署改编的，仍由方天蝉联。第二厅主管情报，无多少油水，且受制于军统（军事调查统计局），又是由军令部第二厅编成，所以厅长由特务头子郑介民连任。第四、第六厅，是冷门，几乎没有人下赌注。各局多主管业务，无须详细说明。值得一提的是新闻局和预备干部管理局。新闻局实际是搞政工，预备干部管理局是管青年军退伍军人，别人不能插手，于是邓文仪与蒋经国当仁不让。至于国防部长所直辖各司，更属冷门，当然门可罗雀，当上司长也有坐冷板凳之感。

各厅局长决定之后，于是又多为其所在厅局争编制人数、争执掌职权，闹得“不亦乐乎”。

经过几个月的你争我夺，1946年6月1日，国防部终于在南京原中央军校旧址成立了。8时，国防部科长以上人员齐集在原中央军校大礼堂，先听白崇禧部长训话，然后参谋总长陈诚讲新制的优点。十时半，礼成散会。

这场闹剧，至此并未结束。原因是：（一）国防部组织不合理。职权不明，办起事来相互掣肘。（二）内部狗咬狗的人事纠纷，争夺不断。（三）蒋军派系严重，往往因人设事，任意增添机构，安插私人，弄得机构重叠，人浮于事。三者又互相影响，职权越加不清，互相扯皮，尔虞我诈的事层出不穷，所以钩心斗角，迄无宁日。

这年7月6日，我对扩大台湾的高雄、基隆等要塞问题，在日记中写道：

“过去余对于成立此等要塞，原甚反对，为其无用而耗财也。其后，总长甚有兴趣成立，而主其事的骑炮兵司令又从旁助之，编制遂相当庞大。中国多种设施殆均类此，在中枢者原无定见。甚至对其事毫无研究，徒因上峰有意举办一事，遂令人设计实施，而设计者又图谋自己从中承担某些美好任务，故编制及规模唯恐其不大，呈报上去又无人知现实状况如何，有时闭目批其缩减，不管其是否行得通，有时则又漫不经心加以批准。致令在下者奸计得售，如此从何处可以得一合理之组织，宁不可叹！”

国防部成立不到半年，不合理的漏洞逐渐明显。失意者则诽谤、谩骂，写匿名信，无所不有。闹得陈诚不得不出面讲话平息。他在11月4日国防部纪念周上说："国防部改组五个月来，外间批评甚多。"

他承认这是由于大家自成系统，只为本部门打算所造成。他要第一厅、第五厅注意这些事（国防部成立，军事机构改组事宜由第五厅承办）。

其实，他本身就应负很大责任。他与白崇禧针锋相对，怎能要求别人不自成系统？

陈诚还下令成立"国防部机构综合检讨委员会"，要求裁减百分之十或百分之二十人员，由林蔚负责（林蔚转任参谋次长，郑介民任国防部次长），第五厅为秘书处，我兼任检讨委员会秘书长。这一检讨，使略趋缓和的争权夺利的风波，再度沸腾起来。首先是部长与参谋总长职权之争。

国防部的组成，都是按美军事代表团提的方案进行的，原来美方的方案，三军的最高统帅权属于总统，参谋长是总统指挥军事时的最高幕僚，但组织系统表画的是参谋总长隶属于国防部长，国防部长隶属于行政院长，行政院长隶属于总统。这样一来，参谋总长将完全受制于国防部长。陈诚哪能甘心，于是示意林蔚率我们参谋人员与美方讨论，根据参谋总长是最高统帅的参谋长这一原则，主张系统表改成由参谋总长画一条隶属线直达于总统，而拉一条指导线到国防部长之下。但美方认为这样行政不能控制军事，不同意更改。于是林蔚提出折中办法，画两条隶属线，一条直达总统，一条仍在国防部长之下。这样当然弄得国防部长与参谋总长职权难分，兼之白崇禧、陈诚二人内心别扭，互不相信，所以国防部成立后，在部汇报会（由部长主持的汇报）和参谋汇报会（参谋总长主持）上，他二人各执己见，一国三公，弄得参谋们无所适从。后来，白按不干预纯军事任务的规定，不出席参谋汇报及作战汇报，陈也干脆不出席部汇报，因此综合检讨，首先就碰到分清部长与参谋总长的职权问题。1947年1月4日我随同林蔚、刘士毅、秦德纯、郭忏到美军顾问团讨论国防部长与参谋总长的职权划分，美国顾问原则上照美国的制度加以解说，即部长掌握政策，作军政间的桥梁，向国会为军方要军事预算，要人力、物力，办理工业动员，人力动员，战地民政等。这些都与国民党一党专政，一切由蒋介石点头，完全不相干。因此，秦德纯和刘士毅没有为白崇禧从美军顾问团方面弄到一点油水。可是谈到人事制度时，美顾问认为将官人事须由部长转呈总统，咨国会通过。这与以往说法完全不同了，过去说总长直接呈总统，心向蒋介石和陈诚的林蔚、郭忏不免着急，但秦德纯、刘士毅只是听在耳中，并不力争，大概他们深知自己都是杂牌没有多大发言权，明知蒋介石绝不会放弃对军师长将官人事的控制，争也无益。所以这一天的讨论，仅听听美顾问的讲解而已。

3月28日，美顾问团团长鲁克斯以备忘录通知白崇禧和陈诚，开会讨论部长与总长的职权。白表示愿出席，我即将准时到会的备忘录送了出去。不料陈诚看见美方建议案主张国防部本部增设一研究发展次长，就很不高兴，不肯出席，还要我向鲁克斯索取美国的国防部组织及部长职掌的有关材料来作参考。我只得将原发出的备忘录取回。我觉得陈诚对建议案内容并没有看清楚，只不过怀疑国防部有人向美顾问吹嘘，所以美顾问所作建议对部方有利，贸然拒绝出席。其实这个建议到处都是支持参谋总长的（洋人也讲世故，他们明知蒋介石要架空白崇禧，所以支持陈诚）。第二天（3月1日）我持抽回的备忘录去见郭忏、方天（他们是陈的亲信），他二人都认为这个建议并非对陈诚不利，叫我将备忘录交给林蔚，由林做主。林主张除白、陈二人不出席外，其余人员都参加美方召集的会议。

白、陈不特背地争权，当众说话也互相弄得面红耳赤。

1947年1月6日，国防部作纪念周，白崇禧勖勉部属迅速完成国防部机构的综合检讨，对国军迅速核实，以免浪费。接着由陈诚讲话，他说："目前最重要的是决定政策，如果光从人数上去抠钱，问题必定得不到解决。"弄得白崇禧很不高兴。

陈诚有恃无恐对白崇禧连称谓上都毫不客气。他发了一份缄电称谓表给我们，对蒋介石称主席钧鉴，对何应钦称敬公，顾祝同称墨公，对白崇禧却称健生先生（或兄）表示不是白的部下。

他两人的矛盾背后又夹杂着蒋介石控制军权的因素。所以部长和参谋总长的职权划分就不是单从理论上所能解决的。以后我转任第三厅厅长，解除了"国防部机构综合检讨委员会秘书长"的职务，听说这个问题都一直未能解决。拖到陈诚出任东北"剿总"，白崇禧出任华中"剿总"司令，由何应钦任国防部长，顾祝同任参谋总长才不了了之。国民党也就很快完蛋了。

我一年三迁的闹剧

人事上的争夺，实际上就是权力分赃。国防部成立之初，各派系间，各派系内，人与人之间无不在争权夺利。虽然煞是热闹，但是一次分赃总不能均匀，不能让各方都满意，当中必定要有若干妥协和暂时安排，这就使得有些人的交椅坐不稳，成了过渡性的“五日京兆”。有些人急不可待的要“指日高升”，不得不再次调整。所以不久郭忏代替了黄振球任联勤总司令，方天、郑介民升任次长，钱卓伦调总长办公厅任厅长。这一下一、二、五厅厅长出缺。于是又刮起了抢夺狗骨头的旋风，我也被卷了进去，表演了一场“升官图”的喜剧。不知内幕者骂我是“十三太保，一年三迁”，“官运亨通，深得当局信任”。

要弄清我一年三迁的来龙去脉，话又得从头说起。

当1944年陈诚代何应钦为军政部部长时，大量任用他的十八军干部，这些干部当中有几个是陆军大学第十一期毕业的新秀，如方天、刘云瀚、石祖黄等。方天邀约了十一期的刘劲持、杨业孔、车蕃如、李汝和、吴伸直、杜显信等同学，把持了军务署。这时我在英国，并未参加竞争。方天为了减少人们的攻击，约我回国担任副署长，因为我是陆军大学十期毕业的，然而我在陆大研究院第三期与刘云瀚、车蕃如、吕文贞、石祖黄是同学，与他们私交很好，又是十八军的干部，在陈诚那里通得过。这样可避免十八军内部的人攻击他。及到国防部成立，某些人图谋以“十一期为中心”占据国防部的主要职务。但初成立时，人事摆不平，要照顾的方面太多，所以只有等待时机。方天屈就了第五厅厅长，刘云瀚任了第一厅管将官人事的第一处处长。这次一、五两厅出缺，刘云瀚当然想脱颖而出。第一厅对他本是近水楼台，但他却竞争不过蒋介石妻侄毛锦彪（陆大十三期毕业）。他于是想染指第五厅。可是第五厅对于担任副厅长的我又是近水楼台，我业务又熟悉，理应由我担任。怎么办呢？于是在方天的默契下，通过郭忏把我调出五厅，转任总长办公厅副厅长，给他让路。我心里明白却冷眼看着，默不作声。原因是我这时心情很复杂。首先我与共产党已取得了确切联系，想另找出路，当然就不积极去争这一块狗骨头。这时何应钦约我去美国任中国驻美军事代表团中将团员，这是又拿外汇，又有物质享受，为许多人求之不得的美差事。1945年我与董必武在重庆会见时，他曾鼓励我去美国，一面可研究美国军事，一面与党保持联系，为中国革命下一着远棋。我从个人角度考虑，我去美国不特可以有较好的享受，又可以跳出参加国共直接屠杀的火坑，还可以学会英语和现代军事知识，变成美国通，将来为革命作贡献还是有本钱。当然我很清楚与何应钦拉上关系，可能就会得罪陈诚。所以我在陈诚的亲信们面前只得违心地表示不愿去，一再声言怕去了就疏远了“辞公”（陈诚）的关系。其实我心里明白，国民党派系之争，不见得陈诚便是最后胜利者，疏远了陈诚，不就接近了何应钦吗？问题的症结，还在于国民党迟早要垮台，到那时不管你归于陈，还是归于何都得同归于尽。只有归于共产党，国家才有前途，个人才有出路。但我那时的处境，只能允许我在蒋介石、何应钦、陈诚，及以后的顾祝同之间周旋，敷衍得面面周到。与刘云瀚、方天一伙我也打得火热，经常同他们在一起活动。因此，没有人识透我的庐山真面目，连白崇禧都以为何应钦拉我是挖陈诚的墙脚。在雍园一号白的公馆，办鱼翅席为我去美国饯行，席上只我一人，他满口总长长，总长短，都是指的何应钦，我假装不明其意，并没有露骨表态，饱餐一顿走了。

更妙的是我任第五厅厅长的经过。何应钦要我去美国基本已定下来后，陈诚于8月29日嘱咐我说：“何敬公本身宽宏大度，宽大则不免用人复杂，有好人辅佐，可以为善。”要我去美国“尊重毛邦初，不可有派别观念”。他显然把我视为陈派里的人。8月31日，我被任命为中国驻美军事代表团中将团员之后，他又令我暂缓出国，待三人会议告一段落再走。并于10月26日，委我为总长办公厅少将（我原是中将）副厅长。我不知他为何不让我走，而又降我的军阶。不几天，又突然任我为第五厅厅长。一前一后真把我弄糊涂了。方天夫妇见了我，笑得弯腰驼背地说：“郭厅长，你真是双喜临门哟！”双喜嘛一是升官，二是得子。我想道贺就道贺，为什么又笑得这般模样呢？原来他们夫妇都知道刘云瀚为当五厅厅长已布置好了一切，只等走马上任了。不料竟被我捷足先登了，所以他们笑是笑刘云瀚费力经营一场，却落了空，也笑我懵懵懂懂，官运亨通。

原来郭忏他们的安排，并不是陈诚的本意，及到郭忏提出以刘云瀚任第五厅厅长时，林蔚不同意，他对陈诚说："郭副厅长人很活跃，才情敏捷，业务又熟，还不是你十八军的干部，为什么不让他驾轻就熟，担任第五厅厅长呢？"

郭忏与林蔚相比，当然不如林蔚更得陈诚的尊重。陈诚听了林蔚的话，立即点头同意。所以林蔚一席话，打破了郭忏等几个月的安排。林蔚为什么支持我呢？据我所知，他对刘云瀚的固执与不豁达是有意见的。他分工主管一、五两厅业务，如刘云瀚任五厅厅长，他会经常遇到麻烦。而我平时对他很尊重，业务上合作得很紧密。如我任厅长，则他办事轻快得多，所以宁可选我不选刘。我为何尊重他呢？抗日战争中我任五十四军参谋长时，一次在桂林行营开参谋长会议，林这时任行营参谋长，我听说他是蒋军有名的参谋长之一，会后曾向他请教当参谋长的要诀。他说："要有战略眼光，遇事要抓得住重点，要任劳任怨。"使我很受启发，内心也极尊敬他。

我任厅长后"升官图"的游戏并未终局。刘云瀚对第五厅厅长仍感兴趣。恰好这时蒋军向解放区的全面进攻遭到共军的坚决抵抗，到处吃败仗。

尤其是徐州方面战局不佳，蒋介石极为震怒。1947年2月初，陈诚自告奋勇，亲临徐州指挥。陈诚并没有挽回败局，莱芜一战，国民党军六万余人被解放军全部吃掉。第二绥区副司令官李仙洲，七十三军军长韩濬被俘。

陈诚战败后，国民党军政界为之震动，派系之争又起，反陈派系乘机大肆攻击，要他引咎辞职。蒋介石对他似乎也不满。

为加强山东攻势，蒋介石命令撤销徐州绥署，改设陆军总司令徐州司令部，指派顾祝同，前往徐州指挥。并令第三厅厅长张秉钧改任徐州陆军总部参谋长，协助顾祝同。第三厅厅长出缺，陈诚对继任人选很费考虑，郭忏、车蕃如向陈诚推荐我是"最恰当的人选"。

陈诚在抗战期中，对我几次提出的敌情判断和作战指导都有良好印象，于是欣然向蒋介石保荐我任第三厅厅长。

这是我“一年三迁”的第二迁。

1947年5月，指挥徐州作战的陆军总司令顾祝同，在泰安、孟良崮作战失败后，“徐州陆总”参谋长张秉钧坚请辞职。陪同陈诚到徐州的车蕃如，是陆大十一期毕业，又企图以罗泽闿任第三厅厅长，造成以十一期为中心，左右国防部的势力，遂向陈诚推荐我改任徐州陆总参谋长。陈诚极为赞成，即电令我去徐州任职。这就是我的“第三迁”。

整军的夭折

国民党军队素质很差，编制五花八门，战斗力很不齐，补给很不方便，而且人数众多，军费浪费很大。抗战胜利后，竟把一些汪伪军及伪满洲国军队都收编进来，全国军队总人数达五百万之多。在经济贫穷落后的旧中国，根本无法负担这么庞大的军费。蒋介石企图通过整军，整掉杂牌军，充实嫡系部队，以便提高战斗力，为打内战作准备。加之政治协商会议及三人会议召开，整军问题便提上了日程。

1946年1月15日，民主同盟等民主党派在政治协商会上，提出了“实行军队国家化”的提案，林蔚于16日在军政部召集会议，研究这个问题。会上一致认为：军队国家化，原则上应该如此，无可非议，但希望政客们不过于束缚军人手脚，国防才有保障。我这时还没有参加三人会议充任张治中的助手，会上我提出：第一，须解决目前国共两党军队编造的纠纷；第二，须从宪法根本解决军事与政治的关系，使政治可以支配军事而不妨碍军事；第三，一切纯军事问题，如军事干部、军官教育、兵役、军训、作战指挥等，非政治家所能尽知，应留给军事专家解决。

1946年1月16日，军委参谋总长何应钦召集会议，讨论陆、海、空军的建军计划，他主张陆军要成立20个重装备师，军令部次长刘斐表示异议。他认为：工业与教育是国防的基础，而我国此刻工业没有基础，要想成立20个重装备师，条件不许可，办不到。如勉强成立，可能把国力弄得非常衰弱。我也同意刘斐的看法。我推测何应钦的这个意见可能是受美军总部的影响。

2月5日的下午，在军令部讨论整军问题，军令、军政、军训及政治部首脑都参加，我也在场。首先由张治中报告军事三人小组会议非正式讨论有关整军的情况。其后，军政部次长林蔚宣布“官邸会报，委员长已令由军政、军令有关各部，组织一整军计划小组，负责计划整编复员及编余军官之安置等事宜”，并指定军政部军务署署长方天不在时，由郭副署长参加。

9日下午3时，整军计划小组宣告成立，由林蔚主持，军委办公厅、军令部、军训部都有代表参加，办公地点设在军委办公厅。

11日林蔚要我通知整军计划小组成员及中央训练团教育长黄杰开会，研究委员长的整军手令。所谓委员长的手令，大意是：“今年须裁兵三分之一，军改为师，如有困难师可改为旅，旅辖两团，然后将这些整编过的师分布于国防要点或铁路公路线上，或边区须垦殖的处所，并分别将其改为筑路、垦殖部队等。第二步将编余的军官重新训练，以之分布于各军区，征兵入伍重组国防军。在此三年以内，不许任何部队募补，违者以私自招兵论罪。”

从林蔚根据所谓“官邸会报”成立整军计划小组和今天开会研究“委员长手令”看，可以清楚看出整军已不是空口宣传，而是蒋介石已有意整编庞大而缺乏战斗力的国民党部队了。

我是素来主张汰弱留强，以节约军费，减轻人民负担的。眼见三人会议又将展开整编统编的会谈，以为国事尚有可为，当然非常兴奋，一心想能把军队整理成能抵御外侮的国防军，让中国可以立国于20世纪而无逊色。所以我在整军计划小组会上主张搞彻底一点，主张军改为师，师辖四团。林蔚主张只缩减三分之一。

我们这些意见都是着眼于整顿充实国防军，并以国共双方军队都一体整编为原则的。我们当时并未细究官邸会报的详情，也未理解蒋介石下手令的用意。只从本身业务出发，就事论事，不照顾当前时局，当然不免无的放矢。

果然，由于时局关系，整军逐渐出现岔子。3月7日傍晚接到何应钦侍从参谋陈桂华电话，要我明天同第一处处长刘劲特去美军总部出席整军计划会议。3月8日9时，我带参谋高罗培到了美军总部，同军令部第一厅厅长张秉钧、总长办公室谢高参、陈参谋，一同开会。美国方面有三人参加，由辛克尔上校主持讨论何应钦提出的整军方案。美方人员认为何氏方案保留十个骑兵旅及12个月后仍不裁委员长行营及绥靖公署，不合三人会议所订的整军方案的精神。我昨天得电话时就奇怪，中国整军会议为什么由美军总部召集，太无民族自尊心，太可笑了，至此才恍然大悟，原来是何应钦提出方案，企图通过美军总部这块招牌骇人。首先在共方代表前可以推卸责任，把整编方案之外保留十个旅骑兵及不裁撤行营推说是美方的意见；其次是窥测蒋介石的意向，向蒋介石讨好，压陈诚而插手宰割编造军队的大权。不料美国人不知趣，坚决反对，这天会议无结果而散。陈参谋邀我去会见何应钦，报告今日会议情形。何对于军事小组（即三人会议）的整编统编基本方案表示不满，认为每次会前国民党方面都未举行会商，是最大的错误。他尤其对方案未曾提及大本营直属部队和西北驻军太多两点深表不满。对于西北驻军太多，我也不满意张文伯的自私。至于会前举行会商，我虽认为必要，但是主张只邀参加会议人员会商，而不是邀各部大官光临，因为当初谁都对蒋介石意图摸不清楚，谁也当不了蒋介石的家，张治中直接向蒋请示，当然可以节省不必要的耽搁和麻烦。尤其张治中力求和谈成功，整编及统编军队事宜得以顺利进行，比起那些反共英雄们来有见识得多，其爱国精神也高尚得多。问题在于蒋介石意图逐渐明朗，反共英雄们看出张治中所达成的协议，不符合反共方针，于是提出一大堆的意见。其实明眼人一看就明白，保留委员长行营及绥靖公署，编十个骑兵旅何用？无非是对付共产党罢了。这不是消灭内战，不是致国家于安定，拯人民于苦难的方针，是与整军会谈的精神背道而驰的（我听说过白崇禧建议在西北建立十万人马的骑兵大集团，不知何应钦此次的提议是否受白崇禧的影响）。就在当天下午，林蔚交给我一本“复员计划”，内容事实上是一个向中共解放区进攻的计划。这份计划是在2月间草拟的。3月4日蒋介石批交军政、军令、军训各部秘密研究准备。三人会议起劲的在高谈整军，而蒋介石却在准备大打内战了。

从这以后国民党的所谓整军，其精神完全变了，原来三人会议整军方案是清除国共两党打内战，而国民党整军实质是一面整军，一面准备打内战。整军的目的在于淘汰老弱，核实虚冒以节省军费，表面上做给共产党和民主派看，表示国民党已在开始整军，以模糊世人视听。其时国民党军内的许多将领假借对付共产党的名义反对整军，同时也千方百计以整军名义整杂牌，整别的派系军队而不整自己。

3月10日，何应钦又召集白崇禧、朱绍良两副参谋总长，军政部次长林蔚、军令部次长刘斐、航空委员会主任周至柔及军务署主办人员讨论军务署所提出的整军方案。经研究，大体决定：阿尔法部队每军编为一个师另一个旅，一般部队每军编为一个师。初期六个月，全国部队均缩减三分之一，军改为师，师改为旅，每旅两团，后期六个月，各师均按编制编为四个团，多余者集体转业。这个决定是不符合三人会议的基本整军方案的精神的。基本方案要求国民党军队每月整编十二分之一。如全军分成十期整，每月整编九个军成师。这些师一次就按编制编成，以后不再变更，编余军官一次集体转业。这样当然比整掉三分之一，隔半年又要整编一次，不断扰嚷好得多。然而为什么每个军都要分两次整呢？无他，整军不忘反共而已。他们的如意算盘是：这样好盯住共产党，到他们认为有打仗的必要时，马上便停止整编。从实质上看，所谓的第一期整编，已不是整编，而是缩编军队了。

3月28日15时，何应钦召集会议，宣读每月整编九个师的办法及蒋委员长手令，台湾部队先行整编。同时还讨论了陆军各部队复员实施办法，这一下整军便走过计划阶段而进入实施阶段了。遗憾的是各军师整编不是按整军基本方案一次编成为国防军，而是各军缩减三分之一，更不是各军同时缩减，而是每月只缩九个军，而且是先整在台湾及江南的部队。这当然是“剿共”的幽灵作怪，使整军不能顺利进行，不特如此，随着内战的展开，停止整编以利作战的呼声就甚嚣尘上了。

国民政府陆续还都南京，我也于1946年5月1日随军政部人员由重庆到了南京。这时政府既未打开和平途径，又未定和战决心，整军工作却又正在进行，这使我迷惑不解，参谋工作无法进行。方天很敏感，怕继续整军责任重大，签呈停止整军，但未得结果。1946年6月1日，国防部成立。我任第五厅副厅长，仍承办改组国防部及整军业务。我记得一次在西大讲堂召集军师长开会讨论整军问题，军师长们都怕整到自己，硬说整军不公道，主张各军师一律裁减三分之一，以示公允。于是蒋介石决定各军师平均裁减，每师裁一个团。整编为旅，即二师制的军整编为步兵两旅四团制的整编师，三师制的军整编为步兵三旅六团制的整编师，炮、工、通、辎等军师直属部队不动。以后整军都完全照此规定进行。我记得其后蒋介石规定陇海路以南各军都整编，因此一共整编成21个整编师（以后就停止了）。

围绕着整军，蒋军内部发生过激烈的争论。奇怪的是：蒋、白、陈都坚决反共，而整军的态度各不相同。蒋介石坚决“反共”，国共两军在全国已广泛展开战斗，蒋军将领许多人都叫嚣停止整军，但蒋介石还是要整；陈诚希图迎合蒋介石意旨取宠，也大声疾呼整军，主张对于蒋军要整，对伪满洲国及汪伪部队更要整编。声称国防军不能容纳伪军，以保持国防军的纯洁性，不特称之为自新军，而且所有自新军，都只给暂编第××纵队的番号，所有整编部队编余军官，都成立军官总队加以收容，人数达数万也在所不顾，因此怨声载道矣；白崇禧认为内战不可避免，反对整军。我听说他主张在西北利用马鸿逵、马鸿宾的关系建立强大骑兵集团，以对付共军。蒋介石不同意，原因是蒋顾虑白崇禧利用回教（族）关系，如在西北形成强大势力，则尾大不掉，难以驾驭。但事属传闻，不是我耳闻目睹。可证以白的讲演，则又不能不说事出有因。1946年8月6日，白崇禧代表蒋介石校阅华中部队，返部后发表了演说，主张：（一）保留骑兵，以便利用其快速的机动力以追剿所谓“散匪”（对游击队的诬蔑之词）。（二）目前急需大量火炮使用，调整炮兵，不应收缴旧式火炮（如晋造山炮、大正六年式山炮等），就是调整口径（口径不同的炮火按口径大小调整）也不相宜，因为这样调整一下至少也要一个半月。（三）大量裁编自新军也不相宜，应该保留所有有战斗力的自新部队，且须提高其待遇，以免为渊驱鱼。他也注意机械化部队，但认为须注意保养工厂，且须给予足够的训练用油，末了他还表示坚决反共。这也表明，蒋、陈、白三人对整军意见虽有不同，但在反共这一点上是完全一致的，不过是具体内容，具体措施不同，殊途同归而已。

“十三太保”与“十八学士”

我了解蒋军上下，对于改组军事机构，在大前提上并无分歧，只有人事上争权夺利的斗争，对整军则分歧较大，不特嫡系与杂牌之间有矛盾，即使在嫡系内部也意见分歧。由于改组军事机构及整军的结果，总有些人分配到如意的岗位，有些人分到不大如意的岗位，有些人则不免向隅。尤其整军，要砍掉三分之一，编余军官就多了。为了收容这些编余军官，成立了大量军官总队，收容各地各个时期所有编余军官。于是北洋军阀时代的老军官，湘、云、贵、川等省军阀部队的老军官也都一齐收容了进来，形成了一支浩浩荡荡危害社会治安的“军官总队”（当时社会有五毒：“军官总”“省市参”“国大代”“妇女协”“新闻记”）。当过军长、师长的人哪甘心进军官总队呢？当然尽量找机会发泄怨气，恰好陈诚重用“土木系”，于是有将官三百多人，其中主要是黄埔学生，悲愤填膺地到中山墓哭陵，并四处散发传单，攻击陈诚网罗“四大金刚”“十三太保”，组织“干城社”。

传单说，陈诚的四大金刚有林蔚、周至柔、罗卓英、郭忏；十三太保有方天、刘云瀚、罗泽闿、杨业孔、石祖黄、吕文贞、赵桂森……和我；赵桂森乳臭未干，郭汝瑰一年三迁，红得发紫；而陈诚组织的“干城社”，其头子是林蔚。

我记得，陈诚确想成立一个小组织，曾叫我为此先起草一个章程。当时，我给这个小组织取名为“前锋社”，这是根据孙中山先生遗教“咨尔多士，为民前锋”之意取的，其组织宗旨为“整顿组织，力求进步，发展工农运动，加强联美亲苏”，陈诚看过章程后，十分赞同，但不久说委员长认为时机尚不成熟，不宜过于匆忙，于是作罢。但陈诚是否以后组织有“干城社”，对我来说一直是一个谜。后来，在我离开三厅时，林蔚偷偷地问我：“郭厅长，‘干城社’，到底是怎么一回事？”我见林蔚十分认真的神态，不禁哈哈大笑着反问道：“林次长，不是谣传你是‘干城社’头子吗？如何反来问我？‘干城社’对我来说，我也许是大门上的门——开门在内，关门在外。”不等我说完，林蔚也大笑不止，如此看来，“干城社”是否有，实无法猜测。

不过国防部成立后，确实有一小组织，那不是陈诚叫成立的，而是蒋介石亲笔写的“上谕”，叫成立“国防建设促进会”。指定18个人为筹备委员，这18个人是：贺衷寒、蒋经国、黄杰、桂永清、方天、唐纵、刘健群、冷欣、柳克述、陈春霖、侯腾、李士珍及我（其余五人日记上未记，现已想不起，推测应有邓文仪、刘咏尧）。1946年11月27日晚，开第一次筹备会，推定贺衷寒、蒋经国、柳克述、刘健群、唐纵、冷欣和我七人起草《国防建设促进会筹备简则及会章》，并决定由黄杰、陈春霖、桂永清、李士珍等七人在中训团兵役班选择各地的干部，以便很快返各地筹备发展组织。如果“蓝衣社”及陈诚有“十三太保”的话，则这十八个人不妨称为“十八学士”。

“十八学士”以后还开了几次会，我记得有一次还把曾扩情约了来（曾在双十二以后失宠，十八学士中无他）。说来说去，这些人不外黄埔学生、蓝衣社分子，搞来搞去，搞不出什么名堂，无疾而终。

九、在国防部第三厅和徐州陆军总司令部（1947—1948 年）

任国防部第三厅厅长

陈诚令我任国防部第三厅厅长，我非常踌躇，因为我内心是反对打内战的，也不满意国民党的倒行逆施，当时常同联勤总部参谋长吕文贞发牢骚说："对工作不认真干嘛，对不起职务；认真干嘛，对不起良心。"因此，我俩常表示："决不参加直接屠杀。"第三厅是主管作战的部门，所以我不愿干。恰好这时分管第二、三两厅业务的参谋次长刘斐，骂国防部机构综合检讨委员会，把第三厅编制人数定少了，是"混账"。我借口自己是综合检讨委员会的秘书长，这等于是骂我，拒绝去第三厅到职。刘斐得知后，当即表示歉意，并欢迎我到职。林蔚是综合委员会的主任，也劝我到职。我不想到职的实质，更确切一点说，是认为参加直接屠杀，就是背叛共产党。我与联络人任廉儒见面，研究了利弊，他说："你把情报给我之后，不就是另外一回事了吗？"于是我就又借刘、林的劝说，顺风转舵，于1947年3月5日去第三厅任职。

我到职时，蒋军战斗序列如附录四，国共双方的态势是：

东北方面，进出到松花江南岸的解放军已退到松花江北岸。

华北方面保定以南平汉铁路被解放军截断，正计划由保定、石家庄两面向解放军夹击，以图打通平汉线。

徐州陆军总司令部准备向肥城，泰安解放军进攻。

郑州及延安方面双方都无大接触。

在第三厅厅长任期内，我了解的几个主要战役和发生的事件是：

（一）进攻延安

1947年3月10日，蒋介石打电话给我，要我打电话告诉西安绥署"立即按××计划实施"。我不知计划何在，内容如何，又不敢问，有点迟疑。蒋在察觉到我疑惑不解之后说："你只管叫他按计划执行好了。"接着，他又告诉我"这是载波，别人无法偷听，你只管放心打电话好了"。我不知他葫芦里卖的什么药，只好打电话给胡宗南的参谋长盛国辉，叫立即实施××

计划（××代表的两个字，我记不清了）。

3月14日，胡宗南所部大举向延安进攻。当日迫近鄜州以东以西一线。蒋的空军也大批出动，对延安狂轰滥炸，达两小时以上。

我原疑××计划，是进攻延安的计划，至此完全证实了。也证明了蒋介石进攻延安蓄谋已久，计划早定好了，只待机会实施。我也恍然大悟，2月17日蒋介石在国府纪念周的讲话，就是为进攻延安造舆论。他说："国家处于非常时期，目前军事、社会、政治、经济四者问题均甚严重。"谈到军事问题时，他说："至于军事，我党确有把握击灭共产党，以实现中华一统。我从历史上观察，历代的叛贼，妄图拖垮政府，不外有两个途径。其一，割据一方，负隅自固。其二，四处流窜，极力扩大其影响，试图引起各地骚乱。但流寇不能成功，负隅则确实可怕。如今共产党无法负隅，我军要打到哪里，就能够打到哪里，所以共产党决不能成功。"蒋介石说这一番话，是为国民党三中全会打气，进攻延安就是用以证实，他的军队要打到哪里，就能打到哪里，这就证明共产党不能负隅，因而不能拖垮他的国民政府。但这种"提虚劲"，以鼓舞民心士气是无益的。我14日知道蒋军开始进攻延安后，在日记上写道："余知延安为一空城，攻延安无非关闭谈判之门，且可使全世界都知道政府有力攻占延安而已，军事上无甚价值可言也。"

19日13时，我得到电话知政府军已占领延安。胡宗南参谋长盛国辉谎报：国军攻占延安，并俘共军万余人。

蒋介石得知延安被攻占的消息后，不禁高兴得手舞足蹈。蒋认为，国军攻占延安后，共军必无法在陕北负隅，只有往绥德、米脂一带流窜，或东渡黄河，进入吕梁山区。因此，他要第三厅立即研究延安攻克后，如何进一步运用西安绥署的部队。

于是，我召所属处长许朗轩、李树正等研究。认为，在延安攻占后，胡宗南的右兵团宜占领延川、延水关，向绥西吴堡追击。左兵团应占领安塞，随后向吴堡尾追。蒋介石同意，并下令胡宗南整补后，开始追击。此外，蒋还叫策定陕北战事结束后，转用兵力计划。第三厅研究后，于21日提出如下方案，供蒋介石选择：

一、局部各个击破案。即以主力监视解放军主力，然后选择局部目标，集四倍、五倍于敌的兵力，加以歼灭。

二、主力决战案。主力决战，可选以下三个主攻方向：

1.转用兵力干山东，寻陈毅方面军决战。

2.转用兵力于豫北，寻刘伯承方面军决战。

3.继续投入强大兵力于陕北，并向山西省兴县、岢岚方向穷追。

结果，蒋介石选定在山东寻求决战的方案。这便是以后山东重点进攻的由来。有人说蒋介石重点进攻，是从山东和陕西两翼进行钳形攻势。事实上他没有这样高的战略水平。进攻山东，是他主观以为进攻延安后，就可抽调主力在山东寻求决战，是进攻延安后的临时决策而不是预定计划。

不特如此，3月22日，陈诚还手令撤销郑州指挥所，改设郑州“绥署”，以胡宗南为郑州“绥靖主任”，以胡宗南的兵团司令董钊、刘戡为平汉路北段指挥官，待陕北军事告一段落施行。

但是，陕北战事大出蒋介石的意料之外。解放军并未退出陕北。毛泽东、周恩来、任弼时仍留陕北，继续指挥作战，彭德怀率领的西北野战军在陕北以“蘑菇”战术与国民党军队周旋，声东击西，神出鬼没，使胡宗南摸不清共军主力究竟在哪里。4月7日，盛国辉来电话说：“贺龙率部六个旅，在瓦窑堡南的永坪镇攻击二十九军。从昨午开始战斗，至今仍在激战中。董钊部已南下夹击。”8日又说：“永坪镇战斗结束，中共部队已向西南退去。”至20日忽然报告：“中共军在瓦窑堡、安定之间与政府军激战3日后，向东北方向转移。”实际上瓦窑堡战斗蒋军一个旅被歼灭。解放军以后继续旋磨打圈，游击作战，使国民党军队跟着解放军转，弄得晕头转向，疲惫不堪，先后在青化砭、羊马河、蟠龙镇、沙家店等地损兵折将，大吃败仗，被歼三万余人。解放军经过三战三捷，终于把胡宗南部逐出陕北。

(二)救援石家庄

在蒋军集中优势兵力进攻延安的同时，苏、皖、晋、冀、鲁、豫等各地解放军纷纷积极主动抗击蒋军进攻。

3月29日，晋冀鲁豫野战军刘伯承部突然发动攻势，连克延津、阳武(原阳)，威胁汤阴。20日我与陆军副总司令兼郑州指挥所主任范汉杰通电话，得知豫北国共两军主力，还未接触。4月初郑州指挥所以整六十六师及四十九旅援救汤阴，17日北上被阻，19日被击败退回淇县。四十九旅损失殆尽。

解放军聂荣臻部猛攻石家庄，陈赓部攻下禹门。4月20日陈诚问我："由阎锡山派兵南下攻禹门与增援石家庄，哪一案有利些？"

"阎锡山恐怕不肯派兵出娘子关。"我回答。

于是他决心派一参谋送命令，令阎以五个师南下增援三十军向晋南、河津、禹门进攻，令第三军军长罗历戎固守石家庄，令北平行辕抽张垣绥署部队协助孙连仲援救石家庄。18日北平行辕派员来南京商量援石家庄问题说：

"傅作义正扫荡察东，无法抽兵，孙连仲单独不能赴援。"

商量结果，只好签呈两案：

一、由十六军南下协助保定绥署。

二、由第三军坚守石家庄，无必要就不增兵，但准备一个团随时空运增援。

（三）东北告急

3月7日，我听汇报说："进攻松花江南岸的中国人民解放军业已退回松花江北。"但10日新一军一个师就在松花江畔被歼。解放军的冬季攻势（三下松花江南），国民党损失三万多人。东北保安司令部参谋长赵家骧，30日由长春来南京，也说东北作战，政府军实际损失32个营，所得东北民主联军的武器，不足补偿损失的二十分之一，消耗是很惊人的。

赵家骧携来了东北保安司令部接收大连的计划，陈诚交我们研究。这个计划实际就是要国防部增加兵力，以接收大连。我们4月1日在第三厅研究的结果，认为国防部已无兵可派，如接收大连，则又需大量兵力，只能由东北保安司令部自行节约兵力，转用过去。我们以为东北保安司令部一面应利用外交成果，减少兵力不足的困难。假如苏联对于旅顺军事合作保证我行政人员的安全，则政府军可以不派大部队接收，以免牵制兵力。

这一时期，国防部由关内抽不出兵力加强东北，而东北则到处防守，被动挨打，告急电报，不断飞来。

5月20日16时，刘斐召集第二、三两厅主要人员，检讨战况。我们对东北，主张毅然放弃不必要的要点、城镇，只守长春、吉林、沈阳三处。集中其余部队，全力向解放军反攻。如果处处设防，再多的兵力，也必然“备多力分”。我原以为这是吹吹大气，以对付“增兵”的要求，蒋介石必不许可，反而要骂人（历来主张放弃城镇的，都挨他骂）。不料18时，蒋介石召集我们前去，听我们说明东北情况及意见时，不断发出“嗯！嗯！”的赞许语气。

听完汇报后，他骂熊式辉等说：

“这些人不用脑筋！高级将领早就应该知道这个办法嘛！除此而外，还有什么第二条路可走呢！”

（四）七十二军被歼灭

蒋介石在向中共陕甘宁边区进攻的同时，已决定以主力向山东解放区寻解放军华东野战军决战。第三厅即抽调九个军（或整编师）炮兵团、工兵团等特种兵共三十余万人加入徐州陆军总司令部总部序列。

陆军总司令顾祝同徐州司令部，令整编第八十五师、七十五师及七十二师之一部，于3月21日经东平、东阿攻占肥城，再进攻泰安，并由第五军从大汶口支援进攻。整七十二师（即原七十二军）于27日攻占泰安。

沂蒙山区方面，整八十三师于3月28日进入费县。

徐州陆总参谋长张秉钧顾虑梁邱山地的解放军张光忠部扰乱后方，还对梁邱山地进行了一次“扫荡”。

这时，徐州陆总的第一兵团司令汤恩伯在临沂方面，指挥整七十四师、八十三师、二十五师、六十五师等部。他的副参谋长刘展绪4月2日持汤的亲笔信交我，汤自告奋勇：“愿率五六个军，专寻陈毅主力决战而击破之。”大有“灭此而后朝食”不可一世的气概。可是一个月后孟良崮战役，他却被陈毅打得落花流水，惨败而归。

当时国民党军几乎密布山东四周，鲁中有陆总的第三兵团司令欧震指挥整十一师、六十四师、第七军、整四十八师在太平邑泗水一带，第二兵团司令王敬久指挥第五军、整七十二、七十五、八十三师等部在曲阜、大汶口、泰安地区。第二绥区司令王耀武在济南，王耀武所指挥的整二十军夏楚中在潍县。鲁南和苏北有第九绥区司令李良荣在海州，所指挥的整五十七师在新安、郯城。

在这样形势下，蒋介石判断解放军华东野战军的主力在沂蒙山区，但判断不清其行动企图。徐州时而报共军将南下攻郯城，时而又说共军数万人由淄博南下到达沂水附近。

蒋介石急欲向沂蒙山区进攻，令第三厅制定进攻作战计划。

刘斐主张由曲阜方面转用兵力于临沂方面以攻沂水、莒城。第三厅作计划后，我在4月2日派第二处处长许朗轩携计划去徐州陆总征求意见。4日许朗轩回报：徐州陆总部诸人不同意进攻沂水、莒城的计划。陈诚、顾祝同与刘斐在电话上交换意见后，将原计划稍加修改，将六十四师留太平邑，与第七军、整四十八师协同攻占白马关；将整十一师移临沂，与整七十四、八十三师协同进攻沂水、莒城。

4月10日午，徐州陆总电话称：中共已以七个纵队到达临沂以东、以北地区，其第八纵队已开始侦察郯城。顾祝同因此以控制徐州附近的整九师增加新安镇（新沂），并以整十一、六十四师由太平邑开费县，第五军、整八十五师开太平邑，第七军、整四十八师开赤土门以北。下午3时，陈诚决定七十二、七十五、八十五师仍留大汶口、泰安，以六十四师留太平邑，以第五军移太平邑，准备向蒙阴进攻，整十一师移费县，准备向青驼寺进攻。陈诚、刘斐主张临沂方面应于14日开始进攻，新泰、蒙阴方面则于15日开始进攻。但15日，徐州陆总的整九师、第七军、整四十八师、五十七师、六十五师等五个军（整编师）仍在临沂以南；蒙阴、太平邑方面也没有动作，蒋介石嫌陆军总司令部行动迟缓，4月17日晚，在电话上问顾祝同：“你们究竟何时才能攻占沂水、莒城？”顾祝同无法作答。蒋介石火冒三丈说：“敌人到了，你不知道，敌人退了，你也不知道？打仗无计划，浪费时间，不知你打的什么仗！？限你们25日以前，攻下莒城、沂水！”

遭到蒋介石责骂后，顾祝同急令各军迅速攻击。21日，整十一师开始向白马关攻击。23日，在泰安的整七十二师杨文瑔部却遭到解放军的围攻。25日陈诚亲自赶到徐州，图谋解救泰安的危急，并加紧向沂蒙山区进攻。但就在当天晚上，整七十二师在泰安被歼灭，杨文瑔被俘。这天整十一师虽攻占白马关，但一无所获，只好虚报共军第八纵队损失甚大来自我安慰。

28日整十一师攻入蒙阴。这早就是一座空城，而整十一师徘徊了两三天才敢进入。这时解放军急攻济宁，徐州陆总急调整九师应援，弄得手忙脚乱，还想举主力北上攻泰安。

5月3日我奉令到徐州传达蒋介石意图并听取前方的意见。陈诚告诉我，他将使用整九师进攻肥城，以整七十五师攻泰安，以整八十五师在两师之间北进。我判断泰安的解放军已转移。因此说："收复泰安，可以一小部兵力试探，如共军不守泰安，就乘机收复。如必欲攻泰安，则不如三个军同向泰安，以便下一步向莱芜进击。"恰好这时陆总参谋长张秉钧在旁，他反对陈诚，也反对我的意见。他说：

"整九师没有马，不能进行这一任务。"

我从陈诚办公室出来，又去张秉钧的参谋长办公室。在这里遇见陆总副参谋长徐志勗等，我就以闲谈的方式对他们说："主席（指蒋）令围歼坦埠以南共军。"

张秉钧他们向北进攻的企图恰好与蒋介石的企图相反。张秉钧于是不正面与我研究，却反问我："第五军配置在哪里？"

"应配置在新泰、羊流店附近。"我回答。

"从五万分之一地图上看，此两地相距似乎甚近，实际在现地上相去很远。"他们的意思是说我主张把第五军分散配置于两地，借此表示反对。我于是说：

"共军主力已撤离泰安，可能向莒城、沂水转移，亦可能攻我在新泰的左侧翼，如果真向沂水方面进攻，唯一解救之道，就是以整十一师、六十五师攻坦埠以南共军，这样左侧翼暴露，所以第五军以向新泰方向移动为好。所谓配置于新泰、羊流店附近，并不是要分散配置于两地，只要在这一地区附近待机行动就行。如果确实无力收泰安，则北翼暂时取守势也可以嘛！"

他们无大异议，我于22时搭火车返南京汇报。

这时解放军华东野战军第六纵队，渗入卞桥、梁邱山地一带，陆总一面派军"扫荡"，一面向莱芜进攻。10日第五军攻占莱芜，11日陈诚借机下楼，返回南京。

12日20时30分，蒋介石邀作战人员在他官邸晚宴，并研究山东方面的作战。陈诚、刘斐、第二厅厅长侯腾和我都出席了。蒋介石总揽全国军政大权，经常在他的官邸听取党政军要人汇报。然后根据汇报，裁决一切，人们呼之为“官邸汇报”。参加“官邸汇报”的人，在蒋介石面前毕恭毕敬，“诺诺连声”。但毕竟可以了解各方面的情况及蒋介石的喜怒，并且可以用情况诱导蒋作出有利于自己、自己一伙或友好集团的决定。这就可以“狐假虎威”，“作威作福”。所以能参加“官邸汇报”的人，仿佛有权威而被人羡慕。以后，由于军政分开汇报，于是又有人分别叫“文汇报”和“武汇报”。我们这次是“武汇报”的最早的一次。

蒋介石的官邸在当时国防部大礼堂的左侧百多米的地方，是一座砖瓦结构的两层西式楼房。一进门是一间过道式的内走廊，人们在这里脱下外套，揭下帽子挂在进门右手的衣挂上，然后再进入一个过道小厅。迎面是楼梯，右侧壁上挂了曾国藩写的屏联。壁间一道门通往大客厅。过道小厅左侧的门，通往他的书房和小客厅。他的卧室在楼上。平时人少或贵客到来多半在小客厅会见。我们这次是在大客厅研究。大客厅陈设较小客厅好，壁上挂有齐白石的画屏，这画屏比我平时所见齐白石的画屏都好。靠壁一张长条案，上面陈设许多古董玩好，其中有玻璃匣子装着的一米多长的象牙一对，这样的象牙是外边很少见的。客厅的四周摆了许多沙发，我们在这里研究作战，研究结果，他指示：以汤恩伯兵团攻占莒城、沂水，再进攻蒋峪、临朐；以欧震兵团攻南麻，王敬久兵团以第五军、整七十五师、八十五师攻博山。我们记下他的指示后，宋美龄走进客厅以上海口音说：“请吃饭！”

于是我们走出客厅，在餐厅就座。肴馔虽不甚丰，但比他正式宴客四菜一汤好多了。饭后还吃了由飞机从广东运来的木瓜。我心中暗笑，相信蒋介石表面一套的是傻子。同时也想起陈调元说他对励志社的新生活信条，只办到三分之二，是很幽默的讽刺（陈调元说励志社的不打牌，不说谎等信条，他只办到三分之二，除“不”字外，他都办到了）。

（五）孟良崮战役

次日（13日），第三厅按蒋介石的指示，发出命令，这便发生了孟良崮战役。

这时徐州的陆总各军的态势如下：

第一兵团指挥所在临沂；

第七军、整四十八师在汤头（由于李、白怕兵力单薄会遭歼灭，所以这两支广西军队，由他们派张淦指挥，自称第三纵队）；

整八十三师在临沂、青驼寺；

整七十四师在垛庄；

整二十五师在南北桃墟；

第三兵团指挥所在蒙阴；

整十一师在蒙阴；

整六十五师在蒙阴西南；

整六十四师在太平邑；

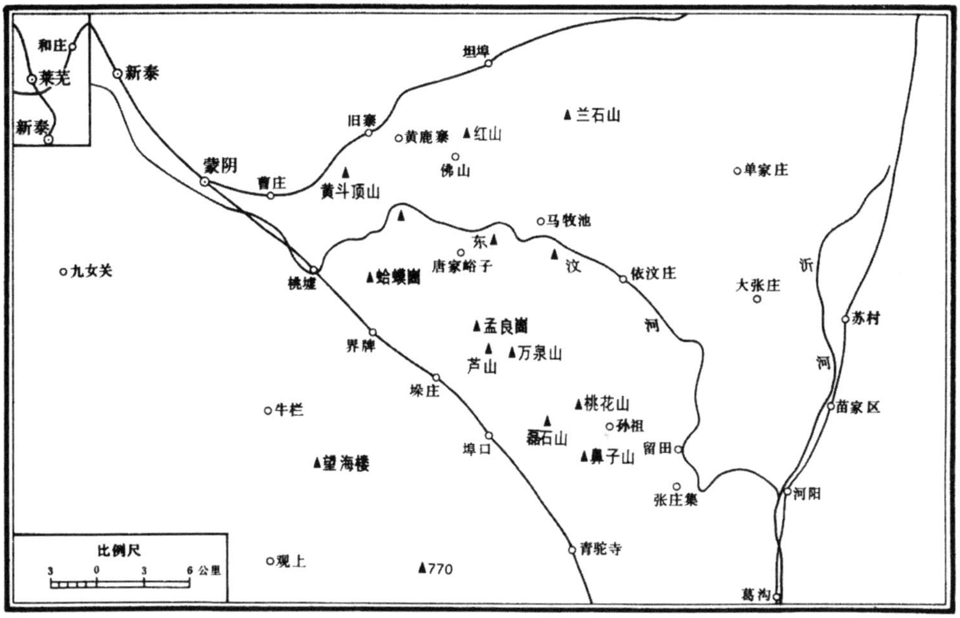

孟良崮战役地理要素图

第二兵团指挥所在新泰；

整七十五师在新泰；

第五军在莱芜；

整八十二师（我日记漏载，记不清在何处）。

徐州陆总得命令后，认为须先攻占坦埠，再进攻沂水，蒋介石同意。徐州陆总于是作如下的进攻部署：

汤恩伯兵团以第七军整四十八师在汤头地区掩护右侧，以整二十五师师长黄伯韬指挥整七十四师张灵甫部齐头并进（整二十五师在左，整七十四师在右），攻占坦埠。整八十三师以一个旅留临沂，一个旅在整七十四师右后梯次前进以作掩护，并要求张灵甫攻下坦埠后，摆出对空联络布板，以便蒋介石派空军侦察。

14日整二十五师进至黄斗顶山，整七十四师进至马牧池，遭解放军华东野战军第一、四、八、九纵队的反击。解放军以第七纵队牵制住在汤头的第七军整四十八师，以第一纵队截断黄伯韬的整二十五师与张灵甫整七十四师之间的联系，第八、九两纵队即向整七十四师右侧，形成包围之势。黄伯韬见状危急，率整二十五师退回南北桃墟，掩护七十四师侧翼的八十三师李天震之一旅也急缩回孟良崮南侧一高地。张灵甫发现将被共军包围，也急令部队撤退，试图退回原驻地垛庄、界牌一带。然而解放军已攻占大腿山、垛庄、切断七十四师退路。张灵甫一边率部猛攻大腿山，向黄伯韬部靠拢，一边向蒋介石呼救。蒋急令汤恩伯、黄伯韬援救张灵甫。但汤恩伯因第七军、整四十八师被牵制，无法转用兵力；而黄

孟良崮

伯韬坚守南北桃墟，仅以一部攻击大腿山。张灵甫见已陷入解放军重围，无法后退，就集结其三个旅，转取守势，固守待援，被优势解放军压迫，逐渐退至孟良崮。谁知孟良崮乃光秃秃的石山，且山上缺水。张灵甫部使用的是水冷式马克沁重机枪，无水，不能发挥威力。且解放军弹密如飞蝗，射击在石头上，弹跳横飞，一粒子弹可连伤数人，整七十四师人马毫无隐蔽，损伤惨重，张灵甫部仅固守三天，至16日三万二千余人全部被歼，师长张灵甫也被击毙。

（六）讲话“走火”

在1947年3月15日召开的国民党三中全会上，蒋介石和陈诚都高声叫嚣，要“在三个月内消灭共产党一百万乌合之众”。我对此极为反感。同时原陆军大学校长杨耿光听了蒋、陈叫嚣“三个月解决共产党军队”时说：

“哼哼！三个月！？美苏之间问题不解决，不要说三个月，就是三年也不能解决，三十年也不能解决。”

我对他的话也很相信，恰好中训团预定4月中旬某一天，由参谋次长刘斐作“战术讲话”。刘向我说：

“我讲话容易走火，请你代我讲。”

我不知他是有意让我这个冒失鬼去受受教训，也未理会中训团受训学员中有许多兵团司令，军、师长是“天子门生”，“骄兵悍将”。讲不好，是会出岔子的。我略作准备，便去讲“劣势装备对优势装备作战的研究”。我一开场便说：

“这堂课是预定刘次长来讲的。他说他讲话容易走火，要我来替他讲。”

这“走火”一词，由刘斐发明，又由我这个传声筒传到学员中去了。

我讲话的主旨是劣势装备的军队可以战胜优势装备的敌人。我列举西班牙反对拿破仑的战争，德国斐勒德大王的七年战争，刘邦的楚汉战争，都是以劣胜优的先例，并根据这些战例总结出以劣胜优的主要条件四条：

1.要有号召人民为之坚决奋斗的作战目标，有鼓励将士不惜牺牲为之而战的主义；

2.要有拥护战争的广大人民群众;

3.要有为实现战争目的不惜牺牲的干部;

4.要有灵活巧妙的战略、战术。

我并归结为共产党有主义、有奋斗目标;能得穷苦人民的拥护。还引马歇尔元帅的话说:“共产党有三十万不惜为主义牺牲的干部”;战略战术都十分灵活。说明消灭共产党百万军队实非易事,搞得不好不特三个月消灭不了,甚至国民党还有被战败的可能。

末尾,我说:

“行百里者半九十,不要把事情看得太轻巧,而天真地去实现三个月消灭共产党。”

我以为这是道人所不能道,说人所不敢说,末尾加上这几句话,又不失是站在国民党立场上说的,不致被“打下擂台”。谁知还是被人抓住了与领袖说的三个月消灭共产党军队唱反调的小辫子,在壁报上登载一则“郭厅长在中央训练团走火”的醒目消息,对我大肆攻击,并扬言要找我论理,要向上级报告。我与共产党既有联系,当然格外心虚,怕万一蒋介石彻底清查,要进中美合作所。幸好发起人之一的罗辛求师长与第五厅厅长刘云瀚友好,我连忙要求刘去中训团为我平息这场乱子。刘应允后即去向他们说明我是十八军老人,讲话的用心是好的,无非说话照顾不周到,壁报对他已敲了警钟,他表示以后说话谨慎,请大家原谅!一场风波才平息下来。这总算沾十三太保的光,有浓厚的保护色,没有启人疑惑。

出任徐州陆总参谋长

徐州原设绥署,由薛岳担任绥署主任,但薛岳连战皆败,蒋介石十分震怒,遂把薛撤职,改以陆军总司令顾祝同前往徐州指挥,设陆军总司令徐州司令部,简称“徐州陆总”,委任张秉钧为参谋长,负责“清剿”苏皖鲁豫一带共军。泰安、孟良崮战役失败后,张秉钧坚请辞职,陈诚遂推荐我继任徐州陆总参谋长。顾祝同认为我是陈诚的干部,乐得有我这个陈派人物主持作战,好替他分担责任,所以同意我去。

1947年5月21日，我离家赴浦口，乘火车北上。在车上我思绪万千，很不平静。想到军人行踪无定，三天前还完全不知道要去徐州。此次行色匆匆，未能与任廉儒当面话别，写信只说了去徐州任职，什么意见也未交换，此去如何做法毫无把握，心中非常苦闷。又想到，为了不露形迹，当然不能不作计划、下命令，不管作计划、下命令动机如何，其效果总是与解放军为敌；且徐州地处前方，与任廉儒联系不易。因此，我辗转不安，一夜不能入睡。

5月22日7时，火车到达徐州，我随即往陆总司令部见陈诚、顾祝同。

顾祝同见我到来，忧愁的脸上露出一丝微笑说：“啊，郭厅长来了，好！好！”陈诚则在他的办公室兼寝室里暗中对我说：“你资望不足，应以虚心、热心来加以弥补。徐州陆总参谋长的职责很重要，望你不要辜负主席的重托！”然后他看看四下无人，又悄悄地向我说：“他们的作风与我们不同。”顺手指着窗外新修的水泥路，说道：“他们把军费拿来修房子修路，搞享受。但是你不必介意，你管你的作战好了。”他的“临去秋波”示意我是他的喽啰。

当日12时，顾祝同为我任参谋长布达命令，介绍各处处长认识，并向我说明各兵团、绥区情况。

其时，徐州陆总司令部拥有十一个绥区和四个兵团，总兵力共有七十余万，其序列如下：

陆总总司令：顾祝同
副总司令：范汉杰、韩德勤
参谋长：郭汝瑰
第一兵团司令：范汉杰（兼）
第二兵团司令：王敬久
第三兵团司令：欧震
第四兵团司令：王仲廉
第一绥靖区司令：李默庵
第二绥靖区司令：王耀武
第三绥靖区司令：冯治安

第四绥靖区司令：刘汝明

第五绥靖区司令：孙震（兼）

第六绥靖区司令：周喦

第七绥靖区司令：张雪中

第八绥靖区司令：夏威

第九绥靖区司令：李良荣（后李延年）

徐兖绥靖区司令：李玉堂

郑州指挥所主任：孙震

参谋长：张士希

由于孟良崮战役中，汤恩伯指挥无方，蒋介石撤销了他的兵团司令职务，委任范汉杰为第一兵团司令，范汉杰原兼任的陆总郑州指挥所主任一职由孙震接任。

（一）进攻南麻、悦庄

我到徐州时，陆总的任务是进攻沂蒙山区，寻解放军华东野战军决战。但进攻解放军华东野战军主力所在地沂蒙山区，在梁邱山地有张光中部扰乱后方，通信、交通、补给都受威胁；在黄泛区豫东一带虽有魏凤楼部游击，但六绥区周喦可以对付；晋冀鲁豫野战军虽经常配合华东野战军作战，使徐州陆总两面作战，但黄河花园口堵口后，晋冀鲁豫野战军进出黄河颇受障碍，徐州陆总在这方面的顾虑可以减轻。因此当时急务是解除梁邱山地的威胁。

到职这天的下午，我就开始办公。陈诚与顾祝同等已决心先肃清在蒙阴后方的梁邱山地活动的张光中部。因此23日、24日两天，我与顾祝同等研究鲁南梁邱山地“清剿”计划。决定：以李玉堂指挥整六十四师、整二十师，伞兵总队为第二“清剿”区，分兵五路，同时进攻；二十师的一三三旅由梁邱向母子山，六十四师（欠两旅）由费县，所属一个旅由铜石向罗圈崖进攻；另一个旅在太平邑附近截击，伞兵于城前机动截击追击。第一“清剿”区由冯治安负责指挥整五十九、七十七师及第一兵团派出之一团“清剿”第三绥区境内流散共军残余，并于费县、梁邱间的燕庄附近派出一个团截击，以防其向南逃走。除分区“清剿”外，机动部队不分疆域“清剿”。

28日李玉堂开始行动，但到达目的地未遇坚强抵抗，张光中部已逃逸无踪。

豫北方向，安阴被围，蒋介石于5月20日令王仲廉部第三、三十二、六十六及四十一等整编师向北攻击，以解安阳之围。郑州指挥所的参谋长张士希，深忧王仲廉北去兵力不足，赶来徐州商量。

这时北平军调部撤销，军调部参谋长蔡文治调来徐州陆总任副参谋长，5月31日开始办公，恰好参加顾祝同、张士希、徐志勗和我的讨论。我认为目前在豫北进攻，山东方面只能暂取守势，宜利用时机，抽一部分兵力转用于安阳方面，加强王仲廉兵团。因此不妨放弃莱芜、新泰，抽出两个军、车运豫北，解安阳之围后，豫北即缩短防线，转用兵力回山东，执行进攻沂蒙山区的任务。张、徐、蔡等都同意，顾也同意，并令我同张士希去南京请示。但临行时，顾又认为安阳尚可支持，不如早日在山东发起攻势，以重兵指向莒城（即莒县）、沂水。看来顾还是有一定的战术头脑，不容易被人牵着鼻子走。不过他一切都往蒋介石身上推罢了。

6月1日10时，我和张士希到达南京，并立即到国防部会晤陈诚、刘斐。刘斐不同意我们放弃莱芜的主张，陈诚虽同意但认为不明了蒋介石意图，须请示主席再定。13时，蒋介石召见我和张士希，听我们汇报后，蒋大不以为然，说：“临沂是我军必须守住的地方，而莱芜更须坚守。必须清楚认识到，莱芜为我军攻占，则使共军痛苦不堪。占有莱芜，我军就可由莱芜进攻南麻等地，直捣共军根据地！”蒋介石最后强调说：“我军山东攻势已迫在眉睫，今后不许任何人再说放弃莱芜。”暂停进攻沂蒙山区，转用兵力于豫北的迷雾，就完全消除了。但还是着眼右翼兵团进攻沂水、坦埠。

2日我回徐州后，3日汇报，将国防部有关进攻准备的指示，提出与各处处长研究，并将其部署稍加修改，把整九、十一、二十五、八十五等四个整编师抽出为机动兵力，并修筑费县、太平邑、卞桥、泗水的公路，以便转运兵力。

对于解放军晋冀鲁豫野战军渡河配合华东野战军作战，徐州陆总还是有顾虑。所以4日决定令整八十四师吴化文部清扫梁山带，并控制左家营至平阴河河岸，且在梁山构筑工事。6日得情报知晋冀鲁豫野战军有两个纵队到达濮阳，万余人到达徐庄，此外在侯集有渡船百余只。顾祝同对此情报很重视，令我们研究对策。我们虽然提出了令吴化文以三个团推进到梁山，刘汝明部向北加强鄄城以北河防，由豫北调一个师到商丘的主张，但顾祝同未作任何决定。

9日，整十一师师长胡琏、整二十五师师长黄伯韬，整八十四师师长吴化文、第七军军长钟纪、整八十五师师长吴绍周在陆军总部听取我报告情况，说明作战计划。还是说蒋以五个军以上兵力攻沂水、坦埠而占领之。以后蒋介石坚持中央突破，进攻南麻、悦庄，陆军总部研究后，由蔡文治起草作战计划，送呈国防部，进攻方向才改变了。

16日，国防部第三厅一处处长李树正携来国防部计划。该计划以李延年为陆总临沂指挥所主任指挥七军，四十八、八十三、五十一、五十七等师于临沂方面进行佯动，以牵制共军，如遭受共军主力攻击时，可退保临沂。第三兵团司令欧震，于蒙阴方面以整九、六十四两师向坦埠方面进攻，以掩护由范汉杰指挥的主力四个师（即十一、六十五、二十五、七十五师）向大张庄进攻，一举占领解放区鲁村、南麻。

第五军及第八十五师为主力左侧掩护，整八十五师固守莱芜，第五军跟随主力梯次前进。

次日，陈诚、罗泽闿、车蕃如等亲临徐州，顾祝同和我到机场会合后，一同飞赴临沂，到范汉杰司令部研究攻击方案，对攻击华东野战军根据地的南麻、鲁村的战役方针已不容有任何改变，故仅研究各师的行进道路和态势。决定：整九师留上下温村不动，二十师之一个旅向坦埠方向佯动，五十七师守蒙阴，六十五师向青石山、贾庄逐段跃进；第一兵团范汉杰部六十四、十一、二十五、七十五师，分经：（1）上下薛家峪、腰峪、十八里庄；（2）土门、大张店、苍凉峪；（3）蒙阴寨、八大庄、白齐家屋子、南麻、鲁村攻击。第五军则经颜庄及铁东向鲁村攻击。随后，我将命令向各部下达。午后罗泽闿通知：预定进攻开始的日期为25日。18日21时，我们才飞返徐州。

徐州陆总各部队得命令后，即积极准备。20日范汉杰由徐州经泗水前往新泰指挥，为了保密，对他来去电报、电话均称陈组长。

范汉杰离开临沂后，临沂方面由李延年负责。蒋介石此一年来，不信任李延年，我通过李玉堂劝告他，说明蒋介石不信任他是因他吸鸦片，劝他下决心戒烟。李延年果然向顾祝同请假一个月。一个月假满来见顾祝同，红光满面，毫无烟容，顾因此让他任临沂指挥所主任（以后李良荣调福建主席，李延年任九绥区司令）。因此20日以电话指示驻守临沂的李延年及第三纵队指挥张淦，对十字路、坦埠方面切实搜索、警戒，以固守临沂为主，制定作战计划，准备工事，必要时毅然放弃汤头、葛沟等地，退临沂与八十三师共同防守。21日顾祝同约驻新安之五十一军军长王力行及驻贾汪之第三绥区副司令何基沣来部。研究陆总主力进攻时，如共军主力向临沂进攻并渗入梁邱山地时，应如何处置；以及进攻新安镇及运河车站时，应如何处置，结果都同意最后坚守运河线。

最后，我亦研究陆军总部大举进攻时，解放军可能采取的几种情况：

1. 攻击新安镇一带；
2. 由垛庄一带渗入梁邱山地；
3. 渗入谷里、宫里、卓流店，直向南窜；
4. 袭击大汶口、攻占后直犯兖州、泗水；
5. 由坦埠方面进攻蒙阴；
6. 攻莱芜；
7. 侧击整六十四、六十五师；
8. 侧击第五军。

24日，蒋介石按照所订计划，以飞机猛烈轰炸坦埠附近之北野店、柳树头、雀家峪、阮庄等地。张淦之第三纵队向莒县方向、二十军之一三三旅向坦埠方向威力搜索，佯示进攻。

25日，各兵团按计划向沂蒙山区解放军大举进攻，27日，九师主力仍在上下温村，一部攻占北野店、朱家庄，六十五师李振部主力攻占马家庄、郭家庄，一部攻占板山崮，并攻北岱固，六十四师黄国梁部攻占琵琶山。十一师攻占天门顶、张家寨山，二十五师攻占牛牌子山、斜山，第五军攻占乐村。

这时，黄河沿岸蒋军河防力量薄弱，仅由第四绥区刘汝明部曹福林军驻郓城，刘汝珍军驻菏泽。25日，曹福林部驻东平湖的八十七团遭晋冀鲁豫杨勇部围攻，为防止其全部渡河配合陈毅作战，陆总当即下令抽调第六绥区一个旅控制砀山为机动兵力。27日又由豫北调三十二军驻守商丘，限29日到达。

29日，整十一师攻占南麻，六十五师在对宝山遭解放军华东野战军九纵队二十七师进攻，六十四师终日攻边顶、东南顶、狼茂顶、凤凰山等高地，傍晚攻占边顶及东南顶，二十五师攻占南麻西北之豆腐峪一带高地，整九师、第五军正面均无战斗。

这天，国防部第三厅厅长罗泽闿持蒋介石命令来，令攻占南麻后，再向博山、淄川进攻。他远在后方，根据过时的情况及主观臆断，直接指挥前方战斗，不知此时国共两军主力并未接触。更未弄清解放军主力所在，而主力决战随时都可发生，解放军也可能不接受攻击，而向外线转移。蒋介石不待决战、不待敌情明了就决定第二步的行动，当然是牛头不对马嘴的。

果然，30日整六十四师在东南顶、狼茂顶、门子顶等山顶徘徊，整十一师主力在南麻构筑工事，一部占领凤凰山；在蒙阴的第三兵团司令欧震报告，华东野战军一、四、六纵队到了南北桃墟、归寨一带；而第四绥区报告晋冀鲁豫野战军已在董口以北广正面渡河。

7月1日7时，我将当时情况报告陈诚、刘斐。顾祝同也召集参谋开会，但一上午没有任何决策。11时得到蒋介石指示：

1.原则以攻为守：以不能攻的部队固守新占领的交通要点，以能攻的部队迅速强烈进攻。

2.部署：以整十一、六十四，向南席卷，攻占东里店。欧震以九师、六十五师及七十五师主力，一三三旅向坦埠，扑里庄攻击，以二十五师守南麻，第五军在鲁村、铁车掩护左侧翼，第七军、四十八师仍待欧兵团攻占坦埠后进出沂水。

但13时，蒋介石突然改变主意，以十一师一个旅及二十五师、六十四师向南攻击，十一师主力仍守南麻。

黄河方向，陆总只令刘汝明部死守郓城、菏泽、东明、考城，以待六十六师、三十二师、整三师等集中完毕进行反攻。

2日，华东野战军进攻费县。徐州陆总判断其主力已转移到费县、垛庄、岸堤、沂水、东里店一带地区。主张以十一师守南麻，八十五师守莱芜，七十五师守新泰，六十四师守铁车；并集中九、六十五、二十五师及一三三旅以蒙阴为轴向右旋回，直迫垛庄西南地区，以七、四十八师及五十七师之五十二旅由临沂向青驼寺与北方兵团夹击共军主力；第五军则留为第二线兵团。但是，蒋介石不同意，仍命令立即由北向南攻占东里店及坦埠。

4日，欧震所部七十五师攻占坦埠及附近高地。六十五师攻占和山，六十四师攻占于家崮，二十五师攻占娘娘顶、九顶连环山，十一师占太平顶。

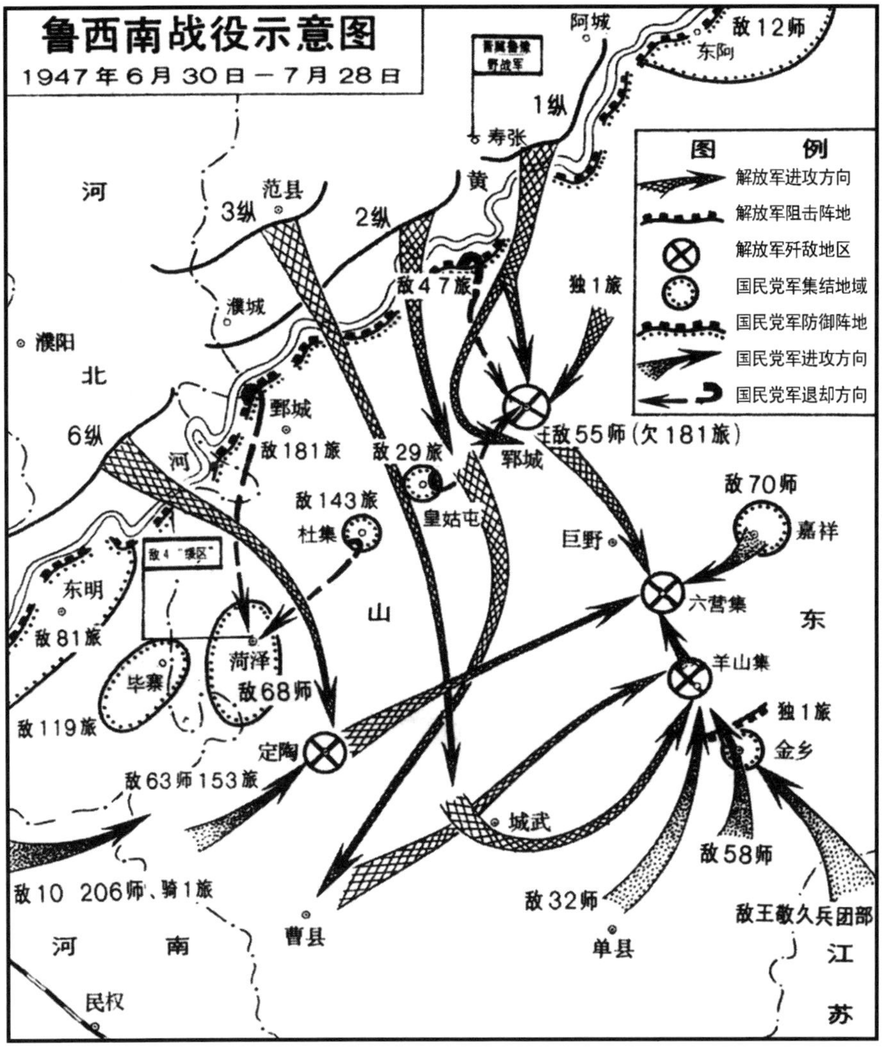

但未达到攻占东里店目的。

徐州陆总判断华东野战军各部主动进行战略转移。陶勇、王必成率一、四、六纵队由第一兵团右翼转移至青驼寺、垛庄一带，许世友率三、八、十纵队从南麻以北向西撤退，并转移到莱芜以西地区。恰好这时山洪暴发，道路阻绝。陆总再次向蒋介石建议，主张欧震兵团率第六十五军、第九军南下追击，二十五师、六十四师等由东里店南下直往崔家峪、摩天岭等地，与欧震兵团取齐后，向垛庄等地攻击，协同临沂北上部队夹击共军。但蒋介石仍令整二十五师由东里店南下，欧震兵团东进，攻占沂水。

5日，李延年报称：沂河、沭河水涨，第三纵队无法到沂水，李良荣派出的五十二旅无法到临沂，欧震则说坦埠方向部队无法东渡沂河向沂水进攻。冯治安则说，费县的翟紫封旅情况已十分危急。徐州陆总判断，解放军南下的主力已在青驼寺、垛庄、界湖一带地区。但蒋介石仍坚决令攻占沂水，显然是无的放矢。所以顾祝同亲自打电话给刘斐，请他请示蒋介石，可否以欧震兵团向西南追击。刘斐说："共军如确在此区域，可毫不迟疑，立即独断专行，命令蒙阴方面各部向南攻击，并以张淦部北上夹击，'将在外，君命有所不受'嘛！"

顾祝同遂下决心立令张淦部北上向高柱山、青驼寺、朱满三线进出；欧震指挥九、六十五、五十七师向虎山、垛庄、紫锦关三线进出，寻索共军主力而南北夹击之；黄伯韬纵队由东里店进出摩天岭，再攻沂水或掩护欧兵团左侧。

谁知，第二天蒋介石打电话，怒斥顾祝同：

"攻击共军根据地沂水，是此次战役的既定方针，决不应有丝毫改变。为何不经请示，擅自改变，别说我是主席，就是朋友，也该商量商量嘛，你眼里哪里还有我这主席！"

蒋介石坚决要张淦所部由汤头经河阳镇、苏村向北，欧震兵团由坦埠而西进攻沂水，黄伯韬兵团由东里庄攻占大小诸葛，以断沂水敌人的退路，并限令10日必须攻占沂水。顾祝同被蒋介石一顿臭骂，顿时面如土色，放下话筒后，口中不断喃喃地说："刘为章（刘斐）怎么这样不负责啊！"（怪他未向蒋介石报告。）

徐州陆总不得已乃令欧震兵团停止南下，继续执行进攻沂水的原任务。

但由于一连几天，天降大雨，山洪暴发，道路冲毁，沂水、沭河河水猛涨，水势湍急，有船也不能渡，何况根本无船。因此，第九师被河水阻隔三天，于11日下午3时进入沂水空城。第三纵队张淦的两个军，则仍在苏村附近徘徊不敢北进。而这三天当中，费县第三绥区冯治安部霍紫封旅，于7日被解放军全歼。解放军攻破费城后，进入太平邑、白彦等地区并于9日攻占峄县，北面的三、八、十纵队，10日攻占大汶口，兖州及徐州都岌岌可危。于是徐州陆总忙令吴化文集中兵力坚守兖州，并调在兰封的第三师到徐州加强守备。11日，解放军解放定陶，守军一五三旅损失殆尽，徐州陆总只得令刘汝明移兰封指挥。

12日，蒋介石下达命令说，为了彻底歼灭峄枣山地共军，逐退大汶口、泰安共军，然后再歼灭刘伯承部于鲁西，兹令各部行动如下：

1.王凌云纵队由临沂经台儿庄向峄枣攻击；

2.黄伯韬纵队二十五师、六十五师经摩天岭向垛庄、青驼寺及其以东地区扫荡；

3.欧震五十七、八十五师由桃墟经上冶向峄枣之敌攻击，一三三旅守蒙阴；

4.范汉杰所部以张淦纵队守沂水，并相机占莒县，扫荡日照、十字路等地。胡琏纵队十一、六十四师守备南麻，并以六十四师扫荡沂蒙山区。邱清泉纵队第五军、七十五师各以一部守备莱芜、新泰，经羊流店、楼德镇协同第二绥区部队攻取泰安；

5.冯治安部及伞兵仍守备运河；

6.李玉堂部维护徐兖及兖州、蒙阴、新泰间之交通，并堵截逃窜之敌；

7.王耀武以两个师由万德、长清攻取泰安，以第八师袭攻蒋峪等地。

接到蒋的命令后，徐州陆总以第三师及伞兵为机动兵团，置于韩庄，令张淦返临沂，经向城向峄枣方向之敌攻击；六十五师立即扫荡青驼寺、垛庄至沂河西岸之敌后，经上冶向峄枣之敌攻击，二十五、六十四师守备东里店及附近山地；八十五、七十五师经上冶向峄枣攻击；其余均按国防部命令布置。

14日，解放军猛攻滕县。于是，顾祝同令张淦纵队经梁邱，吴绍周纵队经太平邑增援滕县，邱清泉经楼德镇向尧山口、歇马亭攻击，如大汶河之共军越泗水南下，则邱部南下与吴部协力，王耀武部占领泰安后，主力南下，配合邱清泉夹击。

解放军华东野战军一、四、六纵队在攻击滕县时受到守备滕县的二十军杨干才部的顽强抵抗。

这时，滕县车站驻有黄伯韬二十五师炮兵营及其他部队，遭受共军攻击后，遂退入滕县，与滕县守军第二十军协同守城。整二十五师炮兵营把野炮置于城墙之上向围城的解放军猛烈轰击。解放军一、四纵队攻滕县四天，急忙分兵两路撤退，一路向滕县东北一带撤退，一路由滕县西北官桥一带轻装徒步涉过微山湖，往鲁西方向转移。蒋介石立即命令空军全力轰炸，装甲列车开往官桥、韩庄一带轰击，并严令四十八、四十七军、八十五、六十五师等向滕县、官桥、韩庄一线疾进，同时车运五十七师到两下店南下截击，试图包围、攻击解放军第一、四纵队于泗河、南阳湖而歼灭之。

由滕县撤退的解放军一部于17日围攻邹县。此时，邹县仅一团人防守。但解放军不等攻克又进攻兖州并继续往西撤退。由大汶口方面向西转移的解放军第三、八、十各纵队，也于17日猛攻济宁。

济宁，由余锦源部七十二军驻守（七十二军在泰安被歼灭时，有一个旅在外幸免，蒋介石令余锦源率残部驻守济宁整顿）。这时，在六营集被晋冀鲁豫野战军击溃的唐永良三十二军陈颐鼎整七十师残余约二团兵力也退入济宁，协同余锦源守城。

济宁城高、坚固，护城河河宽水深。解放军骁勇异常，不顾集枪弹，几次突入城内。但余、唐率部拼死抵抗，同时，邱清泉纵队驰往救援。解放军攻济宁不下，其一、四、六、三、八、各纵队，遂于7月底撤往鲁西南一带。

蒋介石进攻南麻、悦庄的战役至此告一段落。继之发生了鲁南、羊山集战役及南麻、临朐战役，徐州陆总便完全居于被动。

（二）鲁西南羊山集战役

解放军华东野战军与晋冀鲁豫野战军配合作战，东西呼应，徐州陆总经常处于两面受敌的内线作战地位。它举主力向沂蒙山区进攻，寻华东野战军主力决战，在西正面利用黄河，只以第四绥区的两个军守备，是符合集中力量各个击破的内线作战原则的。问题在于解放军流动作战，有无各个击破的可能及有无击破华东野战军再回头对付晋冀鲁豫野战军的时间。因此，徐州陆总在鲁西南对晋冀鲁豫野战军企图进行持久战。

7月2日，郓城被攻甚急，整五十五师师长曹福林向蒋介石呼救。4日，徐州陆总着手以整六十六师宋瑞珂、第三十二军唐永良、整七十师陈颐鼎组成一个兵团，由第二兵团司令王敬久指挥，援救郓城。王敬久是顾祝同系统的干部，此刻不得蒋介石重用，第二兵团司令的名义虽存，却不要他在攻沂蒙山区时负指挥责任。他的第二兵团原来指挥的第五军、整七十五师、八十五师等是一、二流部队，这次指挥的却是二、三流部队，所以奉令后满腹牢骚，硬说我未给他配足炮、工兵，迟迟不肯出发。整六十六师与三十二军由郑州车运黄口，与整七十师会合后，陆总令他率部向郓城搜索，索解放军晋冀鲁豫野战军主力攻击，并令整三师由民权开定陶并指挥一五三旅。

9日，顾祝同因徐州空虚，又调整三师由兰封到徐州增强兵力，定陶被围攻。11日守定陶的一五三旅突围，损失很大。12日王敬久兵团在金乡附近得知郓城失守，就令整七十师陈颐鼎部暂驻六营集，整三十二师唐永良部驻独山集，六十六师宋瑞珂驻羊山集待命。

王敬久，山东金乡人，适逢老家新屋落成，于是兴高采烈地率整六十六师之一旅在家庆祝“乔迁”之喜。王敬久万万没有想到，晋冀鲁豫野战军第一纵队，突然插入独山集与六营集之间，第二纵队、第三纵队、第六纵队插入独山集、羊山集与金乡之间，顿时把王敬久兵团切成三段，并开始攻羊山集。

王敬久听到消息，急忙命令整七十师、三十二师靠拢南下攻击解放军，力图援救羊山集。但驻守独山集的三十二师师长唐永良在豫西作战，被解放军骇破了胆，说解放军炮火比日军还猛烈，野战工事顶不住，不仅拒不南下夹击，反而于13日退向六营集，与七十师师长陈颐鼎商量妥当，放弃六营集，妄图向东逃回济宁。

六营集与济宁之间只有少数解放军，但陈唐两师在“青纱帐”（高粱地）内，互不联系，自相惊恐，全军一片混乱，迅速崩溃。陈颐鼎只带了少数士兵，拂晓时，于青纱帐中解大便出来，便被解放军搜索队俘虏。唐永良率三十二师残部狼狈奔跑，15日入济宁，编成一个团，与驻守济宁的七十二军余锦源会合。整七十师残部退入济宁的，据报还可编成六个营，17日参加了济宁战斗。

蒋介石一听七十师、三十二师受创，六十六师被围于羊山集，十分愤怒，一面急令郑州组成王仲廉兵团急救羊山集；一面严令王敬久亲率五个团，向北进攻援助羊山集。而王敬久部15日开始进攻，当日攻占时家店，受阻于万福河，16日又退回进攻出发地，距羊山集十公里，就是不能相救，只令重炮十五门，隔河向羊山集附近解放军猛烈射击。

17日夜，解放军第二、三、六纵队猛烈攻击羊山集围寨，宋瑞珂据羊山集北部高地顽抗，战斗十分激烈。至18日午，解放军被击退，但仍守住寨门，以便再次进攻。据第二兵团报告：共军冲入羊山集，被击退，判断其伤亡在三千以上。这无疑是夸大战果。

这时，鲁西连降大雨，道路一片泥泞。王仲廉兵团炮车无法通行，一路搬运前进，徘徊于冉固集一带，迟迟不能救援。

为激励宋瑞珂坚守待援，蒋介石打电话给我，口授嘉奖宋瑞珂的信，叫我记下，令空军投给他。信中，蒋介石盛赞宋瑞珂“能独帅一师固守羊山集两个星期，实属党国中坚”。最后，蒋介石竟用“上帝保佑你”来鼓励宋瑞珂继续坚守待援。

28日，解放军冒着王敬久重炮轰击和羊山碉堡机枪猛扫，不顾牺牲惨重，一举攻破羊山集，俘虏宋瑞珂。鲁西南蒋军终以损失四个军另一个旅而告终。

这天，我们在办公室谈论，王仲廉在郑州只知弄钱。徐州陆军总部副司令韩德勤对我说：

“刘伯承任川军第二混成旅的团长时，我任他的中校团副。有一天我们野外演习完毕，回到驻营地的途中，他说：‘开进就是向敌前进。’我回答：‘不是，这是个有一定战术含义的术语，是行进间对敌阵地进攻，到达敌炮火有效射程时，指挥员一面在前卫掩护下进行侦察，定下决心，一面令行军纵队向前集结，以便指挥员定下决心，下达命令后，即可迅速展开的一个战术阶段。遭遇战就省去这个阶段，由行军纵队直接展开。’他未反驳，也未表示同意。回营时，因天气热，我们一身湿透，我忙于擦身换衣，还未完毕，他进我室内来了，一身汗透的衣服还未换，手持一本书，指着一页对我说：‘开进的意思，我未弄清楚，恐怕还有许多人不清楚，你把这个军语通报全团吧！’刘伯承虚心好学，不断求知，与政府方面将领比较真是鹤立鸡群啊！”

听后，我在当天日记上记了此事，并加上评语说：“如此，两党战阵上的胜败不问可知。”

（三）南麻（沂源）、临朐战役

正当徐州陆总以主力追击解放军华东野战军第一、四、六纵队及第三、八、十纵队时，其驻守南麻的整十一师胡琏所部，于7月17日夜，突然遭受华东野战军第二、七、九纵队的袭击。这时鲁西南方面，整六十六师已在羊山集被围。南麻和羊山集的安危，是山东战局胜负的决定关键。因此，它当时最紧急的任务，就是解救整十一师及整六十六师不遭歼灭。

18日，徐州陆总得知整十一师被袭击后，即电令驻东里店的整二十五师黄伯韬部翻越九顶连环山，驻南麻以南张庄的整六十四师黄国梁部火速北上，驻益都的第八军李弥部经临朐南下援救在南麻被围的整十一师。迟至21日，蒋介石又令整九师当夜出发，经东里店向悦庄急进，会同第八军向南麻进攻，以解整十一师之围。

由于驻南麻的整十一师是蒋介石的嫡系精锐部队十八军整编的，装备优良，战斗力较强，工事坚固，地堡群火网组织严密。同时，连日大雨，解放军子弹、土手榴弹受潮，不能发挥威力。再加上整二十五师师长黄伯韬，由于在孟良崮未能及早援救整七十四师，受到革职留任处分，因而这次十分卖力，几天追至南麻。整六十四师也先后赶到，使解放军二、七、九纵队有腹背受敌的危险，未能攻占南麻即于22日撤退。在转移中，见援军李弥部孤军深入，企图围而歼之。李见事急，忙退进临朐，以固守待援。解放军遂猛烈围攻临朐（一说解放军误以为是山东张天佐的地主武装，围攻中才发现是李弥的第八军）。适逢大雨，弥河洪水猛涨，临朐城东南水深数尺，无法进攻。解放军仅能从临朐之西猛攻，虽一度在城西突破，但被李弥拼命抵抗打退。解放军二、九纵队仍无法攻占临朐。23日蒋介石令刚到南麻的二十五军、九军、六十四军移于追击，29日，六十四军猛攻临朐南的岔路口，解放军只得于30日向胶东半岛撤退。

南麻、临朐战役后，国民党军队的整编师又全部恢复成军，旅改师扩编为三个步兵团。有的整编师还改了番号，如整编第十一师就改称第十八军，整八十三师改称第一百军。一般都只改师称军，如整编第二十五师扩充后称第二十五军。第五军邱清泉一直抗不整编，仍称第五军。

（四）阻挠解放军进军大别山

7月底8月初，华东野战军第一、四、六纵队渡过泗河，进入鲁西南。徐州陆总判断其将北渡黄河，同时判断：二、九纵队已转移到胶东半岛，七纵队在诸城、日照方向活动，第三、八、十纵队则进入鲁西南与晋冀鲁豫野战军会合，流动作战。故顾祝同于7月26日亲赴商丘指挥，我留徐州照顾后方。

这时，蒋介石大肆宣传，庆贺“山东大捷”，“南麻、临朐大捷”，实际他在山东的重点进攻（蒋军没有重点进攻的提法，国防部只计划了寻华东野战军主力决战，进攻南麻、悦庄。但进攻山东确实集中兵力，形成了重点，所以我仍称之为重点进攻），在沂蒙山区方面，并未求得决战（华东野战军战略转移，不接受攻击，兵力未受损失，以后攻南麻、临朐不克，损失不大），一、四、六纵队渡过微山湖水网地带损失较大。临朐战役后，蒋介石令范汉杰率五个军在胶东半岛“扫荡”，仅与华东野战军第十三纵队接触，无战事即又令范汉杰率第五十四军赴东北。同时因鲁西南方面情况紧急，也忙于调兵应付，过早转用兵力，并未收到各个击破的效果，加之鲁西南战斗失败，所以从全局看，徐州陆总进行的重点进攻是失败的。

蒋介石既大肆宣传胜利，对我这“积极执行”重点进攻的参谋长当然也“格外垂青”。每天都要打电话找我。有一次我在电话中称他总统，他竟示意我称他校长。从外表看，我这时确是蒋总统麾下的“红人”。

8月上旬末，国防部第二厅认为，政府军大量进入鲁西南，则解放军根本无法立脚，必然全部北渡黄河。因此，主张急调部队前堵后追，压迫解放军于黄河沿岸而歼灭之。也有人判断：解放军进入鲁西南后，采取游击战术，旋磨打圈，调动政府军跟追，待政府军出现错误，立即抓住战机，出其不意，消灭其一部，但对以后解放军挺进大别山，则丝毫也未料到。

7月31日，得知解放军华东野战军第一、四、六纵队已由尹家沟渡过泗水，到达南贯集，徐州陆总就令欧震兵团迅速开赴曲阜、姚村索敌进攻；邱清泉部由南驿经宁阳以北地区向西索敌进攻，并令王耀武绥区以七十三军在大汶口北岸截堵；滕县西北地区由伞兵及新二十一旅负责“清剿”，五十七师限8月1日在郭里集一带清扫后，即赴兖州归欧震指挥。

8月1日，张淦部到达临城，顾祝同令车运兰封（兰考）向菏泽前进，截击企图北渡黄河之解放军。

2日，蒋介石下令，将赴援羊山集迟缓的王仲廉撤职押京法办，并任命罗广文为兵团司令，要罗广文率部向新集进攻。3日罗部在新集遇解放军晋冀鲁豫野战军坚强抵抗。这天空军报告，解放军已由大长沟、陈家门向西退走。蒋介石因令刘汝明部由董口进攻水堡，邱清泉部由表门向郓城，王敬久部由独山集向郓城，罗广文、张淦也率部直赴水堡。这样国民党军三天后，即成合击之势。预料共军决不至坐以待毙，必然按照内线作战原则，集中兵力击破国民党军一路，而最感忧虑的是王敬久兵力过小，因此蒋介石令五十七师归王指挥。

蒋介石在黄河沿岸布置好围堵解放军渡河的措施后，仍十分担心解放军南下越过陇海路流动作战。遂于6日令邱清泉向郓城、巨野，王敬久向张凤集，张淦部到龙堌集，改令五十七师受八十五师吴绍周指挥向巨野；罗广文部仍向水堡进攻。当天吴绍周纵队由大长沟渡过运河，王敬久部在独山集，张淦部到达定陶、曹县，罗广文部到达郑家营，刘汝明部到达董口、鄄城。7日邱清泉部渡过运河进抵蔡家林东侧十公里地区，吴绍周纵队已过马村集，王敬久部仍徘徊于独山集附近，张淦部到达定陶及许楼附近，罗广文部进至红船口北之前、后高河涯，与第一纵队发生战斗，刘汝明部占领旧城集。根据以上情况，徐州陆总判断如明日不在郓城一带发生战斗，则解放军主力似已北渡黄河，山东战事已接近尾声。

不料，8月8日，得知晋冀鲁豫野战军第一、七纵队突然南下至定陶东南冉堌集、王店一带，其二、三纵队向张凤集移动，第六纵队进攻城武守军，华东野战军第八纵队亦已随同南下。至此，晋冀鲁豫野战军主力及华东野战军一部已向南移出国民党军包围圈的情况，完全明朗。这天蒋介石由西安返回南京，指示，仍以邱清泉部向郓城以北，罗广文部向郓城，吴绍周纵队南下与王敬久兵团向西南进攻，张淦部向东南进攻。

9日顾祝同由商丘返回徐州指挥，10日得知解放军晋冀鲁豫主力已到达民权以北及商丘以北刘口附近地区。华东野战军第八纵队则在金乡西之孔楼一带与王敬久兵团战斗。罗广文部十四时占领郓城，邱清泉部可到达郓城北各黄河渡口，徐州陆总综合全盘情况，认为解放军陈毅、刘伯承两部除渡河部队外，似均越铁路南下，因此蒋介石令王敬久、吴绍周、罗广文等部均正面追击南下，张淦部及骑兵第一旅在野鸡岗、民权一带堵截，并令周岩指挥整六十五师，新二十一旅及伞兵总队在陇海铁路附近伏击。

蒋介石这些处置，都是代替前方指挥，前方报了情况，他才决定处置，等到命令下达，情况又已变化，他毫无大军统帅的越前处置，徒追随情况下命令干涉琐事，除拘束指挥员而外，绝不能适应战况，所以他军事才能并不高明。

11日蒋介石令顾祝同去开封指挥，12日，得知解放军已越陇海路南下，并将刘堤圈、马牧集、小坝、柳河集间铁路、电话线破坏。我于是令六十五师向刘堤圈进攻。这一天，吴绍周纵队到达城武，罗广文部到达定陶北。空军报告，东平湖与黄河间三角地带，解放军甚多，正纷纷北渡黄河。

13日邱清泉报告：已将黄河、东平湖三角地带的共军肃清，吴绍周纵队及王敬久兵团仍在城武及鸡黍集附近，张淦纵队已越铁路向宁陵追击，六十五师已到马牧集。

蒋介石当即对陇海路作如下部署：

1.王敬久率部到亳县；

2.夏威一部在涡阳方面，张轸在周口方面，二〇六师在平汉路方面截堵；

3.吴绍周向柘城、罗广文及张淦向淮阳一带追击。

14日晋冀鲁豫野战军主力越陇海路进至柘城、睢县、太康间地区，16日渡过涡河，攻占淮阳。政府军吴绍周纵队到达商丘，蒋介石令吴率八十五师车运驻马店，段霖茂的五十七师留商丘。17日平汉铁路新郑、许昌间路轨被长葛、洧川的解放军破坏，蒋介石固令第八十二旅由新郑步行到许昌，令罗广文兵团迅速经西华至漯河，张淦纵队经新站到项城，并令六十五师返商丘，车运漯河。

18日解放军晋冀鲁豫野战军主力已渡颍水河（及其支流沙河），到达项城，先头到达新蔡，其一部也越过太和。蒋介石认为徐州远在后方指挥不便，令顾祝同移郑州指挥，我留徐州接转电话。

19日空军报告，晋冀鲁豫野战军主力，似尚在沈邱、太和之间地区，因此，蒋介石以八十二旅开驻马店。八十五师开确山，六十五师开长台关，以防晋冀鲁豫野战军向西南发展，并令王敬久部速接太和防务，以便第八绥区夏威部主力移防固始、潢川。令张轸部守洪河，以阻止解放军南渡。

20日，空军报告，昨夜见甚多的灯火到达洪桥及塔桥集。蒋介石判断解放军将经上蔡向西退走，遂令八十五师速攻上蔡。顾祝同原来令八十五师在确山下车开往正阳，到此不得不服从蒋介石的指挥，而将已到确山的三列车开返遂平。蒋介石越级指挥，放马后炮，大多类似这种情况。

22日，解放军晋冀鲁豫野战军于新蔡、三河尖间地区渡过淮河，其第六纵队在南照集、三河尖附近与第八绥区的整四十六师激战。这无疑是便利主力安全渡河的翼侧掩护。这天罗广文兵团到达东洪桥、上蔡，张淦纵队到达项城，去解放军主力均已二日行程以上了。

23日晋冀鲁豫野战军陈赓部在陕州及狂口渡河向南进攻。蒋介石除出动空军扰乱外，已无兵力阻止解放军南渡。蒋介石认为鲁西、豫南都将有决定性的战斗，不愿在此紧要关头抽兵，宁让陈赓部再渡些人过河。从23日到24日，八十五师在汝南埠附近，夏威部在南照集北之黄岗寺附近均与解放军激战。解放军主力则正向息县、正阳疾进；六十五师则在西平、遂平间的二十里铺与解放军魏凤楼部战斗。至26日，在闾河店南附近与第六纵队战斗。张淦纵队在包信集与第二纵队战斗，李振的六十五师到达明港，罗广文兵团正由正阳南下，解放军主力则抢渡淮河。

28日晋冀鲁豫野战军渡淮完成。蒋介石利用涡河、沙河、淮河等障碍阻击解放军的企图全归失败。

29日，蒋介石发表陈诚兼任东北行辕主任，这是蒋介石剥夺他参谋长的职权。附和蒋介石扬言三个月消灭解放军的陈诚，倒被解放军打下台了。刘方瀚等纷纷打电话给我，告知这一消息，大有树倒猢狲散之慨。我不禁在当天的日记上写道：

“余觉云瀚等以十一期为团结中心，局度太小，且如此朋党比周，排挤人才，此非为总长帮忙，适足败乃公事而已。”

国民党军队从8日起至29日止20天，寻找解放军主力决战，一直被解放军牵着鼻子走，不仅一无所获，而且丧失了大量兵力。在此期间华东野战军在鲁西的部队，尽量牵制。尤其第三纵队，飘忽无定，牵着徐州陆总的第五军、八十四师、五十八师等部东西奔跑，疲于奔命。晋冀鲁豫野战军进入大别山后，华东野战军第八纵队于9月8日，在沙土集歼灭了整五十七师，9日邱清泉称华野六、九、十名纵队均已渡河。因此，9月12日徐州陆总调整十一师到南驿，并进入鲁西。以后，在鲁西对解放军作战的有第五军、整十一师、二十军、整二十八师、七十二军、七十五军、八十三军、八十四军、伞兵部队等部，但终无大战斗。

胶东方向，华东野战军第二、七、九、十三纵队于10月4日在流河、三河山围攻整六十四师至10日才解围。

大别山作战会议

解放军挺进大别山，不特把战争引向蒋管区，使南京、武汉同受威胁；更重要的是迫使蒋军由战略进攻转变为战略防御，从而改变了整个战争形势。而蒋介石在南京召开的大别山作战会议，就是针对这一情况作出决策，影响战争全局的关键性的一次军事会议。

1947年10月28日顾祝同由郑州打电话告诉我，下月1日去南京参加大别山作战会议。要我注意全区的作战，无论如何不能放松胶东与鲁西，因此要把能战的第五军及第十八军保留住其中的一个。这正合我的意图。我本他的意旨，于29日作出作战计划如下：

一、方针

“本部应集中主力先于大别山击破刘伯承部，同时并在鲁中、鲁西、胶东、黄泛区各方面以一部兵力追剿，不让陈毅部恢复或妨碍我大别山方面的作战。”

二、作战部署

对大别山方面以第七军、整四十八师为一路；以二十八师、五十四师（由胶东海运来）为一路由夏威指挥进攻大别山，到达黄山附近后，再以第四纵队（十师、八十五师）由麻城东进，协力进攻。

（二）鲁西方面……

（三）胶东方面……

11月3日9时，大别山作战会议在国防部会议室召开，参加会议的，除了国防部部长白崇禧、参谋次长林蔚、刘斐、第二厅厅长侯腾、第三厅厅长罗泽闿、副厅长许朗轩、三厅二处处长曹远湘外，还有王耀武等将领。我以陆总参谋长的身份出席。

会议，首先由蒋介石“训话”。大意是：“共军刘伯承部自从强渡黄河，配合陈毅作战以来，屡遭我军重创，已逃逸大别山区，以图苟延残喘。为彻底剿灭刘伯承部共军，阻止其负隅顽抗，死灰复燃，进剿大别山已刻不容缓。须知战机稍纵即逝，不能有半点迟疑。希望诸位，制定出切实可行的作战计划，彻底肃清刘伯承部共军，则全国军事即将进一步改观。”

蒋介石讲完后，由各将领报告作战经验，大会随即分为军令、军政两组讨论。我参加军令组讨论。

我按陆总所拟计划，说明应以七、四十八师，二十八、五十四师（由胶东海运），由夏威指挥分二路进入大别山，到达黄山附近后，再以四纵队（十、八十五师组成）由麻城东进、协力攻击。与此同时，我军在鲁中、鲁西、胶东、黄泛区配合作战，以整十一师扫荡黄泛区及沙河南岸；以阜阳、太和为中心，东可控制涡河、蒙城，西可控制三河尖；再以第五军配合八十四师向鲁西攻击。这样，使鲁中、鲁西、胶东、黄泛区的陈毅部军队无法恢复战力，或妨碍我大别山作战。如此，我全局皆可主动。

研究结果，大体同意我的计划，但对大别山清剿的统一指挥问题无法决定，只好暂定三案：（1）徐州陆总统一指挥；（2）由武汉行辕指挥；（3）由大本营直接指挥。

我顾虑由国防部直接指挥或由武汉行辕指挥，都会过多分割陆军总部兵力。所以当晚蒋介石召宴时，我还特别提出，请他注意进攻大别山的同时，对鲁西及黄泛区共军的动作，预为留意，以免被动，打破计划。

第二天（11月4日）上午9时，军政、军令两组汇报，蒋介石大体同意军令组昨日所定计划。唯指挥问题出现了新变化，原来由大本营直接指挥的方案，第三厅昨夜改成了由国防部长白崇禧在九江设指挥所直接指挥。我听到这一意见时，心中一惊，认为蒋介石平时不愿意白崇禧掌握兵权，未事先得他同意而在会议上提出，必使他尴尬不堪，这时我特别注意蒋、白二人的表情。这天蒋坐在会议桌的顶端正中的一把椅子上，这把椅子靠背比所有椅子靠背都高些，据说这是由于他在西安事变时腰部受伤，要高背椅子使他坐直才不疼痛。这时，他的右边坐的是白崇禧，蒋听见这一建议后，并不烦恼，从容地扭转身问白："健生兄，你看如何？"

"看主席怎么决定吧！我服从命令。"白崇禧也满不在乎似的，脸上毫无表情地回答。

于是，蒋决定由白崇禧指挥对大别山的进攻，并于九江设国防部长九江指挥所。

我不知是他二人都镇静，还是事先已有默契。

休会时，我到方天办公室，他对我说：

"坏了！坏了！泽闿受刘为章（刘斐）怂恿，把白抬出来，从此多事了。你为何不设法阻止呢？进攻大别山，正该集中兵力嘛！你们为何平分兵力呢？"

"进攻大别山确须统一指挥。按道理进攻就应该集中兵力，像打篮球一样，球到自己方面来了，五个人一齐回来抢球，夺得球又五人一齐进攻，齐心协力，才能胜利。但是主席既不放心白部长，为何又不让顾总司令统一指挥呢？既让白部长指挥，为何又不把顾调开呢？这不明明是让顾分白的兵权吗？对他闷葫芦里卖的什么药未弄清楚以前，我们小喽啰还是少说为佳！弄得不好碰一鼻子灰不合算。"我回答。

事实上，以后进攻大别山，始终没有当初进攻沂蒙山区那样大的兵力优势。九江指挥所以后移武汉，改称华中"剿总"。白崇禧1948年冬终于由武汉发出逼蒋下野的通电。蒋介石一辈子玩弄权术，他暂时成功在这上面，最后失败也在这上面。

大别山作战会议4日结束，我6日返回徐州。

徐州陆总的暗淡结局

国防部长九江指挥所成立后，徐州陆总战斗序列内战斗力强的部队抽调走不少，十八军、八十五军、罗广文兵团、张淦纵队等调归九江指挥所战斗序列，六十五军李振部空运西安，第五十四军海运东北。但徐州陆总的战斗地境并未缩小。而所须对付的解放军华东野战军则数量日渐增多，战斗力日渐增强；不特在黄河北整补的一、四、六纵队又重新进出鲁西南，而且在胶东的十三纵队，在苏北的十一纵队都迅速成长。因炮兵增多，各纵队攻坚能力都大大增强，既可轻而易举消灭国民党的整个军、整个师，也能攻克中等设防城市。所以不论在胶东、鲁西南、黄泛区、鲁南、苏北、徐州，陆总都全居被动，从大别山作战会议后，到1948年6月14日徐州陆总结束，“剿总”成立，到处都打败仗。

1947年11月7日起，解放军华东野战军一、三、四、八纵队及晋冀鲁豫野战军第十一纵队破坏津浦路的西寺坡、龙王庙等处铁路及陇海路黄口、砀山、刘堤圈、朱集、柳河、野鸡岗一带铁路，14日攻占肖县，并进攻沛县，威逼徐州，使徐州一片恐慌。国防部主管作战的参谋次长刘斐传“蒋主席谕”，叫我在徐州以稳为第一。因为这时徐州附近的部队庞杂，战斗力弱，深恐“敌人”一旦突入，就会发生混乱。我于是打电话给三厅厅长罗泽闿，请其调由青岛海运浦口之整二十五师黄伯韬部到宿县，整七十五师沈澄年部到徐州，以便配合新二十一旅李文密反攻肖县。15日，整七十五师的第六旅到达徐州，顾祝同也由郑州返徐，徐州外围稍趋稳定。

就在徐州紧张关头，我调第三绥区副司令张克侠率过家芳旅担任徐州城防司令。这是因为张克侠同志与我在陆军大学第十期同学，他屡次嘱我为他设法出任军长，以便掌握实权。他常住三绥区徐州留守处都天庙，我去看他，两次碰见他在收听解放军的广播。又一次我对他说：“国共两军谁也消灭不了谁。”

“不见得吧！解放军已转弱为强。”他很坚决地回答。我暗喜他与我思想接近，可引以为助，却不知道他已是老资格的共产党员。

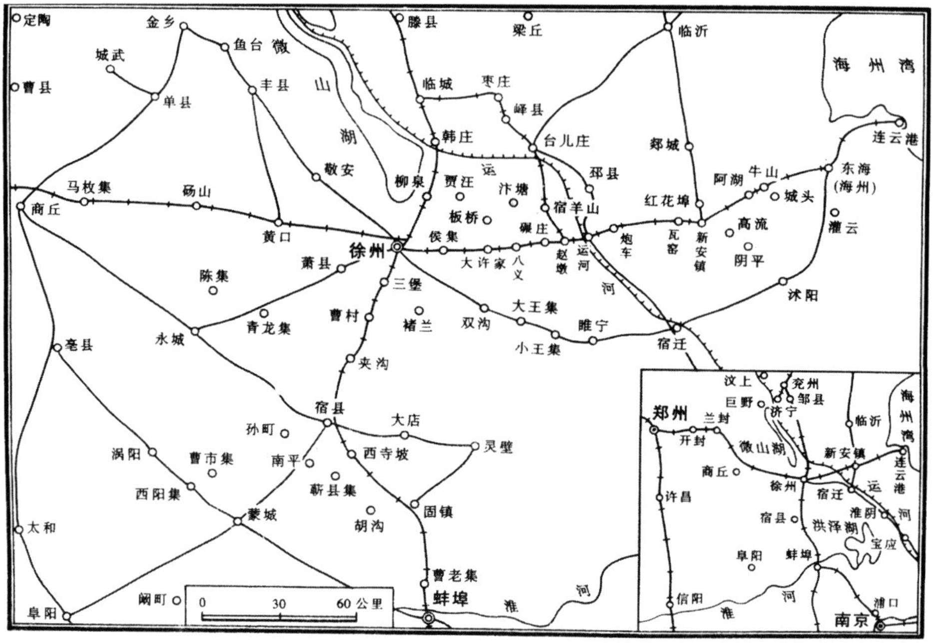

徐州地区略图

徐州外围，第五军、整七十五师、整八十四师吴化文部、新二十一旅、伞兵总队等，不断在陇海铁路线上及永城、夏邑、太和一带跟着解放军旋磨打圈。

20日解放军第八、十纵队围攻驻金乡之唐化南旅（整七十师未遭歼灭之一旅），徐州陆总急调整八十四师、新二十一旅、伞兵总队等往援，至27日才解围。

徐州陆总因徐州外围战斗，还未喘过气来时，胶东方面，驻高密的六十四师一个团突于29日被解放军消灭；华东野战军二、七、九、十三纵队并围攻驻金口，海阳的整五十四师，范汉杰手忙脚乱，调兵遣将，到12月3日才解围。我认为解放军不是真意进攻，不过牵制整九、五十四两师向他处转用而已。

胶东警报频传声中，12月26日驻豫西西平南祝王砦的整三师又被歼灭。

1948年一开年，各方面就战况不佳。蒋介石与白崇禧之间，意见更不协调。国防部与徐州陆总意见也极不一致。1月12日，蒋介石下令范汉杰率五十四军、六十二军、九十二军守北宁路，五十四军由青岛运秦皇岛。17日，罗泽闿通知我，国防部即准备由苏北抽出一个师兵力转用于他处，我都反对。这天因郑州指挥所报告，解放军华东野战军一、三、四、六、八各纵队集中鄢陵、扶沟、漯河间地区，判断其将进攻郑州，蒋介石忙令顾祝同去郑州指挥。驻郾城之十三旅被围攻，蒋介石令整十一师北上解郾城之围，到达遂平后，即令十三旅突围，还令我以第五军之一部进出淮阳策应。我奇怪，问整十一师为何不进出西平或漯河？三厅二处处长曹远湘答复我说："白部长不许十八军北上。"我心知这是白怕徐州陆总乘机把十八军拉走。但蒋介石竟不能暂时调动军队，则指挥不灵可以想见。

像受伤的野兽一样，蒋介石愈失败，也就愈疯狂残忍。3月9日蒋来徐州，第二厅厅长侯腾、第三厅厅长罗泽闿、第四厅厅长杨业孔及蒋经国、俞济时等同来，约我一同共进午餐。我才知蒋介石此来主要是为翌日校阅第三快速纵队并向战车第一、二、三团授旗，顺便听听作战汇报。晚上，我在作作战汇报时说：

"共军飘忽无定，到处窜扰。陆总除以一部守备必要城市外，应以第五军、第七十五军、第八十四军为主力，穷追陈毅部第一、四、六纵队而去破之。"

蒋介石听了，表示同意我的办法，并且指示："赤化区人民都同情'共匪'，我军进剿时，可以烧毁房屋，杀戮附敌的人民，以破坏他们的根据地。"

我听了顿觉毛骨悚然，我在当天的日记上写道：

"伊训示对赤化区烧、杀，余甚不同意。烧杀不过引起人民反感而已，此非为国为民之道也。"

隔两天，王耀武的三十二师在周村、张店被歼。15日，洛阳的二〇六师邱行湘部被歼。4月10日，解放军猛攻潍县，陈金城率部坚守待援，蒋介石急忙调七十五师、新二十一旅、八十四军等赴济南，并令王耀武率领七十三、七十五、八十四各军东进，以解潍县之围，但被阻不能前进。至27日，潍县被攻破，陈金城被俘。

5月21日蒋介石、李宗仁就总统、副总统职。

6月14日，顾祝同卸任，刘峙就任徐州“剿匪总司令”。在一片迎新送旧的喧嚣中，16日解放军华东野战军第三、八纵队进攻开封，21日城破，守军整六十六师师长李仲辛自杀。李是陆大十一期同学，未曾带过兵打仗，原任一八三师政治副师长。他得师长石祖黄的帮助，排挤了副师长向军次，而出任师长（整编后改旅），羊山集战役，一八三旅幸免被歼，因此继宋瑞珂为整六十六师师长。我听到他的死讯，在日记上写道：

“此人青年活泼，不于中日战争中殉国，可谓不得死所矣。”

22日徐州“剿总”令到达韩集附近的第五军、整七十五师继续向开封、陈留进攻。蒋介石也亲临郑州，并到开封上空视察，然于战局实属无补。

1948年6月14日，徐州陆总取下招牌，换“剿总”的招牌。“剿总”总司令刘峙、参谋长李树正于当天就职。我奉命免职，另有任用。照理我办完移交，就可以离开徐州。可是，由于刘峙是有名的“福将”，李树正虽是国防部第三厅副厅长外放，但他对徐州方面的情况终究还是不熟悉。所以顾祝同离开徐州时对我说：“总统临行嘱咐，要你在徐州多留几天，以便刘、李熟悉情况。”这样，我就权充徐州“剿总”司令座上的“食客”。

过去只耳闻这位“福将”的大名，这次“得亲芝宇”，果然名不虚传。

徐州补给区司令朱鼎卿，是所谓“十八军旧人”，我们平常谈话比较随便。一天朱来问我：“怎么搞的！？我今天向刘总司令汇报补给区的情况，除汇报了补给区所存械弹、服装、粮秣而外，还汇报了组织情况。我明明报告了徐州补给区之下有一兵站总监。可是我报告完了，他什么都没有说，只问我补给区之下有没有兵站总监？我不知是何用意！”

“他总是想放人当兵站总监嘛！”我苦笑地回答。他也会心地微笑了。

果然，后来刘峙保郭一予担任兵站总监。

有一次，第七兵团司令黄伯韬来见刘峙。我们三人坐在一张小桌上吃饭，饭后黄要求刘一件什么事（现在回忆不起了），而刘峙只是满面堆笑，连声唉！唉！唉！……总是不敢干脆回答。于是黄伯韬半开玩笑、半认真地说：

“没见你这刘老总，这么没有肩膀，不敢担责任！你看人家白老总呢！”

“哎呀！你不晓得，我同白老总不同啊！我和顾总长都是他（指蒋）从营、团长一步一步地把我们提拔起来的。只要他在电话上一骂，我连骨头都软了。”刘峙憨态十足地、老老实实地回答。

我和黄伯韬听了都笑了起来，他却毫不在意。

后来，我将此事告诉顾祝同，并说：

“南京不少人说：徐州是南京的门户，不派一只虎将镇守，也应派一只狗守门嘛！怎么派一头猪呢！”

顾祝同连忙解释说：

“你不知道，蒋铭三（鼎文）日嫖夜赌，不理事。刘经扶虽然老实一点，还肯管事，总比蒋铭三强。”

这大概就是曾一度传说蒋鼎文任徐州“剿总”司令，而终于换成了刘峙的原因。

1948年6月25日，西进解围开封的第五军、七十二军、七十五军进至兰封以西的曲兴集、白云寺一带地区。徐州“剿总”得知解放军两个纵队由睢县东进，武汉的华中“剿总”又通报刘伯承的二、三、六及陈赓的第四纵队于头天过漯河东进。因此判断解放军将集中全力各个击破第五军，再攻击十八军。而兖州李玉堂被围攻，情况危急。前往解围的黄伯韬兵团26日已集中于滕县。李参谋长与我研究，认为第五军可于柘城待机，解围兖州宜使用足够的兵力，主张转用七十二军于该方面。因此作成作战方案，主张区寿年兵团（七十五军、新二十一旅）退保商丘，以七十二军加强黄伯韬兵团北上解兖州之围。并向国防部建议，详细情况由我返京陈述，顾祝同也允许我离开徐州。因此我于27日乘火车返回南京。徐州奎山的塔影在我眼帘中渐渐消失，我在徐州一年多的勾留，俯仰之间便成为陈迹了。

再任第三厅厅长

蒋军人事制度非常腐败，一般人认为“一朝天子一朝臣”是理所当然的，陈诚任参谋总长，我任第三厅厅长。顾祝同任参谋总长，我又任第三厅厅长，岂非怪事？

人们总以为这是我任顾祝同的参谋长一年多，因此与他建立了个人感情，取得了他的信任。可是谁也不知道这背后还有蒋、陈、顾共同对付白崇禧的因素和其他原因。话得从头说起：

陈诚到东北后想“励精图治”，以挽回声誉。他不顾东北贪赃枉法成风，积重难返的现实，不知循序渐进，逐步改良，而采取他“硬干、实干、苦干、不爱钱、惩治贪污”那一套高压手段。他无视陈明仁守四平的“功劳”，把“卖黄豆事件”扩大化，撤了陈的职。对人不假辞色，也惹怒了许多“功臣”、“悍将”，对他不买账。军政事务都推不动，战争又节节失败，弄得下不了台，蒋介石只得准他回上海养病。1948年3月22日，我奉命去南京研究作战。23日我借口去上海看望陈诚，而暗中向任廉儒汇报情况。行前车蕃如以为我去看陈诚烧冷灶，他说：“你这是每个菩萨面前都烧一炷香？”

“这是做人的道理。世态炎凉，趋炎附势易，雪中送炭难啊！”我一面冠冕堂皇地回答，一面暗笑“背后还有一尊菩萨”。

陈诚留我午饭，谈话中他郑重其事地说：“回去告诉墨公（顾祝同），主席已决定由他担任参谋总长，这是把关的要职，他决不可推辞，免得别人伸手，大权旁落。”这“别人”当然指白崇禧。

“我想离开军队，回家务农。”我同意转达他的叮咛后，表示不想再干了。

“你应该很好地协助墨公，你已见重于主席，可引以为慰，而不必厌倦幕僚生活。”他回答。他不理解我已决心离开国民党，还想把我拴在蒋、顾的战车上替他们卖命。

“我参加革命，原来是想实现三民主义，今天政府所作所为都违背三民主义，我实在无心残杀同胞。”我回答。

“现在事机迫切，委员长不久可望在政治上来一个大转变。”他做出痛苦而又同情的表情，然后空空洞洞地敷衍我。

4月1日，何应钦到达上海，国防部人事更迭就更甚嚣尘上了。

5月3日陈诚与顾祝同通电话，告诉他辞职照准，总长一职由顾继任。顾得电话后，欣然约我与他一同去南京任职。我厌恶打内战，当即表示，不愿任实职，只愿作高级参谋，保留一个吃饭的职务。他反问：“就不可以任参谋次长吗？”

“资望不够。”我回答。

他微笑未再多说，我判断陈、顾电话可能谈到了刘为章（刘斐）和我，当然必定谈了何应钦任国防部长。

7日顾祝同客气地约我谈话，讨论他去国防部负责军事后如何做法。我告诉他：

“今天全国局势很不好，军事上责任尤其艰巨，你出任总长后，第一要协和各个方面，共同努力，度此危局，不可再蹈辞公（陈诚）‘好揽事’、‘不容众’、增加阻力的覆辙。此外，须注意办事效率，不宜注意人的更换；南京开会会客占的时间很多，去后宜尽量减少开会会客；并宜移住部内，每日寻求较多的时间，以冷静考虑作战、整军诸事；为求事无遗算，还宜组织一个智囊团，协助你处理事务，如整训部队、计划作战等。”

他边听边频频点头，似乎颇有好感。

11日顾祝同飞往南京，我送他去机场，同乘一辆汽车，我对他说：“国民党现在已走下坡路，你这去责任太大呀！”

“就是嘛，他（指蒋）叫我干，明知是火坑，也得跳进去呀！”他回答。似乎表示无可奈何才担任参谋总长。

“战争失败要负责任呀！”我进一步再提醒他。

“我负什么责任呀？大小战役，都是请示他，由他定下决心，下令实施。别人谁负得了责呢？”他平静地回答。

我们汽车上短短的谈话，就见得蒋军大势已去，一般人都唯恐负责，事事向蒋介石身上推，蒋也事无大小，一手包办，坐在南京，凭这时的情报，在图上指挥，干涉小到一个师的细部行动。至于下级呢？明知错了，也遵令执行，以免负责。这种瘫痪的指挥机构，再加上腐败的政治，当然除失败是没有第二条出路的。所以23日，韩德勤（副总司令）转达顾祝同意旨，要我担任第三厅厅长时，我就严词拒绝。我说：“我深感政府无道，人民涂炭，一切军事上的决策、准备等，均由主席直接处理，我恐怕在这样的政治环境、这样的官僚机构中作官僚，于国于民无补，只会更增加罪过，所以我决不担任此职，请转告顾先生另选高明。由于我备受顾先生的青眼，为报私人的恩惠，我愿作一个高级参谋，随时为顾先生研究问题，出些主意，这是我受恩深重，唯一报答的途径。”

韩德勤当然一再代顾表示邀请的诚意，劝我勉为其难，但毕竟得不到我的同意。及到我28日到南京，呈出徐州“剿总”的作战计划并讨论后，顾又约我到他家午餐。饭后他又请我出任第三厅厅长。我说：

“我愿任高级参谋，在你身边出谋划策，这样没有厅内日常事务的纠缠，头脑还清醒些。”

“任厅长权作‘待次’。”他误会我不干是嫌官小了，所以这样回答，表示第三厅厅长有过渡性质。

“那么，允许我出去带兵吧！我未任过军长，历练不足。黄焕然（伯韬）约我去二十五军，我去耽搁一年左右，再回来就是，如果二十五军不行，你为我另寻一带兵的机会也可以。”我又借故推辞。

“不任军长也可以，肖毅肃任次长，不是就没有担任过军长吗？”他话说得越加露骨了。

“他不是黄埔学生，不受论资排辈的影响。”我回答。

“没有什么关系。”他总一心要我任第三厅厅长，所以这样回答。

29日的傍晚第三厅副厅厅长许朗轩来我家告诉我：

“主席决定以罗泽闿调西安绥署副主任兼参谋长，并决定以你继任第三厅厅长。”

顾祝同不得我的同意，已报请蒋介石作出了这样的决定，但我还是不肯到职。友好的上级和朋友如郭忏、方天、刘云瀚、陈春霖、傅秉勋等都劝我暂时担任。郭忏还说：担任到好，将来决定战斗序列，可以发生作用。意思是好照顾陈派将领。30日顾又约我午餐，劝我早日到职，7月2日又当面劝我。我都说：

“请稍缓数日，待我从长考顾。”

由于任廉儒同志劝我不离开，所以我在7月3日的日记上写了如下一段话：

“余考虑甚久，不愿作第三厅厅长，宁愿不计成败为大多数人民奋斗，从新踏上革命征途。陈、顾二人之情感拟概不顾虑。但计划结果、目前家人生活亦成问题，走投无路，在光明之路未探得之前，只好暂时鬼混，‘明知不是伴，事急且相从’，不胜感慨！”

就这样我终于1948年7月7日到职再任第三厅厅长。

作战检讨会议

我再任第三厅厅长时，国民党军队累计被歼二百余万人，兵力已失去优势。刘、邓大军挺进大别山后，蒋军形势也非常不利。蒋介石及蒋军中敏感一点的将领，此刻都感觉到大厦将倾的不祥预兆。于是蒋介石决定召开“三年来戡乱检讨会”。7月23日先开检讨预备会，由国防部有关厅局分为军政、军令两组，就战略方针，作战机构调整，共军战法及对策，情报、补给、兵役、编制装备训练政治工作等如何与作战配合诸问题，先作讨论，然后于8月3日正式开会。

在11天的检讨会议预备会中，我参加军令组。我认为国军各方面的问题，都大致讨论到了，一切毛病和应如何改革，大家也谈到了，可惜还未触及根本。根本在国民党腐朽已到了不能救药的地步，以致任何方案都不能彻底施行。所以检讨会开来开去，仍于事无补。我写回忆录至此，翻阅旧日记，见下面一段记载，感慨特深。

“人必自侮而后人侮之，家必自毁而后人毁之，国必自伐而后人伐之。”

我认为内因是变化的根据，外因是变化的条件，任何人立身处世，任何政党谋国治民，都非注意根本不可。国民党本质腐朽，贪污成风，官官相护，盘根错节，政纪不严，党风不正，虽然内有政权和四百万军队作支柱，外有美帝国主义做靠山，而终逃不脱失败悲运，难道不是万世殷鉴吗?

1948年8月3日9时，蒋军戡乱检讨会在南京国防部大礼堂正式开始。会议一共经历5天。参加会议的除了国防部部长何应钦、参谋总长顾祝同及所属各次长、各厅厅长外，还有各“剿总”“绥署”的参谋长、各军军长和参谋长等（外间称这次会议为8月军事会议）。

首先，蒋介石致开幕词说：“这次会议，除了检讨这两年来戡乱的经验外，还必须深入研究今后的‘剿共’作战方针。

回顾一年多来戡乱失败，我本人应负主要责任，但是国军将领，萎靡不振，没有克敌制胜的旺盛精神，以致上面的任何战略战术，都失去作用，都不生效力，也是一个原因。你们各级指挥员，万万不可有失败主义、悲观情绪。如像有人问太原和济南失守后如何办？就很糟糕，就是丧失信心。你们忘却了国民党过去的光荣，就无异缴械！”

最后他以沉痛的表情说：“本来抗战胜利后，我个人的事业就可以告一段落。但是我担心你们搞不赢共产党，不是共产党的对手，会生活不下去，没有饭吃。为使党内同志和广大官兵能有生存权利，我又才被迫勉强带领大家干。谁知道我军许多将领信心不足，士兵士气低落，作战屡次失败，很不争气，使我非常为难。”

说到这里他又慷慨激昂地说：“但是我既已负起责任，我就一定为党内同志及官兵生存而奋斗到底，望大家不要辜负我的期望，发愤图强，努力奋斗！”

蒋介石这一番鼓励士气的讲话，使许多人“感动”。下午我参加第一组讨论作战指挥提案时，就有人说：“上午总统讲话，太沉痛了！”

许朗轩也随声附和，我暗中对他说：“话很沉痛，但说怕大家没饭吃，说得有失体统。”

我内心认为：离了他就没饭吃，有志气的人是碍难接受的。我也随即想起往事，他1927年1月去汉口血花剧社的讲话、1937年七七事变时他在庐山训练团的讲话的情景，像放电影一样，一幕一幕掠过我的脑海。我认为他擅长煽动感情，以激励人心，只可惜抗日战争时，民族仇恨容易为广大人民群众接受，而这一次，除少数亲近的人而外，轻信者已不多了。记得会后不久我对何应钦说过：“老年人好回忆过去，津津乐道曾赢得过的光荣；青年人则憧憬未来，一意追求将来的幸福。提不出青年人追求的目标，大多数官兵不知为何而战，是很难提高士气的。”

会议的第二天黄伯韬报告帝邱店战斗经过，第五军高吉人报告解围榆箱铺战斗经过。豫东会战（即睢杞战役）当然是国民党军一大失败，但大家很大一部分话表扬或解脱自己，战略战术上并未寻出失败的原因。11时蒋介石训话说：“我认为共产党阴险暴戾、深刻精到、机警疑忌、严密笃实。但是共产党并没有什么了不起，只不过懂辩证法，你们以后对辩证法要好好研究，才能应付他们。这次我发一本辩证法给你们，希望你们回去认真研究。”

会议当中果然一人发了一本辩证法。我回家一看，才发现是一本黑格尔的辩证法，并不是唯物辩证法。我瞥眼看了一下，就束之高阁。我估计像我一样略为过目的人，为数不少，一般人谁肯看这种索然寡味的书呢？不往字纸篓里面塞才有鬼嘞！

这天下午，小组讨论，讨论共军战法，陆大教育长徐培根发言，大谈其包围不如突破的理论。他对于解放军战法一窍不通。解放军一般无固定阵线，“打不赢就走”，他不接受攻击，走得鬼都没有一个，你突破什么呢？他“打得赢就打”时，总是窥准弱点，集中数倍优势的兵力，疾风骤雨地急袭奇袭。“其势险，其节短”，你还未稳住阵脚，就已解决战斗。这就是集中优势兵力，打外线进攻速决歼灭战。这样你突破什么呢？因此我认为国民党学校教育与军队作战需要脱节严重，就无怪战场上将不知兵，兵不能战了（当然兵不能战有其阶级根源，这里是就战术教育而论的）。

8月5日9时开大会，整八十三军、七十二师等报告豫东作战经过及所得经验。14时，通过提案，所有提案均未深加研究，就草草通过。提案通过后，蒋介石讲话，他说：“今天我们须注意经理核实、伤病护送，如果经理卫生办不好，就不能提高士气。”

他的话是对的，但政府军贪污成风，将领挪用军饷大做生意，中下级军官公开吃缺空，哪能核实经理？又哪有心思管伤病员兵呢？这在国民党军队，是不治之症。

6日上午，由我报告豫东作战经过，由于豫东作战，我未参与谋议，情况不熟悉，只好就第三厅准备的材料进行准备，幸双方部队番号及战地地形等平时均很了解，所以许朗轩等在台下为我捏一把汗，我还是手执教鞭，看着地图顺畅地报告一通，走下台来。

我报告后，蒋介石讲评，他极力鼓吹“发扬国民革命的光荣”，奖励恢复士气。然后他说：“中外人士多认为国军将校贪污无能，这纯是共产党宣传的结果，但是止谤莫如自修，希望各将领带头作好表率，特别廉洁认真，办理好经理、卫生。”

最后他鼓励将领们“成仁”。他说：“我军将领，应该坚毅果敢、杀敌立功，倘若不幸失败，就应光荣地‘成仁’。被俘是最可耻的事，与其生而辱不如死而荣。”

我听了蒋介石这一番话，感慨万分，不禁于当天的日记写下：

“余觉今日豪门作祟，官吏贪污乃系事实，如非为主义而奋斗，则有志之士似亦不肯轻于牺牲。总之战争目的不明，士气甚难鼓舞。”

会议的最后一天（7日）下午，蒋介石训话。内容大要是：

1.勉励大家力行，务必要把这次会议的决议案于两个星期之内积极执行；

2.加强政治工作；

3.各绥区加强地方控制，保障交通安全，并加强军民合作，开展军纪竞赛；

4.核实经理；

5.现在国际危机存在，我戡乱胜利，则多助；否则寡助；

6.要以智、信、仁、勇、严的“严”字来整军律己，对军队对自己不严格要求，那么一切都会落空。

“总统训话”完毕后，又讨论了“剿匪战术”。20时散会。戡乱检讨会议于此终了。

这次会议名为检讨会议，实际上是以蒋介石向将领们打气为重点。对各次主要战役很少从战略、战役法、战术、战斗法则各方面去找经验教训。对解放军作战对策，国民党将领们虽已敢于略举解放军的优点——如军民一致、官兵一致，侦察严密、行动秘密、迅速、作战勇敢等，并说出一些对策。但是第九十三军军长盛家兴的书面发言，称“解放军军民一致，尊重人民利益，纪律严明，对我军情况明了，战术灵活巧妙，战斗力强，牺牲精神旺盛。国军应效法解放军，不妨碍人民利益，争取民众，才不会成为聋子、瞎子。要效法解放军经济公开，爱惜士卒，纪律严明，才能提高士气；要学解放军加强侦察，灵活运用战略战术，坚决进攻，军官们冲锋在前才能提高战斗力……”蒋介石看后勃然大怒，责备盛家兴长他人志气，精神上已被共产党俘虏了。并盛怒责备大会秘书处：“这种东西，怎么不加研究就印发了？！简直不用脑筋，不负责任！”

主持大会秘书处的是总长办公厅厅长钱卓伦，他与盛家兴都是我陆军大学第十期同学，我听了替他们二人捏了一把大汗。幸以后蒋介石说："盛军长的发言，虽然不正确地夸大了敌人优点，有碍士气的发扬，但他发言的立场还是站在国军方面的，出发点还是为增强国军战斗力。"言下之意，不必追究。一场风波，就截然平静下来了。

对于解放军战法的研究，这次会议翻印分发了三本解放军印的小册子：（1）《攻坚战斗》；（2）《战斗手册》（以上两册系华东野战军印）；（3）《目前的战役问题》（东北野战军印）。前两本是大会秘书处报请蒋介石批准印发的。《战斗手册》还由第三厅逐条写了对策才付印。滑稽的是：这些对策，都未经慎重而深入的研究，仅凭小参谋意想，不管行得通行不通，有效无效，对不对头，逐条写几句话对答就是，如"打破以农村包围城市"，三厅的对策是"把农民争取过来"。我看了不觉大笑，批上一条眉批："如果能把农民争取得过来，仗不用打就胜了，战争也根本不会发生了。"

另一有趣的事是《目前的战役问题》并不是有意送给蒋介石看的，而是我把它插在存查的文件双摺十行纸夹缝当中，附在别的文件后面送去的，不知何故蒋介石会把它从像信封一样的双摺十行纸当中抽了出来，批上"印发"二字。这本小册子基本上是发挥毛泽东主席《中国革命战争战略问题》和《论持久战》中所阐述的变战略上的内线和防御为战役和战斗上的外线和进攻，从而在战场上变弱为强，变劣势为优势，变被动为主动，在战略持久中打战役和战斗的速决战歼灭战等原则的，总是蒋介石抽出来看了，觉得这小册子高明才叫印发的。此时毛主席的十大军事原则已发表，不知何故尚未在蒋军中流传。

华东野战军的《攻坚战斗》是针对蒋军的堡垒防御的战法。主要是奇袭当中，以炽盛火力（万火齐发）压制、封锁敌方射孔，掩护"梯子组"通过障碍及"突击组"进行突击。用这一套打法，可轻而易举地突破并消灭敌人据点和设防城市。因为蒋军的筑垒阵地都是一线阵地，高出地面，目标暴露，纵深很浅，无纵深配备。尤其大中城市的环形阵地，既无逆袭据点，又无逆袭准备，所以一点突破，就全线崩溃。但蒋军将校有这本书也不研究，也不改进阵地构筑，也不改进防御战法，所以最后失败比预料快得多。蒋军由于阶级性的决定，攻击精神不够，就只好守，守又不研究防御战法，到处背包袱。所以到处形成孤立的设防城市。设防城市的一线阵地，又像蛋壳一般，一戳就破，这就是蒋军动辄就成千成万的人被俘的军事原因。

现在许多人说：这次会议是“军事会议”或“8月军事会议”，因此一些研究解放战争的同志误会这是一次作战会议，认为会上有很重要的战略决策。有的人甚至举出事例来问我，但是我翻阅旧日记，并认真回忆，无论是在这次准备期间，或正式会议期间，并没有对各战场作重要指导，这期间蒋介石7月25日赴莫干山，月底才返南京。8月3日正式开会，7日闭幕，9日蒋介石即去庐山，中间并无重大决策。8月2日，傅作义以十六军、九十二军、六十二军向遵化、喜峰口的解放军东北野战军第三、第四及第十一纵队进攻，纯是傅作义的决定，不是蒋介石的指示。为了解释这个疑团，特附带在此说明。

济南战役

解放战争中，解放军采取战役速决、歼灭战、改变敌我兵力对比，以达持久消耗战略目的，因此以歼灭敌人有生力量为主，不争一城一地得失。蒋军恰恰相反，主要攻城掠地而占领之。结果占地愈广，背的包袱愈多，“备多力分”，兵力分散达到饱和状态，就给解放军以大吃小，各个歼灭的机会。中小城市被各个歼灭，士气越更不振，就被迫退守大城市，大城市交通被截断，就成孤岛，因此1948年，全国出现许多孤立大城市，济南便是其中的一个。

8月初军事会议以后，王耀武报告济南周围解放军云集，情况紧张，蒋介石8月10日特别由牯岭来电话指示：迅速空运八十三师之十九旅加强济南，并迅速空运武器补充吴化文的八十四师。18日蒋介石由庐山返南京开中常会，25日11时半召作战人员去北极阁宋子文公馆，报告作战情况。蒋认为济南孤立无援，非常可虑，所以命令准备以一个师，于必要时空运济南。徐州方面则以杜聿明、李弥两个兵团监视陈毅主力，而以黄伯韬兵团对苏

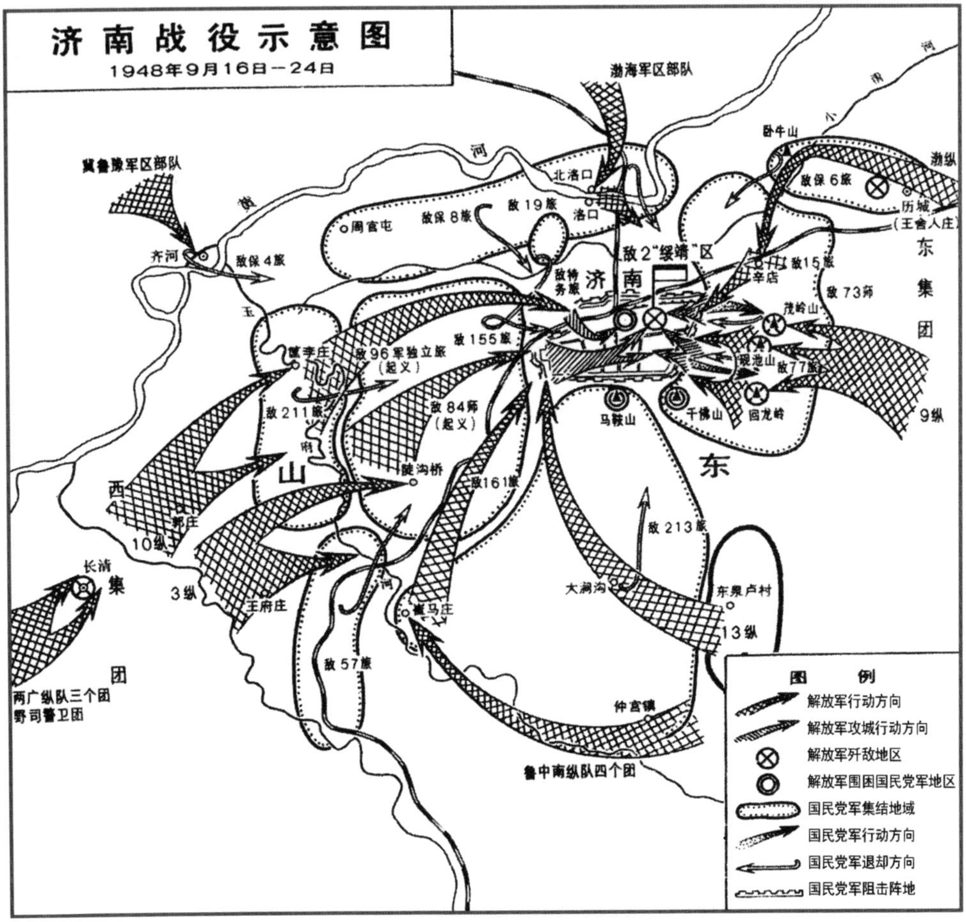

北解放军华东野战军第二、十一、十二纵队袭击，以大吃小的方法，实施小型歼灭战。等到苏北共军遭受严重损失，然后再转用兵力攻取兖州。为了传达蒋介石这一作战企图，下午国防部作战汇报后，顾祝同令我去徐州、济南一行。

26日上午9时我偕同陆军总司令部第三署署长徐志勗由明故宫飞机场搭便机去徐州。11时前后到达徐州“剿总”总部，刘峙已召集黄伯韬等兵团司令、军长等等候多时，我当即将蒋介石的意图转告刘峙、黄伯韬等，并将蒋介石以袭击战法、歼灭苏北解放军的设想见告，然后于15时与徐志勗及徐州“剿总”参谋长李树正搭乘运送十九旅的运输机，飞往济南。

我先向王耀武说明全盘情况及蒋介石的作战意图并说明共军如进攻济南，国防部可于10日内空运八十三师增援济南，我同时还告诉他，总统认为，济南周围阵地长达一百三十余里，唯恐共军一处突破，就会全盘皆乱。要求尽量缩短防线，集中兵力，使其能适应作战。王一面应允，一面邀我巡视各处阵地，似乎不以缩小阵地的意见为然，要我看看他的阵地何等坚固。

次日（27日）由第二绥区副司令牟中珩陪同我视察阵地，我们先往济南城南五里山，随后到城东茂林山、窑头及农业学校一带视察，七十三军在这里所构筑的阵地均甚巩固，唯未注意发扬火力及伪装。然后我们转赴城西腊山一带，这里吴化文部防御工事较差亦未注意发扬火力。综合起来看，济南周围修筑了大量的明碉暗堡，连五里山、茂林山均被掏空。他们只注意到了掩避，很不注意发扬火力和伪装，外八字的射孔，非常暴露，死角很大；我仔细观察后，于16时返济南城。

王耀武要我对营长以上人员讲话，并批评工事缺点，我于是说，阵地选定时须注意：(1)适合兵力，不能受地形引诱，把许多山头都包括进去，以致兵力不适合而配备成一线式阵地而无纵深无逆袭措施。(2)发扬火力，工事构筑在山顶，虽便于展望，但死角大不能发扬火力，有掩盖的散兵壕，虽然能避免敌方炮火杀伤，但不能投掷手榴弹，无法发扬火力。既无强大火力，如何能阻止敌军进攻？山虽挖空，碉堡密布，但毫不注意伪装、枪眼几里远可见，而共军历来攻坚，首先利用死角，封锁射口，万火齐发，在其掩护下开始冲锋，试看你这些暴露的堡垒，能否经得住共军的炮击。说罢，我回头对王耀武的参谋长罗辛理说，如果不相信，可令碉堡中士兵全部撤出，再牵几只羊进去，然后，对准碉堡射孔直接射击打几炮，试试如何？只怕一炮击中，即或羊子打不死，震也得震死。(3)工事构筑时须注意，发扬火力重于展望、伪装要重于强度，尤其要注意小村落、山顶都容易招致敌军火力袭击，成为弹巢。堡垒式阵地不仅易于暴露，也不能发扬火力。建议各部迅速改进自己阵地的防御工事。

济南视察后，我又飞往青岛视察，然后于29日飞抵南京。

9月1日国防部作战汇报，我报告了视察济南、青岛的情形，顾祝同决定令三十二师增编一个旅，并将济南所需的武器弹药等，尽量提早空运，以增强该方面军队的力量。

9月15日，王耀武因济南情况紧急，特飞京向蒋介石汇报，蒋立即下令空运七十四军去济南，王亦于当日飞返济南。

国防部原拟定八十三师空运济南，14日，见共军进攻济南的征候已经明显，遂命令立即开始空运。谁知徐州"剿总"已令八十三师前去金乡、鱼台一带，所以15日蒋介石只好临时改运七十四师，但七十四师尚在丰县，乃令其急返徐州集中。迟至17日才开始空运。这天解放军华东野战军第三、九、十、十三、新八、快速、两广、渤海等纵队开始急袭济南，当天即攻占砚池山、茂林山，与守军在窑头及七里河之线对峙。七十四师空运济南仅二千余人，但共军在黄河北岸用重炮猛轰济南机场，济南空军被迫全部撤出，空运只得停止。在济南万分危急时，空运进入济南的援助兵力竟不足一团。于是蒋介石令王耀武赶紧构筑千佛山下飞机场，以便继续空运。

18日济南西郊、南郊均无大战，只东郊特别激烈，王耀武军的墩子山、窑头、甸柳庄阵地均被解放军攻占。蒋介石对济南方面非常着急，20时还召我问济南情况，听我汇报后，对窑头一线被突破深感忧虑。

19日七十三军的燕翅山阵地失守，当夜吴化文率八十四军起义，济南情况急转直下。20日官邸会报知王耀武初先打算突围，最后决定将七十三师、新二师及山东保安队等撤入市区外壕及南边的千佛山、马鞍山地区继续抵抗。21日，解放军突入济南商埠，王耀武部除控制商埠六个据点工事外，主力已退入老城，一部仍控制在佛山及马鞍山。22日继续巷战，23日解放军由永固门及捍石桥两方面突入济南老城，王耀武部仍据趵突泉及内城顽抗，24日空军报告，17时过内城已无战斗。济南战役日至此告一段落。

在济南情况紧急时，蒋介石企图空运七十四师入济南以图固守，然后令徐州"剿总"以大军经鲁西南向兖州、济南进攻，以求逐步歼敌。17日顾祝同特别约杜聿明来第三厅，由我面告蒋总统的企图，并叫他们明日即返徐州，按指示指导作战。

徐州"剿总"为增援济南，22日急调杜聿明的第二兵团向北移动，第七兵团黄伯韬由新安镇向徐州移动，然后由鲁西向兖州进发，但济南很迅速就解放了，杜聿明未进入鲁西就停止下来了。

十、亲历三大战役

（1948—1949 年）

辽沈战役

解放战争战略决战的三大战役，从辽沈战役开始。

据不完全的统计，截至1948年6月底，蒋军总兵力已减少到365万人，正规军仅198万。由于屡次遭受歼灭性的打击，士气低落，军心动摇，内部矛盾更加尖锐，经济危机日益严重，整个国民党阵营，充满着失败情绪，再也无法摆脱战略上的被动局面。五个战略集团，被解放军分别牵制于东北、华北、西北、华东、华中五个战场上，处于被割裂的孤立状态，因此蒋介石企图支撑东北、华北、西北危局，减轻华东和华中的压力，而以淮北的机动兵团，机动作战，以达其守江必守淮，维持江南半壁江山之目的。

此时解放军兵力已增加至280万，149万正规军已建立起了51个步兵纵队。装备也大大加强，建立了相对强大的炮、工兵部队，提高了攻坚和大兵团作战能力，军心振奋，士气高昂。因此，攻取蒋军坚固设防的大城市、同蒋军强大的机动兵团作战，打前所未有的大歼灭战，甚至集中兵力各个歼灭敌人强大的战略集团，都具备了条件。但蒋军高级将领对此都没有正确的认识。

东北“剿总”卫立煌所部14个军约60万人，困守长春、沈阳、锦州三个互不连接的孤点。而长春被围日久，全靠陈纳德航空队空投维持补给，而陈纳德航空队需汽油费很多。1948年7月24日，国防部参谋汇报，第四厅厅长蔡文治报告：美军事援华款1.25亿元，就必须以5000万元买汽油。这就证明空投费用十分可观。蒋介石对此非常头痛。不特如此，长春每日约需军民粮食330吨，而空投每日只能投110吨。冬季军民所需取暖燃料，更是毫无办法。所以我主张：

如果10月底不能向长春空运所需的过冬物资，则长春须毅然突围，沈阳则适时加以援助。

8月25日，我们去北极阁宋子文官邸向蒋介石汇报东北作战意见时，就提出上述意见。蒋介石当即指示：“先电长春、沈阳，告诉他们：10月份须打通长、沈交通。如果此时共军集中四平街一带，则国军打通沈阳、锦州线。等到共军向辽西移动，则长春守军经西丰方面突围。”

三厅根据蒋介石的指示拟定东北作战方案。9月7日再去北极阁向蒋报告。三厅拟的计划，原来是向清原佯动，蒋介石改为向辽中佯动。并佯作打通辽中、沟帮子、锦州间公路的姿态，以吸引共军于中长路以西，俾长春守军可以由西丰、东丰、梅河口（海龙）、清原方面突围。并叫我带到沈阳与卫立煌协商施行。

第三厅按蒋的指示修改作战计划后，我于9月10日飞北平转赴东北。18时到达北陵机场。晚23时与卫立煌见面。他反对长春突围，认为突围只要两天，便会被全部歼灭。同时他认为，如果沈阳方面出兵援助，则沈阳方面也必定乱得站不稳阵脚。

次日（11日）10时，我再度与卫立煌交换对长春和东北作战意见，他坚决不主张长春突围，也不作任何处置。他说：“沈阳援助长春突围，犹如纵井救人，长春既不能救，而沈阳也不能保。如沈阳一旦不保，则东北共军举60万大军入关，必将导制华北华中危急。为今之计，沈阳只能固守以自保。至于长春，请政府目前加强空运。”说罢，卫举起手计算，说沈阳有兵工厂，一月可产大炮轻重机枪步枪若干，认为只要坚持到明年，部队经过休整、充实，装备训练后，可变劣势为优势，不仅救长春易如反掌，也能全歼东北共军。见卫立煌如此大言，我便告诉他，政府对于长春空投所耗的经费几乎占美援军费的一半，尽管费用巨大，政府仍每日给长春空投90吨，现无法再增加投量。而现在距降雪只有80余天，如果按照每天消耗60吨计算，每日最多可储存30吨。下雪前，也只能储存2400吨，决不能支持到明年3月，更何况燃料完全无法解决，长春军民也无法度过严冬。但卫立煌仍不作正面答复，只坚持就现状取守势而已。我只好将就他的意见代拟如下的方针，以便回京呈蒋介石看。

“长春应尽最大努力固守以牵制敌军，沈阳部队则力求战力恢复，粮械自给，然后等待机会击破敌一两个纵队之后，再北上解围，而挽回东北局面。”

晚上我到陆大同学新六军军长李涛家拜访，恰好十四兵团司令廖耀湘也在，我随即把卫立煌的计划告诉他们。他们听后说：“沈阳久守不攻，岂非坐以待毙。”他们认为，沈阳防御圈内安全无事并不是由于我军采取守势，而是因为共军尚无力量进攻的缘故。（实际上，解放军正积极准备展开辽沈战役，拟先集中主力攻锦州，暂不去碰沈阳、长春，而他们还蒙在鼓里，一无所知。）他们认为沈阳能增加两个军的兵力，便可采取攻势，因此主张应立即打通营口至沈阳之交通，由锦州方面转用两个军兵力，由营口进入沈阳。根据他二人的意见，我立即拟定东北作战指导腹案如下：

> 国军应立即打通营口，将锦州方面部队转用于沈阳，形成有力之攻势兵团，于冬季前进出开原、昌图附近地区寻敌决战，以解长春之围。辽西则仅保守葫芦岛、锦西、冀东则保持秦皇岛及其以西交通，秦锦间铁路可先拆除以减少损失；长春方面尽量加强空运，以图度过严冬，可能时，则与北上部队夹击敌军。

12日，我急由沈阳飞返北平，13日随即由北平飞回南京。并将前往东北经过及处理意见报告刘斐、顾祝同。他们均表同意，并主张详细计算运八个师之船舶及所需时间，我下午就约联勤总部主管海运的刘叔琬计算研究。次日遂报告蒋介石。蒋同意转用锦州兵力于沈阳，并令本此方针拟具详细计划呈核。

就在蒋介石举棋不定的期间，解放军东北野战军，即已完成辽沈战役的进攻部署。15日解放军大举进攻北宁路及义县、绥中、石门各地。25日卫立煌飞赴南京请示。蒋令我急与卫立煌等研究东北作战问题。我只好提出一个合理的方案，主张如共军攻锦州，国军应放弃沈阳，全力援锦，以求一决定性胜利。同时，敌我主力决战之时，长春守军立即突围南下。如共军对锦州只是虚张声势，则国军可袭击彰武，歼灭共军部分有生力量，并破坏铁路后，立即撤回沈阳。此时，如判定共军主力在辽西，长春亦可立即突围。可是卫立煌始终毫不动摇，坚决主张固守，而对锦州陷落的后果，全不顾及。下午复继续会商，仍无结果，蒋介石只好下令立即空运四十九师到锦州以增强防守能力。26日9时官邸汇报；我深知蒋介石顾虑沈阳成为孤点，于是主张解放军主力攻锦州时，沈阳应破釜沉舟向彰武、新立屯攻击，如此尚可死里求生，不然拖延下去锦州有失，沈阳即成长春第二，虽欲突围，亦不可得矣。蒋介石令卫立煌照此方针实施。卫乃要求顾祝同一同前往沈阳，指挥作战。顾乃于当日下午13时半同卫立煌飞沈阳。

解放军以六个纵队和一个炮兵纵队，一个坦克营围攻锦州，另以两个纵队配置在锦州西南塔山音桥地区，以三个纵队配置于锦州东北之黑山、大虎山、彰武地区，以阻击援锦之国民党军。28日，锦州战斗愈益紧张，空运的四十九师，由于锦州机场受到解放军猛烈炮击，仅运至二个团一个营兵力。这天，我在官邸会议上主张，由海上运一军去葫芦岛，以稳定锦州局势，但蒋介石不能决心调用北平方面兵力而只同意由昌黎方面调九十五师（三个团）前往葫芦岛。

29日下午作战汇报，我根据傅作义的建议，主张由海上运一个军去葫芦岛，以稳定该方面的战局，然后以三四个军由陆上沿北宁路东进，与锦州守军内外协力，击破当面敌军，然后配合东北国军，于辽西作战。何应钦不敢作出决定。于是我们一同谒见蒋介石，蒋同意这一主张。并决定亲赴北平、沈阳指挥辽沈会战。第三厅随即连夜写成计划。计划全文如下：

对华北剿总辽西作战指导概要

第一，方针：

（一）华北剿总以配合东北国军击灭辽西共军主力之目的，尽先以一部巩固锦、葫各要点，抑留共军于该方面，尔后以有力部队东进，求敌于大凌河附近地区而歼灭之，东进兵团预定于10月10日以前，于山海关附近地区集中完毕，开始攻击前进。

第二，指导要领：

（二）范汉杰部（九十三军、五十四军、新八军、一八四师）即集中现有兵力坚强固守锦州、锦西、葫芦岛诸要点，抑留共军于该方面而逐次消耗之，待后续部队到达再转取攻势。锦州机场不能使用时，应即毅然放弃，集结兵力固守锦州。

（三）新五军以一部留置秦皇岛担任守备，主力与九十五师迅速船运葫芦岛归范汉杰指挥，加入锦州方面作战。

（四）十三、十六、三十九、六十二军由李文统一指挥，迅速分别向秦皇岛及其以东地区集中，尔后沿绥中、兴城向锦西跃进，依沈阳国军之协力，求围攻锦州之敌侧背面攻击之。

（五）沈阳部队击破彰武、新立屯方面共军后，俟傅部东进兵团进击锦西时，再向西疾进，与之协力求敌而夹击之。

（六）绥西部队（暂三军、三十五军）应尽速转向平津附近，集中机动，尔后再抽一个军增强辽西方面之作战，所遗绥西防务由马鸿逵部派队接替。

（七）平津、平汉、北宁各附近之部队，仍服行原任务。

（八）各部队之集中与输送，统由傅总司令全权处理。

（九）十三军向南转移时所遗承德防务，交由地方部队接管守备。

（十）三十九军向北转用时，应将烟台重要兵工设备尽速撤离，或予以彻底破坏，以免资敌。

（十一）华北、东北空军，以主力支援辽西各兵团之作战及集中之掩护。

（十二）海军于渤海、黄海间掩护部队之运送集中及登陆外，应以有力舰艇于锦州，葫芦岛、兴城、绥中附近海面支援国军之作战。

9月29日

9月30日9时30分我同总统府参军罗泽闿、第三厅副厅长许朗轩、二处处长赖成梁到达大教场机场等候蒋介石，11时蒋一到达，飞机立即起飞。随侍蒋介石的有俞济时侍卫长及照料他生活的仆从人员。飞机照例由依福恩驾驶。15时飞机到达北平，蒋由北平军政要员迎接入城，我与罗泽闿、赖成梁均随蒋介石住元恩寺，傅作义派人在元恩寺照料蒋介石一行，非常周到，警卫也十分森严。

蒋介石到元恩寺的第一个处置，就是向锦州空投他的亲笔信，令范汉杰根据当前情况，按他（蒋）规定的三个暗号，回答“决定突围”“死守待援”或“不能守”。蒋信的内容，当时我并不知道。飞机出发后，蒋介石令我守候

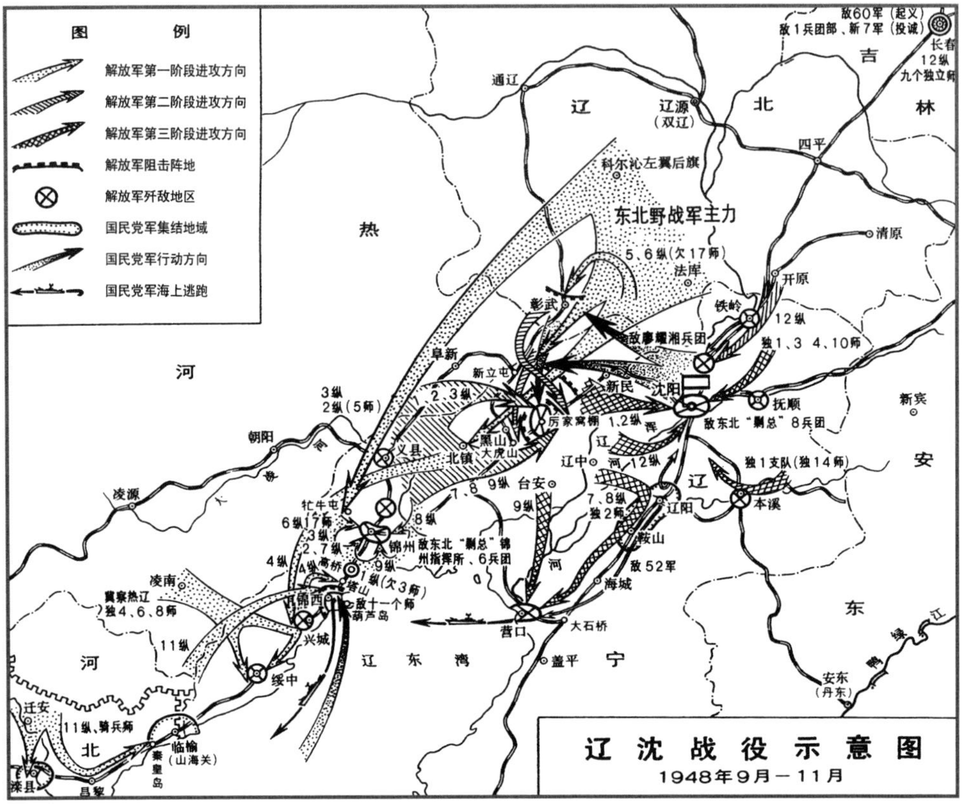

辽沈战役示意图
1948年9月－11月

电台，不一会儿又催问范汉杰有无回电，15时左右，得范汉杰复电是死守待援的暗号，蒋非常高兴，要我立即去同傅作义商量。

16时我去华北“剿总”，与傅作义及李参谋长等研究辽西作战计划。

傅作义对于稳定锦州、葫芦岛及以全力配合沈阳方面作战的方针完全同意，对于迅速海运九十五师及新五军去葫芦岛也表示同意。唯有集中十三、暂三军三十五军一点，认为，聂荣臻部第二纵队已攻占集宁，在归绥方面未得决战以前，只能同意抽调六十二、十六两军。我认为如不能抽调十三军，则东进兵力不足。只好回元恩寺向蒋回报。

由于傅作义不同意放弃承德，抽调第十三军及调动第三十五军、暂三军，所以10月1日蒋介石决定先以九十五师船运葫芦岛，并以六十二军代替新五军由秦皇岛运往葫芦岛，均归五十四军军长阙汉骞指挥，先稳定锦西，然后再按原计划打通通锦州之陆上交通线，蒋令我将上述决定告诉傅作义，要他实施，傅同意后，下午才下令实施。

这天顾祝同、卫立煌由沈阳来到北平。向蒋介石报告说，已决定以14个师向彰武取攻势，长春守军待彰武方面攻击开始后，立即突围。

在安排好北平东进部队后，蒋于10月2日11时由北平飞赴沈阳，我与罗泽闿、许朗轩均同行。12时着陆后，蒋介石住励志社，我与罗泽闿等移住铁路宾馆。15时蒋召集了东北部队各军军长以上军官会议。

会议中，廖耀湘等将领认为，我军不宜向新立屯及其以西深入，以防止被共军围歼，而主张打通营口，求一海口以维持沈阳方面的补给。并认为锦州如不能固守则西进也毫无意义。

于是蒋令我说明，国防部策定的华北、东北两“剿总”配合作战的辽西战役作战计划：由华北抽四个师运葫芦岛，加强五十四军先稳定锦、葫，然后再由华北及山东抽三十九军、九十二军运葫芦岛，以适时配合沈阳兵团西进。我并强调，沈阳出击兵团应力求在彰武、新立屯附近实施小型歼灭战，如能歼灭共军一个纵队，定能转劣势为优势，并将彻底扭转东北战局。听了我传达的作战计划后，所有的军长、司令官才转忧为喜。

最后，蒋介石站起来，鼓励各将领，须具必胜信心，努力完成任务。大意说：辽西战役是东北国军转危为安的关键性的一战，它将直接影响全国局势，意义十分重大，希大家务必树立必胜的信念，誓死完成各项任务，只要大家有决心，必可打胜这一仗，即使战斗中粮弹不济，也应以革命精神作战，如没有这种精神，则与军阀部队无异，今日唯有死中求生，才能扭转东北局势。反之，如果诸位丧失革命精神，临阵畏缩，贪生怕死，则锦州一失，沈阳比长春还不如。长春今日还可望沈阳援助，锦州如果失守，沈阳靠何处支援呢？所以沈阳不可再弄成长春的局面。

晚饭后，蒋介石又向师级以上的党政军高级干部训话，蒋又一次阐述了辽西战役重要性之后，阴沉着脸，严酷地说：“如果锦州一失，沈阳将比长春更不如，唯有困守待毙。因此，辽西会战如果失败，则我与在座各位在历史上就无脸再见后世了。”由于国民党已腐朽透顶，东北国军士无斗志任凭他声嘶力竭地呼救，也挽救不了覆灭的厄运。

会后，蒋介石担心卫立煌无作战决心或迟缓误事，令我前往卫立煌处，要其在明日8时将具体作战方案和集中命令亲送他审阅。

第二天，8时我去励志社蒋介石住所听取卫立煌及其参谋长赵大伟（赵家骧）报告作战计划。赵先送呈书面作战计划，然后说："根据总统指示，沈阳已下令集中14个师，5号可集中完毕，6号即可开始行动，已决定攻击兵团由廖耀湘指挥，攻击目标为彰武。沈阳则以周福成兵团的八个师守备。"罗泽闿向蒋介石报告说：如果不攻下新立屯，战略上不会发生作用。于是蒋介石严令非攻新立屯不可。

蒋介石见卫立煌已下命令，乃于11时飞返北平。其实卫立煌今日所下的命令，与顾祝同卫立煌三天前（10月1日）回北平所报的方案全无差异，蒋介石亲去沈阳督励两天，所得几乎等于零。我明知沈阳西进兵力不足，进攻目标只到新立屯，根本不可能解救锦州，而且易遭各个击破。（因西进兵团被击破，则防守沈阳兵团便无法存在），但我一声不响，随蒋介石回北平。

13时飞机抵北平，我们仍住入元恩寺，第三厅原计划放弃烟台、承德，以便集中优势兵力，向东进攻，以谋取辽西战役的胜利，但蒋介石突然改变决心不肯放弃承德，抽调十三军，而只令我明日赴烟台抽调三十九军。

10月4日9时我乘机飞烟台，12时到达，入城与三十九军军长王伯勋见面。我1930年在日本士官学校学习时，王伯勋正在日本步兵学校学习。我们是老朋友，这次一见面很亲热，谈话也比较随便，我告诉他："总统决心三十九军留两个团守烟台外，其余全海运至葫芦岛，协同九十二军、六十二军、五十四军等向北进攻，配合沈阳部队夹击进攻锦州的解放军。"

他听了表示很不愿调动，忧形于色地说：

"烟台这么多居民、这么多物资和工厂，一旦弃置不顾，未免可惜，也于心不安。"

"可惜确实可惜，但是着眼华北大局，三十九军非调去葫芦岛不可。'有所舍乃能有所全'，此时只好舍烟台，以全华北大局。三十九军调走，已无犹豫的余地，要研究的只是如何撤走及烟台留两个团如何守备而已。"我回答。

"烟台防御正面这样宽，两个团防守，兵力实感不足，不如留三个团。"王伯勋说。

“一兵不留全部调走，或留三个团守备烟台，都比留两个团好。不过我不敢作出决定，因此你最好作全撤或留三个团的两种准备，等我回北平请示之后再来电通知你。”我回答。

最后我们一同登烟台山实地观察，我见阵地都选在高地棱线上，因岩石不易掘开，于是垒石高出地面以为壕，石块无石灰黏合，一中炮弹，必然石块与炮弹齐飞，守兵当然会死得一塌糊涂。这样的一线阵地，纵深不足十米，当然到处可以突破而全线瓦解。我不好意思明白告诉王伯勋，心中暗想：“解放军何不攻烟台？如果攻的话，只须集中一个团的兵力，戳破一点即可俘虏这一个军。今天这个军幸运不遭歼灭就撤走了，留下三个团，必定朝不保夕，解放军吃掉了，连谢都不会道一个。”

我们一面看阵地，一面商量如果留三个团，如何缩小阵地，最后并与他约定“全撤”或“留三个团”的密语，于16时起飞返北平。飞机凌空，飞越渤海，烟波浩瀚，一望无垠，我触景生情，感觉一个人不过沧海一粟，十分空虚。我为什么要粉墨登场作这些无聊的表演？如果有机会指挥真正革命的军队攻烟台一股脆弱无知的敌人，学有所用，不更光明磊落，不虚此生吗？

19时飞抵北平，将烟台的情况报告蒋介石后，他决心留三个团守烟台，并令我致电王伯勋实施。

第二天（10月5日）清晨7点钟，蒋介石召我入见，他突又改变决心，决定将烟台守兵全部撤出。他历来要保持无战略价值的城市，而让一个部队牺牲，这回却改变老一套，作出了正确的决定。由于注意保密，责备我昨天不应告诉王伯勋撤退福山守兵。他忘记了昨天是留三个团守烟台，自应撤退福山守兵，节约兵力以守适合三个团兵力的阵地。今天改变决心全撤出烟台，当然留福山守兵不撤可作全军撤退的掩护而迷惑敌人，情况不同，处置各异，哪能以此相责呢？我深知他生性倔强，只好“不对而退”。

5日10时我又随蒋介石在西苑机场登机飞往天津，然后改乘汽车至大沽，再乘扫雷艇出海，登上“重庆号”巡洋舰驶往葫芦岛。重庆号7400吨，此乃中国最大，也比较新的兵舰。6日11时抵葫芦岛，蒋介石立即在舰上召见唐云山、罗奇、阙汉骞和我加以指示，他认为我国军必须抓紧战机进攻，是否不待三十九、九十二军到达，立即以五个师兵力打通锦州，锦西之间交通。经研究后，我们按他的指示决定：以六十二军二个师，暂六十二师、八师、九十五师为攻击部队，向高桥西北的东清堡、大清堡，头台子一线攻击，在占领这一带高地后，立即进出杏山、陈家屯、与锦州南下部队夹击敌人。锦州兵团则以一部守锦州，而主力南下占领梁家屯附近高地，与北上兵团会师。

蒋介石认可这一方案后，又召集葫芦岛各军营长以上军官训话。训话完毕，他坐在一张藤椅上让军官一个一个地站在背后同他照相，一时有二三十个军官照了相，都感到无上光荣。然后我们登上重庆舰向塘沽返航。10月7日14时抵塘沽，再换乘小艇到新港。16时又再乘火车返回北平元恩寺，我立即将昨日在葫芦岛所决定事项作为命令通知卫立煌、范汉杰，并命令阙汉骞立即实施（以后九十二军、三十九军到后，由陈武指挥）。

就在这一天沈阳方面，报告攻占了鞍山，我认为这大概是声东击西，掩饰向彰武、新民方面的出击。也符合廖耀湘兵团6日开始行动的预计。

至此蒋介石对北平、沈阳、葫芦岛三个方面都作了部署。但三个方面都表现得迟疑畏缩，软弱无力，尤其蒋介石迟疑迁就，在葫芦岛、沈阳两个方面都未能及时形成优势，及时行动（本来可以办到的）。不特如此，他还在战役千钧一发之际，为了处理私人的财产，离开战场。

10月8日上午，蒋介石的侍卫长俞际时向我说："郭厅长，先生有事要到上海，然后回南京主持国庆。你无须到上海，请搭另外的飞机回南京。"

"是的。"我莫名其妙，只好"唱个大喏"。

接着傅作义来向我说："希望总统能注意太原方面的作战，希望对东北、华北都采取主动，请求总统下午召开作战会议，研究太原和承德应如何作战。尤其依辽西作战可能的推移，应早做准备，以免以后又居被动。"

我觉得他所说有理，就去告诉俞际时。俞请示后出来对我说："先生要去上海接夫人。"

我觉得奇怪，不知蒋介石闷葫芦里卖的是什么药。只好于9日偕赖成梁另机飞回南京。这天蒋介石也带宋美龄、孔令侃回到了南京，我这才明白，原来宋美龄与孔令侃在上海做黄金、美钞投机生意，破坏金融市场，蒋经国声称打老虎，扣留了孔令侃。宋美龄求情无效，电话要蒋介石去上海。蒋介石借故回南京参加双十国庆节，实际是去为宋美龄解围的。我认为他身为全国统帅，还不如傅作义在全国战略决战的关键时刻，知关照战略全局，有战略预见。他在辽沈战役中不知争取时间，造成优势，并乘坐兵舰留葫芦岛前线督励将士，指挥作战，而跑到上海弄钱，轻重倒置，哪有什么战略修养？我也暗笑，幸运他战略素养差，如果他战略高明，中国人民不就要多受些痛苦了吗？（解放后见报载傅作义也以此事批评蒋介石，又在电影片上看见陈长捷公开天津被围时，蒋要他为转移天津财产的亲笔信。我不知现在台湾的军政人员，对此作何感想？）

10日上午得知锦州方面情况紧张，由葫芦岛北上部队于塔山、老官堡受阻，无法进展。范汉杰来电话，请求允许他以全力向南打，配合北上部队夹击敌人，经报蒋介石，复电允许他全力南下。但事实上他并未向南进攻。沈阳方面廖耀湘兵团今日到达彰武。因新雨水涨，行军困难，11日也未前进。下午顾祝同又电令催促其向大虎山、沟帮子以西攻击前进，以援助锦州方面的作战。

12日范汉杰来电报称，锦州战斗激烈，并说请通知联勤总部，对该部各军眷属给以照料；万一城破，请空军不分敌我，一律轰炸。晚上得电话，又说今日锦州北部，争夺配水池的战斗空前激烈。于是国防部再以蒋介石名义，令廖耀湘兵团加强进攻兵力，放胆西进，也电令锦西兵团，不顾牺牲猛攻。

13日解放军攻占白老虎屯、配水池各处阵地，迫近离锦州城一公里多的地区。沈阳西进的廖耀湘兵团已进至三家子，距新立屯还有十公里。葫芦岛方面在塔山受阻，毫无进展。

14日解放军对锦州猛攻，守军外围据点尽失，凌晨5时解放军突入锦州东南角，8时过被逆袭击退，午后又分三路突入，双方展开激烈巷战，至15日范汉杰仍固守旧城、火车站、大学先修班等据点。廖耀湘兵团仅潘裕昆军过了绕阳河、葫芦岛兵团仍未能占领塔山。

蒋介石15日9时召集何应钦、顾祝同及我们作战参谋人员研究沈阳及葫芦岛的作战，蒋介石对葫芦岛方面，主张改取守势。经何应钦、刘斐和我说明不应停止进攻，蒋才允三天之内不停止进攻。

这天下午14时蒋介石又飞赴沈阳，我因徐州方面情况紧张，何应钦留我相助，于是参军罗泽闿及本厅副厅长许朗轩、第二处处长赖成梁随行。另外，杜聿明这天也另机飞沈等候蒋介石（蒋要他负责沈阳方面的指挥）。

15日夜锦州战斗更加激烈，至16日上午3时，战斗即转沉寂，守城部队已被全歼，解放军攻克锦州。

16日午后知进攻塔山部队已全部撤回锦西，我判断这是蒋介石的处置。又沈阳方面，廖兵团仍向新立屯方向进攻中。我认为锦州已失，廖兵团再向西进攻。不特已失去价值，反有被各个击破的危险。尤其要廖兵团进攻，而又不让葫芦岛兵团配合，更使人莫名其妙，我暗笑这是蒋介石在帮解放军的忙。

16日得赖成梁由北平来电话，知他今日随蒋介石飞返北平。

锦州解放后，蒋军新七军李鸿部及六十军曾泽生部起义，东北剿总副司令郑洞国也率部投降，19日长春解放。

23日我飞北平向蒋介石请示淮海方面的作战问题后，当日15时飞返南京。罗泽闿特别送我到机场，途中告诉我说，总统对东北方面的处置是：

1.令廖耀湘兵团继续向大虎山、黑山进攻。如敌人进攻沈阳，则回师救援。

2.以五十二军向营口攻击，以谋取得一个海口。

3.锦西方面攻势防御，以牵制敌军。

4.沈阳以三个师守备。

罗泽闿的谈话，未说明时间，不知是15日蒋介石去沈阳部署的，还是以后（18日）又加了指示？16日他可能不知锦州解放，令廖耀湘兵团继续西进，尚可理解。如明知锦州解放，还令廖耀湘兵团西进，而又叫锦西防御，则令人难解。既不夹击解放军，廖兵团单独西进，目的何在呢？不是送给解放军各个击破吗？更妙的是蒋令廖耀湘“如敌攻沈阳，则回师救援”，这简直把大兵团作战，当作步兵连的攻、防、追、退演习。

根据蒋介石的指示，沈阳方面五十二军于25日攻占营口，廖耀湘兵团当日向黑山进攻，遭解放军东北野战军一、二、十纵队的顽强抵抗，第六纵队复由彰武攻抵半拉门，对廖耀湘兵团形成包围态势。于是廖耀湘兵团向辽中方向转进，已成惊弓之鸟的蒋军一转进便溃不成军。26日解放军展开围攻战。廖兵团各军师只顾逃跑，几乎毫无抵抗。27日第三厅副厅长许朗轩由沈阳经北平飞返南京。他向我说：“沈阳各级指挥官都非常畏缩，初先共军主力集中阜新方面，防国军迂回往援锦州。国军主力趋新立屯、黑山，实出共军意外，可惜国军军师长们不敢放胆坚决进攻，以致共军主力有转用的充裕时间，今共军主力已集中于半拉门、黑山、大虎山，国军已无胜算了。”

被攻占的东北“剿总”大楼

果然黑山、大虎山地区经过两天一夜的激战，28日解放军全歼了廖耀湘兵团。30日进攻沈阳，卫立煌仓皇飞葫芦岛逃走。31日23时45分，我同沈阳周福成通电话，他说：“五十三军和二〇七师仍在郊区战斗。”这天10时半国防部开作战会议，肖毅肃、蔡文治都主张把葫芦岛的部队，全部撤到华中，我认为东北失败后，华北共军骤增，傅作义已感兵力不足，焉能再由其序列内将六十二军、九十二军、九十五师调走。蔡文冶认为华北是持久战，华中如能一举决战获胜，则大局即可安定。我认为华中增加一二个军，并不能强制共军决战。迁延日久，则华北会不能支持，华北不支，则所有全国共军均向华中进攻，华中优势会不旋踵而丧失。因此我只主张调走三十九军、五十四军、暂六十二师等部到华中。何应钦、顾祝同对此不能决断，恰好下午蒋介石返回南京，顾请示后，晚上打电话给我说：“总统同意我的主张，明日派许朗轩前往传达撤守葫芦岛的意旨。”11月1日五十三军起义，2日沈阳、营口解放。奇怪的是二〇七师一个旅长王启瑞，突围以后经大凌河到达北平时，还有人枪六七十。他以后到南京对我说：他徒涉过大凌河时，河中已有冰块顺流而下，人碰上就会丢命，他幸运没受伤。他日夜钻空子向西逃也未遇有力的阻击。王启瑞是我在十四师及五十四军任职时最亲近的干部，他可能不会欺诳我。

11月1日，许朗轩临行时，去蒋介石处请示，蒋指示葫芦岛应设法支援营口撤退的官兵，并征求杜聿明到徐州辅佐刘峙的意见。

3日，五十二军全部由营口撤退。许朗轩由葫芦岛返部对我说：“撤出营口时，五十二军全面反攻，且给共军以相当的损失，刻已全部到达葫芦岛。葫芦岛之九十二军、六十二军、九十五师等正上船准备即日运塘沽，其余葫芦岛部队，等船舶到齐即运上海。”又说：“傅作义甚为焦急，请将葫芦岛部队尽留北平，否则他不愿守平津，即率所部活动作战。”

辽沈战役到此以蒋军丢失东北全境，被歼47万余人而告终。

淮海战役

（一）国防部战前筹划

1948年10月16日锦州解放，19日长春守军起义。蒋介石在北平亲自指挥的辽沈战役，已经输定了。国民党军事上的优势全失，军政人员一片恐慌。美帝国主义见蒋军节节失利，责怪蒋介石政治、经济、军事一把抓，管得太宽，主张由国防部长何应钦多负责指挥军事。何应钦在南京唯恐蒋介石在东北把所有军队都输光，所以20日打电报给蒋介石，建议蒋介石放弃沈阳，以剩余的东北部队由营口撤下来，扼守锦西、葫芦岛走廊，牵制东北解放军，以使华北“剿总”能应付聂荣臻的攻势。

22日上午何邀我谈话，他与肖毅肃要我作一南京失守迁都广州，组织军政府继续作战之计划（我为了应付上级写了一个依南岭山脉设防，右翼依托福建，左翼依托云、贵、川继续作战的计划。第三厅的顾问库锡曼向我说，美顾问团团长巴大维非常欣赏我这个计划，约我一见。我去见巴大维，他说：“你这个计划很好，我已经全文报告美国国防部了。”我理解守五岭计划是空的，根本没有兵守，美顾问是想怂恿国民党与共产党为敌到底。何应钦组织军政府也是美国的授意）。下午又邀顾祝同、肖毅肃、刘为章和我讨论中原战场的作战计划，由于都认识到中原会战将在徐州方面进行，徐州“剿总”的军队分散在东起海州、西至郑州的陇海路上，形势不利，所以主张放弃一些城镇，集中兵力，于徐州外围以应付即将到来的作战。并且根据中原野战军向禹县移动的情报，判断解放军中原野战军有协同华东野战军打中原大战的可能，因而主张以华中“剿总”的第二军、十五军加入黄维的十二兵团序列。随着解放军中原野战军主力北移，即进出周家口附近，依情况策应徐州“剿总”或华中“剿总”的作战。也认识到中原军队分由徐州、华中两“剿总”掌握指挥不便，而徐州“剿总”刘峙是有名的“福将”（这是国民党军队讥讽刘峙昏庸无能的代名词），不堪当此重位，因而主张由白崇禧统一指挥。但这样大的问题，何、顾是不能做主的，于是令第三厅连夜作成方案，由我带到北平向蒋介石请示。23日我搭乘行政院院长翁文灏的飞机飞北平。临行顾祝同再三叮咛我："要报告总统，白健生统一指挥是暂时性的，会战结束后，华中'剿总'和徐州'剿总'仍分区负责。"

我12时半抵北平，即赴元恩寺，13时蒋介石召见，我呈出计划，扼要报告后，他指示：

1. 徐州方面应取攻势防御，可放弃郑州、开封、兰封等城市。第四绥区刘汝明部固守商丘，第四十军李振清部可由郑州退至黄河北岸，准备以后打游击。

2. 华中、徐州两总部的部队，可以由白崇禧统一指挥。

3. 第二军、十五军可归入第十二兵团序列，华中"剿总"方面必要时可放弃南阳，以便十二兵团进出周家口，以跟踪解放军中原野战军。

4. 可令宋希濂任徐州"剿总"副总司令，所遗第十四兵团司令职务可由霍揆彰、吴绍周二人中选一人担任。

5. 应令徐州"剿总"限期恢复宿迁。

他指示完毕后，我遵照顾祝同的叮咛，向他说明，叫白崇禧统一指挥只是暂时的措施。蒋坚定地说："不要暂时指挥，就叫他统一指挥下去好了。"

这当然是蒋介石敷衍白崇禧，表示对他很放心的一种姿态。

我得蒋介石批准了的计划和指示后，于15时起飞飞返南京，19时到达，立即向顾祝同报告，顾叫我立即以预先号令通知孙元良撤出郑州。

24日根据蒋介石批准的计划，通知白崇禧统一指挥中原军事，并以酉敬防挥电下达作战指示，要点如下：

徐州方面：

1. 应对陈毅部取攻势防御，逐次消耗共军并巩固徐州附近地区而确保之。

2. 第七（黄伯韬）、十三（李弥）两兵团分别控制于阿湖、新安镇、八义集各地附近机动，截击南窜之共军，应援东海方面之战斗。

3. 第二兵团（邱清泉）应机动控制于砀山附近，依情况协同黄维兵团夹击进出于黄泛区之刘伯承部。

4. 第十六兵团（孙元良）于刘伯承部主力向黄泛区窜犯时向宿县、蒙城各附近转移，尔后控制于蚌埠机动（该兵团此时在柳河附近）。

5. 第三绥靖区（冯治安）应以主力控制于运河以西地区台（儿庄）枣（庄）支线，担任守备。

6. 第四绥靖区（刘汝明）应以主力守备商丘，一部掩护陇海铁路东段交通（商丘至徐州段）。

7. 徐州"剿总"应加强徐州、蚌埠、淮阴防御工事，务期坚固守备，以形成机动兵团之核心，并预为因陈毅部之南窜可能引起的各种应战作准备。

华中方面：

1.（略）

2. 第十二兵团（黄维）并指挥第二军、十五军，应索刘（伯承）、陈（赓）等主力进剿，如刘伯承主力越过平汉路东窜，即先机推进周家口附近，适时联系邱清泉兵团夹击而歼灭之。

……

24日蒋军退出郑州，孙元良兵团当日退到柳河附近，四十军向黄河北岸转移，遭解放军痛击，军长李振清受重伤，生死不明。

在失败气氛笼罩下，28日16时，何应钦又召集会议，研究京沪不保时应有的准备，他认为这时：（1）政府应迁广州；（2）政府应为军政府；（3）军政机构应缩减。

对于军事部署他认为：1.东北部队应撤到华北；2.华北坚守唐山、天津、大沽口；3.徐州“剿总”应以各一部守备青岛、海州，主力则守京、沪；4.华中守武汉、沙市；5.西北守陇中及陕南。

我嘲笑这些预案，在当日日记上写道：“凡此都是背时主意，如此局面尚可维持耶？”

此时徐州“剿总”即按蒋介石酉敬防挥电调整了部署。态势如下：

1.海州、连云港由九绥区李延年率四十四军驻守，并以一〇〇军加强之。

2.黄伯韬第七兵团集结于新安镇附近。

3.李弥十三兵团集结八义集附近。

4.邱清泉第二兵团在砀山、黄口附近。

5.第四绥区刘汝明部驻商丘附近。

6.总部及七十二军在徐州。

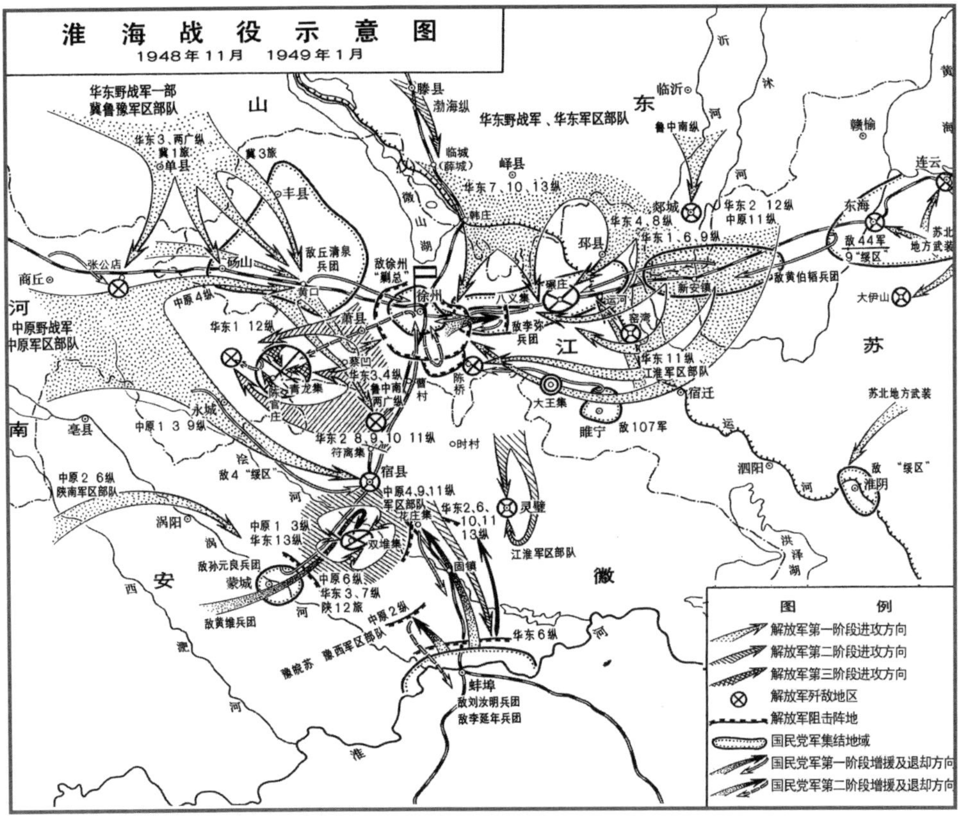

7.交警二总队及二十五军的一个后调师驻宿县。

8.孙元良兵团正向蒙城运动。

9.一〇七军孙良诚部驻睢宁。

10.九十六军于兆龙部驻蚌埠。

10月29日16时顾祝同邀何应钦、肖毅肃、刘斐及我，研究中原作战，大家都认识到中原作战是为了保障江南的战略防御。提出“守江必守淮”的主张。但对守淮有两种不同意见，第一种意见以攻为守，主张徐州“剿总”除以一至两个军坚守徐州外，所有陇海铁路上的城镇一律放弃，集中所有可以集中的兵力于徐州蚌埠之间津浦铁路两侧形成重点，作战略防御。无论解放军由平汉路、津浦路或取道苏北南下，均集中全力，寻共军决战。为了配合徐州方面的作战，华中“剿总”必须以黄维兵团进出周家口附近。第二种意见，主张退淮河南岸进行河川防御。研究结果，认为退守淮河南岸，则而后不便于向平汉路或苏北方面机动；且共军打通陇海路后，向东西方向调动兵力，非常灵便，对国军更为不利。因此，会议采纳了第一种主张。于是顾祝同令我告诉徐州“剿总”，第一〇〇军不再去海州（因预定放弃海州），刘汝明部必要时可放弃商丘，并以他（顾）的名义写信给蒋介石，主张三十九军运上海转用于蚌埠方面。

（二）白崇禧拒绝统一指挥

10月30日白崇禧由汉口来到南京，当日下午5时国防部开会讨论中原作战问题。白崇禧高高兴兴地参加，满口同意以第十二兵团转用于阜阳、上蔡、太和地区，他还自动提议以第三兵团（即原来张淦的第三纵队，辖第七、四十八两个军）随第十二兵团进出阜阳和太和附近。但31日上午10时再次开会时，白崇禧突然变更主张，坚决不肯统一指挥徐州和华中两“剿总”。他说：“你们要我统一指挥，无非是为了调动十二兵团嘛！你们把十二兵团调去就是，不过第二军、十五军在形势和距离上不便归十二兵团序列，只能以第十四军熊绶春部、八十五军吴绍周部归十二兵团。”即是他同意第十二兵团指挥第十、十四、十八、八十五四个军进出周家口附近机动。华中“剿总”并于当日上午11时下达命令如下：

1.以徐州为中心之陇海会战有一触即发之势；

2.黄维兵团立即东移确山，轻装开太和、阜阳地区集中，11月10日集中完毕；

3.第八十五军主力俟第三兵团先头到达随县后，即开广水，车运确山归还第十二兵团序列；

……

6.第十四军即由南阳东移确山，归还第十二兵团序列。

白崇禧为什么一夜之间，就改变统一指挥的原议呢？令人不解。原来统一指挥是他求之不得的愿望，这次要他统一指挥是出于何应钦的推荐。何虽是蒋介石嫡系，但何、白因共同对付陈诚，故两人非常接近，而且白来南京前，他二人不会事前不通电话。照理白是不应辜负何应钦的推荐的，因此当时国防部的人推测，不是白故意要看蒋介石出漏子，就是怕蒋介石做成圈套，准备于会战失败时委过于他。以后事态发展，才知道这与美帝国主义支持李宗仁逼蒋下野有关，白崇禧是存心要拆蒋介石的台。

（三）顾祝同的如意算盘

蒋介石10月31日由北平灰溜溜地回到南京，知道白崇禧拒绝统一指挥，而刘峙又十分昏庸，无能力指挥即将爆发的淮海战役，他想到杜聿明对徐州情况熟悉，可以辅助或代替刘峙指挥。此时辽沈战役已经失败，杜聿明留在葫芦岛指挥撤退，已不必要，因此他改变令宋希濂去徐州的意见，于11月1日令第三厅副厅长许朗轩去葫芦岛传达撤退指示时带他亲笔信征求杜聿明意见，问他愿否到徐州指挥。许传达指示并征得杜聿明同意后于11月2日返北平，3日到南京。

蒋介石原准备4日飞徐州亲自部署，我得通知7时半去大较场机场等候他。我与第二处处长赖成梁按时前往，等一会儿才知道蒋因事不去了，要顾祝同代他前去，改由明故宫机场起飞。我们转赴明故宫机场飞徐，到达徐州已11时左右了。此时徐州“剿总”许多军、师长都早已在机场迎候，我见黄伯韬面容憔悴，问他才知道他新近患疟疾，身体还未康复。到总部，顾祝同先向兵团司令、军、师长们讲话。下午由我汇报全国形势及东北作战经过。

11月5日上午顾祝同召集徐州“剿总”司令部的高级军官与邱清泉、黄伯韬、李弥、孙元良等兵团司令及可以离防到徐州来的军、师长等，研究徐州方面的作战部署。邱清泉强调华东野战军三、八、十、十一纵队及两广纵队在鲁西南，先头已到曹县、成武。黄伯韬则说，郯城以北地区发现共军强大部队，可能就要向该兵团发起进攻了。会议结果，认为无论华东野战军主力何在，徐州“剿总”各兵团在陇海路上一字排开，态势不利，必须调整。于是根据“守江必守淮”的方针，决定放弃次要城市，集中兵力于徐州、蚌埠之间津浦路两侧地区，作攻势防御（战略守势，战役攻势），以巩固长江而保京沪；并决定于必要时徐州“剿总”移蚌埠指挥，徐州以一两个军坚工固守。当即作出决定如下（顾祝同返南京，于6日补发正式命令）：

1.徐州守备部队应切实加强工事，坚固守备；

2.第七兵团应确保运河西岸，与第一绥靖区、第三绥靖区密切联系，并在运河以西地区“清剿”；

3.第二兵团以永城、砀山地区为中心集结，并在附近“清剿”；

4.第十三兵团应集结于灵壁、泗县地区机动，并在附近“清剿”；

5.十六兵团以蒙城为中心，进行“清剿”，掩护津浦路之安全；

6.第四绥靖区移住临淮关，以原第八绥靖区为该绥区的辖区，原第八绥靖区着即撤销；

7.淮阴守备由第四军担任；

8.海州方面由海上撤退（补发的正式命令改为由陆路撤退。九绥靖区人员到徐州待命，四十四军受黄伯韬指挥，一同退过运河）。

5日14时，顾祝同飞返南京，因联勤总部抽不出船只，一面也认为海上撤退不容易，所以当夜即打电话更正，并要第九绥区及四十四军不待命令迅即由陆路撤回徐州。

顾祝同的如意算盘是企图用少数兵力固守徐州，以使解放军不能有效利用陇海铁路东西调动军队。且主力控制于徐州、蚌埠之间，则当解放军向徐州进攻，沿平汉路或经苏北地区南下时，均可集中五个兵团寻求决战。在解放军未能击破其主力以前，便可保持淮北，因此也守住了江南。但是他改变态势的企图失败了。失败的主要原因，是蒋介石国防部及徐州“剿总”以至兵团司令、军长们，都未意识到战役发生的紧迫性。黄伯韬毫无“敌前退却”的措施，徐州“剿总”毫无掩护黄伯韬兵团退却的处置。

（四）黄伯韬兵团被围歼

11月6日，第九绥区和四十四军全部撤出海州，同日邱清泉部放弃商丘退往黄口。7日国防部得知解放军华东野战军第六、九、十三纵队围攻郯城的地方团队王洪九部，归邱清泉指挥的刘汝明部一八一师东撤至马牧集附近也遭中原野战军第一、三纵队的围困。陈赓的第四纵队亦已到达夏邑一带。华中“剿总”也报告说：刘伯承部第二纵队已向灵泉、第四纵队由方城向东北移动，似均将参加中原会战。黄维兵团仍在确山。国防部认为徐州大战已迫在目前。

这天黄伯韬派出部队迎接四十四军，四十四军到后，全兵团即开始西撤。

8日解放军发现黄伯韬兵团退却，立即发起进攻。8、9两日黄伯韬兵团在运河站附近一面战斗，一面渡过运河，由于运河上只有一道铁道桥，十几万大军拥挤在一堆，通过困难，延至9日夜，兵团部、二十五军、四十四军、六十四军、一〇〇军才通过运河，退到碾庄附近。由于运河桥拥挤，黄伯韬命六十三军奔赴窑湾渡河，10日被解放军全部歼灭。解放军华东野战军一、四纵队，因第三绥靖区张克侠、何基沣的起义，8日由台儿庄附近的万年闸渡过运河，徐州“剿总”惊惶万状，立即令各兵团向徐州收缩，以图巩固徐州。原驻大许家、曹八集的第十三兵团李弥部，连夜退去，解放军南下部队9日晚即控制大许家、曹八集一带地区。10日黄伯韬兵团先头部队至曹八集被阻，当即退碾庄附近占领一个环形阵地，准备固守待援。黄伯韬兵团被割裂包围，顾祝同集中五个兵团的企图完全落空了。徐州以西，9号这天一八一师米文和部被歼。

黄伯韬被围后，11月10日9时半在南京黄埔路总统官邸召开作战会议，研究徐州方面的作战。正式任命杜聿明为徐州“剿总”副总司令，全权负责指挥徐州方面的作战。并以戌灰防挥督电，对徐州"剿总"下达如下指示：

1.应本内线作战的原则，集中全力先求运河以西，徐州以东之共军而歼灭之。为求决定性的胜利，宜尽百般手段，迟滞阻击由西东窜之共军第三、八、十三各纵队越过津浦南段参加其主力军之作战（在徐州以西实际上是华东野战军第三纵队、两广纵队及晋冀鲁豫军区两个独立旅，邱清泉诳报为三、八、十三纵队）。

2.黄伯韬兵团之六十三军应在原位置固守待援，其余各军不应再向后撤，尤应协同邱兵团夹击运河以西徐州以东之共军。

3.邱清泉兵团应以主力转用于徐州以东，协同黄兵团作战。

4.李弥兵团应抽出一个军参加攻击。

5.徐州守备部队应坚工固守，支持各方面对共军之攻击，形成战场之坚固支撑点，以利决战。

6.孙元良兵团应即推进至夹沟、符离集地区阻击共军三、八、十三各纵队之东窜，并维护交通。

7.刘汝明部即集结于固镇、宿县维护铁路交通，并"清剿"铁路两侧共军。

这天孙元良兵团全部到达宿县，黄维兵团主力到达汝南埠。

但是当天徐州"剿总"的意图与国防部的作战方针相违背，它的主要企图是巩固徐州。晚上10时，刘峙电蒋介石称："徐州以西之共军尚有强大力量，企图为牵制邱兵团，策应徐州以东兵团之作战。我军作战基本方针，应采取攻势防御，先巩固徐州，以有力部队行有限目标之机动攻击，策应黄伯韬兵团作战，俾争取时间，然后集结兵力，击破一面之共军。"

蒋介石于11日午复电予以批驳说：

"所呈之作战方针过于消极，务宜遵照戌灰防挥督电所示方针，集中全力迅速击破运河以西之共军，以免第七兵团先被击破。"

11日晚，杜聿明决定以第十三兵团之第八军、第九军和第二兵团之第五、七十等四个军向东进攻，以第七十四军配备于九里山附近为总预备队。12日开始进攻。

12日晨国防部得知：昨夜黄兵团战斗激烈异常，三处被解放军突破，铁路以南据点全失。11时得空军报告，黄伯韬兵团由碾庄东北反突击，包围徐庄，歼敌千余，因此判断黄伯韬兵团尚可支持两三天。下午空军报告，徐州机场落弹数枚。李弥兵团入暮前进攻徐州东二十里之马山，战斗非常激烈。邱兵团第五军已到徐州东南十余里之潘塘（似误）。

13日邱、李两兵团进至薛家湖、苑山之线，黄维兵团到达驿口桥，距阜阳尚有一日行程。

14日2时，得宿县交警二总队队长张绩武报告，解放军攻宿县甚急。这显然是解放军以一部截断津浦路，有力一部牵制徐州，使华东野战军对黄伯韬围攻有利。

10时官邸汇报，空军总司令周至柔说："昨日空军轰炸甚为成功，敌军伤亡近万。今日空军发现包围黄兵团之敌有多数人向西南方向移动，黄伯韬兵团已无危险。"刘斐等据此判断：认为共军主力转用于徐州方面，对黄兵团仅监视而已。我不相信空军轰炸有如此大的威力，乃亲去空中侦察。在徐州与杜聿明及在碾庄上空与黄伯韬谈话，才知道解放军仍以攻黄兵团为主，西边仍是阻援，还发现徐州向东进攻，实际上只有第八、第五、第七十、第七十四四个军，第九军控制左侧翼并未加入进攻。

15日10时官邸汇报后，顾祝同又偕我飞徐州催促杜聿明迅速东进，并投入更多兵力，以解黄伯韬兵团之围。杜聿明对顾和我说：

"目前徐州方面的作战，有上中下三策：上策是保住徐州并救出第七兵团；中策是牺牲第七兵团，保住徐州；下策是第七兵团救不出来，徐州也保不住。"

他言下之意，似乎是怪国防部只催促放胆向东进攻，太忽视徐州安全，会成下策。

这天宿县被攻甚急，黄维兵团到达阜阳，蒋介石并决定以李延年指挥三十九军、九十九军由固镇进解宿县之围。

16日宿县情况不明。

当晚徐州"剿总"的七十四军由潘塘镇经土山向大许家进攻。出潘塘镇不远于二陈集即与企图进攻徐州南侧的解放军二纵、十一纵遭遇，激战后七十四军稍向后撤。17日晨才发现解放军后撤。9时半官邸汇报，王叔铭高兴地报告：邱、李兵团进展迅速，已到达大许家南北之线。午后与徐州通话，才知第五军正攻击黄集，九军正攻击陈家楼、李圩子，去大许家之线还有五公里，并知17时解放军猛攻碾庄，黄伯韬司令部起火，情况非常严重。徐州“剿总”恐主力东击，徐州受威胁，要求空运一个军赴徐州。

18日8时得徐州电话说：“解放军全面退却，第五军当面有小队解放军投降。”并说：“共军17日夜进攻二陈集，经七十四军、十二军坚强抵抗，伤亡一万余人。孙元良兵团向二堡出击，无大进展。七十二军昨向黄集夜袭颇有收获，本部今日已下令向运河之线追击。”

哪知道下午得报告，第五军进至大许家即遭坚强抵抗，不能进展，解放军并未退却，黄兵团仍在被围中。

据说徐州这天宣传大捷，鞭炮连天。到此时才空欢喜一场。

这天蒋介石令徐州“剿总”以七十二军加入李弥兵团左翼，于不老河北岸向东进击。令十二兵团向宿县进攻，李延年率三十九军、九十九军向宿县进攻，分进合击（李延年初为“剿总”蚌埠指挥所主任，后被任命为第六兵团司令）。

19日知碾庄方面大牙庄、小牙庄失守，碾庄情况愈更危急。邱、李二兵团攻击仍无进展，李延年以第九十九军到达任桥，遇中原野战军第三、九纵队。黄维兵团已抵蒙城附近，业有一部渡过涡河。蒋介石忧虑徐州方面进攻无进展，令我与空军副总司令王叔铭研究陆空协同作战战法，并于明日去徐州与刘峙、杜聿明商量。

20日7时我与王叔铭同乘B-25轰炸机去徐州，王亲自驾驶，我们先到碾庄上空，知道碾庄已被攻陷，到大许家上空时，王叔铭指我向下看，见庄稼地上满地散布着炮弹坑，但命中堑壕的很少，他于是说：“你们陆军射击不准确，浪费炮弹，而无效果。”

“他们未直接瞄准，行破坏射击，所以命中率低。”我只好这样解释。

我们到徐州总部，才知黄伯韬本人退到大院上，一共还保存了大小八个村庄，似已无法持久。我们还了解到徐州方面，因感受潘塘镇方面的威胁，未敢举全力东进，东方阻击邱、李兵团的解放军为第七、十两纵队，依持久作战要领，每个村庄留置几百人，国军逐村争夺，终日只能攻下一二村庄，因此就不能迅速前进。结果我们商决，先集中空军轰炸一狭窄地区，然后步兵在炮兵、坦克支援下多梯队向纵深方向突击，并向两侧席卷。如正面突破不可能，则集中主力击破二陈集、潘塘镇方面的解放军然后向左包围，以解决战局。刘峙还对我说：

“1.请总统亲临指挥；

2.速空运两个军增援；

3.请总统下决心以全力东进，对徐州安全可置不问。”

我不知他是想推脱责任故意说漂亮话吗，还是想借此让杜聿明在徐州负责指挥，他好离开徐州去蚌埠以求自身安全。

22日9时半官邸汇报，蒋介石决定：令黄伯韬突围，令我与王叔铭再去徐州，对徐州“剿总”加以指示。13时半起飞，到徐州后，知碾庄方面气候不良，因为缺乏空军支援黄伯韬已失去大院上和小院上，最后只保持四个村庄了。

回南京一下飞机，我就去会胡琏。上月蒋介石调十二兵团时，为保密起见，蒋曾要十八军等由汉口船运南京，再沿津浦铁路北上参加战斗，胡琏面见蒋介石说：十八军之所以有力量，在于拥有重炮、坦克等重兵器，如果船运，把重武器丢下，则到战场后没有战斗力，因此他主张由新蔡方面运动过来，并保证说刘伯承部不能阻止其前进，蒋介石同意了。及到十二兵团到达蒙城，他单独来南京，声称牙痛，要到上海治牙，我疑惑他可能是与黄维意见不很一致，也可能因没有担任兵团司令，心中有点疙瘩，因此前去安慰他大量一点，仍随部队前进，暂缓去上海治牙。他未同意，还是到上海去了。

23日徐州方面报称黄伯韬昨夜由小费庄向西突围，已到达陈家楼，已有第七兵团参谋一员到达李弥兵团报告突围经过。但是事实上，黄伯韬在22日突围时死了。以后第二十五军副军长杨廷宴到南京向顾祝同报告黄伯韬死时的状况说：“22日晚突围，天明后到一家茅屋，只剩我和他二人了。他决心自杀，临死前他说：‘我有三不解：一、我为什么那么傻，要在新安镇等候第四十四军两天；二、我在新安镇等两天之久，为什么不知道在运河上架设军桥；三、李弥兵团既然以后要向东进攻来援救我，为什么当初不在曹八集附近掩护我西撤？’他自杀后，我伤心痛哭，这时来了一个解放军战士，我诳他说：‘他是我的哥哥，我母亲叫我来探看他，他死了我怎么回去向母亲说呢？’这个解放军战士同情我，还帮助我把黄埋了，让我走了。”

杨廷宴所说情况，可能不全真，但黄伯韬死了是真。

（五）黄维兵团在双堆集被歼及杜聿明部西逃被围

由于16日宿县解放，徐州与蚌埠间交通中断。蒋介石18日曾令李延年兵团与十二兵团向宿县进击。23日9时半官邸汇报知黄伯韬兵团被歼后，蒋介石非常沮丧，未作什么处置。11时又召集官邸汇报，研究徐东会战后国防部应有的决策，大家都主张退守淮河。

我说：“退守淮河，应该决定：

1.苏北方向淮阴如何守备，是不是放弃？

2.徐、蚌间交通如何打通？要待徐、蚌交通恢复后，才能决定徐州的主力如何转移。

3.这然后才能定蚌埠及淮河线如何守备。”

但蒋介石认为打通徐、蚌交通，要待徐州东边敌情明了，才能下令，延至24日，蒋介石接刘峙、杜聿明、李树正等来南京商量。14时刘、李先到，经研究同意：徐州以主力向褚兰攻至时村、符离集；黄维兵团及李延年兵团则向宿县进攻，三方协力，以便南北夹击，打通津浦交通。但16时杜聿明到来，却主张以十三兵团击退共军，控制运河线后，再回师向南进攻。这样三方面不协力，当然就使黄、李二兵团陷入孤立。

24日晚，得空军报告，共军四万余人由大李集向宿县、任桥、固镇等地前进，这样李延年兵团侧背又受威胁了。

由于李延年兵团侧背可虑，刘斐和我都主张应令黄维兵团向李兵团靠拢。蒋介石顾虑蚌埠方面无人指挥，就于25日令顾祝同率三厅副厅长许朗轩及参谋数人去蚌埠指挥。晚得许朗轩电话，知道李延年兵团方面今日尚未发生战斗，顾已同意我的建议：令黄维兵团于南平集占领桥头堡佯攻，掩护主力，主力则由浍河右岸向蕲县集以东地区转移，以靠拢李兵团，不料26日空军报告：黄维兵团退到南开集东南之双堆集，遭共军由蕲县集、芦沟集各方面包围。进至龙王庙，西寺坡一带的李延年兵团因感觉华东野战军由徐州以东地区南下，侧背威胁甚大，经顾祝同许可、即向后撤，这样黄维兵团就完全被困于双堆集陷于孤立。

蒋介石得知黄维兵团被围后，初先认为该兵团尚有力量打破包围，至少有力量持久，以待徐州各兵团前往解围。28日才知黄维兵团向南攻，进展甚微，入暮仅攻占葛家庄。固镇方面李延年报称已以三十九军、九十九军退过浍河，向新桥、何集转进。准备利用澥河向北防御。并相机进出湖沟集方面，策应黄维兵团之作战。蒋介石于是令李兵团沿澥河固守，令黄维兵团扩大防守地区待援。当日并召杜聿明来南京，商量由徐州南下解围十三兵团的办法。会议在地图室召开。参加这次会议的还有何应钦、顾祝同、刘斐、侯腾、我及二处处长赖成梁。管官邸地图室参谋周菊村每次都参加，杜聿明在会上说："徐州各兵团沿津浦铁路正面进攻，进展甚微。且共军已完成几道预备阵地，如继续正面进攻，不过徒增伤亡，结果还是不能达到与黄维兵团会师之目的。"

1948年11月30日，徐州守军逃跑，无数车辆拥塞在马路上无法通行

"那么，由左翼或右翼包围怎么样？"有人这么问。

"看情况，也不会有效，首先应补足粮弹再说。"杜回答。

蒋介石回过头来问："你说究竟怎么进攻呢？"

"最好以主力由双沟经泗阳直趋五河，然后与李延年兵团师北进，以解黄维兵团之围。"

“在港汊纵横的地区运动，遭受解放军侧击时怎么办？”蒋介石、刘斐和第三厅参谋人员都不知他这是说的假话，于是加以问难，可是杜聿明笑而不答。然后他邀蒋介石进入地图室右侧房间，二人密议。何应钦、顾祝同都默默面无表情，刘斐很不高兴地说：“还有什么办法？无非是由徐州西面逃跑嘛！”

过一会儿，蒋介石和杜聿明出来了。蒋问大家还有什么意见，出席人员都不说话。蒋于是宣布散会，杜聿明当日返回徐州。

12月1日，空军向蒋介石报告，徐州的军队已撤出徐州。这就是28日蒋介石与杜聿明的密谋见于实施了。因为徐州国军移动，向蚌埠攻击的解放军停止进攻，淮河情况趋于稳定。

蒋介石前两天叫我找去上海治牙的十二兵团副司令胡琏来南京，胡今天到京并见了蒋介石，然后来找我，他向我说：“总统要我飞入双堆集，协助黄维指挥，我认为做人应当‘临难勿苟免’，准备明日清晨试飞，你看怎样？”

“不知明日试飞能不能成功？进去也未知能否扭转不利的局面？”我内心不同意他去，但是不便明说，只好这样答复。胡琏同我私交很好，他曾对我表示过，他想做曾国藩，盼望我能成为左宗棠，我觉得他这一思想，落在时代后头很远，但当时并未对他明说。今天他不断说“临难勿苟免”，我想起往事，觉得他讲气节，其志可悯，不辨是非，思想跟不上时代未免可悲。一个人总是要死的，但为人民、为民族国家死，就死得其所；为个人、为反动集团的利益而死，就轻于鸿毛了，青史上还会落千载骂名。所以我想点醒他，踌躇几次不敢明说，最后他说：“我们去会见郭忏公！”

我知道郭忏是陈诚的亲信，胡在生死选择关头征求一下郭的意见是理所当然的。我们就一道去联勤总部见了郭忏，胡向郭说明明日试飞双堆集，然后嘱托郭照顾家属。郭一面安慰他，一面满口承认照顾家属，也始终无一语劝阻。

11月2日官邸汇报，蒋介石因淮河方面的解放军向北退去，徐州兵团已经肖县到达青龙集、瓦子口之线，认为情况可以乐观。令我下令要第一绥靖区周岩停止撤退（因周岩昨日报告将于今日由淮阴退往扬州）。我认为杜聿明如果避战而不求战，则可能在永城胶着，或者向西南崩溃，这样蚌埠方面情况

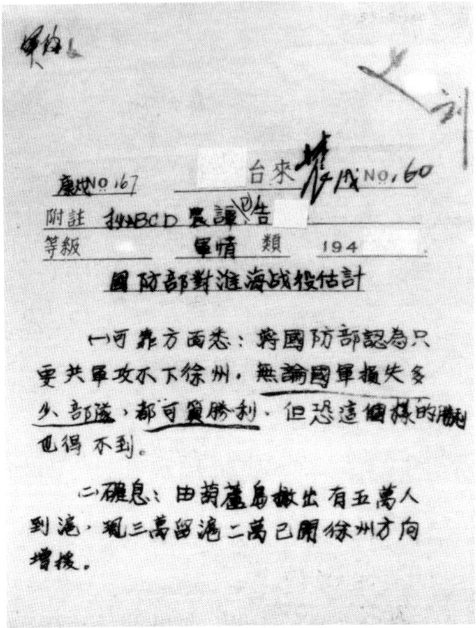

康戌No 167 台來 戌 NO 160

附註 抄ABCD農譚 告

等級 軍情 類 194

國防部對淮海战役估計

(一)可靠方面悉：蔣國防部認為只要共軍攻不下徐州，無論國軍損失多少部隊，都可算勝利。但恐這個樣的勝利也得不到。

(二)確息：由葫蘆島撤出有五萬人到滬，現三萬留滬二萬已開徐州方向增援。

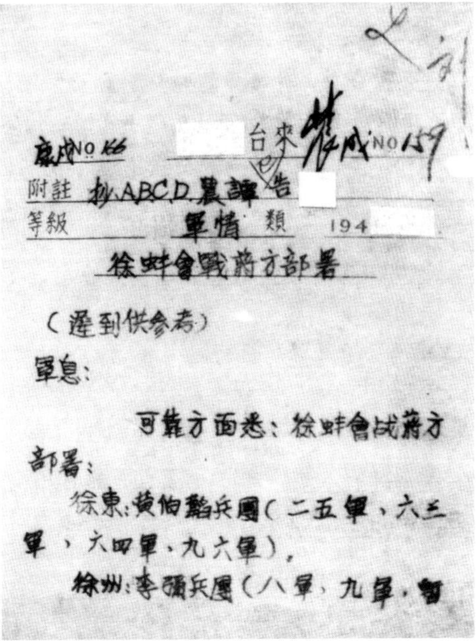

康戌No 166 台來 戌 NO 159

附註 抄ABCD農譚 告

等級 軍情 類 194

徐蚌會戰蔣方部署

（遲到供參考）

軍息：

可靠方面悉：徐蚌會战蔣方部署：

徐東：黄伯韜兵團（二五軍、六三軍、六四軍、九六軍），

徐州：李彌兵團（八軍、九軍、暂

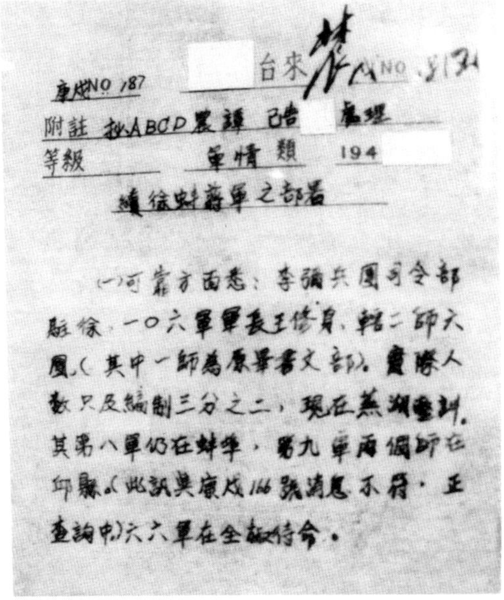

康戌No 187 台來 戌 NO 8134

附註 抄ABCD農譚 已告 處理

等級 軍情 類 194

續徐蚌蔣軍之部署

(一)可靠方面悉：李彌兵團司令部駐徐，一〇六軍軍長王修身，轄二師六團（其中一師為原晉南文部），實際人數只及編制三分之二，現在燕湖整訓。其第八軍仍在蚌埠，第九軍兩個師在邳縣（此訊與康戌166號消息不符，正查詢中）六六軍在全椒待命。

郭汝瑰在淮海战役中提供的国民党军情报
（来源：西柏坡国家安全教育基地展览）

会马上转紧。因此周岩及其新指挥之第四军宜速撤退到扬州，才可能及时增强蚌埠或南京。蒋介石不同意。仍要我下令，但时间已来不及，一绥区本日终于撤到了扬州。

蚌埠方面国防部以五十四军加入李延年兵团序列，令该兵团以一部在北利用河流掩护主力向罗集挺进，以解黄维兵团之围。

这天蒋介石因刘斐批评杜聿明只是逃跑，不打，顾虑杜聿明所率各兵团一意向西南逃走，消极避战，乃于12时以亲笔信空投给杜聿明，令杜聿明趁共军分离各个击破。

3日官邸汇报，空军报告永城已为共军占领，杜聿明部到永城东北八公里未能先攻占永城，我极力强调杜聿明须求战而不能避战，蒋介石说："已经亲笔写信给杜聿明，要他乘共军分离，先击破其一部，战机稍纵即逝，切勿迟疑。"

下午蒋抄他致杜聿明原信到三厅，原文主要部分如下：

"应速决心于两日内立即解决濉溪口、马庄一带敌部（不足四万人），此为各个击破之唯一良机。如再迟延，则各方之敌必于3日后麇集弟部周围，又处被动矣。此机万不可失，切勿再作避战迂回之图。弟南下十五万众，皆聚集在吴集周围地区，此最不利，应即分路前进，向敌出击，否则臃肿滞延又将坐待被围矣。如欲占领永城，牵制敌主力，可派有力部队进占，切不可全部进取。据报马庄敌之先头今晚必可先我占领永城，则我军又落后一着。若再以主力攻城，是最不上算。此时应决心觅敌之主力而歼灭之为唯一急务。"

尽管蒋介石主观上对杜聿明有所奢望，但杜聿明2日因"部队零散，无法应战，故停止整顿一晚，3日继续攻击前进，则四面皆敌，且战且退，极为迟缓"（此系杜聿明4日10时复蒋电用语）。结果在陈官庄、青龙集附近被围。

4日国防部得知杜聿明部已在洪河集、李石林为中心的地域与共军战斗。陈赓部第四纵队亦由十二兵团正面移永城方面参加阻击杜聿明部战斗，双堆集方面无大激战。这天胡琏乘小飞机由双堆集来京，向蒋介石报告，他打算向西打击刘伯承部一、二纵队，以后即向蒙城、涡阳方面突围，蒋介石不同意，令他向东南攻击，配合李延年兵团夹击共军。最后又叫胡琏依状况可以自行决定攻击方向，局部歼灭共军，以待李延年兵团夹击。

但事实上李延年兵团这一天仍在曹老集一带，未展开有力的进攻。

杜部被围后，蒋介石手中已无机动兵力，只希望杜部各兵团三面掩护，一面进攻，逐次跃进，以与黄维兵团会师。一面仍催促李延年兵团由新桥、曹老集向双堆集方向进攻。但李延年兵团也遭受解放军坚强的阻击，没有进展。蒋介石此时唯有从其华中“剿总”方面抽调兵力，以增强李延年兵团向北进攻。但白崇禧与蒋介石发生矛盾，千方百计阻止蒋介石调动军队。5日奉令东调的第二十军，在汉口上船完毕，白因抵制蒋再调第二军，竟不准二十军开船。

5日这天天雨，空军不能活动，胡琏亦因气候不良，未飞返双堆集。蚌埠方面各军仍在人和集、曹老集、周家口之线无进展。南京凄风苦雨，在遣送眷属声中，百物下跌，一片凄凉情景。这几天蒋介石伤风，官邸汇报时，他不时鼻子抽缩，我在他背后就座，疑惑他是伤感在抽泣，及到他反过身来问话，才见他面无伤感的表情，他没有哭。

6日黄维报告：解放军由东方及北方向沈庄、李八集等地十四军阵地进攻。7日又报称十四军不支瓦解。7日杜聿明、李弥来电称，孙元良兵团向西北突围，损失殆尽，现仅李、邱二兵团在李石林、青龙集一带苦战。

这天李延年兵团在淝河北岸进展甚微，而天长方面突有解放军数千人（俘供是三十四旅及江淮第二纵队）渡过河梢桥，将重建的六十六军一八五师之一个团击溃，团长陈述，如再西进，则淮河各部后路有被截断的可能。因此，8日国防部令六十六军指挥二十五师阻击由河梢桥南进之共军，以稳定淮河前线的后方。

8日胡琏又乘飞机来南京，向蒋介石报告：“十二兵团装备优良，机动性强，坚守双堆集亦不成问题。即使共军攻占双堆集，必须付出重大代价。但请总统考虑，第十、第十八两个军都是党国中坚，是以十八军为基础扩建而成，其中许多军官战斗经验丰富，对党国忠心耿耿，实属有用之材，如果一旦被共军围困聚歼，虽使共军付出数倍之代价，但党国亦将损失一大批军官，与其如此坐而待毙，不如令其突围，既能给共军以狠狠打击，亦能保存一大

双堆集战后战场一角

批军官。”蒋介石一听，认为有理，即令胡琏明日飞返双堆集，要黄维毅然突围。蒋介石为使黄部顺利突围，令空军大量出动，投足粮弹，并对双堆集一带共军防地狂轰滥炸。

8月9日蒋介石还下令调第二军由襄阳开往沙市再船运南京。由汉口方面转用的第二十八军9日已先后到汉口，其五十二师准备坐船，八十师准备乘火车经浙赣路运京，白崇禧对调用第二军坚决反对。

11日黄维来电称解放军进攻甚急，八十五军之二十三师起义，业已脱离掌握。13日天气晴朗，空军大量出动，去双堆集方面投弹一百吨以上，蒋介石还令空军投糜烂性毒气弹，交通部部长俞大维说：“糜烂性毒气，国际公法禁止使用。”

“催泪弹不是毒气弹，可以使用。”蒋介石一面令投催泪弹，一面这么说（以后听黄维说，糜烂性毒气弹还是投了，蒋介石在危急关头，不择手段，令人憎恶。）

14日晚，黄维兵团分五路突围，胡琏侥幸逃出，黄维被俘，所部仅十八师副师长尹俊率千余人突出重围，其余全被歼灭。

（六）蒋介石退保长江，杜聿明集团溃灭

12月16日，蒋介石决心布置江防，令李延年兵团和刘汝明兵团退守淮河南岸，以掩护国防部队构筑工事。这样就把杜聿明集团抛弃，听其等待歼灭悲运的来临。

18日杜聿明的参谋长舒适存由陈官庄飞京，请指示杜聿明部的行动，蒋介石指示：“击溃当面之敌南下！”

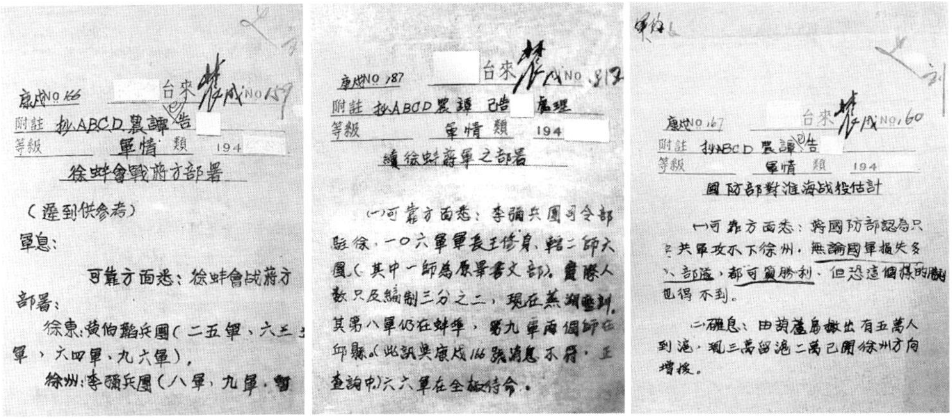
康戌NO 166　台来 No 159
附註 抄ABCD 農譚 告
等級　軍情 類　194
徐蚌會戰蔣方部署
（遲到供參考）
軍息：
可靠方面悉：徐蚌會战蔣方部署：
徐東：黄伯韜兵團（二五軍、六三軍、六四軍、九六軍），
徐州：李彌兵團（八軍、九軍、暂

康戌NO 187　台來 No 812
附註 抄ABCD 農譚 已告　處理
等級　軍情 類　194
續徐蚌蔣軍之部署
（一）可靠方面悉：李彌兵團司令部駐徐，一〇六軍軍長王修身，轄二師（其中一師為原畢書文部），實際人數只及編制三分之二，現在蕪湖整訓。其第八軍仍在蚌埠，第九軍兩個師在邱縣（此訊與康戌166號消息不符，正查詢中）六六軍在全椒待命。

康戌NO 167　台來 No 160
附註 抄ABCD 農譚 告
等級　軍情 類　194
國防部對淮海战役估計
（一）可靠方面悉：蔣國防部認為只要共軍攻不下徐州，無論國軍損失多少部隊，都可算勝利。但恐這個勝利也得不到。
（二）確息：由葫蘆島撤出有五萬人到滬，現三萬留滬二萬已開徐州方向增援。

西柏坡国家安全教育馆的展陈内容

我当时认为守江、守淮，均不过迁延时间而已。因为杜聿明集团消灭后，解放军集中力量，到处都可过江，所以我说：“如果杜部能击破当面之敌，则早就可以不被包围了。此时必欲突围，则通信系统失灵后即形成瓦解。所以欲救杜聿明的二十万大军，唯一办法是集中可以集中的兵力由蚌埠方面出击，还可以死中求生，否则必然全局皆输。”

蒋介石不乐意听，只与王叔铭研究空军如何帮助杜聿明突围，还不愿让我听见他们所商量的事情，于是问我：“还有什么意见？”

“更无其他意见。”我回答。

“那么，你去吧！”

我听了暗吃一惊，心想研究作战，为何竟不令参谋总长及主管作战的参谋次长、作战厅长知悉？想必有人从中破坏，今后务必更加小心，最好离开这个岗位。

这天晚上肖毅肃约我和陈春霖去他家谈天，他先告诉我们：“四川正发动‘御匪安川’运动，朱绍良请求成立四个‘绥靖区’，十个军，我很赞成，十个军长的人选，请春霖兄提出初步名单交给我！”

陈春霖同意后，肖又说：“林次长（林蔚）今天把陆海空军总司令部的组织草案给我看，他（指林）主张就利用国防部现有各厅改组成总司令部，他（指林）说：‘这是司徒雷登压迫总统交出军政大权，然后进行和谈一事，应有的准备工作’。”肖言下之意：以为这就是将军权交给何应钦。

我听了暗暗好笑，归家在日记上写道：

“余以为共产党作战到此阶段，已经胜利在望，当然不必言和。如和谈不成而继续作战，则美国纵有支援，人心已去，更不能与共产党抗衡矣！如此则何先生得何足喜，失又何足惜哉？肖仍不醒悟，复有以四川将领在川成军，造成势力之说。余以为利用封建关系，封建军阀，皆不足以成事。官僚、落伍军人、失意政客之想法，绝非20世纪有组织、有主义、有进步思想之革命集团之敌手。无识至此，宁不可笑？”

此时尽管美国驻华大使司徒雷登建议蒋介石交出军政大权以作和谈之准备，成立陆海空军总司令部，以何应钦任总司令负责军事，李宗仁代理总统负责政治，但蒋介石仍垂死挣扎，20日下令以九十九军、九十六军、五十五军、六十八军守备淮河；以二十军及六十六军之一八五师“扫荡”树梢桥方面南山河以南地区；以二十八军于浦口占领桥头堡；以五十四军、三十九军开江南，归京沪卫戍总司令汤恩伯指挥。并令第二军由汉口船运芜湖集结。21日白崇禧声称：解放军进攻襄樊，必须控制第二军于宜城、荆门一带，而以七十九军、十五军向北采取攻势。并表示如蒋介石必定要调走第二军，则请辞职。蒋介石不肯让步，为了防止白崇禧阻挠第二军的运输，令我电第二军由沙市经常德，徒步至长沙经浙赣路东运南京。顾祝同与林蔚怕弄成僵局，与蒋介石商量，允白留第二军之一个师驻宜城、荆门，该军其余部队仍调芜湖。

22日孙科内阁组成，以徐永昌任国防部长，吴铁诚任外交部长。蒋介石并内定何应钦去西南主持军政。

24日何应钦离职，徐永昌就职，我也打报告请辞国防部第三厅厅长。就在这一片迎新送旧声中，白崇禧、程潜发出电报请求蒋介石下野。

1949年元旦，张轸、鲁道源也通电请蒋介石下野，以便进行和谈。这天蒋介石也发出文告，愿与共产党谈判和平，他个人进退，一听民意决定。1月10日杜聿明部二十五万人全部就歼，蒋介石于20日溜走，回到原籍——溪口。

平津战役

傅作义在国共和谈破裂前夕，曾奉蒋介石令，一举袭占张家口，并主动进攻遵化、喜峰口一带解放军根据地。这在内战战火纷飞，蒋军处处失利的情况下，傅作义竟能改变蒋军在华北的处境显然是国民党将领中不可多得的将才，于是得任华北“剿匪”总司令，而且深得蒋介石的信赖。关于华北作战事宜，除训令指示企图、方针外，悉由傅作义全权主持，不干涉其作战部署。

1948年9月13日，我由沈阳返回南京，途经北平时，空军副总司令王叔铭对我说，傅作义极想会见我。我就决心暂留宿北平。这晚傅作义约我晚宴，我发现席上首座是邓宝珊。从过去作战经历，我脑子里有这样一个印象：邓宝珊与解放军有某些关系。我见今天的情况，脑子就动了一下：他们可能不只是旧西北军的关系。

饭后，我与傅作义单独谈话，他认为：

“华北唯有积极进攻共军，不断歼灭其有生力量，方能支持华北局势。否则，采取守势，局势一成被动，终将不可收拾。”傅作义并打算最近即进攻石家庄，征求我对此有何意见。我立即赞同其意见说：“第三厅亦早有意增兵于华北，使总司令能伺机乘虚南下袭击共军。”

傅作义紧接着要求说：“如果政府能增加四个军，我将保证能攻占邯郸、忻县，并解大同之围。”

我提醒傅作义说：“用数个军攻击，采用空军补给，可不守后方联络线，以免分散兵力，则攻击效果更佳。”

“如果这样，能增加五个军，则扫荡整个华北有余。”傅作义听后大喜这样回答。并告诉我：准备攻打石家庄时，在南口设伏，必能消灭聂荣臻的第三、第四纵队。

我听后觉得他气很壮，战略上也有见解，但暗想国民党东北局势危殆，全国到处紧张，哪里抽得出五个军来？由于我听他一番豪言壮语，把我初先暗想的他与邓可能有特殊关系，“树倒猢狲散，飞鸟自投林”的景象完全打消了。

辽西战役失败后，傅作义深恐东北解放军入关，则华北“剿总”兵力，居绝对劣势无法应付。11月3日，第三厅副厅长许朗轩到葫芦岛传达命令后返经北平。傅作义要许转告蒋介石，请求把葫芦岛所有撤退部队尽留华北作战，用以减轻东北解放军入关后兵力对比上的不利。否则，他不愿守卫平津，将带领自己基本部队四处游击作战。不几天，傅作义又亲自飞赴南京。

11月5日晚，我和顾祝同到徐州调整淮海战役的战役布势后飞返南京，当即得到何应钦的邀请，前往南京斗鸡闸二号何应钦的私邸晚餐，饭后与何应钦、傅作义共同研究华北作战时，傅作义忧形于色，一再说道：“华北剿总仅有部队五十五万（傅作义此时共辖四个兵团，十二个军），兵力十分薄弱，如果东北共军百余万蜂拥入关，华北局势必急剧恶化，我实在负不起这样大的责任。俗话说‘知难而退’，我只好将原拨给我的中央军全部交出，请总统改派他人前往北平指挥，我只带我的基本部队三十五军、一〇二军、暂三军退回绥远，进行游击作战，以免贻误华北的战局。”

何应钦一听，急忙劝解说：“国民党军队，分散在平绥线上，一点被截断，就全盘皆输，你退回绥远去又怎么办？华北不保，华中亦危，进而全国局势终将不可收拾。‘覆巢之下，安有完卵’，你一个小小绥远如何能保？游来游去，徒延时日，最后总是归于消灭。与其如此，不如把全部兵力退保平津，必要时，退出北平，固守津、沽，保持一海口。如愿与共军决战，可通过海、空源源不断求得增援；如战而无益，也可通过海口撤退，如此进退自如，比你躲进绥远偏僻之地坐待末日到来好得多。”但整个晚上，傅作义总是唉声叹气，频频摇头。我暗想“他去志已坚，无法动摇了，他是识时务的俊杰”。最后，何应钦说：“如果你能招募大批兵员，我可以立即将两个美军的武器装备运往天津，由你扩建三个军，以增强华北国军力量。然后以津、沽为根据，逐渐挽回颓势，华北不还是大有可为吗？”

傅听后犹豫片刻，忽然面露喜色地说：“也有办法。” 我坐在傅的右侧，小声地问：

“什么办法”？

“各个击破共军。”他小声回答说。

随后经几天磋商，傅作义终于同意放弃绥远、张家口，在形势危急时，甚至弃北平，只固守津、沽，保持一海口，以维持长期补给。对此华北战略决策，蒋介石回南京后也完全同意。

开始，傅作义执拗地要交出部队，后又在两个美军枪械的诱惑下愿各个击破共军。因此我对傅变化莫测的态度深感疑惑。以为所谓“各个击破”，不过是受两个美军军械的诱惑，改变态度，怕人取笑用以搪塞我的假话。但后来傅回到北平，确募集了三个军的部队，等待用美械装备。以后新保安之战，他确实想各个击破，我才相信他所说是真。“各个击破”确实是他那时的指导思想。

12月2日，蒋介石派参军罗泽闿向傅传达“退保津、沽，确实控制一个海口”的华北战略决策，傅作义虽然赞同，但一直犹豫不决，傅作义可能判断错误，认为东北解放军无论如何需休整一个月方能入关。因此，拖延很久，他的军队还是配备在平绥铁路（张家口6个师，新保安2个师，北平6个军21个师，天津4个军16个师）漫长的正面上。12月12日被解放军分割包围在张家口、新保安、北平、天津、塘沽五个据点。

由于华北作战一直是傅作义主持，他的作战指导，事前并不报告国防部，到12月14日，国防部才知道上述情况。

16日蒋介石派参谋次长李及兰去北平，请傅作义以主力保持塘沽、大沽、天津。16日李及兰回南京报告："傅作义准备固守北平。侯镜如称兵力单薄，不能固守塘沽，令陈长捷放弃天津，以主力守大沽，陈不同意。"国防部忧虑，这样万一塘沽被截断，则平、津均成孤点。果然19日天津、大沽间交通被完全截断了。

22日大沽守将侯镜如报称，遭优势敌军攻击，战斗非常激烈。23日大沽与天津间的军粮城、咸水沽均被解放军占领。蒋介石令派船前往接运，以便该部万不得已时撤回江南。

22日傅作义电报称新保安方面战斗激烈，北平近郊沉寂，未发生战斗。由于新保安防守部队三十五军是傅作义的基本队伍，他不能听其被消灭，于是急调十六军李文部由北平驰援新保安。以便救出三十五军一起退回北平。但是驰援的十六军在怀来、沙城一带遭遇解放军伏击，除一部被歼灭外，余部被迫退回北平。次日，新保安解放。守军三十五军两个师被歼灭。

与此同时，张家口驻军五万余人向绥远方向突围不遂，张家口遂为解放军攻占。

此时，整个华北，仅傅作义固守北平，陈长捷固守天津，九十二军侯镜如部坚守塘沽，董其武仍维持绥远。面临全军覆灭的情况，蒋介石于1949年1月6日派郑介民与傅作义接洽。空运三万人赴青岛，一面又令我下令侯镜如于塘沽建筑机场，令傅作义在天坛修机场，但却对我保密，使我不知其企图，14日第十三军开始空运。

但1月15日，解放军解放天津，天津守将陈长捷被俘，守军全部被歼灭。当日傅作义电请蒋介石，建议和平。蒋介石见华北失败已成定局，遂下令撤退大沽守军侯镜如部到上海、常州一带，十三军空运也就停止了。傅作义因邓宝珊等人斡旋，为保护故都文物，免除生灵涂炭，与解放军达成协议。北平遂告和平解放。

平津解放，解放军得以迅速占领长江以北的广大地区。锋芒所向，直逼长江，威胁国民党政府所在地南京。蒋介石手忙脚乱，一面调兵遣将，布置江防，一面决定政府立即改为军政府，并迁往广州。

南京此时一片萧条，蒋家王朝金陵春梦幻灭了，只剩下玄武湖畔柳，烟笼十里堤。

十一、率部起义

（1949年）

设法脱身

中国人民解放军在取得了辽沈、淮海、平津三大战役决定性胜利之后，蒋介石几百万精锐嫡系主力已丧失殆尽，蒋家王朝已处于风雨飘摇的分崩离析的绝境。

凭我多年的经验，我知道蒋介石作战失败经常迁怒于人。近来我多少有点敏感，觉得有人中伤我，蒋介石已开始对我不信任。我是深深了解特务手段的残酷的。一想到万一情况败露，被严刑拷打，血肉横飞，求死不得的情景，确实有点不寒而栗。不如还是引咎辞职，早日离开受怀疑的境地为好。因此于1948年12月24日何应钦离职、徐永昌就任国防部长的机会，递上报告请辞第三厅厅长。但是顾祝同劝我打消辞意。他说：

"你不过是承办业务的人，重大决策都是上级决定的，哪能由你负责呢？你不必引咎辞职！"

他不知我真心是想趁机离开避祸，引咎只不过是饰词，所以还善意地留我。

任廉儒

另一方面我看见形势急转直下，迫切希望能够从此离开黑暗的蒋家王朝，奔向充满光明和希望的解放区。1948年10月以后我曾一再请求任廉儒把我的心愿转告党。

任廉儒一直以川盐银行华山路办事处主任身份为掩护，秘密进行党的地下活动，经常来往于京沪之间，与我联络。他到南京常住《益世报》报馆。

任廉儒向上级请示后，来南京对我说："汝瑰同志，你的愿望，党非常赞同。但经过再三研究，认为你到解放区没有什么大的作用。你与其到解放区，不如想法争取到大西南去。党组织认为，解放军渡江及扫平江南不会遇坚强的抵抗。但是蒋介石最后必然妄图巩固西南，西南必有一场恶战，到那时，你能想法举行起义，瓦解敌军，影响作战进程，其作用和影响不是比到解放区去更大吗？”于是我决心再冒险争取带部队到西南。

我又找顾祝同，请他给我照顾，让我出任军长。顾祝同一听，就睁大眼睛说：“汝瑰，这是啥时候，你看军事上节节失利，别的军师长早就想脱身溜走，你怎么还想当军长，这明明是自找苦吃嘛！即或你实在想带兵，最好搞个兵团副司令、绥区副司令之类职务，挂个名算了，别当军长去受罪罢！”

“总长！‘时穷节乃见’，别人总以为我当参谋，纸上谈兵，头头是道，事实上不会直接带兵打仗，现在我临危受命，置生死于度外，才不辜负党国的希望，才不辜负你对我的栽培，这是其一。其次，形势虽然危急，但关键性的一战得胜，常可以挽回既倒的狂澜，更何况世界风云，瞬息万变，英美都高喊第三次世界大战，中国局势不一定就悲观。第三，越是危急存亡之秋，越应该抓基本队伍，练得一个军作骨干，就可扩大兵力形成有力集团。你既有心培植我，我决心去为你创建一支基本力量，待那时，再委我为兵团司令岂不更顺理成章吗？”我见顾祝同劝我不当军长，我的企图就完全落空了，所以连忙提虚劲，慷慨陈词。

“你一定要当军长，我就向总统请示看看。”顾祝同见我坚决效死的样子连忙这样说。

我见顾祝同允许我出任军长，非常高兴。我在1949年元旦的日记上写道：“新岁下最大决心，一切重新作起。”我当时思绪万千，回忆去黄埔军校时的情景，继续写道：“斯时愚幼之心，满以为加入革命阵营，打倒军阀及帝国主义，中国的政治便可以上轨道。不料北伐之后……社会向资本主义发展。今日豪门官僚资本，垄断全国经济，贪官土劣，鱼肉乡民，人间何世？不完全是黑暗地狱吗？二十余年来，我太简单了，完全只研究军事学，只作了一个纯粹军人，唯有八年抗战算是于国家民族尽了应尽的力量。此外，则一切气力均白费了！我没有遂我的初衷，没有对‘使政治上轨道’尽得应尽的责任。往事如昨，使我怅然如失。今年重新做人，以求不背初衷才是。”

但是我乐观得太早了，想不到还要经许多曲折，才能脱身。

1月6日总统府第三局（军务局）的陆大同学傅亚夫向我透露，顾祝同签呈我任第十军军长，总统未批准。同天肖毅肃又告诉我："总长签你任军长，原是总统的授意。"

我听了这相矛盾的两个消息，好似晴天一个霹雳，震得我脑袋全晕了。我想蒋介石既疑心我，让我离开机要岗位出任军长，为何又出尔反尔，不肯批准呢？这必定是当军长也不放心我了。这比什么消息还坏。我想我只求离开，不任军长也得离开才好，以免受祸。我正在绕室徬徨、无计可施的时候，胡琏1月10日到了南京，准备去见蒋介石，他再三邀约我任十八军军长，我心中有数，再三推辞。

不料第二天胡琏来第三厅对我说："总统已批准你任十八军军长，望早日到职，重振十八军的军威！"

我听了不大相信，蒋介石连第十军也不肯给我，怎么能让我去他最信赖的十八军呢？但11时我们参加官邸汇报出来，顾祝同也这样告诉我，我心情就更复杂了。

"他（指蒋）不一定就到了完全不信任我的地步，不然的话，纵然胡琏吹嘘，我是振兴十八军最适当的人选，他也不肯让我到十八军去。"我这样一想，危惧心理减轻多了。

但是我猜不透蒋介石的心理，他为什么就立即答应胡琏的请求。如果这是出于对胡琏的信任，则对我仍就是没有好感的，迟早会出问题。这支军队是蒋介石手中握的一张王牌，不仅不会开往大西南，反而随时会由现时驻防的浙赣路玉山一带撤往福建、台湾，即或这支部队退守西南，也万万不可能发动起义。因为十八军不仅有许多蒋介石的特务严密控制，其士兵到各级军官大多数是蒋介石集团的死硬分子。如果担任这支部队的军长，不但党的任务无法完成，我可能也会被挟持到台湾。因此我眼望着这个"肥缺"，心中非常烦闷。

任廉儒叫我请求改调到西南的军队去，但这样做会引起蒋介石的疑心，哪有第一流部队的军长不当，反而要求到第二三流军队去的人呢？万一他由此窥察出我的秘密，岂不弄巧成拙。这样一来真使我焦虑万分，束手无策！因而也想到早知共产党要给我这样的任务，两个月前我不该放弃四十四军军长了。

四十四军在碾庄被歼后，蒋介石为了鼓励杂牌军队替他卖命，就下令重建四十四军。四十四军原是四川军阀王瓒绪的队伍，因此王瓒绪打电报推荐我或国防部副官局局长陈春霖任军长，我当时志不在军长，而是想到解放区。所以陈春霖得任军长，并早已开回四川整理补充去了。

现在，万万想不到，不愿当四十四军军长，却换来一个十八军军长！十八军军长的任命一下达，许多人前来祝贺，胡琏高兴之余，还给我拨了一大笔钱以为建军之用，我表面殷勤接待称谢，心里却有说不出的苦处。可是万没有想到，1月21日林蔚告诉我："蒋介石已免去你十八军军长，改任七十二军军长。"这真是"山穷水尽疑无路，柳暗花明又一村"。

七十二军军长原是余锦源，在随杜聿明撤出徐州后，被解放军包围于陈官庄，后来，余锦源率部投降，跑出来了一部分官兵。

蒋介石于是命令重建这支部队，并立即开往四川。能担任七十二军的军长，我真是喜出望外，至于蒋介石朝令夕改的原因，我根本不愿深究。

不过听顾祝同说，这是刘斐找替罪羊，向蒋介石说："郭汝瑰学历和学识都够，只是历练少了，好出奇案，很不稳当。"顾同时还骂刘斐这样做很不道德。我万想不到刘斐为我做了这样大的好事。我与刘斐尽管有矛盾，我在大别山"清剿"会议见他抬白崇禧出来，在睢杞战役见他铅笔一挥就把区寿年兵团送掉时，就想向蒋介石报告，搞他下去。但我又疑惑他是与共产党有联系的人，问任廉儒，他说："摸不清楚，最好莫要下手。"没想到这次他却帮了大忙。以后我到七十二军军长职之前，晋见蒋介石，蒋说："你不行，唔！你要好好历练！"

这与顾祝同告诉我的话如出一辙，证明确是刘斐中伤我，但是我不怨刘，反而感谢他成全了我。

委任一下达，我立即到上海告诉任廉儒，相互拍手称庆。于是我一面在上海北四川路一小学内设立军部，先后从上海、南京、镇江等地收容原七十二军余部一千多人；一面招收干部，把军部架子搭起，并且保荐刘展绪、赵德树分别担任新三十四师及二三三师师长，还委任了一些团营连长。当时，国防部各厅已移到上海，我便到第四厅和联勤总部，利用各种关系要足整整一个军的枪械车辆装备、粮钱，再加上胡琏赠送的（事实是他给的十八军经费，我厚颜挪用），经费十分充足。

我到第三厅，见到了厅内的老同事们，他们说新任第三厅厅长蔡文治，在研究江防配备时，主张把重兵配备在芜湖方面，汤恩伯则主张把重兵配备于扬中方面，二人争论不休，汤恩伯不耐烦地骂：“你晓得个屁！”

蔡文治觉得受辱，以后在广州愤愤不平地撕下军服说：“我永世不再当军人。”

蔡离厅走了，现在厅长一职还虚悬无人接替。

我听他们讲后，立即想起我将离开三厅时，林蔚问我说。“郭厅长，你江防重点置于什么地区？总裁意思是摆在扬中方面。”

我当时立即理解蒋介石不真正守江，而只把江防作为前哨。他真正企图是坚守上海，他仍将以总裁名义，指挥一切。这时我听说蔡文治与汤恩伯争论，就知道汤是秉承蒋介石意旨的，所以他敢骂人。

为了能迅速扩充七十二军，我决定立即返回四川找西南军政长官公署及重庆补给区要兵、要粮、要装备，自己凭人地熟悉，我相信必定可以短时期把一个军建立起来。从上海出发前，我把部队交给参谋长许亚殷和副师长柏恒，他们怎么样也不肯干。我不明原因，只好令二三三师师长赵德树率领经浙赣路，到宜昌乘轮船回川，要他沿途尽量招兵，并告诉他“每到一地就到伤兵医院去喊，‘凡是愿回四川的，快来一道回去’。四川的伤兵流离异乡，思家心切，一听说部队要回四川，必定踊跃参加，部队必定能迅速扩大。”这办法，果然收到了很大的效果。后来赵德树给我带回一〇一、六九七、六七八整整三个团的兵员。

2月4日，我把一切安排妥当后，带领参谋长许亚殷和军需王希尚，由上海乘飞机飞赴重庆。

2月4日，这是一个多么难忘的日子啊！这天是我受党的新委托，踏上新的征途的第一天；这天，是我从蒋家王朝心脏中杀出来，又准备狠杀回马枪的一天。

这天，天气晴朗，透过机窗，瞭望蓝色的天空，飘着几片洁白的云彩，缓缓向机后逸去，俯视大地，但见山峦起伏，长江如练。这时，我不禁想起二十几年前，乘船由重庆到上海、广东的情景。啊！弹指一挥间，整整过去22年了！回顾二十余年，雪泥鸿爪，自己在人生的道路上到底留下些什么呢？如果说在大革命时期和抗战时期还值得怀念，与党取得联系后还做了一点有益的工作的话，其余的都是使人不堪回首的混浊时光。蒋家王朝的独裁统治，腐败无能，反动军队的残民以逞，作恶多端，达官显贵的贪污成风，廉耻扫地，而自己竟被迫混迹于其中，这是多么使人终身遗憾的啊！然而共产党并不抛弃每一个决心革命的人士，对于我这样的人，一样给予充分信任。想到自己半生走过的道路，想到党托付给我的重任，想到自己新的人生道路的开始，我不禁感到自己充满信心和力量。

周旋和伪装

我一返回重庆，就由参谋长许亚殷介绍，到南岸弹子石警官学校驻扎，并利用各种方法继续扩充自己的部队。我一面请求原成都联合中学和陆军大学同学的重庆补给区司令邱渊（默雷）分配车辆，调拨装备；一面举办军官队，并四处派员募兵，尤其是到铜梁。由于我是铜梁人，四川人同乡观念重，担心被拉壮丁的穷苦农民都愿意到我这里来。凡来的，我都给予字据，县兵役科可用以抵壮丁名额。因此，铜梁被抽作壮丁的人不管认识不认识，都纷纷前来投奔。我还公开号召，谁能征集一连人，谁就当连长，谁能征集一营人，就当营长。我的一〇〇团长许汉洲就是在师管区弄到一团人当的团长，这样一来，部队发展很快，陈春霖的四十四军先到川一个多月，我们部队的人数很快就追上他了。不仅如此，我军有三个团都是老兵，因而部队较有作战力，一时竟成为与罗广文两个军、陈春霖的四十四军并列的四川四个机动军之一。

我的参谋长许亚殷，聪明英俊，我任第三厅厅长时王蜀生介绍他来任科长，以后他到余锦源的七十二军任副参谋长、团长、参谋长，常来徐州陆总见我。我接任七十二军军长时，他由包围圈逃出来到了南京，我一见非常高兴，极力挽他继续担任参谋长，对他很信任，认为他是我的老部下，对七十二军情况又熟悉，必定可以辅助我暗中进行起义的准备工作。一天我借机会同他聊天，试探他的态度。我说："国民党腐朽透顶，失尽人心，垮台无疑，我们为这样的政府殉葬，太不值得了。我们必须另找出路，你看有什么办法没有？"

"是的，国民党垮台无疑，我们必须另找出路。不过共产党残暴异常，决不能投靠它，最好我们走第三条路线。"他很自信地说。

我原以为诱导他协助我，万想不到他提出走第三路线，我一时找不出话说，只好一笑不置可否。他于是进一步说："共产党决不比国民党好，绝对不可依赖。余锦源在包围圈派人向共产党投降，还不是遭缴了械。我已把他投降情况，向国防部报告了。他不忠不义，没有骨气，实在令人瞧不起！"

我见他反共态度坚决，暗暗庆幸我幸好没有暴露企图，于是将计就计，以同意走第三路线来掩饰我"另找出路"的话。因此，故作高兴的状态说："对！我们就走第三路线。"

从此他相信我走第三路线，我经常说反对国民党的话，都以走第三路线为幌子。

5月我弄足了两个师的兵员，还由罗广文的第七编练处拨来一个师，于是我所属的部队成了三个师九个团。不久又奉令缩编为两个师六个团，兵员就更充实了。于是西南军政长官公署令七十二军移驻内江、泸州、宜宾一带。我认为宜宾偏处四川西南角上，便于诱导起义，想赖在这个角落不调往他处。恰好有一天罗广文说：

"我在华蓥山经营根据地，准备万一的时候好打游击。"

"不行！华蓥山太小了，哪能养活和掩蔽你两个军呢？要干只有经营雷、马、屏，那里彝汉杂居，山高林密，地势险要，区域宽广，是最理想的打游击的地方。我现驻防宜宾，就近经营，非常方便，不如我们合作，将来一道打游击？"我这样回答试探他。

罗一听非常高兴，我于是怂恿他代向西南长官公署请求，成立川南警备司令部委我任司令。当时西南军政长官公署主任张群与王陵基矛盾较深，正千方百计地削弱王陵基的权力。所以罗的主张立即得到张群的赞同。西南军政长官公署内的陆大同学也十分支持，但认为"川南警备司令部"名称太大，最好成立"叙泸警备司令部"，我同意。于是，"叙泸警备司令部"得以成立，我遂任七十二军军长兼叙泸警备司令，并以张群的部下肖烈任叙泸警备司令部的参谋长。

当时，各军有政工处，而所有警备司令部必须设稽查处。军参谋处第二科专搞情报，军统常派人参加，一方面收集共产党的情报；一方面为蒋介石监督军师长们。政工处政工人员由国防部新闻局派遣，也是监视带兵官的。我为了今后方便，便抢先委派军事干部，委黄荫渠为政治部主任，任廉儒的哥哥任逖猷为政治部副主任，并把政工人员安排整齐后，再造册上报请求批准。

至于稽查处，我明知必须由军统推荐处长。于是我以稽查处过于骚扰民众，大搞烟赌娼，维护治安不足，整人害人有余为借口，极力拒绝军统派人来泸州。我见保安分区副司令刘忠敏极其老实，与专员兼保安司令罗国熙商量，成立军警团联合办事处，让保安分区副司令进行管理。这样一来，全国各地警备司都有稽查处，独我叙泸警司无稽查处这一特务组织。

但是，我非常担心，军统无孔不入，如果派人打进七十二军，我起义就会受很大的妨害。当时，泸州专员兼分区保安司令罗国熙，是黄埔二期学生，军统特务，在我肘腋之下，我对他非常警惕，很小心防备他。哪知军统分子防不胜防，万想不到我贴心的参谋长也是军统分子，而且我一直未发现他。“螳螂捕蝉，雀乘其后”，我没有一筋斗栽到军统手里，真太侥幸了！那时，每一个警备司令都得兼任党政军联席会议的主席，我也被张群委任为联席会议主席（委任我的假名许镇国），却又令罗国熙为副主任。这个党政军联席会议专门捕杀共产党人，每月按时由主席召集地方法院、县党部行政专员、保安副司令、县长、七十二军军法处长开会，审理屠杀共产党案件。当时，任廉儒已跟着我回到重庆，我对任廉儒说，我决不参加这种会，采取不理不管的办法。任廉儒对我说：“那怎么行，你放手不管，他们不更为所欲为吗？他们杀人也是血债！”任廉儒想了想接着说：“汝瑰同志，你想想，蒋介石一伙反动派愈到灭亡的时候，一定会疯狂地屠杀共产党，为了保护无辜的人民和每一个共产党员，你必须参加，想尽一切办法保护他们。实在不行，你写信给我，不怪你。”从此，每次党政军联席会议开会，我都积极参加主持，从不缺席。

罗国熙非常仇视共产党，动辄主张枪毙或活埋共产党员。对我则总是半开玩笑地说："司令！像你这样遇事都要人证物证，一个共产党也杀不了。"我尽量以私人感情劝阻他，交由军法处去调查，必须查有确凿证据才能处决。幸军法处长冷肖炎是民盟成员，是党暗中派来策动我的，对我的意见，他都支持。这样不仅警备司令部从未杀过人，连军警团联合办事处也没杀过人。

许亚殷见我同意走第三路线，非常高兴，很热心地为我筹划，又要成立一个党，又要准备打游击。我明白真是打游击，那时就是游击共产党，我绝对不得干，但未起义前借这个幌子，宣传国民党的罪恶，做反蒋的工作，并借以掩护自己是非常有利的。

因此我对许的提议，表面总表赞同，但这时柏恒暗中告诉我，"许亚殷不可靠，2月间你叫我同他（许）带部队返川时，他因为未当到师长，同我商量把部队拖到太湖打游击去，那样我怎么对得起你呀？所以我坚决推辞不带队回川。"

"唔，我当时正找不到师长，因为想到他（许）资历尚浅，没有企图当师长，所以弄刘展绪过渡，早晓得他想干，我又何必找刘展绪，弄得他心情不快呢？"我素知柏恒同许亚殷友好，所以这样答复。

"你千万不可交兵给他带呀！他乱来，你招呼不住他哟！我同他是朋友，我绝不是说他的坏话，我怕我不跟你说，万一将来有问题，我没有尽到责任，以后我没脸见你。"柏恒又诚恳地向我说。

柏恒是我同县人，对我素以长辈看待，他曾一度要转业，我设法保住了他的军籍，他很感激我，我也认为他是有血性，古道侠肠的人。他在七十二军任团长、副旅长时，经常与我通信，我这次出任军长，一直把他视为亲信，任他当副师长。他这天诚恳地告诉我要防备许亚殷，我对许当然就更加提高了警惕。事也凑巧，不久新三十四师兼师长刘展绪，专任副军长，师长出缺，许亚殷恰好兼这个师的副师长，我想到柏恒对我的忠告，不愿许任师长，于是向许说："刘副军长不兼新三十四师师长了，照理你兼副师长应该升任，但是柏恒虽是二三三师副师长，他资历比你高些，你二人同在一个军内，不先升他，恐怕摆不平。我因此很费踌躇，到底怎么办好？"

"军长，你保荐他吧！我不会有什么意见。"许亚殷爽朗地这样回答。我见许这样痛快，又觉得对不起他似的，于是安慰他，说：“我必定不亏待你，一定为你留意机会。”

“没有什么，军长，你不必介意！”他又反转来安慰我。

这时柏恒返铜梁老家去了，我缄电接连催他回部队来，他都回绝任师长。我没有办法，于是又对许亚殷说：“柏恒不来，还是你去任师长吧！以前有人说你要拖部队出去打游击，我怕你不老练，怕你感情冲动，惹出事来，近来我观察你肝胆照人，办事精明，我很放心你了。”

“军长，这个师长我决不当了！我晓得这话是谁说的，我去把柏恒给你找来。”许亚殷面带笑容坚定地回答。

不两天他果然到铜梁把柏恒找到泸州来了。由于解放军这时解放了南京、上海，国防部已移广州，我就独断先叫柏到职，然后打电报去广州。

这样一来，我觉得许亚殷聪明能干，通情达理，不是死硬不能改变主张的人，将来形势所逼，他可能还是跟着我走的。这样一想，我又感觉内愧，觉得我对他不起似的。

这时罗广文对我经营雷、马、屏为游击根据地信以为真，大加赞助。一面保举我任第七编练处的副司令，请求长官公署，让我派二三三师去川滇边境堵击龙云飞，以便去屏山里面侦察根据地，一面把第七编练处的后方移到宜宾归我全权指挥，我虚与委蛇，也表面叫二三三师师长赵德树侦察何处可以作根据地。事实上我并不热心，以后因屏山非我叙泸警备区的地境，我就根本不进行了。许亚殷既未任师长，就自告奋勇，到长宁去经营游击根据地。我情不能却，口中答应“很好”，但暗想让他离开我身边也好，反正兵在我手里，你去准备你的，起义后形势所迫，你还不是要回来。兼之这样作，可虚张声势，使蒋帮人员看不透我，一面也顺顺许的气，免得起义时与我硬碰，使我为难。

所以8月许就借开警备会议的时候，建议成立三个警备分区：（1）自贡市地区，卿云灿为分区司令；（2）宜宾分区，彭光汉为分区司令；（3）泸州分区，罗国熙为分区司令及一个长宁指挥所，除自贡区卿云灿带他原来招募的两个连，许亚殷在长宁指挥所带辎重营三个连作警卫外，都是空的。对卿云灿、许亚殷我并规定不许招队伍，不许杀人，一面并派王蜀生为许的参谋长，以资约束。开会时四川第二区专员刘幼甫因自贡市属他专区辖地，所以也来了。刘幼甫是黄埔第四期同学，四川小政客，很得张群的信任。我于是大谈准备走第三路线，成立新政党，他大加赞成，并自告奋勇拟定党章。（这批政客精灵得很，他们鼓励带兵官们打游击，他却很早就坐飞机溜走了。）我会后到重庆把这些向任廉儒同志报告了。他说："你的政党成立了没有？这是原则性问题哟！你要恢复党籍，又自己成立政党，那不是自己造些障碍吗？不特恢复党籍不可能，谨防还犯错误！"

"党没有成立，一纸党章，撕了就是！我又不是真成立党，不过借此作掩护罢了。"我听了大吃一惊，连忙为自己辩护。

"你宣称打游击是掩护，只要事先向党汇报，就没有什么问题。如果成立政党就是党纪所不容的问题了。千万干不得哟！"他进一步说明利害。

"对！我懂得了，就此作罢！"我立即把党章撕毁，再不提这件事了。

2月间任廉儒在上海与我分别时，我再三要他回川帮助我，他五六月间果然回到四川，仍在重庆川盐银行工作。这以后他经常来泸州，我每到重庆也必向他汇报一切。我担心起义是非常秘密的，事先不能泄露半点消息，人心难测，除非最可靠的人，决不能作思想工作。因此我要求党派军事人员来帮助我。

大约是8月间了，我到宜宾视察部队，任廉儒同志带着二野联络部的赵力钧同志到泸州见我。见我不在泸州，他又到宜宾来，把赵力钧安顿在小茶馆里坐着，然后到肖烈家找我说："党派的人已到宜宾，在什么地方见面最稳妥？"他还说："这个人稳重机警，满口'共匪'长，'共匪'短，谁也认不出来。"

"就来肖家，我们在客厅谈话，没人敢来窃听，最稳妥。茶馆千万去不得。"我说。

他果然把赵力钧同志引到了肖家，我们一见面就像原来认识的人一样，热烈握手问好，以使人不怀疑。我以为这就是党为我派来的军事干部。我商量他担任我的侍从副官，以便朝夕在一处好商量问题。但是赵力钧同志说："我到四川来除帮助你而外，还有其他活动，最好留在重庆，等到你最需要我时，我再到你这儿来。"

“那嘛，到七十二军重庆办事处任办事员吧！”我回答。“他怎么到办事处去呢？”任廉儒问。

“这样，你回重庆刻一方顾祝修的私章，用顾的名义写信给我，求我给他的亲戚赵力钧一个小工作，待我回到泸州时拿信来见我，我在信上批准委他为办事处的办事员，叫他去就是。”我想了一下，想出了这个办法，就对他们说。

事商量定了，我们又大声说说笑笑地谈了一会，他们走了。以后赵拿信来，我扬言：

“这是总长（顾祝同）的弟弟介绍来的，明明是搞个小差事混饭吃的，他做事不做事听便，不要派他任何工作！”

就这样赵力钧就在七十二军重庆办事处办事员的掩护下，自由往返四川各地工作。

就在这些时候，陈诚的预算局局长一贯为陈搞经理事务的赵志尧找我说：“辞公（陈诚）的意思，劝你把你太太送到台湾安全些！”

“你晓得我是穷光蛋，把家眷送到台湾吃西北风吗！”我知道这是要把我的妻儿弄去做人质，所以我这样回答。

“你看！辞公叫你送去的，难道他不管？”赵志尧连忙解释。

“辞公日理万机，哪有时间管这些小事？我老婆娘家开药铺，不是共产的对象，把她往娘家一塞，安全得多，免得我一死，让她母子流落，无家可归。”我坚决推辞。

“那我就这样回答辞公？！”赵见我主意已定，莫可奈何地说。

“请你转告辞公放心！战争如果失败，我一定打游击到底。”我违心地“表忠心”，以免被人怀疑。

赵志尧只得走了。

就这样，我最后打游击的风声，逐渐传播出去，连罗国熙这个特务头子也说：“司令，我知道你准备游击根据地了。”

“他妈的，我准备背起娃儿打游击！”我见他得意得像发现新大陆似的，我就更虚张声势。

当时我不明白罗国熙为什么要说这样的话，起义后我知道许亚殷是军统分子，才暗笑许亚股当年扮演了蒋干。军统不特没监视住我，可能还打报告为我吹嘘。我玩弄这些小动作，自己以为机警、权变、秘密，连我父亲弟弟都不知情，但是事实上早已走漏了风声，出现过严重的危险，不过我不感觉严重罢了。

首先杜聿明怀疑我，曾对何应钦、顾祝同说我和共产党有联系，不可靠。淮海战役中，杜聿明放弃徐州城向西南逃跑时，就不让我知道他的企图而与蒋介石秘密决定。至于杜聿明如何知道我和共产党有联系，至今仍是一个谜。1982年我与邓锡洸去拜会他时，我曾问过他："你当年为什么硬说我与共产党有联系！是猜测吗，还是有根据？"

"山东来人谈的，有根据。"他回答。

"是谁？"我问。

"这是秘密，我不能告诉你。"杜回答。

其次，蒋介石的新闻局长邓文仪，也不知在哪里听到了一点风声。我回四川不久，邓文仪就告诉张群的政工处长陈国儒，说我靠不住，要陈国儒对我严加监视。陈与我在南京共事，关系就很好。我亲切地叫他夫人陈二嫂，常请她教我跳舞，混得很熟，所以邓告诉他后他就告诉了罗广文，罗又告诉了我。一天我当着罗广文、陈国儒的面就闹起来："邓雪冰说我靠不住，他凭啥子乱说？！我都靠不住，哪个才靠得住？依我看，他邓雪冰才靠不住。"

"我们绝对相信你，才把这话告诉你，要是不相信你，我们就暗中监视你不告诉你了嘛。"罗广文和陈国儒忙向我解释。

"我们是老朋友了，你们慢慢看吧！看我靠得住不？"我说。

"你这样说太见外了，我们哪能监视你呢？"陈、罗二人又说。

"不是对你二位，我是对邓雪冰。"

"好了，把误会解释了就是了。"陈国儒说。

这样吵闹一场，当时对付过去了，我相信陈国儒还是会暗中监视我。

另外还有一个人，我是逃不过他的眼睛的，他就是任廉儒的堂兄任逖猷。据任廉儒告诉我，任逖猷见他来到泸州，就向他说："你不要把郭军长的事弄坏了啊！"可见他是了解任廉儒的作用的，不过我们仗恃他不会相害，所以不大注意他。但是任逖猷心里装不住话，那时他又是政治部副主任，邓文仪的消息可能是从他那里无意泄露出去的。也未可知。

此外我总以为我与任廉儒同志单线联系，非常机密，我料不到任廉儒同志转交情报，又要发生许多联系，冒很多危险。1949年2月国民党革命委员会上海负责人王葆真被捕，临时焚毁了我所送的文件，遭严刑拷打被判死刑也不供认我出来，任廉儒与其助手梁佐华同志，侥幸得脱身逃往香港，我才得保首领，可我这时回川在七十二军还蒙在鼓里玩弄着小权术。

我父亲派我二弟来泸州，传达地下党的意图，我仅告诉二弟："我有办法"，也泄露了我的机密。幸这位知情的周白照同志与党有联系、为我保守秘密，才没出岔子。今天回想起来，未出意外，完全是主义深入人心，党的纪律严明，同志们的保护所致，个人权谋是微不足道的。

郭家三兄弟合影，左起：郭汝瑰、郭汝玲、郭汝瑚

蒋介石召见

把赵力钧同志安顿好以后，任廉儒同志告诉我："党中央原先决定由三野陈毅司令员指挥进军西南，董老已把你的关系介绍给陈毅司令员了，以后改为由二野进军西南，因此陈司令员又把你的关系介绍给刘伯承司令员了。现在二野已在湘西沅陵一带集中，不久就要发起进攻了。你思想上要做好准备哟！"

"赵力钧同志要快点来呀！"我要求。

"到时他一定来！"任廉儒说。

由这一席话，我知道二野部队在湘西集中，就判断二野必定由酉阳、贵阳入川，先攻克重庆，再攻成都。攻重庆时，左翼兵团必定在江津、泸州间渡江，外翼也可能伸到泸州。我认为：在此情况下我跳出包围圈，退往宜宾，让解放军进出成都，与蒋介石主力决战，我就利用形势逼部队起义，这样就可以顺利而不冒风险！因此我必须千方百计使部队不离开叙泸。由于罗广文很相信我，他私下对我说，他的参谋长赵秀崑丧失信心，一直暗中收听共产党电台的广播。我乘机告诉赵秀崑，失败已成定局，陈明仁都起义了，叫他影响罗广文，早作下一步打算。罗一直不醒悟，只以为下一步打算就是打游击。因此他十分留意不让七十二军移动。

10月，蒋介石飞到重庆，在西南行政长官公署召开作战会议。我与陈春霖同车前往参加。见重庆市各街道处处搭起柏树叶牌坊，上面写道："欢迎蒋老先生回到第二故乡。"仔细一看，原来都是袍哥各山头的（袍哥的帮会组织四川人叫山头或码头）。陈春霖十分不满地说："真太不像话了，谁要袍哥拥护。"此时，我马上意识到蒋介石已失去人民的拥护，只能凭借袍哥这一类封建组织支撑了。

参加作战会议的除了陪同蒋介石来渝的及西南行政长官公署第三处参谋人员外，还有张群、钱大钧、杨森、胡宗南、罗广文、陈春霖、刘文辉、邓锡侯和我。蒋介石亲自主持了作战会议。会议室壁上挂了一张十万分之一的西南地区军用地图，室内横放着一张餐桌，蒋介石背地图坐在餐桌一侧的中央，两旁坐张群、刘文辉、邓锡侯、钱大钧等，其余人员都围餐桌列坐。

蒋介石强装冷静，脸上露出一丝笑容，照例把眼光左右一扫，然后说出一大篇鼓劲打气的话，他苦笑着说："各位将领在时局艰危之际，忠心耿耿，精诚谋国，使我十分高兴。我希望各位坚定必胜信念。国际危机四伏，第三次世界大战一触即发，中国局势尚不能测，如果我军能坚守西南、西北、两广，以待国际时局变化，定能反败为胜。因此，我军各将领必须决心坚守西南，今天请大家到这里来，就是研究一下西南如何固守，共军主力将由何处攻击西南。以及我军如何配备兵力。"蒋说到这里，掉头向刘文辉、邓锡侯等微笑地说："好，大家畅所欲言，随便说吧！"胡宗南的参谋长沈策首先发言说："从历史上考查，历代入四川，大多是由川北而来，也有溯江西上的，但地形险阻，不便用兵，因此我判断共军主力将沿川陕公路进犯四川，川陕公路交通方便，易于共军展开。基于上述理由，我主张调四川四个机动军于川北剑阁一带设防，以挫败共军入川企图。”沈策说完后，会场上一片沉寂时，罗广文、陈春霖和我早已接到陈诚指示，要我们在情况艰难的时候尽量靠拢胡宗南，以便保存自己，而胡宗南也想争取我们壮大实力。因此，沈策说完后，罗广文表示大体赞同，主张七十二军不动，以免后防空虚。蒋侧身问刘文辉、邓锡侯有无意见。刘、邓都表示无意见。蒋介石遂决定主力放在川西北，编罗广文两个军及陈春霖军共三个军为十五兵团，开赴广元，并以杨汉烈部固守大巴山，孙震部守三峡，宋希濂部守鄂西及酉阳、黔江，何绍周部守贵州东正面。我见蒋介石配备一大圈几千里的防线，又把重点放川北，暗暗好笑，但只要我的部队不移动，我一言不发。

第二天胡宗南、宋希濂、何绍周等中央系将领又在临江门罗广文的第七编练司令部招待所开会，他们认为张群指挥不行，要胡宗南来指挥。宋希濂对我说：“来！联名给老头子写个报告，我们请求胡老大哥来指挥。”我说：“我字写得不好。”大家齐声说：“你起草吧！起好由赵秀崑缮正。”我推诿不过，只好给他们起草报告，让他们送给蒋介石。当时黄埔学生要求胡宗南指挥西南最后一战，但根本没有结果。因为蒋介石来到重庆后，参谋总长顾祝同、参谋次长肖毅肃、三厅厅长许朗轩及国防部各厅参谋人员也先后飞到重庆。蒋介石亲自发号施令，指挥西南战役，而西南军政长官公署主任张群已形同虚设。

会后不久，蒋介石突然打电话到泸州，说是要召见我，使我感到十分紧张。因为我感觉蒋介石早已开始怀疑我了，这次电召到重庆，不知道是祸是福。看来凶多吉少，我恐怕再不能回转泸州了。哪知乘车来到重庆，才听说蒋介石并不是单独召见我，还召见了陈春霖。于是，一颗悬起的心终于落下来了。我们到林园，蒋经国、陶希圣早已在等候我们，一见我们来了，蒋经国热情地说：“啊，你们来了，坐会儿，坐吧！先生马上接见你们。”刚坐一会儿，侍从武官招呼我们进去，见走廊上摆着几张藤椅，还没就座，蒋介石来了。在接受我们的敬礼后，要我们坐下谈话。蒋介石问我：“郭军长，你的部队整训得怎样？你的部队作战有无把握？”我急忙信心满满地说：“请总裁放心，西南战役很有希望，别说其他部队，单我这个成立最迟的军，有三个团正在紧张训练中，另三个团是我一路在医院收集的老兵，马上可以作战。新拨来的傅秉勋一师，成立很早，估计也能打。我认为，打仗完全有把握。”蒋介石听后，“唔、唔”几声，转而又问陈春霖。随后我们交谈几句，就让我们走了。我出来和蒋经国、陶希圣稍微寒暄后，就急忙乘车返回泸州。从此，我再也不敢到重庆去。罗广文曾多次约我，我都借故推辞了，害怕去了出问题。其实，躲在泸州，也并不安全。解放后我才清楚，我的参谋长许亚股就是蒋介石派在我身旁的特务，还配备有电台，经常与军统秘密联系。如果蒋介石要杀我，无论我在什么地方，无论在任何时候，都可能遭到不测。

当刘、邓率领中国人民解放军第二野战军攻入贵州，蒋介石才判明解放军主攻方向，他十分震惊，立即电令调往川北的罗广文兵团，急行军开返重庆，火速推进到乌江布防，但尚未站稳脚跟，便被解放军突破了。解放军锋芒所向，直逼重庆。

惊慌失措的蒋介石，也顾不得对我的怀疑了，为了让我为他卖命作为防堵解放军进入四川的前哨，滞留解放军的前进，争取时间，以便集中其主力在成都附近，与解放军决一死战，遂叫国防部电令我任二十二兵团司令，要我直接指挥二十一军（军长王克俊在乐山），四十四军（陈春霖由赤水向泸州退却），七十二军（我兼军长）和三个独立师（番号不记得了，一个师长

解放军入川先头部队强渡乌江

陈宏谟，一个师长艾绍衡，都在内江附近），沿长江、沱江在宜宾、泸州、内江一线布防，阻止解放军渡江。在电话中，肖毅肃说："汝瑰！你知不知道谁叫你当兵团司令的？是墨公（顾祝同）。你可要卖力啊！"我知道蒋介石委我当兵团司令，并不是就消除对我的怀疑了，肖毅肃这个电话，必是有人说我不可靠，才打的。为了进一步稳住他，我故意在电话中说："要争气，卖力没啥说的，不过你们这样指挥简直是乱搞，第一军被你们慌慌忙忙地用汽车运到重庆去补突破孔。企图固守重庆，重兵器马匹全无，只有送给共军吃掉，你们全不计算一下空间时间，就是前卫连长也知道后退展开嘛？像这样，我有力也卖不出！"肖毅肃听了，明知道说得有理，他只好说："你不要乱说，你好好地干，看总统打胜仗！"

随着中国人民解放军进军西南，我也加快了起义的准备。

宜宾起义

解放军一天一天地接近四川边境，看着我起义已逼近眼前，我要求任廉儒同志编出密码，才便于联络。任廉儒却要我编好，给他一本，我说："这怎么行，我一编密码，就会泄露机密，最好你编，编好后，送我一本，上面写'泸密'郭军长密存——陈诚。我放在任何地方，都没人敢问，你来电时写：'泸密、郭军长亲译'，我自译就不会泄露机关。"任廉儒才答应了，结果还是没搞，后来起义前，他竟发来个明电"赵因交通阻隔不能前往，希按计划行事"，差点酿成大祸，幸好当时形势急转直下，十分紧急，才得以幸免。

同时，我加紧了起义的布置工作，驻防内江一带的新三十四师奉蒋介石的命令推进到泸州以南江门一带。师长柏恒早知道我的意图，路过泸州时告诉我说，一〇〇团团长许汉洲是特务，必须想法把他除掉。这时部队已经行进，我急忙赶到蓝田坝对岸江边，以清点队伍为名，设法搞掉许汉洲，恰好许部缺少士兵一百多名，又丢失了几条枪，于是我下令把他扣押起来，另派我的亲信参谋处第四科科长文涛继任。我又暗暗告诉柏恒，要他到江门后，不要真面目打仗，待到我向宜宾撤退时，他也迅速开回宜宾。

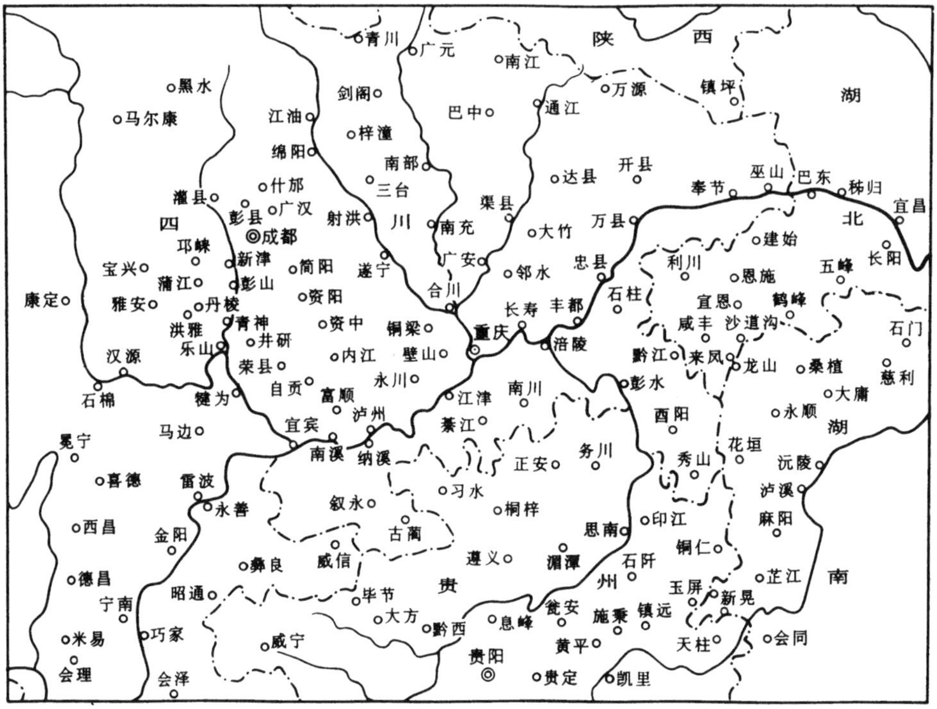

解放军进军川黔及成都战役地理要素图

驻守新津飞机场的一〇四师，师长是我的妹夫傅秉勋。傅师原属罗广文部向敏思军，由于他仗恃自己是黄埔五期学生，又与罗广文和我关系密切，毫不听从黄埔六期的军长向敏思管束，罗广文只得和我协商，以新拨给七十二军的罗君同师换来傅秉勋的师。我知道傅秉勋30年代是共产党员，我与他既是亲戚，又是黄埔、日本士官两度同学，所以我放心他，就打电报约他到泸州来商量军事。接连两天晚饭后，我同他在军部后门外桂圆树林里往来散步详谈，我劝他与我一道起义，他说："新津与泸州相去很远，很难拉到一起来。"

"我打电报给你，叫你开宜宾，你得电就走，国防部直接打电报通知你，你干脆不理。"我回答他说。

"万一国防部派兵打我呢，怎么办？"

"现在解放军旦夕入川，全川除我这个军而外，没有机动部队，难道我下命令叫你开宜宾，我还打你吗？"我说。

“成都地下党也与我有联络，允许我做预备党员。”他不正面答复我，仅仅这样说。

“这样好的条件你还不干吗？我接受考验四五年了，还得不到这个条件嘞。”我答。

“周迅予同我商量定，战事失败，我们逃到松潘里边一个秘密地方藏起来，等到第三次世界大战起来，我们再出来。”他又向我说明，他另有企图。

我见他不明世界大势，所出主意很不高明，连忙劝阻说：“第三次世界大战，打不打得起来根本就成问题，即使打起来，谁胜谁负也难预知，蒋军就是打回中国来了，别人有汗马功劳，你跑在山沟里躲了几年，还想出来捞一把吗？这道理不是很明白吗？”

“世界大战打不起来，我就隐姓埋名，过一辈子。”他固执地回答。

“能不能隐姓埋名过一辈子，也很难说哟，我们原来不就信仰共产主义吗？还是我们一道起义，以图恢复党籍为好！”我又恳切地劝他。

但是说来说去，他一时拿不定主意。最后他说：“我不是到你这来，就是到松潘里边去。”

我们的谈判毫无结果。

11月下旬，他来电话，说肖毅肃打电话给他，说国防部要他的部队开江津县对岸白沙沿江布防。月底他又由白沙与我通话，说部队已全部到了白沙对岸一带。我向他说：“我这里兵都调出去了，泸州空城一座，你快来呀！”

“我马上给你派一营人来。”他回答。

“一营人顶什么用，我要你全师都来！”

“好吧！我给毅肃打个电话。”他还是下不了决心。

“不用打电话给毅肃了。快来！”

“好！”他答应。没想到这是我同他最后的交谈。

但是最后重庆解放，他一兵一卒也未到泸州，他也随败兵一道，溃逃到成都方面去了。我起义后，成都不久也解放了，他那一师的军官跑了几个到军部来，说他们师未打仗就跑垮了。师长下落不明。1951年听说他在松潘为匪，被击毙了。

11月30日重庆解放，解放军以秋风扫落叶之势，向成都挺进。国民党溃军沿成渝公路退却，车辆在椑木镇轮渡，三天三夜都走不通。于是许多车辆、部队，涌上遂宁通成都的公路上去，乱七八糟退往成都。

12月2日，我以电话叫柏恒向宜宾撤退。

12月3日清晨解放军由泸州下游罗汉场打电话给我，问我是不是郭军长。我说：

“我是。”

“我们是第十军，军长杜义德。”

“你是解放军吗？”我觉得杜义德这个名字很陌生。猛然一下意识到是解放军，于是就这样问。

“是的！杜军长叫你派人接洽起义！”对方答应。

“好！我按计划行事！”我一时不知所措，糊里糊涂这样说。什么计划呀？对方根本不知道。原来是这样的：我计划在宜宾起义，重庆解放之前，任廉儒要我自告奋勇守重庆，以便保护工厂。我告诉他，我的部队与刘文辉、邓锡侯等二位部队不同，意见不统一，不听招呼，再加上蒋介石特务控制严密，根本无法到重庆起义，就是在宜宾起义都可能会有许多麻烦，不如仍按原计划在宜宾起义，以免弄巧反拙，任廉儒表示同意。及重庆解放前夕，任来电报叫我按原订计划进行。这时我找不出话答应，所以就本能地说这样一句话。

我放下电话后，觉得很不妥，话没说明白，于是拿起话筒，问电话局，刚才电话是哪里来的，给我再接过去。电话局的人回答说，不知哪里打来的，再接不通了。

我于是问高级参谋徐孔嘉可不可以去走一趟？

徐孔嘉是我1927年在涪州时的老朋友，我知他是共产党员，多年不见面也未通音信。我向任廉儒同志要军事干部后不久，他到泸州来了，我以为他是党派来的，高兴地问他还与党有联系没有？他回答说早已失去联络。我摸不透他的底，不能断定他是什么动机来的，因此留他任高级参谋。及我问他可不可以去走一趟，他反问说：“去做什么？”

他这样一问可把我愣住了，明明白白是去与解放军接头嘛，怎么还问“去做什么”呢？莫非他不可靠？于是连忙说；“去联络联络。”

“联络我就不去！”他回答。

“那就算了吧！”我想反正柏恒已向宜宾撤退，他去也只说明我已预有准备在宜宾起义。因此就这样回答。

我说完话过后，下决心立即撤往宜宾，并于当天上午把军指挥所移到泸州制高点——长庚宫，下令命二三三师副师长杜永鑫指挥后卫部队，掩护军部及直属部队撤退。这时全军状态如下：

1.新三十四师（欠一〇一团）在由江门向宜宾撤退途中。

2.一〇一团由叙永向长宁撤退途中。

3.军搜索连在泸州长江南岸警戒。

4.二三三师的六九七团到达了泸州西六十里的某镇（我11月30日令赵德树派来接我的）。

5.二三三师（欠六九七团）在宜宾。

6.一〇四师已由白沙向成都溃退。

7.军前进指挥所在长宁。

3日太阳落山，我便率队出发，4日拂晓前到某镇。六九七团团长张纬、副团长王瑞迎接到我。稍休息一下，又继续向西行军，6日下午到达南溪。赵德树已派轮船来接我，我布置好部队继续向宜宾行进后，即登上轮船，很快到了宜宾。赵德树与肖烈迎接着我，大家都非常高兴。我的家属子女，前几天已到宜宾，晚上回家，小儿女都不肯睡，还等着看爹爹。这时一家人见面，仿佛分别了几年似的，完全浸没在欢乐的海洋里了。

这时罗广文的后方已经转移到了宜宾，留下一个学校和许多械弹装具。川南师管区副司令张继寅是我陆大同学，也到宜宾与我会合。我当即任命张继寅为干部学校的教育长，把罗广文的教官、学员与七十二军的学员合在一起，加以管理。又以第七编练处副司令的名义，派原教导总队长曾猛为第七编练处教导旅旅长，要他收集第七编练处的人员并招募新兵，把所有枪械利用起来。由于联勤总部在宜宾的枪械服装堆满了仓库，我利用叙泸警备司令部参谋长肖烈人地熟悉的特点，派他为二十二兵团教导师师长，要他招募新兵，把所有械弹服装利用起来，以免流失。

我4日起连日在行军途中，与新三十四师无线电联络不上，到宜宾后又接连几天联络不上，我心里担忧新三十四师出了问题。8日部队都到达了宜宾。我听说赵德树与张纬都说“仗不能打了”，我心中暗喜。于是决定9日上午召开团以上军官会议。

开会地点，在赵德树家客厅。出席人员有我，代理参谋长徐孔嘉，干校教育长张继寅，军警卫团团长夏念民，叙泸警备司令部参谋长兼第二十二兵团教导师师长肖烈，二三三师师长赵德树、副师长杜永鑫、师参谋长喻忠信，六九七团团长张纬，六九八团团长吴让，六九九团团长廖觉雄。

我们围在一张长餐桌坐下，我坐在餐桌一侧的中央。我说：“解放军已攻入四川，政府军已完全垮了，这个仗无论如何失败定了。今天召集大家研究，看有什么意见，形势这样紧张，有人说‘仗打不得了’，究竟打不打，大家尽管说，这是关系我军几万人的生死存亡的问题，总要大家意见一致，才能步调一致，怎么样？大家说吧！”

赵德树首先站起来说：“打不得了，一打，我们全完了，干脆和了吧！”

我听到这里心中大喜，认为我听说他说“仗打不得了”是真的，我日前暗示过他：“到形势险恶时，我们的态度要灰色起来。”他已完全理解。不料他话题一转说：“司令！你地位那么高，你出来讲和划不来，共产党以后也不会信任你。现在部队都是我的，不如由我来和好了。你走，我派我的特务营送你，派滑竿三班人轮换抬你，昼夜兼程，三天就可到新津，再乘飞机飞台湾。”

他的话说完，大家都惊了。这不仅是打不打的问题，而是要赶我走。我当然也感觉意外，不过我毫不惊慌。因为：第一，部队我完全能掌握。全军营以上的军官都是由我委派的。六九七团团长张纬、副团长兼第二营营长王瑞是我的亲信，六九八团团长吴让是老七十二军的营长，在上海时由我提升的，六九九团团长廖觉雄是罗广文介绍给我的，我估计都能听我的话。军警卫团团长是赵德树介绍的，可能听他的话，但是第一营营长欧阳大光是原来七十二军的营长，副营长郭翚是我的侄儿，当然听我的话。赵德树赶我走是不可能的，他斗不过我。第二，赵德树本人，与我私交很厚，我们不仅是日本士官同学，而且我营救过他。他在进攻大别山时当旅长，部队在安徽宿松附近被刘邓大军击溃，赵德树怪他部下的一个营长临阵退缩，下来过后才把营长枪毙了。本来临阵退缩，当场打死就无事，下来才枪毙，营长的家属不服，就抓住这点，说他挟嫌杀人，告到国防部。国防部军法局将赵德树扣押审讯，赵德树的父亲是个立法委员，与我认识，知道这一类案子军法会审时第三厅的意见起决定性的作用。因此托我营救他，及军法会审时，第三厅的意见是：将士不用命，如何能打仗，部下临阵退缩，长官依照军法当然可以枪毙他，赵德树虽然手续不合，也不至于扣押问罪。这样，赵德树才得以释放。想到这两点，我相信他必定不是要赶我走，而是我事先未同他深入商量，他以此试探我的意向，也可能他已明白我不部署作战而问仗还打不打，是怕事先未能动员，直接说出企图，军官接受不了，出危险，所以挺身而出，替我担当危险，想到这些，我胆气壮了。立刻趁机诱导说："国军一败如水，败兵之将，谁还与你谈和？只有起义。不管起义也罢，打也罢，还是由我来指挥，我决不能在这生死关头，丢下大家不管，是生是死，我都和大家一起。打，明明是死路一条，只能有'忠义'的名声，却留下几千孤儿寡妇。大家要打，我也同大家死在一路；不打，那就起义！你们再发表意见！"

"还是军长高明，知道起义，我们起义！"赵德树顺风转舵，会场紧张空气，比较缓和了，六九七团团长张纬接着发言，他说："仗打不得了，我主张起义！"

话犹未了，六九八团团长吴让抢着发言：

"养兵千日，用兵一时，怎么不打了？比如一个女人，男人死都没死，就又想嫁人，说不过去嘛。"

吴让鲁莽，桀骜不驯。他不好在赵德树发言时反对，及见张纬发言，就趁机发泄，他这一骂，会场气氛又十分紧张。六九九团团长廖觉雄等都低头不发一言。我本来以为形势逼人，诱导起义，已是水到渠成，我军装袋里装着我写好了的向解放军申明起义的信，以为大多数人一赞成起义，我便取出信来，派人送去。及吴让这么一闹，看样子会无法开下去了，不如下去再设法诱导，于是说："这个问题很大，时机也还不那么紧迫，还来得及深思熟虑，大家下去深刻考虑一下，我们再作决定。散会！"

会后我回到军部，我想：在形势逼迫下，何去何从，从士兵到将官都在选择与衡量，除少数死硬派外，不会至死不悟。六九九团团长廖觉雄虽是罗广文介绍来的，但今天未表态，而六九九团现正担任宜宾城城防，他这个团的态度，关系驻城内人员的安危甚大。因此，廖觉雄就成了起义中举足轻重的人物。我必须取得廖觉雄的支持。这时高级参谋长徐孔嘉、干校教育长张继寅正在我办公室，他们认为须动员赵德树去做廖觉雄的工作。我于是叫他们二人前往，他们二人在途中碰见赵德树已说服了廖觉雄一同到军部来，四人一齐来到我办公室，廖举手敬礼后说，“报告军长，我决心起义！”

“那就无悔哟！”我叮咛他。

“无悔！什么情况下都不悔！”廖坚决地回答。

我于是从怀中取出早已写好了的信，交给徐孔嘉，叫他以参谋长的身份，尽快迎上前去找解放军。我的信向解放军说明：我早已和董老有联系，现在已按党的指示，宣布起义。

徐孔嘉欣然接受任务。赵德树积极找轮船联系，地方人士也派出代表，黄昏时开船下驶，当夜到李庄、南溪，找到了解放军第十六军的军长、政委尹先炳、吴实同志，他们高兴地接待，并于10日派某师的惠政委一同来到宜宾。惠政委问我发了通电没有？我说：“发了起义告官兵书，没有发通电。”

“还是要发通电。”惠政委说。

我于是起草通电，电文里说国民党如何卖国、腐败、贪污。惠政委说：“不能一律骂倒，国民党不是都坏，只有国民党反动派坏，因此电文应指责国民党反动派。”

我一面修改电文，心里非常佩服共产党这种实事求是的精神。

1949年12月10日，发出通电后，我觉得第一道难关已经渡过，胸中松了一口气，事实证明我高兴得太早了。起义后，大约十来天的时间内没领到经费，只得仍然使用国民政府的法币。幸喜当地人民认为七十二军起义，当地没受损失，允许七十二军使用法币维持伙食。可是七十二军的官兵军饷无着落。当时我军尚存一部分“公积金”，我主张拿出来分给我们的军官和士兵，奈何钱又太少，每人只发到五六角毫洋，这毕竟只可以暂时稳定军心。宜宾人民主动给我们提供伙食，给我减轻了很大的困难。他们给我们的帮助，犹如雪中送炭。

由于起义前不能公开号召，部队思想不统一，再加上蒋介石特务死硬分子的破坏，以及我们工作上的疏忽，因此，起义后部分士兵情绪波动极大，甚至有的部队发生叛变。

告官兵书一颁布，一部分士兵白天晚上满街打枪以发泄怨气，各级军官无法制止。还有一军官装成吃醉了酒，拿着手榴弹，闯进我军部办公室，大声喊叫："郭司令，国民党待你不薄，你为什么要宣布起义？"我知道这时高压不解决问题，急令卫兵把手榴弹夺了，然后说："你喝那样多干啥？还发起酒疯来了，把他扶下去休息。"

解放军十六军随后由南溪直上威远、荣县追歼蒋军。张国华所部十八军相继到宜宾，我带领徐参谋长等过河前往迎接。张国华性格爽朗，决心明快，一见我就说："郭军长，我们知道你思想进步，与党早有联系。"我随即请他去洗澡、看电影。他十分随便，毫不迟疑推让就同我过江，为了保护张国华同志及随他的解放军干部的安全，六九九团团长廖觉雄特别加强警戒，防止一切不测事件的发生。张国华和我一见如故，毫不迟疑，他豪迈明快的军人风度为我留下了非常深刻的印象。

接着十八军召开了七十二军起义欢迎大会，参谋长陈明义同志致欢迎辞，他高呼"向七十二军起义干部战士致敬"，一面举手行礼。这种热烈场面，七十二军干部战士从未见过，看了非常满意。

十八军要通过我部驻地北上，为了防止万一，张国华希望我腾开四十里路的缺口，好让他的部队安全通过，于是，我命令六九七、六九八两团由北树溪移往安边，为十八军让出一条路来。并派二三三师副师长杜永鑫前去掌握这两个团。这时，由于两团与我隔离开，互不能见面，有线电不通，特务乘机造谣说七十二军驻宜宾城里的部队，被缴械了，郭军长也被赶去背大米了。而王陵基旧部杜永鑫、吴让趁机煽动部队叛投王陵基，十八军部队过完后，我急忙派人追去屏山解释。这样，除了六九八团二营长陈超带领七个连叛逃外，其余都回来了。长宁指挥所的人员也由王蜀生率领回到宜宾。

张国华任军长的十八军进军西藏后，第十军军长杜义德任川南军区司令，调七十二军驻防富顺，我就归杜义德指挥了。我到泸州去见杜义德，说明我伙食无着落的困境，杜允按解放军的供给制发给七十二军每月数万元人民币，这以后才解决了我军的经费困难。

虽然伙食、薪饷总算有了着落，但部队内部思想混乱、纪律废弛。很多军官士兵对起义这件事想不通，认为连仗都没有打就“投降”了，感到很不理解、很不服气；七十二军当时相当一部分是保蒋介石的特务。根本就不同意起义，也就是说真心实意愿意跟着我起义的只有一些平时跟我关系很熟、很好，感情很深的人。那时我曾打电报给刘（伯承）邓（小平）首长，说要到成都见他们，他们回电让我暂不要离开，以后再电约见，结果我就没有去。这时任廉儒也来到宜宾，告诉我现在还不能走，我也就暂留在了宜宾，安排都围绕着稳定军心为重点开展。

我深信共产党能使祖国富强，怀着一颗十分虔诚的心追随共产党，我的起义自然是毫无半点假意和被迫，完全是真心实意的，七十二军并未执行蒋介石沿长江、沱江布防，掩护几十万人在成都集中的命令，而且将部队收缩到宜宾，对已经崩溃的蒋军构成威胁。我所冒的风险比打仗严重得多。派来的军代表们急于求成，认为部队有把握了，调很多军官去受训，一去就不回来，这是很动摇军心的。他们没有同我一道掌握部队。

1949年率部起义时的郭汝瑰

由于起义，事先不能做动员工作，起义后两极分化，是难免的，所以接着又发生了几次叛变，但最厉害的是六九七团的叛变。当时，七十二军已移驻富顺，军代表同志很不理解旧军队，才下到连队几天就盲目乐观，说对连队士兵有把握了，不听我的劝告，硬要在部队还不稳定的时候，立即把部队中的营、连、排长调三分之一的人去学习。学习当然没什么，却一去就不复返，结果，六九七团的少校团副马启驹、三营营长李治安等就借此鼓动士兵，说共产党不可相信，干脆逃跑，发动了武装暴乱，残杀各连军代表，围攻团部，顿时，11个军代表死于暴徒之手，连第二营营长王瑞因保护军代表，不愿叛变，也死在暴徒的机枪之下。许多军代表得知消息后，说打仗都没牺牲这么多干部，感到万分沉痛，我也心如刀绞。

冯、李暴乱对军队影响极大，大家都骇得没有主意，赵德树约同肖烈对我说："军长，这个祸闯大了，我们干脆跑吧。"我急忙阻止说："你们活得不耐烦了，想找死。祸惹下了，我们有责任，但并不是我们指使的，罪不该死，犯不着跑出去找死。"我于是找赵德树、肖烈说："你们虽是师长，也不能怪你，责任全部由我来承担，杀头杀我，与你们无关，你们要好好安心下来，掌握好部队，以免再出乱子。"于是，我们积极安抚剩下来的士兵。这样，部队才逐渐稳定下来。一直到1950年6月，全部改编。

中央人民政府任命通知書

府字第 [illegible] 號

茲經中央人民政府委員會第九次會議通過任命郭汝瑰爲川南人民行政公署委員

特此通知

主席 毛澤東

中華人民共和國中央人民政府之印

一九五零年九月 日

十二、在川南行署

（1949—1950年）

六九七团叛变以后，对军心影响极大，我虽然阻止了赵德树、肖烈等干部的逃跑想法并安抚剩余士兵，最终使部队稳定下来，但我自己仍感到工作失误、责任重大、情不自安，遂屡次请求调动职位。我表示愿意去西南军政委员会任高级参谋，请求将七十二军改编为筑路部队，只保留少数枪支武器，但均未获得批准。一直到1950年6月初川南军区调七十二军全军干部开会，每连只留一个排长，开大会时杜义德司令宣布七十二军改编，干部除郭（汝瑰）、赵（德树）、肖（烈）三人留用外，其余全部赴隆昌西南军大三分校学习。不久以后下达了我任川南行署委员兼交通厅厅长、中苏友好协会会长的命令。

全国解放以后，四川分为川东、川南、川西、川北四个行署（为省级单位）。川南行署驻泸州。行署主任是李大章，副主任郭影秋。李大章曾在华北局当宣传部长，一直是搞宣传工作，马列主义造诣很深，一开会他泡上一杯茶，一边喝一边讲，从从容容，一讲就是三四个钟头，毫无倦容。但当我与他谈恢复党籍的事，他不问我与党的关系如何就说："进入阶级队伍，谈何容易！"无异给我泼了一瓢冷水；郭影秋曾当过旅长，十分精明干练。行署日常工作全凭他处理。有一次见我在家里扫地便到处表扬宣传我勤劳动、爱清洁的良好品德。行署大多数人对我都很好，相处得也十分融洽和愉快。

关于抗美援朝，一天开会讨论，问我的意见。当时我主张不宜再为自己树敌，应利用这个机会来整顿我们内部，大力搞建设，要尽快解放台湾。我原以为这是一个有见解的说法。没想到毛主席深谋远见，敢作敢为，仗打胜了，事实证明这场战争的必要性和正确性。但我居然没遭到批评。

当时财政厅的孔厅长，与我比较谈得来。孔厅长就送了我一册土纸的《论持久战》（或是《论联合政府》）速记本，读后更是使我受益匪浅。毛主席说话用"丢纳妈""汪精卫这个'契弟'"等言词，我感到非常诧异，觉得似乎有些不雅，继而一想这或许是为了适应当时干部的需要。因为当时的干部大多数是贫苦农民出身。受尽封建压迫，在参加革命以前大多没有读书学文化的机会，所以过于理论化的东西很可能起不到应有的教育和鼓动作用，毛主席也就用了这些十分形象的俗话，这也不能不说是毛主席的英明之处。

孔厅长曾约几位厅长同来我家，开始以为我很阔气，来之后方见我原来是平民本色，从此也就对我更有好感。交通厅原有厅长叫罗崇富，我去任厅长就让他下去任副厅长，罗竟毫不在意，这令我十分感动和敬佩，这在国民党是很难办到的事情。还有一位民主人士杨继云任副厅长，为人比较细心、谨慎。有一次我与妻子吵架，他劝我不要脾气太大，以免别人见了误会为你对现状不满。另外他见罗副厅长办事干练，勇于负责，用钱大方，经常称赞罗放得开手脚。

中华人民共和国平定西南后，马上进军西藏，修筑成渝铁路。隆昌至稗木镇段，由川南行署负责。罗崇富舍得花大力气，征集当地农民挖土石方修路，工钱给得很高，并且当场兑现，所以大量民工踊跃参加修筑，曾经有一对夫妻连地都不种了，跑来修路，一天能挖十多方，很赚钱。由于中央决心坚定，执行的干部又措施得力，所以成渝铁路很快就通车了，结束了四川无铁路的历史，了却了四川人民数十年的宿愿。当时肖烈任交通厅公路局局长，在宜宾参加公路落成剪彩典礼，当地群众说他是土豪劣绅（他出身于地主家庭），把他抓住送交法院。法院起初不敢收，只是隔离保护。后来肖烈请卫兵送条子给川南民政厅罗厅长，法院就以其运动卫兵为由判处死缓。后来经我证明，并说明起义前的事情既往不咎、宽大为怀的道理，才得以获释，后任四川省政协委员。

七十二军干部在隆昌学习完之后，有很多复员回家了，还分到了田地。其中，王蜀生、尚宗钊、周白照三人也调到南京军事学院。其余还留在七十二军的干部随第十军改编为海军。当时我有一个侄儿郭犟任炮兵营长，被留用了，参加了抗美援朝；后来因为他不内行（他是骑兵科毕业）才转业回了成都，分在一个汽车队。个别有用的人才也相继调任了各种职位。

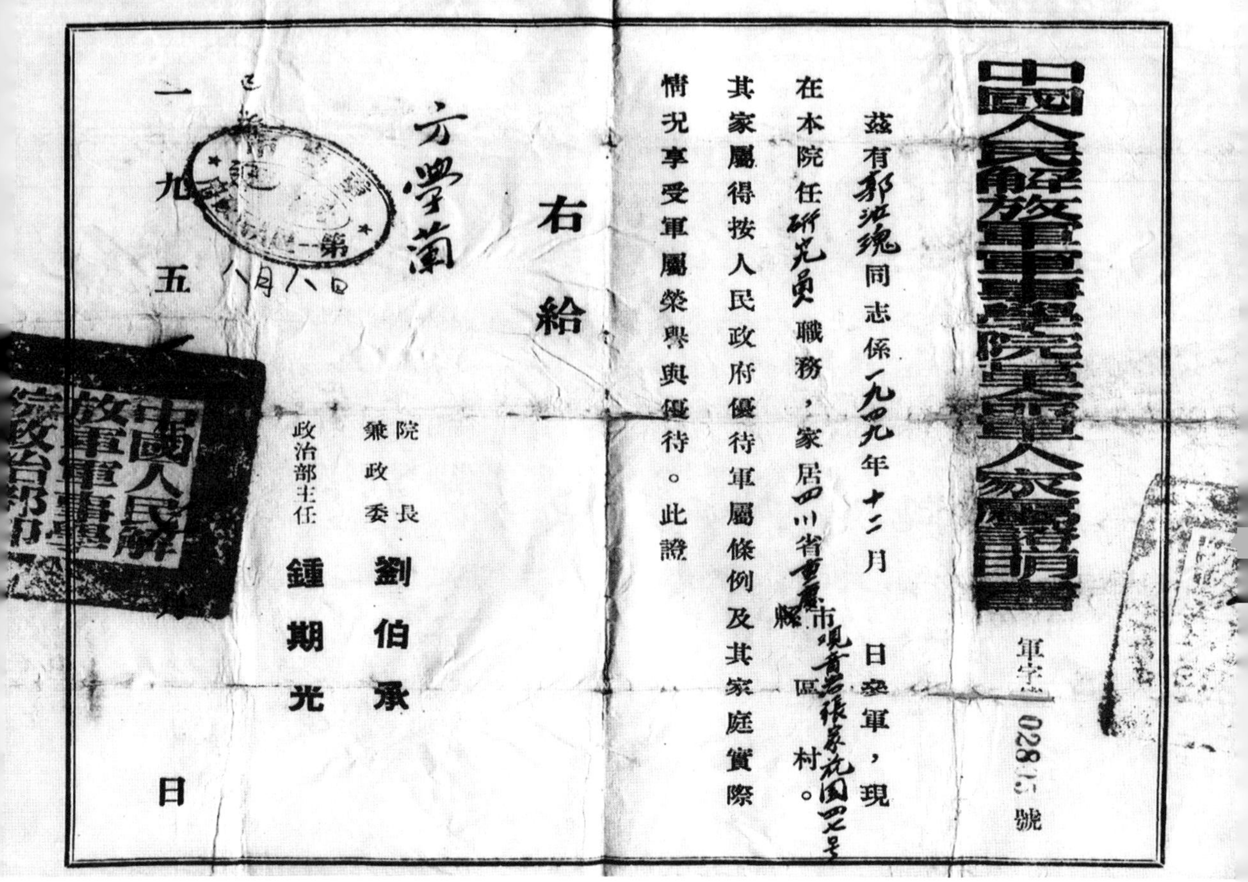

中國人民解放軍軍事學院軍人家屬證明書

軍字 028[illegible]號

茲有郭汝瑰同志係一九四九年十二月　日參軍，現在本院任研究員職務，家居四川省重慶縣市現青岩張家花園四七号區　村。其家屬得按人民政府優待軍屬條例及其家庭實際情況享受軍屬榮譽與優待。此證

右給

方學蘭

院長兼政委　劉伯承

政治部主任　鍾期光

一九五　年八月八日

十三、在南京军事学院任教二十年

（1950—1970年）

赴南京途中

我虽然在日本士官学校学过工兵，略知汽车路的坡度及曲半径等知识，但毕竟对交通不是内行，尤其挤罗崇富下去为副厅长，他虽毫不在意，但我内心总觉得很别扭，又不便直言对他说明心情。恰好1950年底中央军委成立南京军事学院，来电征求我是否愿意去工作。我当即表示乐意去军事学院当教员，干本行业务，甚于在川南行署尸位素餐。郭影秋不强留，1951年初，用一辆卡车送我全家到重庆，还送了50元路费。当时是低薪制，我任厅长，月薪才50元，这可谓是大礼了。

我向西南军政委员会报到后，暂住在两路口招待所。任廉儒同志和赵力钧（当时在西南军政委员会任交际处处长）同志都来看望和照料我们，并派一辆吉普车供我使用。

随后我将父母和妻子安顿在张家花园，又亲自打扫房屋，一时也忙得不亦乐乎。恰巧我的一个侄女郭相静也到了重庆，我就劝她参军，她不想参军，但她愿意偕同爱人去新疆支边，我鼓励她扎根边疆，建设边疆，并资助了她50元路费。她竟然很听我的话，夫妇二人不仅把毕生精力贡献给大西北的建设事业，而且有一些卓有成效的业绩。

任廉儒和赵力钧同志在这期间又经常来鼓励我到南京军事学院后不要太计较职位高低、利害得失，经得起考验才能恢复党籍。我自然听从，完全以这种精神在军事学院服务。

1951年2月我登上了赴南京的行程。在船上遇到一个战士，他自称赴青岛归队。我一细问才知道他是七十二军起义的士兵，他所在的部队已去青岛改编为海军。因请假回家，这时才来赶部队。这种情况要是发生在国民党军队中，他早已跑了，国民党的士兵处处被监视，仍然逃兵不断；而在共产党部队却正好相反。这个事情虽小，却体现出国共两党军队本质的区别，令我感慨尤深。

到达南京军事学院

1951年3月到南京军事学院报到，南京军事学院已按部就班、井井有条地进行教学工作了。后来才知道1950年下半年，军委筹建中国人民解放军陆军大学，邀请了苏联军事顾问，首席顾问说：“学校是培养海、陆、空军合成军队军事指挥干部和政治干部的，叫陆军大学不确切，建议改为中国人民解放军军事学院。”

在院长、政委领导下设训练、政治、院务三大部，先设立高级速成系（即高上级速成系）和基本系（后增设了情报系），党中央批准刘伯承任院长兼政委。刘伯承院长取法苏联伏龙芝军事学院，聘请苏联顾问，让国民革命军起义投诚人员任教员学习苏联条令规章，然后再教学员，这样讲课时不用翻译，自然事半功倍。加之刘院长的威信很高，办事不掣肘，所以收效很快（学院的组织系统如附表五）。

到军事学院后我就任合同教授会编写组的教员，组长是许午言（立新），同组教员有王元直、赵秀崑等，他们都曾是我从前的老部下和学生，因此，我说话做事很随便。我曾在一次学习会上讲：“大家不要互相攻击，让别人看成是一丘之貉。”有人就把这话向领导汇报了。虽然没有批评我，但我感到很难过，深知自己起义后未参加学习是一损失，以后遇事虽谦逊慎重，然而也还有人认为我“在旧军队吃香，到人民解放军又吃香”。

不久刘伯承院长邀我吃饭，我最初认识他是早在“三人会议小组”到安阳视察的时候，我原以为他这个为四川人争光的名将，必定是精明干练、中等身材，可是见面后才发现他却像个朴素的山东大汉。今天吃饭才知道他语言也十分幽默，谈笑风生。席间炊事员用洗脸盆装了只鸡上来，他说：“这个传统我们可以不要了嘛！”他接着又讲起当年进军西南时“到贵阳时饥饿难忍，我叫炊事员‘快做饭’，等把饭端上来，我叫‘快拿下去’。炊事员便说：‘你不是疯了？刚才喊快煮饭，这会儿拿来你又不要了……’我说：‘你装饭的那个东西是富贵人家用的马桶嘛。’”逗得我们大笑不止，相处日久，了解到他讲话也很会“展言子”（即歇后语，比如“瘌痢头打伞——无发（法）

无天”等)，非常幽默。

1953年“三反”“五反”运动时，刘院长不准干部请假回家，因为他知道在运动中，有的干部政策水平不高，执行政策难免有误差。学院干部回家若见了农村中过左的情况回校后不能不说，说出来又犯错误，他干脆不准教职员回家。他爱护干部，以身作则，很得人心。

合同战术教授会主任白天(即魏巍，毕业于陆军大学)，反对照搬苏联的战略战术，主张要按国情适当取舍，发布命令政委要署名等。刘院长说：先学会了来再适当取舍，还没学会，你知道该取什么？舍什么？怎么能批判地接受？不仅这样，学院沿用苏联的教材讲义，我们可以不重新编写教材，如果重新编写就不知要编多久，现在将苏联教案翻译过来就一下定案，马上开课，可以节约很多时间。如不学会苏联的战略战术，不了解其时代背景，利弊得失，众说纷纭，如何写得出教材来？刘院长是苏联伏龙芝军事学院毕业的，他懂得俄文，所有的教材译成中文后，他都一一审校，不对的就改正，不允许有一点含糊和马虎。如战术上苏联用“观察通信通报联络哨”，翻译人员嫌其太长，就译为“观通哨”，他说这会被人误会为“一观就通”，他一定要用全名，不能有省略。又如苏联的军语“歼击机”，译员译为“驱逐机”，他给改回“歼击机”，所以中国今天的军用飞机都不用“驱逐机”这个名称。

我到组内不久，军事学院开始河川演习。

临淮关河川演习

军事学院对河川演习非常重视，准备拍摄成电影以供全军参考。所以成立临时指导机构，由学院合同战术教授会主任陈庆先任演习指导，训练部陶副部长及院务部都派员参加。总顾问是苏勃鲁诺夫。拟的想定是一个步兵团渡河进攻，陈主任要我担任教育科长，王元直担任演习团长，渡河地点在安徽省临淮关，准备完成后，请来宾和学员参观。搭了两个露天参观台，那天烈日如火，演习人员和来宾都汗流浃背，刘院长却打绑腿，扎武装带，衣冠整齐、精神抖擞地在主席台上端正坐下。望见另一参观台的学员，穿白布大褂、戴白布遮阳帽，扬长进入参观台，他不禁喟然叹曰：“我们的干部都养娇了！怕把子弟晒黑了！”第二天演习时，学员都着绿色军装，队列整齐，进场参观。刘院长以身作则，感动得下级畏威怀德、令行禁止，大都类此。

演习完了，拍摄了影片，我被派去北京编写说明，因此北影在影片上写了“军事顾问郭汝瑰”字样，事实上我没有做一点关于影片拍摄的顾问工作。

在合同战术教授会教学组

在合同战术教授会期间，遇“三反”“五反”运动，听人说运动很可怕，但因我不管钱财轻易就过来了，虽然打了几只老虎，与我全不相干。以后整风，开始要求党外人士“知无不言，言无不尽”帮助党搞好运动。非党教员必然该向领导提意见，不少人就扯些不痛不痒的事作为发言内容。我没有见过整风，对运动也不太理解，于是想了一条意见，说陈庆先同志在临淮关演习时，用公款买了一副有色眼镜送我，这是一种浪费。哪知陈庆先同志要张主任教员来索回眼镜。我这才知道这件事没有处理好，弄得大家都很尴尬，至今事已过去多年，每忆及此不能不承认“知无不言，言无不尽，言者无罪，闻者足戒”是不易办到的。我在合同战术教授会两三年期间，除临淮关河川进攻演习和首长司令部勤务演习外（首长司令部勤务演习，想定是一个军进攻，演习地点在句容，演习军长的学员是兵团司令杨勇。他下达命令颇费力气，累得满头大汗却毫无倦容，使我非常佩服，也认识到解放军的纪律严明。此时，我担任端末导演），还在基本系第二期一个班教授一个师想定，时间虽短，但上课前要受苏联顾问辅导，这对于我战术素养有很大的提高。

我原来接受的军事教育如《战斗纲要》、“四大教程”（战术、兵器、军制、筑城、地形）、《大军统帅》《军队指挥》《炮兵战术》《机械化兵战术》《空军战术》《海军战术》《曾胡治兵语录》“武经七书”等都是第一次世界大战前的经验教训，对于制空权、制海权、动员、输送、防毒、防坦克、内线作战要集中兵力各个击破、外线作战要分进合击，迅速达到利害转变线，要用声东击西等办法误敌……也略知大概，但对于导弹、核弹的战略袭击，集群坦克冲锋，舰队远洋作战，依赖航空母舰上的飞机决斗而不能依仗主力舰等等，则只道听途说并未接受过系统教育，到军事学院后，才知道战争的胜败主要决定于战争综合国力。一个国家要充实国防，首先要发展科学技术（如航天、电子、激光、工农业等），巧妙地运用世界战略，发扬爱国主义“令民与上同意，可与之死，可与之生，而不畏危”。野战战略和战术上要严格计算空间时间，要严格作兵力对比，要集中兵力兵器于主要突击方向，要注意结合部队保障，行军作战都要严格防空、防坦，一公里正面要配置若干单位的防空防坦兵器，要配置防坦克预备队……发起进攻一般是对阵下发起的中央突破（因正面宽广，未突破前无包围、迂回的可能）。进攻部队要严密换防配置大量兵力兵器，发起突然袭击，才能避免防者反火力准备等破坏进攻。

可惜我只教了一个想定就调到司令部工作教授会，教司令部工作去了。

在司令部工作教授会

司令部工作教授会主任刘云鹏做过地下工作，待人公道，我到司令部工作教授会任教员组长，主要教战斗文书，草拟命令、作战计划等。无什么新东西，只是接合部保障表虽有点繁琐，但保障结合部的精神值得学习。

我到司令部工作教授会后不久（1956年6月），遇肃反运动，组织上宣布：“有反必肃、有错必纠、首恶必办、胁从不问、立功受奖。”非党教员未见过这种气氛，一个名叫苏再绥的教员，编造一套假坦白，在大操场报告后，得到宽大，于是许多人竞相假坦白。一个叫程宗晋的教员，跪在毛主席像前坦白他是特务×号，问他：“企图干什么？”他说：“偷教材。”问他：“偷来怎么办？”他说：“交郭汝瑰送台湾。”问：“郭的上级是谁？”他说：“是杭鸣志。”问：“同伙有哪些人？”他说：“有万里（克仁）……”我于是于1955年8月8日隔离反省。

万克仁是一个胆小怕事的人，与我在成都联中和陆军大学同学，后又在一起工作，可一经审问，他满口承认自己是特务，并供认5月1日在玄武湖船上与我开会……

审讯员向我说：“你坦白罢！你们同伙已供认了，你们开会的时间、地点他们都供认了，你若不坦白，就要宣布逮捕。”我确实未曾做过特务工作，尤其在军事学院未偷过教材，更未开过会，我是为了恢复党籍，才与地下党联系，并两次会见董必武同志。我确实对共产党忠心耿耿，因此不肯假坦白乱说一气。我被隔离反省，审讯员隔几天竟说：“现行罪证齐全，死不坦白。”而宣布逮捕。逮捕之后就严格了，坐在固定的地方，不准乱动。吐口痰、搔个痒都要报告卫兵，先要说：“报告！我吐痰。”得到许可才能吐，否则要受重罚。我日坐愁城，万念俱灰，想到八年抗战，怀着马革裹尸的雄心，出入枪林弹雨没有皱过眉头；解放战争时期，没有留恋国民党的高官厚禄，毅然投入革命阵营，没想到反落得一身不白之冤！

我想到中美合作所的严刑。想到屈打成招的结果，去熬受痛苦不划算，不如什么都承认，一死了之。然而这里毕竟不是中美合作所，不但绝对不刑讯，就是一些人的假坦白，也一一调查，全不信口供。其所以逮捕，是使当事人互不见面，不能串通编一套塞责，这样假话终久经不起推敲，一一都揭穿了。我的案情原是有人假坦白引发的，完全不合乎情理，不得不让人生疑。

一次审讯员劝我：“你们开会的时间、地点我们都掌握得清清楚楚了，你就担白了吧！”

“你可不可以启发我思考，略略提示一下开会的时间、地点？”我要求审讯员。

“老实告诉你吧，你们的会是5月1日在玄武湖的船上开的。”

我陡然想起，5月1日我不在南京，就反问他：“你没记错吧？”

“没记错。”他的回答非常干脆。

“我5月1日在临淮关演习，怎么能飞到玄武湖开会呢？”

审讯员一时语塞，允许查明再说，一查我的日记，明白写的是5月1日在临淮关。又因当时在临淮关演习的人员，都说我当日在临淮关。于是开始疑惑坦白的人说了假话，不再追问我在玄武湖开会的情况了。不久董必武同志、王葆真同志、赵力钧同志、任廉儒爱人罗莹澄同志的证明先后到来，我案情大白，被释放出来。主持运动的当局判决我“假起义无根据”“偷盗教材无根据”等四个无根据，还向我平反道歉。虽然这时案情大白，不想死了，但是感觉这种运动的主持人不弄清事实真相，就当作敌我矛盾处理，使身受的人精神肉体都遭到折磨，付出的代价实在太大了，还是实行社会主义民主法治，依法办理为好。

恢复工作后，有人建议我重新回到合同战术教授会去，因为这样能发挥我的所学。这时的主任叫雷绍康，认为我是逮捕后释放出来的，对我就满不在乎的样子。我于是说："能转来就转来，若不能转来就算了。"他也不高兴了，就没让我转去。一下就把我弄到准备转业的教员中去。我们转业教员要求评衔，因为评衔后转业我们才好工作，恰好国防部长彭德怀来学院，我们要求派代表见彭部长，教员科允许了，但彭部长公务忙，已经走了。我们就要求给国防部长彭德怀写信，教员科的人也同意我们写信，教员组的成员却都推辞不写，怕写了就犯错误，我也不赞成写，后来一个教员组组长李传玺说："我来写！"自告奋勇愿意执笔。他的主张很激烈，我们就同意让他写。但是开完会后他来找我，他说他的文笔不好，写不清楚。让我先写个草稿，写清楚。他再拿去修改一下送交教员科。谁知我写成后他拿去就照着原稿印成六份，分给一组一份。六个组讨论以后，都说不能用。因为嫌我稿子中的一些言辞过于激烈了些，但收回来，却只有五份，另一份不知道哪里去了。因我的稿子被否决，就无效了，所以也就没再追究那份稿子的去向。后来才知道又是这个万里（克仁），把那份稿子偷去藏起来，送到教员科，并说："这是郭汝瑰写的稿子，他恶毒得很！"这下教员科的人又不满意我了。但是我信中最激烈的话也不过只有这样几句："……无耻之徒，希图过关，假坦白，攀诬好人。一时满城风雨，鬼影幢幢，逼得悬梁的悬梁，投水的投水……"其实这也是最真实的情况。虽都是真话，却埋下了祸根，暗中就记住我了。

1957年，肃反之后就遇到反右运动了。反右时就把我写信的事情抬出来，作为我最主要的一个罪名，说我攻击党。我申辩说："信上写的无耻之徒，确实是事实，确实也逼死了十几个人。我从不乱说。"于是让我去南京市委开帮助党整风的会。我不发言，市委书记王昭全启发我说："你帮党整风怎能一言不发？"逼急了，我就说："刘邦入关，约法三章；李世民尊贤纳谏。所以才能把政权巩固几百年。这就是由于一个是法制，一个是民主，我们要厉行民主法制，才能长治久安……"这话本来是对的，结果他们说我攻击党连古代帝王都不如。人民民主专政就是法制，攻击人民民主专政就是反革命；还说我做梦都在思念蒋介石（我曾在教员组会议上坦白，说刚刚起义后，做了一个梦，梦见给蒋介石敬了一个礼，我就一惊，醒了），如此等等罗列了一百多条罪状。教员中我从前的部下都出来斗我。批斗中有人提出是七十二军阴魂作怪，画了一个枯瘦如柴、驼背弯腰的道士，站在香炉旁边，手挥拂尘，口中念念有词，正在为七十二军招魂。画虽粗劣，但道士的酸相却勾勒得惟妙惟肖，让人忍俊不禁。我在检讨中说："请把那幅画送给我，我拿回去作为座右铭，叫我永远不再想七十二军……"于是引得大家拍掌大笑。斗争会后，政委钟期光跟我说："郭教员，你今天报告得很好，你不要改，不要翻案，翻案就不好了。"事后把我的情况反映给中央军委，中央军委就批了这么几个字："情节轻微，不作右派处理。"可见组织对我还是非常爱护的。同时一起报中央军委的还有一个叫陈达的教员，因为他一直不肯认错，就把他划为右派，转业到江苏省政协工作。

在军事史料研究处

反右过后，我才被分配到战史教授会，不久又转任军事史料研究处（简称史料处）任副处长。史料处是我军干部在军事学院毕业，能担任教学工作后，为安置非党教员而成立的。我主要负责业务，把抗日战争正面战场作战史料作为资料整理贮存。一百多名旧教员编成六个组，主要工作是整理中国战争史料。写《从戈矛到火器的衍变》《中国历代战争战略问题》《武经七书注释》《解放战争的敌情资料》《中国历代战争地图》等。这些题目是叶剑英赋予的。以后1966年批判三家村运动，转为"文化大革命"，就停止了。

史料处处长于震是个共产党员，"文化大革命"一起来他就说我们处成分复杂，喊我们后辈的学生们在"点鬼台"上点鬼，把我点到了，说我是牛鬼蛇神。在我家的门上贴上了"牛鬼蛇神"和一副对联"金猴奋起千钧棒，玉宇澄清万里埃"，并让六个组每组斗我一天。处长于震说："我们处的教员情况复杂得很，要严查严整，要彻底展开斗争才行。"研究员康雨生站出来说："这些研究员都是以前的教员，他们的'罪恶'都是'秃子头上的虱子——明摆着的'；哪有什么可整的？"他跑到处长门口静坐绝食斗争，以后就斗他。

造反派摇旗打鼓，来到史料处，把廉雨生抓来，跪在桌子上的砖头上，打了两个耳光，又一脚踢下桌来，给他戴上高帽子，让他坐在地上受太阳晒。斗争时，隔壁工厂的工人们前来参观，就高呼：“要文斗，不要武斗！”造反派对他们也高呼“靠边站！”把工人们吓跑了，然后又摇旗打鼓走了。我因见康雨生的挨打，白挨一顿不值得，不肯吃眼前亏，给我写下的罪名问我“有没有？”我都承认有，就斗不起来，一个组斗一天，结果我们就休息了六天。虽然我天天还能回家吃饭、睡觉，但行动却不自由，要参加劳动，先叫我们帮厨，又觉得对我们这些人不放心，怕放毒，于是叫我们挑粪、种菜。搞了很久，直到1970年才结束。而“文革”中我侥幸未被抄家的原因是当时造反派闯入我家中时，问我女儿是不是造反派，我女儿称是，说出派名来，竟与之为同一个造反派，不但家没被抄，还互相握手言称同志。“文革”中如此类荒谬悲惨的事情简直是屡见不鲜。记得当时史料处对面有一个外国语学校，一群学生走到新街口，看到一个工人去对火吸烟，联想到电影片上特务借点火吸烟通消息的情景，就硬说他是特务，让他坦白。打了以后，关进地下室，第二天就死了。

我们这批被斗的人并无大过，无非是说了些实话，造反派也找不出更多斗我们的理由，没整出什么名堂，只是说我们这句话错了，那句话错了。到1970年左右就开始逐一“结合”了。“结合”之后就把我们分散安置，我就回到四川老家。这时是1970年5月初。

十四、追求入党和我的入党介绍人（1946—1980年）

我的入党介绍人是吴满堂同志和游绍柏同志，而长期领导我工作的却是任廉儒和董必武同志，可惜我入党时，他们已去世了。

我追求入党的35年，是党考验我的35年，也是下半生思想改造的35年。

抗战末期，我便清楚认识到，即使抗战胜利，国民党也不能治理中国，只有共产党才可以当此重任，于是我追求恢复共产党党籍。

我与共产党的直接联系人是任廉儒同志。而任廉儒同志又是我通过他的堂兄弟任逖猷（原名纯儒）的关系认识的，我在黄埔军校第五期政治科与任逖猷是同学。1927年，我同任逖猷又在郭汝栋的政治部一道工作。我与他既是同学又是同事，这时，任逖猷已是共产党员，我一贯拥护孙中山的三大政策，1929年还经袁镜铭的介绍参加共产党，因而与他也是同志。彼此相处得很好。就在这段时期，任廉儒同志常来涪陵，我与他经常见面。当时，党员虽是不公开的，但由于任逖猷的转告，我知廉儒同志是CY——共青团员，因而极愿接近他。以后，任逖猷离开涪陵。1930年，郭汝栋部又开赴湖北，我与廉儒同志就失去了联系。

1943年，我由抗战前方回到重庆，见国民党政治、经济、军事、社会各方面都已腐朽透顶，认为行尸走肉，不足以担当救国救民之大任。我乃千方百计希图与共产党恢复联系，但却未得门径。1945年5月，偶然遇到了任逖猷，他说他与党已断了联系，“就看廉儒是否与党有关系。”

事过两三天，廉儒同志果来临江门我的寓所相访。言谈之中，我又提起此事，廉儒同志说：“我也断了联系，不过，我可以为你打听，看还有了解那边情况的人没有？”

我知道，他在未判明我真正立场以前，是不会冒昧地暴露自己的身份的。但我对他未弄清我思想状态和真正立场就来相访，对我进行考察；见面后机警冷静不冒冒失失地相信我，又不让我失望的那种胆大心细的做法和应付能力却留下了深刻的印象。

为了使廉儒同志对我有所了解，交谈中，我分析了国民党不能治国和必然失败的种种因素，接着，我向任廉儒同志说：“我对共产党十分怀念，我请求组织恢复我的党籍。我愿意接受组织对我的考验。我很想去延安工作，为人民的解放事业尽自己的一点微薄之力。”此外，还谈论了一些别的事情，相互谈得很投机。这以后，他不时来我家交谈，进一步对我考察。如此一个多月，他对我立场、观点，逐渐弄清，我又按他的要求，提供了一些国民党军事情报。从此他也就不避讳我了。记得有一次我对他说：

“我读过毛主席的《中国革命战争的战略问题》，这篇文章是当今所有中国军事学家写不出来的。尽管杨杰说他的《国防新编》要支配世界军事思想五十年，碰见这篇著作便黯然失色了。”

任廉儒同志听了我这一番讲话后对我说：

“八路军在敌后日益壮大，解放区日渐扩大巩固，主要是因为有毛泽东同志掌握战略全局。他的《论持久战》写得也很好。”

过了两天，他就为我送来了《论持久战》《在延安文艺座谈会上的讲话》《新民主主义论》等四五篇毛泽东同志的著作，供我阅读。抗战胜利后的某一天，他对我说：“你想到延安去的事，我对董老说了。你愿不愿意会他？我是会安排得很好的，可以保证你的安全。”

我说：“再冒多大的风险我也去。”

他说：“你明天晚上摆脱汽车驾驶员，步行到夫子池小巷后门（巷内唯一的一道门）到我家。董老将在石灰市下车作散步状至青年路前门到我家。我家是天主教堂的房屋，这个地方是不会惹人注意的。”

我果如约前往，在进后门不远的一间小阁楼里，我同董老剪烛谈话。董老问我：“你对陈诚的看法如何？”

我说：“此人标榜不要钱，好大喜功，不务实际，有始无终，好揽事，揽过来又不能坚持把事办好，这样的人不能成事。”

董老非常同意我的看法，他说：“陈诚任我们湖北省主席，样样都抓，结果湖北人说他‘百废俱举，一事无成’。”他又接着问我：“你对国民党看法如何？”

我说：“国民党已彻底背叛了孙中山先生的三民主义。蒋介石口口声声自称孙中山的信徒，但却处处违背孙中山先生的遗教。我目睹了蒋介石搞四一二政变、宁汉分裂和执行片面抗战路线给国家和人民带来的灾难。1945年我由伦敦回到重庆以后，对国民党的反动本质有了更进一步的认识。蒋军一溃千里并不仅仅出于战略战术的拙劣，而是由于他执行片面抗战路线和

1939年董必武在重庆八路军办事处

溶共、限共、反共政策的必然结果。国民党已腐败透顶，无官不贪，奸商满地，搞得民不聊生。这样腐败的政党绝不可能领导抗日救国。即使抗战胜利了，也不可能把中国治好。”

董老又问：“那么，你对共产党的看法如何呢？”

我说：“我在黄埔政治科受过一些社会主义教育。当时，恽代英、肖楚女、熊雄、徐向前都是我们的老师。我亲耳聆听过恽代英、萧楚女等共产党员所讲授的《帝国主义侵略中国史》《社会进化史》《政治经济学》和马克思主义哲学，这使我对共产党有很好的印象。我认为共产主义先进，党员朝气蓬勃，肯定能救中国。所以，从那时起，我就要求入党。以后，在郭汝栋部又参加了共产党，经常开小组会。抗战以来，共产党真正打敌人，在敌后发展游击队，根据地日渐扩大。共产党所领导的八路军英勇杀敌，拖住了大量日军。不然，日军全部兵力压向国民党军队，国民党军队马上就会被打垮。我听说解放区政治清明、党、政、军、民团结，坚持抗战，抗战胜利后，选举肯定获胜。共产党政府不会贪污，工作效率肯定高些，人不剥削人，社会风气一定好些。我只不了解共产党目前为什么要为彻底实现三民主义而奋斗，而不以社会主义共产主义为目标。”

董老说：“你说得对，国民党确实腐败，腐败就腐败在不实行三民主义。革命要一步一步地来，实行三民主义不比现在进步一些吗？”

这一天，我们主要谈了这些。此外，还说了一些蒋管区腐败政治和社会现象。

这以后不久，任廉儒同志又对我说：“董老还约你谈话。你仍由后门进入我家。”

1946年3月17日傍晚，我照他安排进入他家。这次谈话在客厅里进行，时有五六人参加。事后我知其中有薛子正同志。这次他们问我的内容也大概与前次相同。董老还问我：“国民党最近叫你干什么？”

我说：“何应钦约我去美国任中国军事代表团团员。但是，我不想去，我想到延安。”

董老说：“我们不误你的事业，你可以去美国，多多调查了解美国，并与我们保持联系！革命要看远些。中国革命终究要与美帝算账的。”

谈话后一两天，任廉儒同志告诉我：“董老说，‘你要求恢复党籍，原则上可以，但要经过一番考验。我们同志要想打入国民党机要岗位很不容易，你去延安作用不大，你留在这边可以为党做更多的工作，更有助于你组织问题的解决。希望你能为我党提供一些有价值的情报。’我们单线联系，我以天主教作掩护，不会惹人注意，可以保证你的安全。”

我说：“只要党容纳我，我可以把安危置之度外。”

国民党还都南京以后，廉儒同志也转到川盐银行上海华山路办事处工作，往来宁沪两地与我联络。他对我说，他来南京，必住天主教办的益世报社，这样才不会惹人怀疑。以后，我去徐州陆军总部任参谋长，约他到徐州，他未成行。有次我去上海向他汇报情况，他竟约我到特务头子李岳阳开的凯歌归餐馆见面，他说这样不惹人疑心。

1948年七八月间，顾祝同要我再任第三厅厅长，因我与刘斐关系极差，故执意不干。睢杞战役中，刘斐擅自改动徐州“剿总”的作战计划，使区寿年兵团被歼灭，我想借此机会搞刘一下。可有一天，刘斐突然在我面前说：“这是一场翻天覆地的大革命，不简单啊！”我听了这话以后甚感怀疑。于是，我便问廉儒同志，“怎么刘斐说这个话呢？难道他也与共产党有联系？”

任廉儒同志说：“我们搞地下工作是单线联系，他与党有无联系我也不清楚。但最好不要整他，免误伤自己的同志。”我只得罢休。同时，任廉儒还向我传达了党的指示，他说：“为了向党提供更有价值的情报，党要你再任国防部第三厅厅长。”为了党的事业，我便欣然前往。至此以后，廉儒同志往来宁沪更密，传递的情报也更多，所冒危险也更大。可当时我并不深刻了解。

1948年冬，我认为三大战役即将胜利结束，国民党大势已去，我可以去解放区了，就向廉儒同志提出我的要求。他请示后向我说：“上级认为解放区不乏文艺和军事人才，你去发挥不了很大作用。估计渡江后江南战局可急转直下，一鼓荡平，只西南地区恐怕还有一场血战。望你谋去四川任军长，届时率部起义，以影响战局。”我经许多周折，得任七十二军军长。去上海向廉儒同志汇报，他允去四川协助我。

1949年2月，我在上海收容七十二军残部回川整补。不久，廉儒同志回到重庆。5月，我移驻泸州，廉儒同志经常往来泸渝间传达上级指示，指导我工作。在任廉儒同志的指导下，我于1949年12月11日在宜宾率部起义成功，这突如其来的行动，使西南数十万蒋军手忙脚乱不战而溃。

起义后，我电刘邓首长要求离开部队，廉儒同志不顾兵荒马乱，亲到宜宾，传达上级意图，要我好好掌握部队，俟刘、邓首长稍暇约见。

1950年6月，我调任川南行署委员兼交通厅厅长，我向行署主任李大章同志提出恢复党籍的愿望，他说：“阶级队伍，谈何容易，你想恢复党籍，而你的介绍人和同小组的同志都不在世，何从证明？因此，你只能重新争取入党。”于是我又争取重新入党，以求不违背初衷。

1951年春节，我过重庆去南京军事学院工作。任廉儒同赵力钧同志在重庆接待我，再三叮咛我要经得起考验，争取入党问题早日解决。我到南京军事学院以后，廉儒同志写信给我，说他身份没有暴露，将去香港做秘密工作，望我致缄我在联合国的弟弟在香港与他商量如何为党工作的事。我写好了介绍信寄给他，时他血压过高，未果此行。而于1957年7月13日赍志以没。任廉儒同志这种不求名，不求利，甘作无名英雄，鞠躬尽瘁，死而后已的高贵品质，是我们每个共产党员学习的好榜样。

1951年3月19日，我到军事学院后，一直牢记着廉儒同志“要经得起考验，争取入党问题早日解决”的叮咛，埋头教学工作。不料1955年开始的肃反运动当中，一个教员假坦白，说他自己是特务，说我是特务组长，“曾参杀人”，真伪难辨，我被隔离反省，隔几天竟说我“现行罪证齐全，死不坦白”而宣布逮捕。我日坐愁城，万念俱灰，没想到寻求光明，反落得一身不白之冤！我平时不作诗，至此也作两首明志：

一

闻道现行罪证齐，魂飞汤火命如鸡。
案情当有澄清日，领导英明我无欺。

二

谁知平地起风波，镇日铁窗唤奈何！
最是亲恩忘不了，征衫点点泪痕多。

说“亲恩忘不了”是我想到万一我一死，年迈的父亲无人养活。我想到中美合作所的残酷，决心万一刑讯，我去熬受痛苦不划算，不如什么都承认，一死了之。不料这不是中美合作所，不特绝对不刑讯，就是一些人假坦白的，也一一调查，不信口供。其所以逮捕，是使当事人互不见面，不能串通编一套塞责，这样假话终久对不起头，一一都揭穿了。不久董必武同志、王葆真同志、赵力钧同志，任廉儒爱人罗莹澄同志的证明先后到来，我情况大白，被释放出来，主持运动当局还向我平反道歉。虽然这时情况大自，不想死了，但是感觉这种运动恶作剧，身受的人精神肉体都受折磨，还是实行社会主义民主法治，依法办理为好。

我的情况弄明白了，协理员等政工干部，不再视我所说的是编造的欺人之谈了，但我的入党问题还是不能解决。据说我在国民党官至中将，只有中央批准，才能入党，写信给董必武同志，回信说：按党章须基层通过才能吸收。这样年复一年，我不觉快到六十岁了。我又作了一首诗：

向日勤诚未减，入党差距益多，
转瞬六旬将届，不红不专奈何！

及到十年动乱，明哲保身之不暇，更谈不到入党问题了。1976年粉碎“四人帮”以后我直接向中央组织部申诉，才得到同意吸收入党的批示。1980年4月9日，我要求了35年的入党问题解决了，可惜廉儒同志逝世了！要是他仍在人间，不知道他是何等的高兴啊！回首前尘，我追求了35年，也受考验了35年。全国解放前，白区特务多如麻，动辄可遭杀身之祸，任廉儒同志屡次提到我的安全，要我特别小心。其实他与我一样处于同样危险的境地，但他却毫不介意。以后四五年，一直到引导我率部起义完毕为止，都是如此。这一时期，我总以为我临事机警未遭不幸，而不知许多同志为我作出了牺牲，也不了解他们的危险情况。1955年肃反运动中，我知道王葆真同志有信证明焚毁了我的情报，我不知王葆真其人，也不知处理了什么，到1980年4月，我收到当时与廉儒同志一起工作的梁佐华同志的信，才知道一些概况。来信说：

“这么多年没有通信的原因，是地下工作时期是单线联系。你是廉儒同志联系的。我同廉儒都在地下党领导下工作。我又是地下民革组织负责人，同王葆真同志一道工作。”“有一次，廉儒同志从你那里拿来九种机密文件，因同他单线联系的同志离开上海，同我联系的同志也不在上海。廉儒同志考虑，文件在手中不能停留，以防万一。也不能久待，坐失时机。因此，将文件交王葆真同志转给党。”“王被捕前紧急将你文件烧毁。”“王被判处死刑，因国民党元老为他说话未执行。”“当时，廉儒和我，亦在危险中。他同我立誓，在任何地方不留你的名字，在任何情况下绝不讲出你的名字。”“当时，我俩认为：即使我俩被捕，你和党暂时接不上关系，党终会来找你的，只要保存你，就是保存党和革命的利益”。“后来，我俩逃到香港，与中共南方局张建良同志接头及和二野总部接头过程中，都是极端机密。当时为了你的安全，免敌人发现线索，是不能写你的名字的，现在可以大写你的名字，可以大写‘同志加兄弟’‘生死之交了’。”

1984年11月又得梁佐华同志写的《原国民党第二十二兵团司令郭汝瑰起义历险侧记》及另一封信，我又才知道：我的情报传递和起义联系等工作与民革也有牵涉。当时七十高龄的王葆真同志，受尽酷刑，不惜一死，以拯救我脱险，可是我至今才知道，未能及生见他一面太遗憾了！[①]任何一个地下工作者对革命所作的微小贡献，都是许多同志冒险犯难、流血牺牲的结果。任

---

① 据梁佐华《原国民党第二十二兵团司令郭汝瑰起义历险侧记》一文披露：所谓“九种机密文件”，是1948年11月蒋介石在南京召开的高级将领会议上讨论的作战计划。郭汝瑰将其交给任廉儒。经再三考虑，文件交由民革中央军事特派员王葆真转给地下党负责人。王与党有关系，抗战期间曾会见过朱德总司令，并接受指示；抗战后周恩来指定杨琼与其联系军事工作。王在接受任务时即表示：“郭汝瑰把性命都交出来了，我这副老骨头不要，也要保证他的安全，这才算对得起共产党。”1949年2月，因“京沪暴动案”牵扯，王葆真被捕，经受酷刑，坚贞不屈，保障了郭汝瑰的安全。——编辑注

廉儒等无名英雄应该受到特别的崇敬。

领导我走向光明的董必武同志、任廉儒同志，舍命成全我的王葆真同志都已先后逝世了，我追求入党目的达到了。但是我追求加入共产党，是追求在中国实现无剥削压迫，有民主法治，各尽所能，按劳取酬，科学昌明，民生富裕的社会。我还得追求终身，奋斗到死，才不辜负所有为了共同目的而奋斗牺牲的同志。

十五、满目青山夕照明

（1970—1996年）

我18岁投考黄埔军校，目的是使中国政治上轨道，今日见祖国政治修明、经济发展、人民的文化和生活水平提高，自然就有满目青山夕照明的感觉，因此我把分散安置后的情况写成《满目青山夕照明》。

1970年，学院对我们分散安置。我向组织提出愿到重庆附近璧山、长寿、綦江、南川等地。接收我的重庆警备区的同志认为上述地区离市区较远，不便于我今后参加社会活动，于是为我选定离市区较近的巴县县委、县府所在地渔洞镇。当时我女儿已结婚，在南京有自己的家，儿子在武汉上大学。我便于初夏的一天，携老伴登上火车，离别生活了三十年的第二故乡——南京。

住巴县十年

我们抵达重庆后，重庆警备区的同志用专车把我们及简单的行李送到了渔洞。渔洞是长江南岸的一个小镇，一条小街顺江延伸。看不见南京大行宫的高楼大厦，没有了新街口的车水马龙。然而街两边那一间间的小店铺，四面八方那悦耳的乡音，却使我又依稀见到了老家铜梁县的街市。那种古朴带来的回味，陌生中透出的亲切，预示我可以在这里享受安宁平静的生活了。这是回川后得到的第一个慰藉。

我的新居在街后半坡上的一幢白色平房内。前后两间，后面连一间厨房。这儿原是县委党校的房舍，这个坡也因此得名叫“党校坡”。

站在屋前的走廊上，眼前是一派田园风光，走出去十几步就是农民的菜地，各种蔬菜千姿百态，色泽各异，给人满目生机。爬上屋后的山头，可以俯瞰阡陌纵横，远眺长江东去。入夜，在屋外乘凉，晚风习习，飘逸着泥土的芬芳，繁星点点，闪烁着银白的光华。坐在竹椅上看流萤飞绕，听蟋蟀争鸣，那份悠闲自在，仿佛有生以来，从未有过的。

我很快便爱上了渔洞，还为她写了一首小诗：

游目极百里，山外有青山，
大江东流去，墟里上炊烟。

和我住在同一幢房子中的共有五家人，其中四家的男主人是和我一样从部队下来的，他们是杨利云、崔连喜、吴平中、吴满堂，他们都不是四川人，家属却都是巴县人，所以安置在渔洞。另一家是党校教员何建民及妻儿。虽然我们来自各方，各人的经历、爱好，习惯都不同，但大家却能互相帮助，和睦相处。以后县政府又在“党校坡”为我们修了新房子，我们一起欢欢喜喜搬进了新居。

远离大都市的喧嚣，我感受到了生活的轻松和宁静，但离开了曾生活过几十年的部队，又不时感到寂寞和无所事事。我的身体还不错，还可以为社会作点贡献，我把自己的想法向警备区作了汇报，很快，我的愿望得到了满足。警备区要求我为对台宣传组写稿子。于是我便常在宣传组干事林武春的陪同下在市内乡间调查、采访，然后写一些反映重庆变化、建设成就等内容的稿子送给警备区作对台宣传。

以后，警备区开办教导队，刘焕位副司令员主持教育，他是南京军事学院毕业的，所以认识我，请我去协助。同时去的还有原南京军事学院教员谭奇金，当时他已分散安置在涪陵。我们移住教导队所在地重庆南岸黄桷垭，与学员们同吃同住，教他们沙盘战术，连、排战斗演习。我已年近七十，每天跟学员一样翻山越岭，紧张训练，常常累得汗流浃背，腰酸腿痛，但没请过一天假，因此得到了领导的表扬、学员的尊敬，我也越干越有劲，连续教了三期。

有了工作干，我觉得精神更加旺盛，生活更充实了，但心里老忧着一件事，那就是我要求入党三十多年了，至今还未能如愿。我把自己的心事给同住的吴满堂等几位干部讲了，得到了他们的理解和支持，他们马上向党支部作了汇报，可当时的县武装部领导说：“他在国民党官至中将，哪个敢给他当入党介绍人？”于是我入党的事又成了泡影。我想我已七十多岁了，这样拖下去，莫非我这个良好的愿望终生都不能实现吗？粉碎“四人帮”后，我向中央组织部写信，表达入党的迫切愿望。1977年11月至1978年7月，我两次书面申请入党。1979年4月10日，在巴县武装部支部大会上，一致通过，接收我为中共党员。几十年的追求终于实现了，我新的人生才刚刚开始，我将在共产党的领导下，为建设中国特色的社会主义，进行新的长征。

移住重庆市北碚区

“人生易老天难老”，形容岁月不居，光阴似箭。我在不经意中就在渔洞度过了十个春秋。

儿子大学毕业后，先分到化工部第七建筑总公司工作，后又调到重庆市北碚碚陵制药厂，并有了自己的小家庭，我和老伴年纪也越来越大，组织上照顾我，让我移居北碚与儿子住在一起。先是一套房子，后来孙子、孙女渐渐长大，又给我调成两套房子。这期间我定居美国的弟弟曾回来看过我四次。也是在这期间，1985年5月14日我老伴病逝了，当时她76岁。

郭汝瑰和孙女在一起

主编《中国军事史》

党的十一届三中全会后，我被正式确定为离休干部，并定为副兵团级，给我配了专车和驾驶员。这使我心里很不安，我常常站在阳台上，看到热闹的街市、忙碌的行人，看到四处不停旋转的塔吊，感到了祖国建设的突飞猛进，在这种形势下，我应该发挥余热，继续为国家作贡献。我想到了原来在军事学院工作时收集的大量军事史料，如果能让它发挥作用该多好啊！正好原来的同事王蜀生、田昭林来重庆，我们一谈起大家竟不谋而合，都认为利用原有资料，再增加一些新内容，可以写成一部军事史，填补我国至今无自己的军事史的空白。他们提议由我来负责这一工作，我欣然同意了。于是我专程去北京，在张震副主席家中，把我们的想法向他作了汇报，得到了他的大力支持，还拨给我们五万元经费。我欢天喜地从北京回来，立即投入了紧张的筹备工作。

早在1966年，我还在南京军事学院史料研究处任副处长时，中央军委副主席叶剑英元帅视察南京军事学院时，就指示我们开展中国古代军事学术研究，要求我们译注古代兵法，编写《由戈矛到火器的衍变》《中国历代战争战略问题》《中国历代战争年表》《中国历代战争地图册》等书。当时学院就按叶帅指示，组织我们开始了这一工作。但十几年过去，当时的研究人员已分散到全国各地，有的已经作古。当时收集的资料，也不知尚存多少。我首先写信把张副主席支持我们写《中国军事史》的喜讯告诉了田昭林、王蜀生、王宴清、赵秀昆、韦镇福、陶文焕等同志，大家又四处联络原参加过研究工

郭汝瑰与《中国军事史》副主编田昭林（左）、徐舫艇在一起

作的人员，很快组成了连我在内共48人的写作班子。这四十多人都是六十岁以上的老人，最大的已经70多岁了。我们拟定了写作提纲和计划，确定了每卷书的书名及内容，并进行了分工。然后写作人员各自收集资料，查阅文献档案，提取、整理原来军事学院的资料，然后在家中写成初稿，再寄给预先指定的审稿人审阅，最后寄给我定稿。必要时就选个地点，有关人员聚上三五天，集中研究定稿。我们没有办公场地，除了查阅资料外都在家中写稿，连我在内当年多数人家中都无电话，工作联系全靠写信。拨来的五万元主要用于购买资料，支付复印、打印及差旅费。尽管条件较差，但开会可以召之即来，书稿可以按时寄到。因为大家都有一种同样的心情。为能在晚年参与如此有意义的工作而欣喜，而劲头十足；都有一个共同的愿望：属于自己的时间不多了，一定要亲眼看到这部巨著的出版发行。

经过同志们争分夺秒的紧张工作，1983年《中国军事史》的第一卷《兵器》出版了。墨绿色的精装封面上，叶帅亲笔提定了“中国军事史”五个遒劲有力的金字。张副主席特别为之作序，肯定了这部书是“把武器装备，掌握武器装备与作战方法的人，以及在此基础上所产生的军事制度、军事思想等几个方面联系起来研究的”，“是持之有故”，“书之有据的”。还赞扬了编写组的同志“全力以赴”，“自解私囊”，“决心把有限的晚年贡献给祖国军事科学的高尚品德和高度的爱国主义热情”。

到1991年，这部600多万字的鸿篇巨著终于完全写成出版了，共六卷十册：《兵器》《兵略》（两册）、《兵制》《兵法》《兵家》《兵垒》及副卷《武经七书注释》《历史战争年表》（两册）。

这部书能圆满完成，主要是得到了叶帅和张副主席的支持，与总参、军训部、国防大学、成都军区、中国历史档案馆、南京政治学院等各方面的支持分不开的。是四十多位年逾古稀的老人如张副主席所说：“用生命不息，奋斗不止的精神”，用热爱祖国军事科学的赤诚之心写成的。十年间，我们送别了写作组的六位同志。他们没能看到全书出版，但是他们却为这部书的出版奋斗到了生命的终点，我们永远也忘不了他们。

我能在80多岁时，完成这件具有历史意义的大事，其激动、其欣慰自不必说了，抚摸着一卷卷精装烫金的书籍，真是爱不释手。

主编《中日战争正面战场作战史长篇》

写完《中国军事史》后，我又闲下来了。那是90年代初，在“建设有中国特色的社会主义”理论指导下，全国经济建设日新月异，从报上、电视上看到经济建设的新面貌，我又坐不住了。搞经济建设我出不了力，但我可以再组织写书。

郭汝瑰在著述中

我们原《中国军事史》写作组的一些人，又通过书信商讨，达成了共识，写一部《中日战争正面战场作战史长篇》。因为中日战争中很多历史事件是我们亲身经历的，原在南京军事学院史料处工作时，也准备过一些资料。

1990年，我又去北京见了张震副主席。他问我最近在做什么工作，我说正准备写正面战场作战史，但写《中国军事史》时拨给的五万元钱已用去四万多元，仅余八千多元了，再写书需筹集一笔捐款才行。他听后马上说：“你不要找人捐助了，我支持你！”于是国防大学拨了五万元钱给我，这件事又干起来了。

我又组织了十余人的写作班子，并拟定了写作计划，准备写十章，加一个前言。到1995年5月，前六章已基本完成，我却患了脑血栓。张副主席知道后，专门派人来重庆看我，鼓励我安心治病，病好了再干。可我怕耽误了出书的时间，主动把主编工作交给国防大学副校长黄玉章和原南京军事学院教员田昭林。

通过治疗，我逐渐康复，随时与黄玉章、田昭林二位保持书信、电话联系。经过他们的努力，现在七、八、九章已经脱稿，第十章正在写结束语，1997年内可以付印。我正翘首期盼又一部新书摆在我的案头。

我任全国政协委员（第四至七届）

反右过后，1964年发表我任江苏省政协委员，不久我又当选第四届全国政协委员，过后就发动了“文化大革命”。“文革”中全国政协没开过会，“文革”结束后我又连续当选为第五、六、七届全国政协委员。

在担任全国政协委员期间，我已经离休了，没有当官了，但我想到我虽然没有官责，政协委员还有言责，我每年都到北京出席全国政协会议。我也就提了一些自认为有意义的意见。在担任第六届全国政协委员时，在一次会议上我曾说：“我的这个意见请不要发表，但请反映到中央去，请邓小平同志不要坐外国的汽车，应该买一辆中国汽车来坐。以前周恩来总理从不坐外国汽车，从不用外国笔。有次他别了一支美国产的派克钢笔，有人说：这总该是外国货了吧！他说：这是战利品。大家就无话可说。我认为周恩来总理的这种行动非常好，是一种无声的命令，可以对人民起到一种引导作用；而现在邓小平同志以这么高的地位、威望，如果他也能坐中国汽车，用中国货的话，这同样也可以作为一种无声命令。”这个意见是否被反映上去我不知道，但是我认为这个意见是应该有作用的，是对的。

1988年4月，杨尚昆主席邀我和海军副总司令邓兆祥同志一起吃饭，我曾对杨主席说：“我们军饷不够，听说将允许军队自己想办法去补助军费。我看到国民党的军队做生意把思想搞坏了，这些教训值得注意。革命军人是要为革命事业卖命的，应该全心全意维护国家人民的利益，就如林则徐所说的‘苟利国家生死以’，假如大家都‘唯利是图’，把思想搞坏了，那样就没有力量了。”当时原军委总政治部主任余秋里也在座，他表示赞成我的意见。试想军人用飞机也可以做生意，军舰也可以做生意，也可以利用汽车做生意，军纪还能挽救得过来？即便可能，也要很费力气。

还有，我开第七届政协会议的时候，去参观三峡水利工程计划，我曾说我赞成修三峡水库，它有很大的意义，如果搞不好也会留下很大的后患。我认为应该先修上面的一些水利工程：乌江、岷江、沱江、嘉陵江、金沙江等，先把这些大的水坝修起，那样就可以少冲些泥沙下来。这就比蓄水以后，水都关满了再来淘泥沙要好得多。这是一个意见。还有一个意见，靠三峡来防治洪水是不容易办到的，因为原来长江的洪水可以减少的原因主要是因为洞庭湖吐纳的缘故。水大时长江水流进洞庭湖，水小时洞庭湖水流入长江。另外，要调江水到华北去是可以办到的，但是要靠三峡来防水患是不容易的，消除水患主要要靠下游、下游的太湖和洪泽湖都要将入海的运河挖起来，挖一条不够可以挖两条，这样的话水就可以畅流入海，水患就会大大减少，光靠上游堵塞是不行的。

这个意见不是开政协会时提的，而是在政协委员参观三峡水利工程计划模型时提的，虽然有人很重视，甚至问我是不是水利专家，我说我只是个军人。他们让我把意见写下来，但当时也没来得及写。

我在担任四至七届全国政协委员期间大约也就发表了上述几条意见，作为政协委员也只有议政的作用。另外，同时我还兼任重庆市政协委员。

在黄埔军校同学会

1984年6月16日，祖国大陆黄埔军校同学会成立。徐向前任会长。黄埔军校同学会的宗旨是：发扬黄埔精神，联络同学感情。促进祖国统一，致力振兴中华。

我当天的发言稿，因时间关系未宣读。兹特录原稿如次：

北京召开盛大的黄埔军校建校六十周年纪念会。我躬逢其盛，想到清朝中进士的人，在发榜后赴鹿鸣宴，经过一轮甲子（六十年）不死的老进士，可“重赴鹿鸣”，被人羡慕。而黄埔同学经过灾难的六十年，今日犹能聚会一堂，更非易事，感从中来，特发言以表明我六十年后的感想：

第五期黄埔军校学生是国民革命历史转折时期的历史见证人。我们知道孙中山先生在共产党人帮助下，为了建造革命武装力量而开办黄埔军校。我们五期学生是在国共两党共同努力，前期同学奋斗牺牲，统一广东之后到黄埔的，我亲身经历了革命高潮时期，眼见黄埔军校兴盛的顶点，眼见北伐的胜利，也眼见北伐的失败。不特见到了国共分裂，也见到了黄埔同学自相摧残。四一二事变后，武汉、南京黄埔同学多遭逮捕，我们工、炮、政治三个学生队被摒除于黄埔同学之列，校史对武汉本校学生，一笔抹煞，还称武汉的中央军事政治学校为黄埔武汉分校。我也被迫到日本避难一年多，当时我深深叹息“本是同根生，相煎何太急”呀！

这以后革命阵营的国共两党，阋墙相争，黄埔同学，隶属于国共双方，也兵戎相见，难道“求中国之自由平等”的目的，“振兴中华”之目的各异吗？不！都说爱国。但是十年内战的结果，召来九一八事变和日本军国主义“七·七”的全面侵略。幸“双十二”以后，国共两党又携起手来，我们黄埔军校同学和各军事学校同学并肩战斗，终于赢得抗战胜利。回忆抗战中我们黄埔同学和各军事学校毕业同学，可歌可泣的奋斗，多么令人兴奋啊！淞沪战役时，霍揆彰、黄维、方天、胡琏，阙汉骞、王中柱、高魁元、龙天武、潘裕昆、彭孟缉、夏楚中、石祖黄和我，这些爬在同一条战壕，炮火连天，血肉横飞地战斗的同学，“而今一水是天涯”，我们又天各一方了，有的甚至永别了！

抗战胜利后，我随张治中老师参加三人会议，周恩来老师和张治中老师都渴望和谈成功，整编军队顺利完成。不幸的是这以后国共又分裂了，我们黄埔同学又在血泊中混战三年，我这时身任国民政府国防部第三厅厅长和徐州陆军总司令部的参谋长，我经常自问:“为什么要参加直接屠杀？”想到孙中山“和平、奋斗、救中国”的呼声，想到孙中山“民生主义就是共产主义”的教导，我对现代中国革命孕育的一对双胞胎——国共两党自相残杀，黄埔同学也自相戕害，使国家蒙受巨大的损失，非常痛心。我们为什么“一家子”要像“乌眼鸡似的”，“恨不得我吃掉你，你吃掉我呢？”

现在五十年过去了，今天我们几百同学济济一堂，谈笑风生，真是“历尽劫波兄弟在，相逢一笑泯恩仇”。定思痛，相信全国人民——包括国共两党及台湾海峡两岸同胞在内，都应该知道，当以“振兴中华”，“求中国之自由平等”的目的为重，而不再在枝节问题上纠缠，以求达到和平统一。大陆从来不反对新三民主义。董必武同志一九四五年就告诉我：“革命要一个阶段一个阶段地进行，目前实现三民主义，就比不执行三民主义好”。现在已是八十年代，孙中山六十年前的设想，大陆基本上完成。从现在形势看，祖国又到了一个关键性的时刻：是成为有中国特色的社会主义的强国吗？还是再窝囊地作一个二等国家？这取决于我们的团结不团结。邓小平主席、邓颖超主席对和平统一，都提出了倡议。主张“一国两制”，“你不吃掉我，我不吃掉你”。这些仁至义尽，公忠体国的呼声，我们应群起响应，黄埔同学、陆大同学以及各军校毕业同学起来吧！好好掌握军队，掌握时机，促成祖国和平统一，促进国共两党团结，共同谋国，以求在近代史上，共同写下光荣的篇章吧！

敬祝

老师和同学们健康

黄埔五期学生郭汝瑰

1984 年 6 月 16 日

当时我呼吁：“黄埔同学、陆大同学以及各军校的同学们起来吧！好好掌

1985年6月，全国黄埔同学会理事在北京合影

握军队、掌握时机，促成祖国和平统一，促进国共团结，共同谋国，以求在近代史上，共同写下光荣的篇章吧！”

我当时深知光阴如白驹过隙，转瞬即逝。人生易老，新陈代谢不停，等到当年的“抗战一代人”退出现役，事情就不好办了。因为他们中间仍蕴藏着极大的政治潜能，是和平统一祖国的坚强力量，是制约“台独”分子的利剑。所以我强调掌握军队，掌握时机。不幸的是从1984年至今12年时光飞快流逝，台湾李登辉等一小撮分裂祖国的分子，逐渐增大在美、日反华势力的影响下，提出“对等谈判”“务实外交”等论调，妄图实现“一中一台”的阴谋。1995年李登辉在美大肆搞分裂活动，而且愈演愈烈，从幕后跳到前台，从岛内窜到海外，狂妄叫嚣，不难看出其险恶用心。我觉得他这样胡闹下去会导致战争，危害祖国，写了一封致李登辉先生和国民党同事的公开信，交《黄埔双月刊》，后因故未能发表，虽然事成过去，但还可以使世人知道12亿多中国人绝大多数都反对李登辉祸国殃民的罪行，兹录原文如下：

致李登辉先生和国民党老同事的公开信

久闻李先生大名，无缘识荆，甚为歉然！国民党诸公，多属旧雨，缅怀芝范，不胜神驰！我们因信仰不同，分道扬镳。我虽是社会主义者，也是爱国主义者，爱国之心，不敢后人。我所爱的国是包括台湾在内的拥有960万平方公里的土地和12亿人民的中国。希望中国960万平方公里的领土不被分裂，12亿人民安居乐业，不遭受战争的蹂躏。这一概念，希望能获得国人的共识。

近年来，李先生和少数“台独”分子，肆意搞“一中一台”的分裂活动，大陆不能坐视不理。于是采取导弹和三军实弹学习以图遏止分裂，台湾亦陈兵海上，示意防御，并要求美国干预。美国也开来航空母舰以示支援，大有“山雨欲来风满楼”之势。明眼的人固然知道这是在搞威胁动作，然而谁也不能断定偶然走火，不会酿成燎原之势。

现在危机已成过去，闻李先生将举行“国是会议”、研究“两岸和平协定”。我觉得这确是一个好主意，要化干戈为玉帛，当然要坐下来谈，并且不发表冲动言论，不搞威胁动作，以造成祥和的气氛，使谈判成功。万万不可因选举结束而得意忘形，须知2100万人的54%的选票，在12亿人当中太微不足道了，不足以代表12亿中国人的民意。如果肆意搞分裂，则绝对免不了一场战争，我们知道：现代战争，战略纵深很大，台湾区区小岛，无处不在大陆火制之下，玉石俱焚，是可想而知的；大陆的山东、江苏、上海、浙江、福建、广东等省市都是繁荣之区，经过四十多年的建设才有今日的成就，一旦遭到破坏，也太可惜了。这样牺牲的是中国人，坐收渔利的是帝国主义余孽，两岸人民何辜而遭而荼毒？林洋港先生“不可独、不急统”的不搞分裂有步骤地走向和平统一的主张，是较有远见的。李先生和国民党诸先生可以借重他这个主张杜绝搞分裂的各种企图，把台湾的廉政建设搞好，缩小军费开支，支持两岸经济合作，待到时机成熟，再谈和平统一，有何不好呢？没有远见的人，可能还妄想得到美国支援，但也应知道中国幅员辽阔，人口众多，战争一发生，就必定旷日持久，中国固然要遭受破坏，美国也必定被拖下超级大国的地位。朝鲜和越南战争，殷鉴不远，美国人不是傻子，他能代人火中取栗付出这样大的牺牲吗？中国人也不能这样傻嘛！硬把弥天大祸引到中国人头上来，所以海峡两岸的中国人要知道“和为贵”的道理，坐下来先谈判“结束战争的协定”，台湾真实地承担不搞分裂活动，大陆也承认不使用武力，这样敏感的祸根拔除了，一面实行三通，然后尽早协商和平统一，仿效香港“特别行政区”的办法。并协商台湾政党到北京共同执政的详细办法，江泽民先生说了，只要在“一个中国”的前提下，什么话都可提出商量，他并且还打算移樽就教，到台湾磋商，我们黄埔同学还可互相邀请，互相访问，以为先容。“兄弟阋于墙，外御其侮”。今天是国家兴衰成败的关键时刻，大家应有“相逢一笑泯恩仇”的雅度，握手言欢，为国家奠定磐石之安的基础，国家幸甚，人民幸甚！

此请

勋安

郭汝瑰

1996 年 × 月 × 日

其后黄埔“四海同心会”刘执行长来京，黄埔同学会开会欢迎他们。我见台湾分裂派日益嚣张，写了一张条子给李默庵会长说：“现中国已到统一或分裂的关键时刻，我们要尽力以赴，支援台湾统一派，反对分裂派，不让分裂派得逞。如分裂派死不回头，我们将与统一派一道与他们奋斗到底。”李会长在条子上批道：“把你的意见作简单报告。”我因与“四海同心会”刘执行长会见时，报名我是郭汝瑰，他说：“由淮海战役时你的行为知名已久。”我顾虑在会上引起争论，就没有发言。现在后悔当时台湾选举竞争激烈，应该说出来，使台湾的统一派明白，任何一个有良知的中国人，都会举双手赞成统一；对我们来说，全中国的利益就是真理。现在的中国已不是当年的中国，她已经日益兴盛起来。过去国内的政权斗争，是有一定的历史根源的。政权的更替，社会的嬗变，是历史的发展，我们不应再纠缠于历史的恩怨。21世纪将是中国人的世纪，我们中国人能把中国的事情办好。而且只要站在拥护统一的共同立场上，其他的一切我们通过深入讨论，都能逐渐获得更多的共识。这样的话，台湾的统一派知道大陆还有这么多人支持他们，可能在斗争中会大胆一些。

我们黄埔军校同学会最近一次理事会，在1995年6月18日召开，出席的有会长李默庵，副会长杨荫东、李运昌、莫文骅、程元、林上元、丁家骏和我及全体理事。莫文骅副会长致开幕词，李默庵会长作了报告，李运昌副会长致闭幕词，21日晚宴我致祝酒词。11月我又参加了广州孙中山先生诞辰130周年纪念会和重修黄埔军校校本部的剪彩仪式，会议开得非常热烈。12月19日又应广东黄埔军校同学会的邀请到广州与在港的黄埔同学会晤，大家热烈发表了和平统一、协助香港平稳回归的讲话，看来和平统一，是我们的共同事业，我们应像抗日战争一样英勇，促成实现。

现在我们黄埔军校同学会会员分布在海峡两岸、港、澳以及世界各地。“天下黄埔是一家”，不论走到哪里，黄埔具有长期培养起来的革命爱国的黄埔精神。我们要团结大陆的同学及后代，并扩大团结台、港、澳与国外的同学和他们的亲属，并通过他们去团结一切爱国的中华儿女，形成合力。这个团结的基础是爱国主义旗帜和认同一个中国的原则，共同去反对分裂祖国的“台独”，一致向和平统一和民族振兴的目标前进。我们黄埔同学要发挥我们优势，加强“三胞”的联谊工作，增强热爱祖国感召力和增进两岸关系的共识，重点还要放在增进彼此的了解上，本着以理服人和求同存异的精神，耐心地仔细地进行，以期逐步取得共识。还要充分发挥我黄埔同学关系、同学感情的特点和优势。以口头的、文字的多种渠道，多种形式，加强联络和宣传，坚持“和平统一、一国两制”的方针政策。把反分裂，反“台独”造成一个强大的舆论声势，直至实现祖国的和平统一为止。

最后的追求

记得1987年成都军区召开的模范党员大会上，我说：“我追求活到90岁，

重庆市领导祝贺郭汝瑰九十寿辰

亲眼看到香港回归，那时我纵然老了，听见广播，也要买一串鞭炮燃放。”

1997年秋天，我就要迎来90岁的生日了，按照习俗去年就做了九十大寿，市和区的党政军领导都来向我祝贺，我真感动不已，又愧疚难当。90度春秋过去，仿佛弹指一挥间，往事历历在目，如数念珠。随便掂捻一颗都包含着生动的故事，都呈现出历史的年轮。

如果问我现在还有什么希望和追求，那就是想亲眼看到香港的回归和祖国的和平统一。我准备亲自到香港去一趟，带一包土回来种花，还约了在美国的弟弟，今年7月在香港见面。兄弟携手，同游香港，我想定是人生的又一美事。只有三个月了，我每撕去一张日历,就觉又近了一天。

如果我还能到台湾一游，庆祝祖国和平统一,那我就志得意满，可以不留遗恨到黄泉了。

附录1　1937年8月国民革命军战斗序列表

- 大本营（蒋中正）
  - 第一战区司令长官先冯玉祥（后蒋介石兼）作战地域：平汉铁路方面
    - 第十集团军总司令 宋哲元　副总司令 万福麟　冯治安
      - 第五十九军军长　宋哲元（兼）
      - 第七十七军军长　冯治安（兼）
      - 第十三军军长　万福麟（兼）
      - 第六十七军军长　吴光仁
      - 第三军团军团长　庞炳勋
      - 骑兵第三军军长　郑大章
    - 第三集团军总司令 刘　峙　副总司令 孙连仲
      - 第一军团军团长　孙连仲（兼）
      - 第五十二军军长　关麟征
      - 第三十二军军长　商　震
      - 第三军军长　曾万钟
      - 第十三军团军团长　刘茂恩
    - 第十四集团军总司令 卫立煌
      - 第十四军军长　李默庵
      - 第八十五师师长　陈　铁
    - 骑兵第四军军长 檀自新
    - 挺进军司令马占山
  - 第二战区司令长官阎锡山 作战地域：山西
    - 第六集团军总司令 杨爱源　副总司令 孙　楚
      - 第三十三军军长　孙　楚
      - 第三十四军军长　杨爱源（兼）
      - 新编二师师长　金宪章
    - 第七集团军总司令 傅作义　副总司令 刘汝明　前敌总指挥汤恩伯
      - 第三十五军军长　傅作义
      - 第六十一军军长　李服膺
      - 第八十六军军长　刘汝明（兼）
      - 第十七军军长　高桂滋
      - 第十三军军长　汤恩伯（兼）
    - 预备军总司令 阎锡山（兼）
      - 第九十四师师长　朱怀冰
      - 新编第五旅旅长　安华亭
      - 新编骑兵第二旅旅长　石玉山
      - 新编第六旅旅长　王子修
      - 第 十九军军长　王靖国
      - 第二〇九旅旅长　段树华
      - 骑兵第一军军长　赵承绶

- 第三战区司令长官 蒋介石兼（后冯玉祥）　副司令长官顾祝同　作战地域：苏浙方面
  - 右翼军总司令 张发奎
    - 第八集团军总司令 张发奎（兼）
      - 第六十九军军长　阮肇昌
      - 第六十一师师长　杨步飞
      - 第五十二师师长　卢兴荣
      - 第六十二师师长　陶　柳
      - 独立第四十五旅旅长　张鉴基
    - 第十集团军总司令 刘建绪
      - 第二十八军军长　陶　广
      - 第七十七军军长　李　觉
      - 第六十三师师长　陈光中
      - 新第三十四师师长　顾家齐
      - 暂编第十二旅旅长　李国军
      - 暂编第二旅旅长　周燮卿
      - 宁波防守司令　王皋南
  - 中央军总司令　张治中
    - 第九集团军总司令 张治中（后朱绍良）
      - 第三十六师师长　宋希濂
      - 第八十七师师长　王敬久
      - 第八十八师师长　孙元良
      - 中央军校教导总队队长桂永清
      - 独立第二十旅旅长　钟　松
      - 淞沪警备司令部保安团
      - 太湖联防区部队　（后增加）
  - 第二十一集团军总司令 廖　磊
  - 左翼军总司令　陈　诚
    - 第十五集团军总司令 陈　诚　副总司令　罗卓英　第十九军团军团长 薛　岳
      - 第十八军军长　罗卓英（兼）
      - 第五十四军军长　霍揆彰
      - 第三十九军军长　刘和鼎
      - 首都警卫军司令官　谷正伦
      - 炮兵第一旅旅长　史文桂
      - 炮兵第二旅旅长　蔡忠易
      - 独立炮兵第八团团长　娄绍凯
      - 重炮兵第十团团长　彭孟缉
  - 直辖部队
- 第四战区司令长官 何应钦　副司令长官余汉谋　作战地域：两广方面
  - 第四集团军总司令 蒋鼐文
    - 第二军军长　李延年
    - 第六十二军军长　张　达
    - 第六十三军军长　张瑞贵
    - 第六十四军军长　李汉魂
    - 第六十五军军长　李振球
    - 第六十六军军长　叶　肇
  - 第十二集团军总司令 余汉谋
    - 第九十三师师长　甘丽初
    - 第四路军教导旅旅长　罗梓材
    - 虎门要塞司令　陈　策

第一预备军司令长官 李宗仁
副司令长官 白崇禧

- 第七军团军团长 廖磊（兼）
- 第八军团军团长 夏 威
- 第九军团军团长 李品仙
- 第四十四军军长 王缵绪
- 第二十三军军长 潘文华
- 第二十一军军长 唐式遵
- 第七十一军军长 郭勋祺

第二预备军司令长官 刘 湘
副司令长官 邓锡侯

- 第七十二军军长 许绍宗
- 第四军团军团长 邓锡侯
- 第五军团军团长 刘文辉
- 第四十七军军长 李家钰
- 第四十一军军长 孙 震

第三预备军司令长官 龙 云
副司令长官 薛 岳（待证）

- 第九军军长 郝梦龄
- 第三十六军军长 周浑元
- 第六十军军长 卢 汉
- 第六军团军团长 杨 森
- 第九十二师师长 陈 离

第四预备军司令长官 何成浚
副司令长官 徐源泉

- 第二军团军团长 徐源泉（兼）
- 第七十三军军长 王东原
- 第十军团军团长 谭道源
- 第七十四军军长 俞济时
- 第四十三军军长 郭汝栋
- 第十二军团军团长 张 钫
- 第七十三师师长 毛秉文
- 第二十五军军长 万耀煌
- 第四十六军军长 樊松甫
- 第四军军长 吴奇伟
- 第八十二师师长 张 刚
- 第一四〇师师长 王文彦
- 第三十二师师长 王修身
- 第五旅旅长 郑廷珍

第十四军团军团长 冯钦哉
第七十五军军长 周 磊
第七十六军军长 陶峙岳
第九十四军军长 刘多荃

第十八集团总司令 朱 德

- 第一一五师师长 林育荣（林 彪）
- 第一二〇师师长 贺云青（贺龙）
- 第一二九师师长 刘伯承

骑兵第二军军长　何柱国
第十七集团军总司令　马鸿逵
空军总司令蒋中正兼　前敌总指挥　周至柔
副总指挥　毛邦初

海军总司令　陈绍宽
首都防空司令　谷正伦
副总司令　黄镇球
各省保安司令　李杜部、石友三部、孙殿英部（待编）

这里附带说明一下我所了解的国民党抗战时期战斗序列的变化。国民党军队的战斗序列非常混乱，抗战初期战区之下有集团军，集团军之下有军团及军，军团有的指挥军有的指挥师，极不一致。淞沪战场，战斗激烈，伤亡特大，每个师一般三至七天就要换防下来调后方整理，补充完善又增加上去，所以各预备军的军师经常被调加入第三战区各集团作战。如第一军、六十六军、四十四军、二十三军、二十一军、七十一军、七十二军、七十三军、七十四军、四十三军、八十二军、三十二师、一一〇师等二三十个军师，都临时加入，不几天又撤下去了。预备军司令长官等于虚设，各军师也隶属不定，以后随着战局的发展，战区也逐渐增多。1937年10月，因津浦铁路方面作战需要设立了第五战区，其序列如下：

第五战区司令长官　李宗仁
副总司令　韩复榘

- 第三集团军总司令　韩复榘
  副总司令　于学忠　沈鸿烈
  - 第十二军军长　孙桐萱
  - 第五十六军军长　谷良民
  - 第五十五军军长　曹福林
  - 第五十一军军长　于学忠
  - 青岛守备部队
  - 第三航队
- 第五集团军总司令　顾祝同
  副总司令上官云相
  - 第八军军长　黄　杰
  - 第一军军长　胡宗南
  - 第十一军团军团长　上官云相
  - 第二十七军军长　缪征流

1937年11月上海撤退，又设立了第七战区，司令长官刘湘。但只昙花一现就成过去，其序列主要是二十一军唐式遵、二十三军潘文华、七十一军郭勋祺、七十二军许绍宗各部。

第五战区在徐州会战时，增加的部队甚多，汤恩伯、孙连仲、关麟征、周岩、云南部队卢汉等部，都加入了序列。

到抗战结束时全国共有12个战区。除第一至五如上述外，1938年设第八战区。

第八战区：战区司令长官蒋中正兼（后朱绍良）

副司令长官朱绍良代

作战地域　绥远及甘宁等方面

第九战区：战区司令长官　陈诚

作战地域　马当以上江防及武汉地区

以后阎锡山西退，黄河边上兵力空虚，又设第十战区，战区司令长官蒋鼎文，负责豫北方面作战。武汉失守后，1940年增设第六战区、第七战区，陈诚任第六战区司令长官，负责长江上游作战。第九战区司令长官由薛岳担任，第七战区司令长官由余汉谋担任，负责广东潮汕方面作战。第四战区由张发奎担任，负责广东方面作战。抗日战争胜利前夕蒋介石为了垄断投降，又增设第十一战区及第十二战区，第十一战区司令长官孙连仲，第十二战区司令长官傅作义。据说，抗战初期，蒋介石之所以让冯玉祥担任第一战区司令长官，是因为宋哲元、韩复榘的部队在河北、山东方面，而宋与韩均为冯的旧部，但宋、韩却不愿听冯的指挥，要赶他下台。蒋介石就将冯调到第三战区当战区司令长官，而自兼第一战区司令长官（以后由程潜继任）。但是苏浙方面，又全部是蒋介石的嫡系和准嫡系部队。冯仍然指挥不动。因此，冯只是个挂名的第三战区司令长官。实际上还是蒋介石通过顾祝同亲自指挥（他一个师一个师地指示，说一句顾的作战科长史说记一句）。

国民党军队的编制也混乱不堪。师分为调整师、甲种师、乙种师、丙种师，战斗力极不平衡。调整师装备最好，全国共20个，第十四师是其中的一个。抗战后期，用美械装备的二十阿尔法部队装备又更好一些。1941年以前是以师为战略单位，以后才改变以军为战略单位。

附录2　1946年至1947年蒋军战斗序列变更表

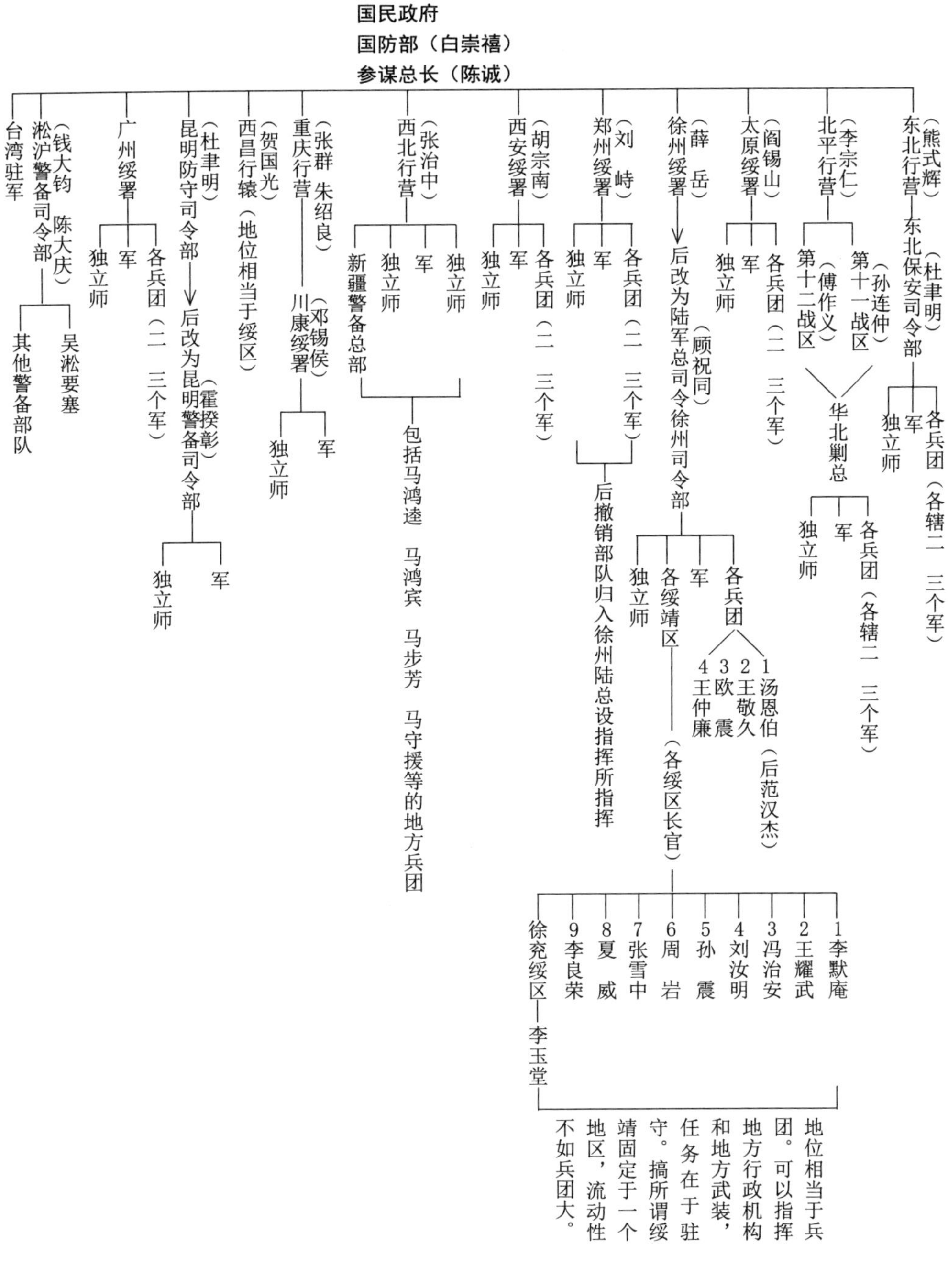

附录3　国防部组织系统及厅、局、司长以上姓名表

1946年6月1日

- 总统（主席）
  - 立法院
  - 行政院
    - 各部（会）
    - 国防部
      - 部长（白崇禧）
      - 次长（林　蔚）（刘士毅）（秦德纯）
        - 部长办公室（林斯孝）
        - 参事室（汤尧）
        - 人力动员司（戴高翔）
        - 工业动员司（马崇六）
        - 其他
  - 司法院
  - 考试院
  - 监法院
  - 其他
  - 参谋总长（陈诚）
    - 次长（刘斐、郭忏、范汉杰）
    - 总长办公室（后改厅）
    - 陆军总司令顾祝同
    - 海军总司令桂永清
    - 空军总司令周至柔
    - 海陆空军联合勤务总司令黄振球
      - 第一厅（人事）钱卓伦
      - 第二厅（情报）郑介民——（保密局毛人凤）
      - 第三厅（作战）张秉钧
      - 第四厅（后勤补给）赵一肩
      - 第五厅（编制教育）方天
      - 第六厅（军事科学之研究发展）副厅长龚愚
      - 史政局吴石
      - 新闻局邓文仪
      - 民事局刘咏尧
      - 监察局彭位仁
      - 预备干部管理局蒋经国
      - 兵役局徐思平
      - 测量局杜星如
      - 副官局陈春霖
      - 军法局刘千俊
      - 保安事务局唐纵
      - 预算局赵志尧
      - 财务局孙作人
      - 总务处钱久孚

附录4　我对蒋介石军事思想的批判

在我写回忆录的计划中，原就准备对蒋介石的军事思想作专章评述。其目的是为从蒋介石的失败中吸取教训，以帮助我们认识战争的规律。但思想上又发生斗争：究竟该本“君子交绝不出恶声，良臣去国不洁其名”的道德写，还是该按“吾爱吾师，吾尤爱真理”精神去写？因而迟疑不决。有人劝诘我说：“像你这样知道一些蒋介石军事思想片段的人，将自己亲身经历所见所闻和心得感想，实事求是地写出史料来，供人参考，是责无旁贷的。”同时我读施罗曼•费德林史坦著的《蒋介石传》见其对中日战争、国共之间关系等等多歪曲不符事实，因此决定写出来作为附录，供世人比较。当然，个人一鳞半爪的回忆，肤浅潦草的见解，无疑是会有错误和偏颇的。好在当时历史见证人现还有不少健在，必然会批判其中的错误和偏见，使符合历史本来的面目，我敬待读者提出宝贵意见。

一、蒋介石权术高军事根底浅

蒋介石担任过黄埔军官学校的校长，后又几乎剪灭了各地割据的军阀。“他创造了一个庞大的中央军”，“创造了国民党的全盛的军事时代”。于是，中外人士多认为他有了不起的军事才能。30年代日本出版的《支那的革命英雄儿——蒋介石》，就称赞他虽然学历不够，但实战经验多，有军事天才。1926年，我考进黄埔军校，听到讲“两次东征，扫平南路”等传说，见到过北伐誓师的场面和北伐战争长驱直入的情景，也相信蒋介石军事才能高明。即使在宁汉分裂后，我虽反对他破坏孙中山的三大政策，但仍不怀疑他的军事才能。以后，我又进一些中外军事学校；参加蒋介石开办的庐山、峨眉、珞珈山及浮图关中训团等军训；参加了抗日战争；在解放战争中又充当他的参谋；阅历渐深，接近他的机会更多，也就知道他许多底细——如军事知识，文化水平，拉拢、收买、暗杀等阴谋手段，及其手下的帮会特务组织等；听过他许多讲演，看过他作战指挥，我由此才得出结论：他之得势，主要是因缘时会，投机革命，玩弄权术的缘故。他政治手腕厉害，他的军事才能并不高明，军事思想十分落后。

1907年他在北洋军阀办的保定军官学校第三期学习过短暂时间，未毕业就走了。他当时名叫蒋志清，段祺瑞是他的老师。

以后，蒋介石进过日本士官学校。但只在炮兵联队待了六个月便退学归国投奔沪军都督陈其美。

陈其美倒台后，蒋介石与戴季陶等在上海证券交易所充当买空卖空的经纪人，拜青帮大流氓黄金荣为老头子。青帮组织严密，分布很广，好讲江湖义气，杀人越货，心肠歹毒，诈骗诱惑，伎俩奇巧。这就更加养成了蒋介石阴险毒辣、残酷无情的性格。

1923年他去广东投奔孙中山，表面拥护孙中山提出的联俄、联共、扶助农工的三大政策，骗得了孙中山的信任，派他去苏联考察军事。但他既不懂俄语，考察时间又短，军事上当然学不到什么。军事学识极为浅薄。

我听过他不少讲话，总是翻来覆去讲“礼义廉耻”，“定静安虑”，“不成功，便成仁”，“受围不惊，被俘不屈”，“图难于易，为大于微”，“科学的学庸”等滥调，却很少听见他讲军事学术问题。有时讲也非常简单，还闹了不少笑话。如他在中训团讲《立正的道理》，说要气沉丹田，直到脚跟。他以统帅地位讲立正问题，连起码的科学知识都没有，令人不齿。他在庐山讲《剿匪战术》时，除“受围不惊，被俘不屈”一套外，还照搬中央军校“总顾问”德国人巴德的战术讲话，自己说不出一点战术见解，足见他军事素养是何等低浅了。

二、《曾胡治兵语录》和蒋介石“以守为攻”的战略思想

我在黄埔五期毕业时，携带出校的书：除军事的四大教程，《三民主义》《帝国主义侵略中国史》《社会进化史》等而外，还有一本《曾胡治兵语录》。当时，在黄埔同学间对这本小册子流传着这样一段故事：黄埔三期毕业时，蒋介石对学生们说：“我寝室里有一件宝贝，你们去找，看找

不找得着？”学生们进屋去见床上放了一堆《曾胡治兵语录》，就各拿一本出来，蒋介石一见大悦。从此以后，各期学生毕业均要发一本（六期以后还发戚继光的《纪效新书》）。我当时没有想到发这本小册子就是传他军事思想的“衣钵”，更想不到这套军事思想会影响以后他在历次战争中的指挥。

蒋介石自己说，孙中山先生叫他写太平天国革命历史，他找不到太平天国方面的资料。于是就找官方文书——如曾（国藩）、左（宗棠）、李（鸿章）、胡（林翼）奏议之类东西，他一看大为欣赏，认为曾、胡打胜仗有道理。因此，他便以《曾胡治兵语录》治军。这说明他的军事思想是非常反动落后的。他崇拜的是封建官僚，曾国藩、胡林翼镇压农民革命运动的那一套孔孟之道、封建方法。蒋介石的选将、用人、带兵，多效法曾胡。蒋经常说：“打仗就是打将”（浙江语，“仗”“将”二字同音），即是胡林翼“有不可战之将，无不可战之兵”的翻版。曾国藩说：“吾人带兵，如父兄之带子弟一般。”蒋介石讲“亲爱精诚”，讲究“作之师”，把老师之对学生，比成父兄之爱子弟。蒋介石提倡“不成功便成仁”，“受围不惊，被俘不屈”，直接取孔孟“成仁取义”的说法，实际上也就是《曾胡治兵语录》所谓讲的“尚志、严明”那一套。蔡松坡说：“曾胡论兵，极重主客之见，只知守则为主之利，不知守反为客之害。”蒋介石亦堕此弊。什么“稳扎稳打”呀，“先求稳当次求变化”呀，“步步为营”呀等等，他在几次“围剿”革命根据地中就曾积极搬用。并进而演成“以守为攻”的战略和碉堡政策。当时国民党陆军大学教育长杨杰就批评“以守为攻”战略是“胡闹”。

古今中外战史都只有“以攻为守”的战略。这就是“战略防御中的战役和战术的进攻战。”如诸葛亮六出祁山和第一次世界大战德国东线东普鲁士方面都是以攻为守。第二次国内革命战争时期，红军第一、二、三、四次反“围剿”也是以攻为守。这些都是以战役战术上的进攻速决歼灭战达到战略防御之目的的。从来没有专守防御而不失败的，哪还有什么战术上守而能达战略上攻的目的的呢（明末对清采取“坚守渐逼”的战略，就是失败告终）？内线作战在战略上处于被外线之敌分进合击、战略包围的态势。对此，除了集中兵力趁敌处于分离状态予以各个击破外（清努尔哈赤萨尔浒之战，第一次世界大战兴登堡的坦仑堡之战，解放战争中陈毅元帅、粟裕大将指挥的苏北七战七捷、莱芜战役等都成功地运用了这个原则)，只有跳出圈子，寻机破敌，决不能取守势或以守为攻坐待敌方夹击。如日俄战争时，俄军统帅苦鲁巴金放弃各个击破日军的机会而坐待辽阳会战。以及红军第五次反“围剿”行“短促突击”，“御敌于国门之外”，都是以失败而告终的，可为殷鉴。

又如外线作战在分进各军未到达互相有效支援的战略地位以前(即所谓未到达利害转变线以前)，易遭各个击破。因此，比较孤立的薄弱的军，前进时应机警持重。但不是以守为攻，而是调整分进的各个方面，使迅速达到利害转变线，免遭各个击破。如果外线作战怕遭各个击破便迟滞不进，以守为攻，那恰好是延长了被各个击破的时间和为对方创造各个击破的机会。因为这样，在防御阵地(碉堡)外的空间，都是对方自由活动的范围，自己的弱点，久必暴露。对方见有机可乘时便实行各个击破。若不能各个击破，也易跳出圈子脱离内线困境。如解放战争时期的莱芜战役，蒋军攻陷临沂迟滞不进，给了解放军以歼灭莱芜李仙洲军之机会便是一例。

“以守为攻”的战略加落后筑城，便是蒋介石奉为至宝的碉堡政策。日俄战争后，堡垒阵地便已遭淘汰，更不用说碉堡线了。当然，人们可以说红军是小米加步枪，攻不破碉堡。其实不然，中国铁铸土炮和大树挖成的木炮都能攻垮碉堡，就是黑火药也可以爆破碉堡。如果当时红军第五次反“围剿”在战略上不是“六路分兵”，“全线防御”，“分兵防御从事短促突击”，“节节抵抗”，而是集中兵力，各个击破打歼灭战，那么，蒋介石的以守为攻，碉堡政策是注定要失败的。毛泽东就曾说过：“如果我军在内线放弃节节抗御的战法，再在必要和可能时转向敌人的内线(后方)打去，局面必然是另外一种。集中兵力的法则，正是战胜堡垒主义的工具。”(见《中国革命战争的战略问题》)

那么，“以守为攻”“碉堡政策”是不是孙子所说的“先为不可胜，以待敌之可胜”呢?不是。“三里五里一进，十里八里一推”的堡垒主义战法，是延长外线分离危机，给敌人以可乘之隙，如何能待敌之可胜呢?

有人说蒋介石碉堡政策，是由于补给跟不上。所以，不得已“三里五里一进，十里八里一推”构筑碉堡，掩护修筑公路，以利车辆运输，解决补给问题。这就是说，碉堡政策是稳扎稳打战术思想和补给妨碍机动的综合产物。事实上，近代战争的双方总是千方百计排除困难，以增强火力、突击力和机动力。例如：有线通信指挥妨碍机动，就利用无线电指挥加以解决；地面补给跟不上坦克机械化部队，就利用空中补给加以解决等等。然而，蒋介石却反其道而行之，牺牲机动。当然，这也受到时代条件的限制（战史上也有不少同样的战例）。但这是失败的途径，不可不察。如果当时红军集中兵力打一点，或跳出碉堡线向敌后方要害处打击，碉堡政策，就会全盘失败。

三、北伐战争中的蒋介石战略

国民革命军北伐，之所以能胜利地从广东一直打到长江流域，是因为国民革命军迎上了当时革命高潮。同时，也因为北伐战争在中国共产党的影响和推动下，得到了广大工农群众的热烈拥护和积极支援。加上革命军有力的政治工作使广大将士受主义熏陶，主观能动性强，英勇善战的结果。但是，就北伐军总司令蒋介石的北伐战略来说却并不高明。

北伐时我听说，共产党和国民党左派人士都主张要有准备的北伐，时间不必搞得太急。他们主张在先巩固根据地的广东，加强内部稳定，充实国民革命军的战斗力后，才开始北伐。然而蒋介石与共产党的主张正好相反，他为了提高个人威望，独揽大权，破坏联共政策，却急于北伐。

北伐的主攻方向，依当时情况分析选在两湖是正确的。其原因在于：两湖方面群众基础较好，可望农民起来响应北伐军；直系军阀吴佩孚战斗力弱，易各个击破；有唐生智的第八军为先驱，湖南的赵恒惕容易消灭；可乘胜于孙传芳观望狐疑不决时攻下武汉，然后出武胜关，导冯玉祥部进出河南；这样先声夺人，再顺流向长江，席卷东南五省，五省联军总司令孙传芳腹背受敌，内部崩溃，战争容易解决。

可是，蒋介石借口北伐进出江西是孙中山选定的战略方向，可望赖士璜等响应为理由，坚持主攻南昌。他亲率中路，由湖南进攻南昌，以当孙传芳主力（以主力对主力是很笨拙的战略）。在南昌三进三出，费尽九牛二虎之力只打了一个平推的击溃战。（一进南昌，孙军反攻，程潜仅以身免。当时民谣说："南昌城革命军一败如水，蒋介石打伤了腿。"）

如果当时北伐军乘战胜吴佩孚的余威，趁孙传芳的九江、安庆方面侧背暴露，以一部兵力导冯玉祥部队由陕西进入河南以掩护左侧，再以一部攻南昌，而以主力指向九江方面顺流而东，席卷安庆，截断孙传芳在南昌的主力的后方联络线，则孙传芳在南昌的主力，可不战自溃。这样江西也可如福建一样，传檄而定。（事实证明第七军攻九江、德安、涂家埠等地是解决江西战争的关键。1934年，杨杰在陆军大学讲北伐战史也是这样说的。）

四、蒋介石的消极抗战与专守防御

蒋介石坚持攘外必先安内的政策，抗战是被迫应付人民的。实际上他念念不忘剿共，时时准备妥协投降。所以，在八年抗战中，国民党的部队很少有打过主动进攻仗，这与蒋介石对抗战一贯持消极应付态度直接有关，也与他在战争指挥上的专守防御战略思想作祟有关。经过第二次国内革命战争，他军事思想上稳扎稳打，专守防御概念，已经占了上风。同时，也养成了他的军队和多数高级军官"站稳了打"的习惯。一遭进攻，战术上就守。抗战中，他们把持久抗战，看作是被动挨打，一线一线地顶。七七事变前，他在沧州至石家庄、吴江至福山镇，无锡至澄江口各地区，各准备了一百米纵深都没有的所谓防线，钢骨水泥的机枪掩体，高耸在前沿，外八字的枪孔完全暴露在敌火下，这样的"一条线"阵地（不是线式阵地），当然是会一戳即破的。仅从这些战前准备就反映了蒋介石专守防御的军事思想。他根本不懂得什么是"防御中的进攻，持久中的速决，内线中的外线"的原则。一开始就摆出被动挨打的架势。以后，八年抗战，先初还专守防御，后期完全消极等待，依赖盟国，企求与日本妥协，什么"集小胜为大胜"，"以空间换取时间"等，都不过是欺人之谈。

抗战初期，华北守军遇敌进攻，一溃千里。"八一三"开辟淞沪战场，迫使日寇转用兵力。战略上好像很主动，但考察原来作战计划，就知道还是出于蒋介石专守防御战略思想指导的结果。在抗战以前，蒋介石就令张治中在苏州成立指挥部，准备一举袭破上海日海军陆战队司令部，封锁长江、黄浦江，保持江南一隅。这完全是专守防御方针。不仅如此，以后因军队不熟悉攻坚战斗，攻不破日海军陆战队司令部。日军第三师团登陆后，张治中集团各师采取街市防御，日寇进展困难，故又在宝山登陆。于是，蒋军就采取专守防御，一步一步地顶。蒋介石此刻的战略是在淞沪硬顶，拖延时间到九国公约国日内瓦会议召开，作出有利于中国的决议。恰好淞沪一带，港湾交错，又便于国民党军队利用小河沟一步一步地顶，蒋介石和蒋军高级将领都以为得计，说这是持久抗战。殊知投入百万精锐于这一狭小地域，装备既劣，又无坚固工事。只有听任日寇集中海陆空飞机、大炮的火力轰击，使百万精锐，消耗殆尽。

中国以劣势装备对优势装备，要持久，战略上守是天经地义的。但不应在有利于敌、不利于我的地区上“寸土必争”。干“乞丐与龙王比宝”的蠢事，尤其是战斗过程中有机可乘时，也应该争取主动，采取攻势，以达到以攻为守的目的。这就是要进行“战略防御中的战役和战术的进攻战，战略持久中的战役和战斗的速决战。”

我在淞沪战场亲自经历所知，就有不少可局部进攻的好机会。但是，蒋介石却不准打或打得不好。例如：当日寇进攻月浦守军夏楚中师时，我建议以一个团或一个旅的兵力夜袭月浦之敌的右侧背。可军长罗卓英却以“要争取时间，持久”为名，而不准出击。故我所在的十四师便只好死守南圹口、北圹口，待夏楚中部被消灭以后，迎接日寇的进攻。这样，仅七天时间，十四师的战斗兵就牺牲殆尽，相反给日寇的杀伤并不大。估计如果夜袭月浦之敌，付出同样大的牺牲，敌人的伤亡损失会大得多。

又如：日寇攻占南翔以后，朱绍良集团后路有被截断的危险，白崇禧主张采取局部攻势，恰好广东部队一五九、一六〇两师开到战场，乃命该二师进攻，但却又不按原计划由广福镇地区攻击敌人侧背，而正对敌人突破口冲，一天就垮了下来。于是，许多人都说攻不利于持久。

再如：日寇由宝山攻至南翔，右侧背非常暴露，只有很薄弱兵力掩护。王耀武师在施相公庙方面，每日夜袭都搞得十支八支步枪回来。蒋介石统帅部却不知在这方面采取攻势，以牵制或破坏日寇的进攻。日寇金山卫登陆后，蒋介石急忙抽兵堵塞突破口，想再顶几天，等待九国公约国开会。甚至敌人快攻到青浦，上海正面大军快被截断退路了，蒋介石仍迟迟不实施战略退却，致使敌人袭占安亭车站，造成正面几十万大军的溃退。溃退的损失竟比战斗的损失大得多。这些战例都说明蒋介石，依赖九国公约救命，战略上专守，各级指挥员在战役战斗上也采取专守防御。“守”，不讲求侧射斜射、组成火网配系和伪装隐蔽的阵地编成。“攻”，不讲求火力压制，破坏敌人侧防，而是挺身在敌人火网中冲锋，以致牺牲了百万精锐，而没有取得应有的代价。

今天，我重温毛泽东《论持久战》中的“战争的目的……是保存自己，消灭敌人”“我们的战争，在于力求每战争取不论大小的胜利，在于力求每战解除敌人一部分武装，损伤敌人一部分人马器物。把这些部分地消灭敌人的成绩积累起来，成为大的战略胜利，达到最后驱敌出国，保卫祖国，建设新中国的政治目的”的教导。回忆淞沪战役情景，更觉蒋介石消极防御的战略思想，影响了八年抗战的整个进程。

南京保卫战的骗局和专守防御的悲剧，是再好不过地说明蒋介石战略素养低的史料。本来淞沪大溃退，蒋介石令吴奇伟指挥周岩、陈烈等部在青阳港一线利用河川收容，原想把淞沪退下来的队伍，导入吴福线和锡澄线既设阵地，再一线一线地顶。殊退下来的部队站不住脚，而日寇汽艇又进入了太湖，所以，蒋介石被迫将八十七、八十八、三十六等师、六十六军以及中央军校教导总队等部退守南京。这时候蒋介石仍然一心想搞“战而后和”的阴谋，图由德国大使陶德曼出面斡旋，准备在南京表演一幕“背城借一”的戏剧后，向日寇投降，以欺骗国人。因而，南京保卫战，战略目的既消极，战略部署又搞一个背水的环形防御，失败当属必然。稍具军事知识的人都知道，环形防御，一点被突破，全线都瓦解，背水立阵、易遭全歼。蒋、唐（生智）如此干，战略十分拙劣。

相反的，如果不是采取等待九国公约开会，不阴谋在南京打一次硬仗的烟幕下投降的方针，即使具有一般军事才能的人，都会在日寇金山卫登陆后，使上海正面大军全师而退。然而，以一部兵力在吴福线、锡澄线节节抵抗退入南京。以南京为诱饵，让日寇直扑南京。而以主力由广德、誓节渡、洪林桥地区向郎溪、天王寺袭击日寇，予敌以伤亡之后，退保天目山、浙东、皖南地区，与敌持久。或者干脆演空城计，虚晃一枪，让日寇进入南京空城，而自己保持精锐以利持久。1944年，杨杰在重庆龙门浩住宅论及此事时还骂："蒋、何军事低能，纵然靠陶德曼调停，也应握有实力才能讨价还价，把精锐在南京输光，还想日寇允许在较好的条件下投降，完全是白日做梦。"

徐州会战，由李宗仁、白崇禧担任指挥，会战初期有台儿庄大捷。这次战斗，是日矶谷师团沿津浦路南下，孙连仲部在台儿庄构筑工事坚守，汤恩伯率关麟征等部侧击，迫使矶谷师团退却。这次大捷，虽歼敌有生力量不多，但却大大鼓舞了全国士气。证明了日寇豕突狼奔，侧背暴露，我采取外线进攻，击其侧背，是可以在某些局部击败敌人的。可惜蒋介石和他的将领都未能及时总结经验，以改变其专守防御的军事思想，树立积小胜为大胜的局部战役战术上的歼灭战思想。

徐州会战，蒋军以突围离心退却告终，并未受歼灭性的打击。这说明国内作战，敌后有广阔的空间可资回旋，不必沿后方联络线正面退却。尤其对付优势装备之敌，沿交通线进攻，迎头堵击，不如侧击有效。以后，汤恩伯也谈争取外线，可惜他只争取外线作壁上观，连专守防御也不如。

徐州退却后，由于专守防御思想作怪，蒋介石仓皇地搞了一个黄河决堤的大悲剧，不仅没能阻止日寇入侵，反使豫、皖、苏三省44个县遭受严重灾害，数十万人被淹。这一事实说明，蒋介石军事思想落后，对人民残忍无情。

武汉保卫战是蒋介石由投降日寇走向投靠英美实行消极抗战，积极反共的转折点。

武汉保卫战中，蒋介石仍未放弃向日寇投降的念头。及蒋介石发现英美帝国主义支持其反共，于是决心投靠英美，利用其与日本的矛盾，消极抗战，积极反共。长沙大火后，汪精卫发表《为什么误解焦土抗战》公开投敌，蒋介石投降活动才有收敛，但还是始终未断投降、反共的念头。

由于上述指导思想作祟，武汉保卫战蒋介石的战略决策及战斗实施，都是消极的，都是照例专守防御，全不吸取南京保卫战的教训。企图在武汉近郊构筑水泥机枪掩体进行防御、由马当要塞至武汉外围，千里国土，一概放弃。以后陈诚决定把外围防御推进到幕阜山、大别山区，但还是进行一线一线抵抗的专守防御，还是采取一点一线地摆好，等敌进攻。从未争取局部战斗的一点主动。摆好的阵地一点被突破，于是全线撤退。这既不是专守防御，也不像持久抵抗，而是一种倒消耗战。

武汉战役和淞沪、南京战役一样，是蒋介石亲自指挥的。因此，比较能反映蒋介石的军事思想。他只摆好架子让敌人攻，顶不住就退，退一线又顶。敌人不攻了，他也就看着不动（对峙），这就是他的“持久战”思想。他也说以空间换取时间，积小胜为大胜，但从来不知利用空间与敌人旋磨打圈，主动打击敌人，消耗敌人。所以，愈战愈弱。以后虽然经过长期相持阶段，仍不能自振。

抗日战争时期，在敌强我弱的情况下，应该是打长期的消耗战，直到把敌人拖垮为止。因此，“保存自己、消灭敌人”是连排长、战士都应知道的原则。但是，蒋介石却一无所知，硬要守一点，争一城一地的得失。其结果是失掉城池又折兵，常德、衡阳都是典型例子。可见，蒋介石专守防御，固守孤城是丧师的根源，也是士气不振的根源。

蒋介石事事独揽大权，表现在作战指挥上，便是他爱越级亲自干预指挥。像富池口战斗那样干，明明是白送掉部队的瞎指挥，事后却将师长李芳郴交军事法庭问罪。蒋介石好这样千里之外遥控指挥，干涉战斗部署。他根本不理解战略上应抓关键性的大事，“将能而君不御”的道理。不理解前线局势情况不是地图上所能说明的。而且，由于当时通信不发达，战场情况千变万化，他根据前方的报告作指示，下达命令。命令下来，情况已经变了，军师长们也都知道执行他的命令，是要打败仗的。但是，如果不执行他的命令，出了乱子，又怕受军法审判。所以，有时明知不对头也只好执行。反正执行命令，败了好交代，免得自作主张担风险。蒋介石这样指挥，培养了蒋军这样的作风，也是吃败仗受损失的主要原因之一。

五、蒋介石在反共内战中军事上的致败因素

有人说：“蒋介石内战内行，外战外行。”从抗日战争的历次战役看，他外战外行无疑是千真万确的。但是，说他内战内行并不确切，只能说他好打内战，作战指挥并不内行。第五次“围剿”他侥幸地遇到了共产党内存在王

明的“左”倾路线的错误领导，才迫使红军退出根据地，进行了长征。而在解放战争中，他就露出了外行的马脚。他狂妄叫嚣：“三个月消灭共产党一百万乌合之众。”然而，却事与愿违，他自己的五百余万军队在三年之内反而被共产党消灭了。原因何在呢？且不说政治上的因素，这是主要的。就从军事角度上看，他的指挥是非常拙劣的。他发动内战，全面进攻，不分主次，不计后患，四出争地，并保持之，于是进攻形不成重点，反而到处背上包袱，专守防御，备多力分，形成被动挨打局面。

以下分八个问题说明蒋介石在进行反革命内战中军事指挥上致败的原因：

（一）垄断受降到处伸手备多力分

1945年夏，希特勒被消灭，日寇已成釜底游鱼，国民党反动派就策划发动反共内战，首先是研究如何防止八路军和新四军壮大。他们认为：1.苏军进入东北，可扶植共产党军队壮大，因此，须阻止八路军、新四军出关；2.关内共军如缴获得日军装备就会壮大，因此须防止日寇投降后，武器装备落入八路军、新四军手中。为了阻止八路军、新四军出关，他们策划派部队由平汉、平绥两路进出北平、张家口。为了防止日寇投降后武器装备落入八路军、新四军手中，除策划不准八路军、新四军受降外，还计划暗中勾结日寇，令不向共产党军队缴械。以后全面内战的战略，许多都是这一罪恶阴谋的发展演进。

1945年9月9日何应钦在南京受降后，即秉承蒋介石的意旨，令冈村宁次不得向指定受降部队之外任何“非法武装组织”缴械。并指定一战区在郑州，二战区在太原，薛岳在徐州，王耀武在济南，李宗仁、孙连仲在北平，傅作义在包头受降，收缴日军武器装备。以后并由熊式辉、杜聿明往东北从苏军手中接收主权。美蒋勾结空运、海运这些部队前往。并改任六战区司令孙连仲为十一战区司令，由郑州经平汉路北段去北平，一时蒋军海陆空并举，奔赴全国收缴日械，并要八路军、新四军“就原地驻防待命”，企图全部篡夺胜利果实。他们自以为得计，殊不知一拥而上，争夺城市，导致到处出击，到处守备城市，备多力分，转为被动，战略上也就伏下了败亡的因素。美蒋之所以这样干是以地缘观念，在地图上看，认为东北是战略要地必须争夺，结果主观愿望与客观实际相去甚远，战线太长，力不从心，东北兵力不足，不得不从关内抽调。而关内也到处要兵，挹注困难，搞得关内关外，顾此失彼。这些都是由于蒋介石战略上不顾全局，不能知己知彼，量力而行，到处要城要地造成的。

（二）不知己又不知彼

孙子说：“知己知彼，百战不殆。”他把计篇置于十三篇之首，主张庙算估计敌我双方胜败诸因素，以探索胜败公算的大小。他认为“多算胜，少算不胜”。可是蒋介石发动内战，完全违背这些原则。他的如意算盘，完全建立在主观愿望上，因而失败出乎意料以外的迅速。

1946年，蒋军向解放军中原军区全面进攻，并以保障首都安全为借口，在江苏南通至安徽来安间全线发动进攻。接着，胡宗南、阎锡山部向晋南进攻。8月，马歇尔宣布调处失败。9月徐州绥靖副主任吴奇伟指挥七十四军等部攻占淮阴。10月，傅作义部袭占张家口，蒋军全面进攻达到了最高潮。这时候，蒋介石错误估计形势，悍然召开了没有中共和民主同盟等其他民主党派代表参加的国民代表大会。蒋介石、陈诚等狂妄叫嚣要在三个月内消灭共产党的军队。其实，经过苏北、定陶、晋南等战役，国民党军队士气颓丧，兵力对比的优势已逐渐下降。头脑清醒一点的人已不难看出，这样不知己不知彼地估计形势，指导战争，势必“每战必殆”。

蒋介石只看见自己有几十个美械装备师，有二百多架能用的美制飞机，并有收缴的大批日械，美国又可以源源接济的一面，而没有看见经过八年抗战，人民痛恨他发动内战；共产党领导的人民解放战争得到了全国人民的支持，以及蒋军腐败堕落，战斗力极弱的一面；他只看见解放区分散，八路军、新四军装备差，兵力劣势的一面，而看不见解放军为阶级利益而战，攻击精神旺盛，战略战术巧妙，长于集中优势兵力打歼灭战的一面。他更不懂得“力量对比不但是军力和经济的对比，而且是人力和人心的对比”这一真理。他不特狂叫要在三个月内消灭共产党军队，就是接连失败后，还自认为是反共老手。

1948年睢杞战役后，在8月初开始召开的军事会议上，他并不承认自己战略错误导致失败，而归罪于下级，“搞不赢共产党”（当然更不承认政治反动腐朽了），这是何等可笑。孙子说：“知己知彼，百战不殆；不知彼而知己，一胜一负；不知彼，不知己，每战必殆。”蒋介石轻于发动内战，企图“三个月内消灭共产党一百万军队”，确是古今中外战史上不知己不知彼的典型。

（三）错误认为解放军无力“负隅”

在蒋介石的军事思想中，对“负隅”和“流窜”问题的看法，好像有他“独特”的见解，其实他并不真正懂得。1947年二三月间，他屡次在“国府纪念周”宣称：“历代图谋推翻政府的所谓革命，只有‘负隅’和‘流窜’两条途径。成功的多是‘负隅’，‘流窜’多归失败。而中共则没有力量‘负隅’，我要打哪里就可以打到哪里。”接着他就发动了对延安的进攻，妄图把共产党赶出陕甘宁边区。他认识到了历代农民战争不经营根据地多不能成功的道理，但他不懂得“保守或夺取城市和地区，是歼灭敌人有生力量的结果”这一原则。他以为只要夺取了延安，共产党就失去了“负隅”的根据地。所以，他进攻延安的战役指导仍然是以争夺城市或地方为主要目标。1947年3月19日，蒋军进入延安，他明明知道是解放军主动放弃的一座空城，却大肆宣传胜利。殊不知，解放军主力丝毫未损，并未退出陕北，这不是不能保持根据地。不特如此，还犯他经常不顾客观现实而以主观愿望来指导作战的老毛病，不侦察明白陕北解放军主力所在，便判定是退往绥德、米脂一带，并将东渡黄河，进入吕梁山区。他一面指示胡宗南向米脂方向追击，压迫解放军渡河，一面叫第三厅计划转用兵力。殊知一星期后，在青化砭遭受解放军伏击（25日），一个旅被歼灭得干干净净。随后在羊马河、蟠龙镇、沙家店战役中又损失惨重。他一厢情愿地以为共军不能“负隅”，将退出陕甘宁边区根据地的美梦破灭了。以后磨来磨去，损兵折将达十万人，最后，在解放军的强大攻势下不得不狼狈地逃出陕北。蒋介石强调学习《曾胡治兵语录》，但对胡林翼说的“用兵之道……破敌为上策，得城池次之”并不理解。

有人说，蒋介石全面进攻解放区破产以后，他便从中吸取了教训。于是，集中兵力于山东和陕甘宁边区实行钳形的重点进攻。情况并非如此，据我所知，蒋介石进攻陕甘宁边区蓄谋已久。他之所以选定这个时候发动进攻，是想为国民党召开的三中全会撑持门面，借此以证明解放军不能“负隅”，他进攻陕甘宁边区很有把握罢了。但他不懂得开辟新战场，实际是分散兵力，有碍重点形成的道理。蒋介石本人在战略上就根本还未着眼到重点进攻，更未想到钳形攻势。他进攻陕甘宁边区，初意也只是想压迫解放军东渡黄河进入山西，以便转用兵力，但兵力转用何处也并无定见。至于重点进攻山东，那是以后才决定的。即使到那时，他也未着眼到钳形攻势。同时，陕北和山东相去甚远，也不可能发挥钳形攻势的作用。由此可见，蒋介石配合协调各战区的本领很差，很不高明。

（四）猬缩战法和过早转用兵力使山东重点进攻破产

蒋介石侵占延安以后，叫国防部第三厅拟定转用兵力方案。第三厅拟定了局部歼灭和主力决战两个方案。主力决战方案是举主力在山东寻华东野战军，或在豫北寻晋冀鲁豫野战军，或继续寻西北野战军主力决战。蒋介石说：“我原来认为刘伯承有两手，现在看来陈毅也厉害。”他便决定举主力向山东进攻，希图获胜后向东北转用兵力。虽然，在西北战场上，蒋介石的几十万人马被共军拖住不能脱身，但他还是拼凑了九个军（或整编师），以及炮、工兵共三十余万人，加入徐州陆总战斗序列，向鲁中进攻，企图将解放军华东野战军主力聚歼于沂蒙山区。但在进攻坦埠的战斗中，蒋军畏首畏尾，彼此只顾自己，互不相顾，一遇解放军反击，各部都猬缩自保，致蒋介石的精锐部队整七十四师在孟良崮被歼。蒋军一遇到不利情况即缩成一团的刺猬战法，就是受蒋介石稳扎稳打、步步为营思想指导的结果。他们都说，要站稳了再打。然而，蒋军官兵们不懂得，像这样一遇情况即缩成一团，互不相救，丧失主动的战法，恰恰是他们动辄被歼的原因之一。

孟良崮战役后，蒋介石亲自掌握华东战场的指挥，他重新纠集兵力，向南麻、悦庄进攻。解放军华东野战军主力主动撤出南麻、悦庄，分向青驼寺、费县、滕县方向，大汶口、汶上方向及临朐方向转进。顾祝同急令张淦纵队及欧震兵团向青陀寺、垛庄追击。蒋介石进攻扑空，兼之晋冀鲁豫野战军乘虚渡过黄河，围歼蒋军在鲁西南的各军，并进军大别山。徐州陆总被迫转用兵力，山东重点进攻就完全破产。

蒋介石重点进攻的失败，在于未得决定性的胜利而过早向东北及大别山转用兵力。蒋介石集中优势兵力向山东重点进攻，但又不知在次要方面，放弃一些城镇，以节约兵力，及到各战场都感兵力不足，捉此注彼，捉襟见肘，蒋介石就不得不过早转用重点进攻之兵力。特别是由于解放军执行“转向敌人的内线打去”，“将战略防御转变为战略进攻，威胁敌之根本重地”的战略，进军大别山以后，迫使蒋介石回援其根本重地，“清剿大别山”，从而粉碎了他的重点进攻。接着，解放军陈谢兵团又向豫西进军，其他各地，解放军亦开始全面反攻。从此，蒋介石便由全面进攻，转为全面防御。由于蒋军本质腐败，士气低落，不能以攻为守，而蒋介石又不肯放弃城市和次要地域，于是只有由守线，逐渐转为困守孤城。这是被困，不是什么重点防御。《孙子》说：“小敌之坚，大敌之擒也。”在蒋介石这种错误战法指导下，故济南、洛阳、长春、锦州等地之蒋军都逃不脱覆灭的命运。

（五）蒋介石在辽沈拙劣指挥

辽沈战役，蒋军方面始终是蒋介石亲自指挥的。因此，最能体现他的军事才能和军事思想。初，长春被围，全靠空投维持补给。蒋介石曾屡次电令长春部队突围，但回电都认为突围就会被歼灭。于是，他想出了从外面迎接，促长春突围的办法。派我去沈阳与卫立煌研究迎接长春突围方案。不料卫立煌等人不明白蒋介石的意图，却不肯干。总说东北被分割三起，在沈阳他们只有21个师（实有22个），又要坚守沈阳又要出击，兵力不足。如果锦州兵力合在一起，还可考虑。几经与兵团司令、军长们商量，最后提出“放弃锦州，退守锦西机场及葫芦岛海港。以7个师驻守，抽出7个师由葫芦岛海运到营口登陆。待登陆部队到齐后，再由沈阳北上迎接长春突围”的方案。我携此方案回交蒋介石，他初先似乎首肯，次日却大骂“你们不用脑筋，锦州乃国际观瞻所系之地，哪能放弃？”于是，这个方案也就只好搁置下来，而此时济南又更紧张起来了。蒋介石注意力转到济南方面，长春解围就又拖延不决。9月12日，解放军进攻锦州，开始了辽沈战役，蒋介石怕锦州被共军占领，沈阳成为长春第二，乃令第三厅拟定解锦州之围的方案。第三厅拟定东北放弃沈阳，全力向围攻锦州的解放军进攻；华北放弃热河、烟台，集中五个军的兵力由葫芦岛向锦州合击的计划。但他飞沈阳指挥，允许卫立煌以8个师守沈阳，而只以14个师出击。到北平指挥又不集中5个军的兵力由葫芦岛北上进攻。在战役决战的关键时刻，他又回上海办理私事。15日锦州解放。

由沈阳、葫芦岛两路集中兵力解锦州之围的方案，纸上谈兵，仍可成立。问题是执行进攻的部队能否胜任，不可不察。也就是说要首先知己。事实上，此时东北蒋军士气低落，素质腐败，战斗力极弱。记得我8月去沈阳时，遇二〇七师旅长王启瑞，他曾对我说："厅长，你的薪饷还不如我们这里一个连长吃两个缺空贪污两袋高粱米的价值高。东北贪污成风，官搞肥了，兵搞苦了，士气低落，一打仗非垮不可。"在他们看来，放弃沈阳就是妻离子散。地主资产阶级政府的反动军队，当然不可能有"奉命之日即忘其家"，破釜沉舟，死里求生的精神。所以蒋介石再压，他们也不愿放弃沈阳。如果真放弃沈阳的话，拖儿带女，日行十余里，一遇共军也会哭声震天乱成一团，遭歼无疑。即使家属由营口海运，由于士无斗志，情况也不会就好得多（以后黑山、大虎山之役就是明证）。以8个师守沈阳，14个师向锦州解危的折中方案，从一般战术原则看，分兵半守半攻，必定攻不能克，守亦不固。实为下策（上策攻，中策守）。但是死里求生，破釜沉舟，不特蒋军办不到，历代政府军都无此精神。而事实上沈阳守军，"攻"只是应付蒋介石的一种姿态。"守"才是真心。"进"只不过为了试探爬行，一遇情况，不待接触，就会立刻缩回。缩回是否能稳住阵脚，也很难说。但短时间内能守住沈阳的可能性仍尚存在。所以，蒋介石同意此案。这也是他苟延残喘保全面子之一法，还不算奇怪。最令人不解的，莫过于锦州已解放还催廖耀湘兵团继续向锦州进攻。由于士气低落，兵无斗志，再进必遭歼灭。故蒋一再催促，使这一兵团既不敢进，也不敢退，迟疑徘徊，从而失去了退回沈阳的时机，最后遭歼灭也就是理所当然的了。蒋介石的这些拙劣表演，只能说明他军事素养低，指挥才能平庸。

从战略原则看（不是站在蒋介石立场），由葫芦岛向塔山进攻的部队，必须有力勇猛而且及时，才能收分进合击之效。蒋介石平时为人悍狠，这次因怕伤傅作义感情，不调用十三军、三十五军，只由远处抽调烟台的三十七军充数，以致向塔山进攻不及时，而且无力，尤其他看不清这一战是蒋政权存亡关键，不知亲自在葫芦岛指挥，实为失策。这一事实说明，蒋介石在战略上抓不住主要矛盾。

辽沈战役后，林蔚曾对我说："蒋介石颇失悔让美帝牵着鼻子出兵东北。"而我则认为，因蒋介石畏惧八路军壮大，故出兵东北是其本意。加之美帝怂恿帮助，这就更助长了他争夺东北的狂妄野心，自不量力，吞下这一苦果。众所周知，东北地域辽阔，又按壤苏联，要想接收主权，防止共军壮大，谈何容易。蒋介石仅7个军，二三十万人，岂能担此重任。以后，兵力不足，蒋介石逐次投入不足够的兵力（最后被消灭时共14个军，先后消耗兵力估计近一百万），企图挽回颓势。这样既拖虚了关内，又无补于关外，只能增加消耗，加速他失败的到来。

蒋介石不理解"放弃土地是为了保存兵力，而保存兵力也正是为了保存土地"的道理。他为了争地而全面进攻，但又惧怕丧失土地而处处把守。"明明已处于确定了的不利情况，还要争一城一地的得失。"结果，中、小城市守军被歼，城市解放。许多较大城市形成固守的孤点，兵力分散，握不成一个拳头，因此长居被动挨打的局面。东北14个军，44个师分别龟缩在长春、沈阳、锦州三个独立地区，坐以待毙，其原因盖出于此。

（六）蒋介石对淮海战役的指挥

淮海战役，蒋军始终企图把分散隔离的兵力集结起来，形成打击力量，挽回丧失了的主动。解放军则力图将其割裂歼灭，不许其集结汇合。解放军在碾庄截住并包围黄伯韬兵团，打乱了蒋军部署，使蒋军集中兵力的企图遭到第一次失败。而后，蒋军解碾庄之围不逞，抽调黄维兵团增援又被围于双堆集；徐州蒋军放弃徐州奔赴双堆集汇合黄维兵团又被围于青龙集陈官庄地域；李延年兵团由固镇解双堆集之围亦未能得逞。这样一来，蒋军企图打破共军的隔离割裂，集中兵力恢复主动的计划便一一破产了。故淮海战役又只得以蒋军的彻底失败而告终。

淮海战役初期布局，是由何应钦在其"守江必守淮"的指导思想下策定的。虽不是蒋介石亲自决定，但也是经他同意的。中、后期蒋介石又亲自指挥。此时，他已被迫懂得放弃土地集结兵力（保存军力）的重要性，但过去顽固地保守城镇的思想仍影响初期战略的布局。至于稳扎稳打、专守防御思想则始终影响全战役。黄伯韬11月9日清晨由碾庄出发，进至曹八集遇解放军，立即缩回碾庄附近防御，就是一例。黄伯韬这一行动和8日第三绥区的何基沣、张克侠率部起义都是淮海战役的关键。否则，形势会不一样。

放弃徐州是蒋介石亲自裁决的，这是一个大胆的决策，也出于解放军意料之外。执行部队也较沈阳部队坚决。问题出在一个“慢”字上。携家带眷，车辆堵塞，是慢的根源。之所以车辆拥挤阻塞，交通秩序不好，又是由于蒋军机械化部队和徒步部队混合行动的组织欠佳的缘故。当然，这与蒋军这方面知识缺乏和时间仓促也有关系。至于携家带眷行军，则是蒋军腐败的表现，这就不能不从军队的阶级性上去找根源。历史上的太平天国革命，李秀成攻杭州回解天京之围，就因无此拖累而机动性大，故能甩掉清军，远程奔袭。蒋军放弃徐州，目的在奔赴双堆集解围，当然要秘密快速，使共军发觉迟，来不及拦阻或仓促拦阻，阻不住为好。即使牺牲侧方和后方战略掩护部队也不能停留，否则，不但不能奔解双堆集之围，自身反而陷于包围，反不如在徐州还能苟延残喘。蒋介石不明此理，得飞机报告说徐州部队过青龙集仍向西南方向急进。就误听人言，认为徐州出来的部队一意溃逃，乃用飞机投亲笔信，说：“一意逃走，将又居被动，望停奔逃，全力作战。”而此时，时间就是生命，蒋介石不但不令战略掩护部队竭尽全力掩护，而主力直奔双堆集，反而令部队停止前进。这样当然陷杜聿明集团于包围而使淮海战役整个失败（当然杜聿明违背蒋介石令与黄维会合的指示，一意逃跑，是失败的主因）。

（七）平津战役和渡江战役中蒋介石的战略企图

平津战役和渡江战役，蒋介石都未插手直接指挥，但他的战略企图仍得到贯彻。

傅作义成立三个美械军，放弃绥远、张家口，最后放弃北平，只守津、沽，保持海口，以维持长期补给的决策，蒋介石回南京，完全同意。但这一战略决策，并未实施。1948年12月21日解放军将傅作义各部割裂，截断于塘沽、天津、北平、新保安、张家口、绥远等处，顷刻之间，蒋军平津战役的失败，就成了定局。这固然是由于傅作义迟疑不决，但更主要是他判断解放军不会来得这样快。他企图各个击破，解新保安的围，也是这一错误判断的结果。因这不属于蒋介石军事思想范畴，不加评论。

渡江战役，蒋已引退回浙江老家，未直接插手。但何应钦、顾祝同、汤恩伯是按他的意旨行事的。1948年12月底，我离开第三厅时，林蔚曾私下对我说，江防配备的重点，蒋总裁的意思是要配置在扬中以南地区。原来，他认为南京段江防不可能巩固，预定退守上海，依既设的坚固阵地进行防御，保持海口，维持持久补给。这个企图与平津战役要傅作义退守津沽，保持海口如出一辙。这是因为蒋介石认为解放军空海军不能威胁海港，而他却可以依赖美帝"海空优势"维持海上交通，进行源源不断的补给。这样保持一个滩头阵地，近可以牵制解放军，远可以有利于他由台湾反攻大陆。这完全是由蒋介石的半殖民地买办政权的性质和他一心依赖美国所决定的。他悍然发动内战，是由于依赖美帝。他见地就争，到处伸手，全面进攻，不着眼战略全局，也是出于视美帝无敌于天下而死心塌地依赖他。依赖导致软弱，不知自强。这也就注定了他必然灭亡的命运。

（八）蒋介石在西南战役的拙劣指挥

1949年，蒋介石到西南指挥，又是一次拙劣表演。这时候，他在全国政治、经济、军事各方面都已一败涂地，失尽民心。但他还妄想负隅西南，实在是太不度德量力了。因为任何稍明事理的人，处在他的境地，都会让李宗仁去唱这一折倒霉的扫台戏。然而，他却偏要把李宗仁挤走，自我暴露出许多劣迹和不光彩的形象来。

他来到重庆，各界表情冷淡。只有少数青红帮分子为其捧场。这样可怜的社会基础还能负隅自固吗？但他却认为这些社会渣滓是一支可依靠的力量，根本不察民心向背，妄图侥幸万一，不知己彼，至于此极。

蒋介石在重庆曾于1949年10月间召开了一次军事会议，但这次会议的敌情判断（共军主力由陕入川）、战略决策（调罗广文三个军赴绵阳）都不符客观情况，因而铸成大错，带来致命的后果。因为当时国民党在西南的兵力，除胡宗南约20万人未残破外，其余如云南的李弥兵团，贵州的何绍周兵团，川湘鄂边防司令宋希濂所部，四川的罗广文兵团，四十四军和我所在的七十二军都是重建部队，战斗力弱。卢汉，刘文辉、邓锡侯等地方部队，战斗力更弱。这些残兵败将，已成惊弓之鸟，树倒猢狲散，更是意料中事。况蒋介石提出的方案又是利用大巴山、武陵山等山地专守防御。川黔两省东、北正面数千里，到处都可突破，一点突破就会满盘皆输。而且此时蒋军处内线作战地位，他又全无内线作战的企图和安排，只知一线一线地堵。这样的内线作战，没有不失败的。以后，战役指挥又违背原则，拙劣不堪，瓦解当然非常快。

11月，解放军进入贵州，蒋介石才判明解放军主攻方向。却又错误地慌忙调罗广文的三个军进入贵州拦阻。这些新建部队，数千里往返已疲于奔命，加之仓卒布防，正面宽广，前面失败的部队又崩山一般垮了下来，哪里还站得住脚。所以上去的部队便不战而溃了。宋希濂部也由酉阳、秀山方面后撤，企图退入雷（波）、马（边）、屏（山）地区打游击。蒋介石的西南前沿防御就崩溃了。

在此情况下，蒋介石又企图守重庆。罗广文兵团退下来已大都溃散，不能继续守城，宋希濂不接收电报失去掌握。蒋介石乃急忙令车运胡宗南的第一军赴重庆，并又忙调守备新津机场的七十二军所辖一〇四师赴江津对岸白沙一带设防，以防止解放军渡江。由于蒋介石一意孤行瞎指挥，胡宗南的第一军尚未完全运到重庆，重庆便被解放了，第一军也就就此崩溃。同时，运送部队的返空汽车又堵塞了埤木镇沱江渡口，从而又妨碍重庆各军向成都退却。他把罗广文兵团和第一军等部队拖垮，真是指挥拙劣、无时空观念。

重庆解放，蒋介石飞成都，企图沿沱江、长江，配战略前哨，掩护主力在成都附近集结，最后背城一战。但由于七十二军等江防部队起义，成都附近也纷纷起义，云南部队起义，胡宗南部夺路向西昌逃走不逞，至此，蒋介石的军队在大陆全部溃灭了。蒋介石眼见赌本输光，不得不灰溜溜地向中央军校（此时在成都）二十三期的学生们宣布：“我失败了，你们走吧！”

解放大西南时，估计蒋军还有六十万人以上，蒋介石已使出看家本领——金钱收买。他从台湾空运了大量的金条银元到重庆分发到各部队。11月27日，国防部第三厅厅长许朗轩还打电话到泸州，叫我派车去白市驿机场，尽量运飞机来不及运走的银元。这时候，人们要钱也要命，士气终归不振。

蒋介石还在解放大西南时，大量发动哥老会组织反共武装，但这也只能起到骚扰人民的作用，而无补于他的失败。

蒋介石的这些拙劣表演，人民是欢迎的。他军事才能平庸，国家、人民遭受的灾难较小，这是好事。蒋介石外战外行，内战也外行。只不过他顽固反共，好打内战而已。

六、蒋介石建军练兵是承袭封建衣钵和照搬外国的大杂烩

半殖民地半封建的旧中国，由于工业基础薄弱，兵工毫无基础，蒋介石只得用从外国买来的落后兵器，从事内战。所以军事上从兵工、战术、军制、军事教育等，一概依赖外国，抄袭外国。在广东时，只有一个石井兵工厂，造步枪。以后，他的势力扩展到长江流域。其金陵兵工厂、汉阳兵工厂等也只能造步枪和低质量的重机枪（如三十节式）。抗战前，兵工署的巩县兵工厂等也只能造“中正式”步枪和捷克式轻机枪，六〇和八二迫击炮。金陵兵工厂得英国马克沁重机枪样板后，能造马克沁重机枪、一句话，只能造步兵轻重兵器。当时，阎锡山的太原兵工厂能造七五山野炮，张学良的沈阳兵工厂能造七五山野炮，也能造少量十五榴重炮。但是，蒋介石的兵工署署长俞大维却有他的一套洋奴哲学，说阎、张所造的炮，弹道不稳定，精确度差，因而始终不肯自力更生造炮。一定要等弄到外国火炮样板后才造。所以，在广东时，蒋介石使用的武器，是靠苏联援助的在远东共和国收缴的日本武器。以后，重兵器一直靠购买，充当外国军火商的买办。他推销过意大利和美国的飞机、英国的坦克。他用购买的德国枪炮建立教导第一、第二、第三师，教导总队和炮兵第二旅，重炮兵第十团、十四团。抗战后，蒋介石全力投靠美国，大量购买、租借美国飞机、坦克、大炮和英美兵舰及其他军事装备。

蒋介石军制初先抄袭日本，以后又抄袭德国、美国。抗战前仿日本以师为战略单位，抗战中改以军为战略单位。他设立参谋本部、训练总监部和军政部的制度是抄袭日本的。成立国防部则抄袭于美国。

他成立铨叙厅，照抄日本人事制度，但由于他用人唯亲，只搬来了一些人

事法规。委任军、师长他都要接见，并通过看仪表（夹杂点麻衣相术），看资历（黄埔期别），看学历（黄埔加陆大最吃香，以后还看是否留过学），看关系（是否复兴社、浙江人等等）来决定。

兵役制度照抄日本，实行征兵制，设师管区、团管区。兵役机构庞大到100余万人，扰民而无实际效果。

军事教育是学日本、学德国、学美国的。照搬日本的《战斗纲要》《步兵操典》和其他兵种操典，《射击教范》《野外勤务令》，德国的《军队指挥与战斗》《军队指挥》及美国的一些军事教程。请过日本、德国、法国、苏联、美国的军事顾问。战术思想、战斗法则都莫衷一是。

总之，蒋介石建设军队，带兵、练兵、用兵那一套，是既承袭了中国封建军事思想，又照抄外国的军事制度、军事条令而混合起来的大杂烩。就是他照抄外国也是生搬硬套，不变更形式和内容。因此，他的军事思想水平实际上还在这个水平之下。

附录5 杜聿明著《淮海战役始末》摘录

……

许朗轩于十一月三日午后飞回南京后如何向蒋介石回报，我不了解，可是从以后淮海战役发展的经过来看，蒋当时并未毅然决然地实行这一案。据事后了解，蒋介石的国防部在淮海战役之前，曾由何应钦召集会议，提出“守江必守淮”的方针。但对于守淮有两种不同的方案：第一案，徐州“剿总”除以一至两个军坚守徐州据点外，将所有陇海路上的城市放弃，集中一切可集中的兵力于徐州、蚌埠津间浦路两侧地区，作攻势防御，与解放军决战；第二案，是退守淮河南岸，凭河川防御，待解放军攻击顿挫时，机动转移攻势，击破解放军。研究结果，决定采纳第一案。

但是我对第一案内容全无印象，而对第二案则有较深刻的印象。是否许朗轩将两案一并携来交我参加意见，也回忆不起来了。假如照国防部第一案决定的话，则自徐州到蚌埠间二百多公里的铁路两侧，摆了数十万大军，既弃置徐州既设永久工事而不守（徐州那样庞大纵深的据点工事，只留一两个军，几等于不守），又将各兵团摆于铁路两侧毫无既设阵地的一条长形地带，形成鼠头蛇尾、到处挨打的态势。据我了解，古今中外的战史中还找不到这样一种集中会战的战略先例。在蒋介石集团中集合何应钦、顾祝同等军事大头目和萧毅肃、郭汝瑰等主管作战的高级幕僚，竟然在守江必守淮的方针下，拟出这样一个出奇的方案（实际上是会战准备部署），也可以说明蒋介石的所谓高级将领和军事人才是一些什么货色。

……

四、蒋介石改变决策，黄伯韬被歼

十一月十日午后四时，蒋介石在黄埔路官邸召集军事汇报。我到时，郭汝瑰、侯腾等数人均已先后到会。大家知道黄伯韬兵团及李弥兵团一部在策应李延年部撤退时，即被解放军打得落花流水，伤亡惨重，被围于碾庄圩，感到十分恐慌，异口同声地说：“未料共军行动这样迅速！”到四点钟过一点，顾祝同、蒋介石先后来到，正式汇报开始。

首先，由国防部第二厅厅长侯腾报告战况。侯腾说：“三野主力已占领贾汪，迫近运河以东地区，一部渡过不老河插进曹八集、薛家湖附近截碾庄圩后路。二野主力（其实是一部）及三野一部在徐州以西、黄口附近与邱兵团接触中。我军黄百韬兵团主力及四十四军已退过运河西岸碾庄圩附近被围，在抢过运河桥时受三野火力封锁阻击，伤亡甚重。李延年本人已到徐州取得联系。第六十三军到达窑湾镇后，尚未渡过运河。西路邱兵团与共军接触后，且战且退，正由黄口向徐州转进中。孙元良兵团昨日已到宿县附近。刘汝明绥靖区已到固镇以南，今日向蚌埠前进。判断：敌人将以有力之一部（实际是半数以上）牵制我军，主力（实际不到一半）有包围歼灭黄兵团之企图。”

侯腾接着说：“目前徐州情况吃紧，南京后方秩序也极混乱。昨今两日满街到处抢粮，警察袖手旁观，粮店大部关门不敢营业……”侯的报告未完，蒋介石即怒气大发，手指着侯腾说：“你造谣！胡说！胡说！哪里有这回事？”其实我一到南京也发现类似的情况，本来也想提出这个问题，见蒋介石这样的发怒，眼里露出一股杀气，我也不敢说了。

接着，第三厅厅长郭汝瑰报告蒋军作战计划，大意说：“（一）以目前情况判断，共军有包围攻击黄兵团的企图。我军空军炮火绝对优势，以内线作战原则，陆、空、步、炮、战车协同，先将运河西岸徐州以东之共军击灭，以解黄兵团之围。（二）以黄兵团死守碾庄圩，第六十三军守窑湾镇待援。（三）以李弥兵团附七十二军守备徐州。（四）以邱兵团、孙兵团（现已到达宿县附近，令即返回徐州）迅速东调，击破徐州、碾庄间之共军，以解黄兵团之围。……”蒋介石听了郭汝瑰的报告后说：“一定要解黄伯韬的围。”又问：“墨三有什么意见？”这时我见徐州搞得这样糟，蒋介石没有指责任何人不照他的命令，就料到有关蒋军生死存亡的“徐蚌会战计划”的决策是蒋本人改变的。我昨天到南京，他一直未召见我，也是怕我因为他改变了决策而不去徐州指挥，就先叫顾祝同、何应钦劝我到徐州去，等到我应承去的时候，他就在会议上将这个任务硬套到我的头上。这时，我心中忐忑不安，觉得上了蒋介石的当，并认为蒋介石、顾祝同是完全听信郭汝瑰这个小鬼（因他是军校五期毕业生，人又矮小，所以我称他小鬼）的摆布，才造成这种糟糕的局面。我想质问郭汝瑰为什么不照原定计划将主力撤到蚌埠附近，正在犹豫不决之际，见顾祝同等人都同意郭汝瑰报告的这一案，觉得争亦无益，一个人孤掌难鸣，争吵起来，反而会失了蒋介石的宠信。正在这时，蒋介石转身问我："光亭还有什么意见？"我思考了一下说："敌情和各兵团的实际情况我都不了解，到徐州后，向刘总司令请示，看如何可以抽调部队解黄伯韬之围。"蒋介石说："好！好！你到徐州，一定要解黄伯韬之围。我已经把飞机替你准备好了，你今晚就去。"

……

十四日，发现解放军的打援部队越打越强大，而且抓住蒋军不能夜战的弱点，集中力量在夜间反击蒋军。如邱兵团右翼张集附近之七十军，被解放军彻夜包围猛攻，阵地一度被突破，经过激烈的争夺战，至拂晓前后阵地始稳定。当日空军照预定计划轰炸后，步兵疲劳不堪，未能照预定计划实施攻击。于是空军指责邱兵团按兵不动；等邱清泉准备好再要求空军协助攻击时，空军又负气未出动轰炸，邱又指责空军不支援，使步兵受意外损失。双方互相指责，以至叫骂而闹得互不协同。这一天蒋军内部陆空军闹得一塌糊涂，邱兵团几乎毫无进展。铁路以北之第十三兵团第八军虽然在空、炮、战车掩护下经过激烈的争夺战，也只攻占三两个村庄，左翼第九军也毫无进展。

晚间我感到战斗发展已出于我的意料之外，不是那么乐观。这一天刘峙也亲到苑山指挥视察，看到陆空不协同的情况，感到丧气。于是就同邱清泉商议，将第七十四军星夜调至潘塘镇附近集结，从右翼向解放军的左翼实行迂回包围，以打开正面攻不动的僵局。计划定后，第七十四军即开始调动。

这一天，空军亦将陆空矛盾互不协同情况向蒋介石反映，据说空军曾向蒋报告邱清泉保持实力按兵不动，蒋一面电斥邱，一面派顾祝同、郭汝瑰等于十五日到徐州督战。顾祝同一见我就问："敌人不过两三个纵队（实际有七八个纵队），为什么我们两个兵团还打不动？"严令我督促两兵团攻击前进。我对顾分析了几日来的战况及邱清泉和空军的矛盾之后说："打仗不是纸上谈兵，画一个箭头就可以到达目的地的，况且敌人已先我占领阵地，兵力也陆续增加（究竟多少，我也未搞清）。战斗非常顽强，每一村落据点，都得经过反复争夺，才可攻占。"这时刘峙建议："放弃徐州，以全力解黄伯韬之围"，顾、郭似乎也有这种意见，但未说出，只是急着要我大胆抽调兵力，解黄伯韬之围。但是如何抽调兵力，既可以保徐州之安全，又可以解黄伯韬之围，都拿不出具体办法。于是我提上、中、下三策请顾决定："我认为这一战役的胜败关键在于黄伯韬坚守的程度如何，如黄能像潘裕昆守德惠、陈明仁守四平街那样地坚守，以这几日的攻击进度看，是可以解围的，这是上策。如黄伯韬坚守不住，徐州尚能保全，这是中策。如放弃徐州，丧失补给基地——机场，又不能一举击溃共军以解黄伯韬之围，势必弄得全军覆没，这就成了下策。"我这样一说，顾、郭都瞠目无措，只怪邱、李攻击不力，实际上是怪我指挥不力，但未正面说出。他们并未料到解放军已有一半以上兵力担任阻击打援，并准备在淮海战役中实行战略决战，消灭蒋军。当然我也未料到这点。我只是鉴于东北蒋军在运动战中全军覆没，徐州会战一开始，即发现解放军声势浩大，既以迅雷不及掩耳的战略战术打击黄兵团，并将其包围于碾庄圩，又能大胆深入渗透于碾庄、徐州之间，不顾蒋军绝对优势的空军炮兵的轰击，及坦克的冲击，以及其英勇的姿态，反复争夺，狙击蒋军，是值得重视的。当时我绝不敢轻举妄动，怕被解放军消灭掉。

但是，我这时对于尽量抽调兵力解黄伯韬之围的信心并未完全丧失。如前所说，十四日晚已决定将第七十四军增加于右翼，向解放军包围、迂回攻击，这时拟待九里山之第七十二军将当面情况弄清楚后，继续抽调，增加攻击。可是我并不愿意对顾、郭二人当面说明我的企图，他们认为我对解黄兵团之围抱消极态度，表示不满。以后我同顾单独讲明我的企图如上，顾表示赞成，我并请顾不同郭讲我的作战计划，顾也同意。当晚顾返京向蒋介石复命。这里必须补充说明的是：我的作战计划为什么不让郭汝瑰知道呢？这是因为早在一九四八年春顾任参谋总长时，我即对顾说过：郭汝瑰与解放军有联系，反对郭任第三厅厅长。顾当时批评我："你不要疑神疑鬼！郭汝瑰跟我来徐州一年多，非常忠实，业务办得很好。"以后我对顾说："我指挥作战的方案，事先绝不能让郭知道。如果郭知道的方案，我就不照原方案执行。”所以这次我才对顾单独讲我的计划。

……

六、蒋介石三变决心，全部完蛋

如前所说，十一月二十八日蒋介石在南京召开军事会议，决定放弃徐州，我于当日返徐向刘峙报告后，总部人员即开始以飞机运蚌。我执行这一计划时，怕泄露企图，无法撤出，在南京会议上对作战厅长郭汝瑰都未说明。可是我离开南京的当日，即有人通知蒋政权在徐州的政治、经济、党务各部门，在徐州的蒋家各机关纷纷要求尽先让他们撤退，于是徐州机场一时拥挤不堪，连刘峙本人也挤得未能走了，等到二十九日早晨才起飞的。这就是蒋介石集团的所谓军事秘密。

……

根据蒋介石的指示，改变了向淮河附近撤退的决定而向解放军攻击之后，当日午后我到达曲兴集，即将以上决定补达笔记命令。同时电复蒋介石说：“昨日因各部队零乱，停止整顿一晚，本日各部正在前进，到孟集附近时，奉到钧座手谕，当即遵照改变部署（如上），明日经青龙集东西地区向濉溪口之匪攻击前进。指挥部本晚在曲兴集”；并请蒋介石空投粮弹。

晚上接到蒋介石国防部的正式命令，其要旨如下：“（一）淝河方面李延年兵团正面之匪军已大部北窜，据空军侦察，濉溪口、马庄一带西窜之匪军不足四万，经我空军轰炸，伤亡甚重（以后谍报当日炸的是正在赶集的老百姓）。（二）贵部应迅速决心于两三日内解决濉溪口、马庄一带之匪，此为对匪各个击破之唯一良机。如再迟延，则各方面之匪必又麇集于贵部周围，又处于被动矣，此机万不可失。万勿再向永城前进，迂回避战……”

我接到这一电令后，又感到蒋介石所以变更决心，是被郭汝瑰这个小鬼的意见所左右的。很后悔我在二十八日对蒋未说明我对郭汝瑰的看法，也未同何应钦、顾祝同、萧毅肃等约好，要他们始终支持我的这一撤退案。弄到现在，老头子听郭的摆布，先后函电令向解放军攻击，已陷蒋军于全军覆没的危险。也后悔我今天上午太懦怯，不果决，不该令各兵团中途停止召集各将领开会，耽误一日行程。现在逃亦晚矣，打也无望。想来想去，觉得江山是蒋介石的，由他去罢！我只有一条命，最后只有为蒋介石“效忠”而已。

……

——《文史资料选辑》第21辑

1997年版后记

这本回忆录1987年初版，内容从1907年至1949年。经读者和出版社要求，修订再版。我想一个历史工作者对所知的历史应该如实写出来，作为后代借鉴，因此，借修订再版的机会将1949年后的经历补写出来。

我所经历，除1946年至1948年的有日记可查外，多属记忆，错误难免。如初版在《宜宾起义》一节，说一〇四师未参加起义，师长傅秉勋是自杀的。以后成都军区黑水平叛指挥部的参谋郗爱国同志对我说明，傅秉勋是被俘押送指挥部过河时，从马上滚入河中淹死的，这次修订再版更正了。

本书初版时在重庆市政协周永林同志支持下，承西南师范大学彭承福教授及傅建邦、薛笛邦、周秀琴同学帮助整理而成。此次修订再版时在四川省黄埔同学会秘书长周华贵同志大力支持下，承西南师范大学宋冬游同学帮助整理，重庆市作家协会会员李北兰同志（黄埔二代）润色，最后由郭相彦、郭文苑修饰，四川省黄埔同学会宋斌同学校订。赞助的单位和个人有：重庆先奇物业发展有限公司董事长陈先奇、重庆杨家坪建筑公司总经理张虬、重庆埔明石化公司董事长伍明海、重庆鸿强石化精品公司总经理靳民强、成都二十一期黄埔同学傅先庆、成都特训班五期黄埔同学萧金石、成都特训班八期黄埔同学凌承学、四川省科协副主席曾祥炜、铁二局副总工程师许宁、四川埔光公司副总经理骆大正、成都东方电气机械厂厂长官大荣、铁道部机车车辆厂原厂长黄文亮、光亚学校校长卿光亚。特此致谢！

我知识浅薄，缺点错误难免，敬请读者批评指正！

郭汝瑰

一九九七年七月